王安石全集

第二册

尚書新義

詩經新義

王水照　主編

復旦大學出版社

本書爲國家古籍整理出版專項經費資助項目

本册總目

尚書新義

程元敏　輯録
陳良中　輯補
張鈺翰　校理

出版説明

尚書新義係王安石於熙寧年間所編纂之三經新義之一，爲宋代尚書學之重要著述。然自宋以後，隨著「新學」式微，該書亦逐漸散佚。臺灣學者程元敏先生於上世紀八十年代纂輯王安石三經新義，輯得尚書新義佚文五百餘條，並附各家評論及相關考證論文，作爲其三經新義輯考彙評之一種出版，使人能略窺該著原貌，洵爲荆公功臣。重慶師範大學陳良中先生又據續修四庫全書及中華再造善本所收中國國家圖書館藏元刊本陳大猷書集傳所徵引王安石書説，成王安石尚書新義輯補一文（初刊於重慶師範大學學報「哲學社科版」二〇一一年第一期），去除與程先生所輯重複者，另輯出荆公書説一百四十五條，使尚書新義愈發完備。

本次王安石全集之尚書新義，徵得程元敏先生和陳良中二位先生的同意，以程元敏先生三經新義輯考彙評之尚書部分爲原本加以整理，並將陳良中先生新輯的佚文插入相應位置，標以【陳補】以示區别，庶使兩相得宜。又，程輯本未分卷，據宋史藝文志著録，尚書新義十三卷，故參四部叢刊影宋本監本纂圖重言重意互注點校尚書的分卷，將全書釐爲十三卷。程輯本下編所附諸論文，格於全集體例，予以删除。謹此説明。

程元敏序

學術資料者，最研究工作之必需。資料愈充足，所獲研究結果愈正確；文獻不足，雖以孔子之博學，猶不敢徵夏、殷禮，況賢智不若孔子者乎？宋人有見於此，始倡纂輯佚書，初則陳景元（碧虚子）輯相鶴書（一稱相鶴經，誤入王安石臨川集卷七十，詳宋黄伯思東觀餘論卷下跋慎漢公所藏相鶴經後）一卷，繼則朱子欲從文選注輯韓詩薛漢章句，終則王應麟輯考三家詩遺説、鄭玄易注。資所輯資料作學術研究，自兹風氣漸開；清皮錫瑞極言其有功於後學，信然！

宋人治經，敢變漢唐舊義，創立新説，於時最早，而又影響官學及私家著述最大者，莫加於王安石周禮新義、尚書新義、詩經新義——三經新義者，神宗熙寧六至八年王安石父子等奉敕撰，誠王氏一家之學，故文獻多徑題王安石作。惜其書久佚。

周禮新義（宋史藝文志著録二十二卷），清修四庫全書，館臣自缺本永樂大典中輯出其殘文，歷城周永年，實任其事。它書所引存殘文，則未遑輯採；嘉慶、道光間，錢儀吉復從宋、明人禮書解中搜補佚文百餘條，合刻入經苑，唯禮書舊籍存者，仍多未加檢收。説詳周禮新義輯考彙評。尚書新義（宋史藝文志著録十三卷），迄無輯本。詩經新義（宋史藝文志著録二十卷），尚無善輯。説詳詩經新義輯考彙評。職是，三書之輯考或重輯，誠刻不容緩之事。

曩余治宋人經解，兼涉有宋史書、當代文集、筆記，頗見三經新義佚文，恒隨手鈔劄。比年，厠名上庠，承乏書經講席，暇日更作有系統之蒐考，蓄積愈豐。欲先成尚書新義輯本（次詩經新義，周禮新義最後成輯。），因更詳檢宋元人文集（其中論及雜著等部分）、史籍、筆記及宋至清與近人尚書專著，都約五百種，自其中八十五書輯得尚書新義佚文及對該書之評論，並舊日積存材料，計得佚文五五八條、諸書所引凡一〇二二條次；評論二八二條、諸家評語凡三七五條次——斯書沉晦六百年，於兹復大顯於世！

全書所包括，從自序以下，依次爲目次、本書例言、佚文及評論彙輯、佚文及評論之部引用書目考、尚書新義體製探原、諸家評論及載引佚文按書分條考計，又附所著相關之專文——三經新義修撰通考、三經新義與字説科場顯微録及王安石雱父子享祀廟庭考。總約二十五萬言，大分爲二編。

著「例言」者，將以明本書體例也，古人引書，或與其評語雜出，或有所删節改易，今欲由評文繹察原文，用便學者采檢，故佚文與評語相附兼收也；引用書目而曰「考」者，或考作者生平，或徵著書年歲，次其後先，備學者稽討源流也；作「體製探原」者，蓋尚書新義應科舉而作，體製不免遷就貢舉新制，緣徵諸史籍，研析其佚文，測度其大要焉；於諸家引佚文及其評論，分條考計，又各按其書者：一以徵該條佚文確出尚書新義（諸家引佚文，稱名不一，固頗譌舛，而多作「王氏曰」；「王氏」非皆謂安石，凡此皆須分條考辨），而評論的是評尚書新義者，再以總會某家所引所論諸條次於一所，以觀王氏學術之崇抑。

新經義之修撰，本奉朝廷制命，以王氏父子主撰而蒙「修撰經義局」之名，故三經新義修撰通考不可不作，併斯編之後也。王氏新學於私人經著影響，可由諸家稱引多寡、論列高下而知其梗概，至其於官學，則作三經新義與字説科場顯微録附後，記熙、豐至乾、淳，學校講授、場屋命題，以示三經新義之隆替。猶虞於王氏學術昇沉，未暢其説，更撰王安石雱父子享祀廟庭考，藉兩宋學士大夫議王氏父子身後崇絀，以見其經學百六十年間（自元祐元年至淳熙元年）之興衰，殿全書之末焉。

余以授課之餘，草撰此文，難盡全力；重以學植淺陋，治學無方，故其蒐檢不備，論斷錯謬，畫體例未臻謹當，行文辭不盡通達，自度不免。方家惠然肯錫教訓，則愚下感荷毋任也。

歲在丙寅仲夏安徽嘉山程元敏序於臺灣大學中國文學系

例言

一、此書分條纂輯王安石尚書新義佚文。先列與該條佚文有關之尚書本文（含小序及篇題），頂格書寫；次低一格著【佚文】字樣；【佚文】下著（　），（　）内數字即該條佚文號碼，（　）下輯録該條佚文；緊隨該條佚文後，即注明該條佚文之出處（書名及其卷、頁），出處上下加（　），以資區别；間有「按語」或「註碼」，則更次於其下焉。如爲總説，則置於一篇之末，但標「某篇通義」，而繫佚文於其下。

二、此書分條采收昔賢評王安石尚書新義之文，絶多爲直接評述尚書新義之作，間有受新義影響而作之論説，亦擇采三數條，以備一體。評文依傍佚文條録，條碼相屬，有二條以上評文共屬一條佚文者，並敘次於該條佚文之下；有但有評文未見佚文者，則考定與該評文相關之尚書本文，使相屬連録，而以其前一條佚文號碼爲此評文號碼，且稱之曰「某碼後」，用便檢索。評文之上弁以【評】字樣，低二格書寫，其末亦注明出處，悉如佚文之例。總評尚書新義，則於盡録佚文之後總列。

三、佚文之定輯，以據著成時代較早之書所引述爲常，第如較晚著成之書所引述，或視前者爲備，或前者訛後者正，則改變常例據之，如佚文第四五八條，據晚著之書集傳或問，而不據先撰之尚書全解鈔輯是也。類例甚多，不煩枚舉。某條佚文出處，如不止一書，所列第一書即所據以輯録之書，餘書則按其撰成先後著録，引文若與第一書異，亦不加校注，惟偶有據某書輯録或文有缺，或字有訛，則援它書所引補益校正，具見各條之下。

四、諸家評安石新義某説，意常雷同，分列頗嫌冗沓，故今但依較早或較備者一家收録，冠以「某某曰」於評文之上，而著該家評語之出處於評語之下。其雷同諸家，則更於其後聲明之，云「某人説略同，見某書某卷某頁」，以廣知見。

五、從各書所輯尚書新義，如可能爲原文，則加「　」；如爲大意，則不加「　」。條定多憑諸書原引，惟視文氣或行文之便，偶分原引之一條爲數條，或會合數條爲一條；但有分合，並無增損。

六、相關或相同兩條之尚書新義佚文，但於其中一條下注明「參見某條」；同文除第五與第三四等三數條，兩列以備一體外，互見概不重收。評文互見例倣此。且皆不計條數。

七、所據以輯録彙收之書名，凡引述次數較多者，視便約爲「簡名」，以節省文字，如林之奇尚書全解省作全解之類，詳見佚文及評論之部引用書目考下。

八、尚書經本文，據清嘉慶二十年南昌府學重刊宋本十三經注疏本（臺北藝文印書館影印），並參看唐石經本等定録。

九、未盡之事，詳佚文下與其附註。

目録

[一] 未見尚書新義佚文及諸家評論，但記目於此；上方加「△」號資別，下倣此。

書義序

敏案：即尚書新義序。

王安石

熙寧二年，臣某以尚書入侍，遂與政，而子雱實嗣講事，有旨爲之說以獻；八年，下其說太學，班焉。惟虞、夏、商、周之遺文，更秦而幾亡，遭漢而僅存，賴學士大夫誦說，以故不泯，而世主莫或知其可用。天縱皇帝大知，實始操之以驗物，考之以決事。又命訓其義，兼明天下後世；而臣父子以區區所聞，承乏與榮焉。然言之淵懿，而釋以淺陋；命之重大，而承以輕眇；茲榮也，祇所以爲愧歟！謹序。（臨川集卷八四，頁三一〇）

△尚書大序〔一〕

〔一〕敏案：此篇，王安石尚書新義佚文及諸家評論皆未見，但存其目，上方著△。

尚書新義　卷一

虞書

堯典第一

昔在帝堯，聰明文思，光宅天下。此尚書小序之文。

【佚文】（一）洪範貌、言、視、聽、思五事，可以解此「聰明文思」。（朱子語類卷七八，頁九；朱子五經語類卷四二，頁十六。）

【評】（一）宋朱熹曰：「古人説話，皆有源流，不是胡亂。荆公解『聰明文思』處，牽合洪範之五事，此却是穿鑿。」（朱子語類卷七八，頁九；朱子五經語類卷二一，頁十六。）

曰若稽古帝堯。

【佚文】（二）「聖人於古，有可稽者，有可若者。」（全解卷一，頁三。）

【佚文】（三）「聖人之于古政，有便今者則順之，有妨于民者則考之。」（夏解卷一，頁七。）

【評】（二）宋夏僎曰：「謂『若稽古』所以稱堯、舜能法古也。然史氏之意，苟以是稱堯之德，則當與『放勳』連言，今乃揭於『帝堯』之上，觀其勢蓋非所以稱堯，乃史氏自言其稽古作書之由。故二説皆不如程氏、蘇氏謂史之作書也，曰『吾順考古昔，而得其人之行事』，此論甚善。」（夏解卷一，頁七。）

【佚文】（四）「放勳」之「勳」，功繫於王之謂，周官夏官司勳：「王功曰勳。」（全解卷二，頁二三，參下「明試以功，車服以庸」下佚文。）

【佚文】（五）「堯曰『欽明文思』者，成德之序也。」（全解卷二，頁二一—三；夏解卷二，頁四。詳下舜典「濬哲文明，温恭允塞」下佚文。）

【佚文】（六）「理之所可安者，聖人安而行之。」（伊川經説卷二，頁二程頤原注；或問卷上，頁五。）

【評】（三）宋陳大猷曰：「王氏雖説得兩『安』字，然上言『理之可安者』，則是於『欽明文思』之外别言理，而下『安』字，其味又未免失之薄也。」（或問卷上，頁五。）

曰放勳。欽、明、文、思、安安。

克明俊德。

【佚文】（七）「大而敏之謂俊。」（或問卷上，頁六。）

以親九族，九族既睦。

【佚文】（八）「親者，親之也；睦者，交相親也。」（陳傳卷一，頁三；輯纂卷一，頁二；纂疏卷一，頁二；大全卷一，頁四；書傳彙纂卷一，頁五。）

平章百姓。

【佚文】（九）「（平章，）平其職業，章其功勳。」（夏解卷一，頁十。）

【評】（四）宋夏僎曰：「平章者，平議商榷之言，蓋記所謂論官，庶官百執事當論辨而官之。……王介甫、張彥政……非也。」（夏解卷一，頁十。）

【佚文】（十）「親九族之道，賢、不肖、能、鄙有不辯也，則無事乎平；不責以事，不程其功，則無事乎章亦善。」（或問卷上，頁八。）

【陳補】「治而夷之之謂平，成而著之之謂章，貴賤能鄙各適其分者，平也。程其事功，崇以爵位，旌以車服者，章也。」（陳傳卷一，頁三。）

黎民於變時雍。

【陳補】「雍者，和之至也」。（陳傳卷一，頁三。）

乃命羲和。

【佚文】（一一）「乃者，繼事之辭。」（尚書日記卷一，頁九。）

【評】（五）明王樵曰：「春秋傳曰：乃者，難辭。王安石曰：『……』今按：『乃命羲和』與『箕子乃言曰』，俱當從難辭之例。」（尚書日記卷一，頁九。）

【佚文】（一二）「散義氣以爲義，歛仁氣以爲和。日出之氣爲義，義者陽也；利物之謂和，和者陰也。」（全解卷一，頁十。）

【評】（六）宋林之奇曰：「羲和即人之名，安有陰陽仁義之説哉？此不可行也。」（全解卷一，頁十。）

【佚文】（一三）「昔少昊氏命官：鳳鳥氏司曆，玄鳥氏司分，伯趙氏司至，青鳥氏司啓，丹鳥氏司閉，位五鳩、五雉、九扈之上，古聖人重曆數如此。堯世步占，曰『欽』、曰『敬』，最爲詳嚴[一]。

[一]「詳」，纂疏作「嚴」。

及夏、羲、和合爲一，其職已略。至周爲太史，正歲年以敘事，以下大夫爲之；馮相氏掌日月星辰，以中士爲之，則其官益輕。蓋創端造始，推測天度，非上哲有所不能。及成法已具，有司守之亦可步占，所以始重終輕，其勢然也。」（輯纂卷一，頁三；纂疏卷一，頁二一—三；大全卷一，頁五；尚書疑義卷一，頁五；尚書埤傳卷一，頁四；書傳彙纂卷一，頁八。）

【評】（七）宋朱熹曰：「曆是古時一件大事，故炎帝以鳥名官，首曰鳳鳥氏。曆，正也。歲月日時既定，則百工之事可考其成。程氏、王氏兩説相兼，其義始備。」（朱子語類卷七八，頁十二；朱子五經語類卷四三，頁五。）

欽若昊天。

【佚文】（一四）「天色可見者，蒼蒼而已，故於春言其色。氣至夏而行，故於夏言其氣。情至秋而知〔二〕，故於秋言其情。位正乎上，故於冬言其位。」（全解卷一，頁十一；夏解卷一，頁十二。）

【評】（八）宋夏僎曰：「（王氏之説）皆鑿説也。要之，經傳之言『天』者不一：以其尊而

〔二〕「知」，夏解作「和」。

君之，則曰『皇天』；以其仁覆天下，則曰『旻天』；以其自上監下，則曰『上天』；以其遠視蒼然，則曰『蒼天』；以其元氣廣大而言，則曰『昊天』，初無異議也。」（夏解卷一，頁十二。）

曆象日月星辰。

【佚文】（一五）「曆者，步其數；象者，占其象。」（陳傳卷一，頁三；書傳彙纂卷一，頁七。）〔二〕

分命羲仲。……申命羲叔。

【佚文】（一六）「分命，使分陰陽而治之也。申命，使繼二申而申之也。」（陳傳卷一，頁四；輯纂卷一，頁四；纂疏卷一，頁三；大全卷一，頁七。）

【陳補】「羲和四官，各主一方之政、一時之事。」（陳傳卷一，頁四。）

【陳補】「日出爲暘，故東方曰暘谷。羲仲，居治東方之官。寅，敬。賓，導也。敬導出日。」（陳傳卷一，頁四—五。）

〔二〕尚書精義（卷一，頁十三。）引張氏（綱）曰：「爲之曆者，所以稽其數；爲之象者，所以占其象。」書傳彙纂此條，蓋刪改張綱此文而成，又以張氏說多祖述尚書新義，遂以爲安石之說，非直據尚書新義原書也。張綱書說多祖述安石，見朱子語類卷七八，頁九載汪玉山駁張綱謚奏狀。

宅嵎夷，曰暘谷。

【佚文】（一七）「日出爲暘。」（或問卷上，頁九。）

【評】（九）宋陳大猷曰：「或問：暘谷，諸家皆祖孔説，子獨取王説，何也？曰：按洪範雨、暘相對，王氏以『日出爲暘』，當矣。唐孔氏推孔説，……以『暘』訓『明』，要不如王説之正。」（或問卷上，頁九。）

平秩東作。

【陳補】「物各當其分之謂平，事各當其序之謂秩。」（陳傳卷一，頁五。）

日中，星鳥。

【陳補】「陽生於子而終於午，仲春陽之中也，故言日中。陰生於午而終於子，仲秋陰之中也，故言宵中。」（陳傳卷一，頁五。）

以殷仲春。

【陳補】「仲春、仲秋陰陽之至中，故曰以殷。仲夏、仲冬陰陽之至正，故曰以正」。（陳傳卷一，頁五。）

分命羲仲宅嵎夷，曰暘谷。日中，星鳥，以殷仲春。厥民析，鳥獸孳尾。

【陳補】「聖人之道，上至於日月星辰，下至於草木鳥獸，外至於夷狄，皆聖人之所治也。」（陳傳卷一，頁六。）

宅南交。

【佚文】（一八）「南方相見之時，陰陽之所交也，故曰『南交』。」（全解卷一，頁十四；夏解卷一，頁十五。）

【評】（一〇）宋林之奇曰：「此説不然。於東、西曰『嵎夷』、曰『昧谷』，皆地名也，不應於南方獨言其『萬物相見之時』。其説爲不類。」（全解卷一，頁十四；夏僎評，見夏解卷一，頁十五，略同。）

宅朔方，曰幽都。平在朔易。……以正仲冬。

【佚文】（一九）「不言北而言朔，如月朔更始之意。北方以位言之，則日月星辰之象皆伏而不見；以時言之，則草木歸根，昆蟲閉蟄，皆有隱伏之意，故謂之幽都。三時言『平秩』，主農事也。至冬，農事畢矣，歲事且終，天氣更始，故言『平在朔易』。」（輯纂卷一，頁六；纂疏卷一，頁五；大全卷一，頁十二；書傳彙纂卷一，頁二十。）

【佚文】（二十）「冬不言『秩』而言『在』；在，察其改易而已。秩非不在，在非不秩，亦互相備。」（陳傳卷一，頁六；纂傳卷一，頁五。）

【佚文】（二一）「冬者，休息之時也；當豫察來歲改易之政耳。事之改易，於此時在察之；事豫則立。國家閒暇，乃豫圖改易之時也。」（精義卷二，頁三。）

允釐百工。

【陳補】「釐，析而治之之謂。」（陳傳卷一，頁八。）

庶績咸熙。

【佚文】（二二）「不言『功』而言『績』，謂其功乃緝累而成。」（纂傳卷一，頁六。）

帝曰：「疇咨若時登庸？……疇咨若予采？」

【佚文】（二三）「『若時登庸』與『若予采』相對爲言，謂『疇咨若時』者，咨順天道者也；『疇咨若予采』者，順人事也。」（全解卷一，頁二二）

【評】（一一）宋林之奇曰：「此説則非。『若時登庸』，以謂順天道，如皋陶謨曰『咸若時』，冏命曰『若時瘝厥官』，豈亦咨順天道也哉？『疇咨若時』者，誰能順是登庸之任，蓋將授以天下也。」（全解卷一，頁二一—二三；夏解卷一，頁二二。）

【陳補】「疇，如『疇離祉』之疇。咨，如『周爰咨詢』之咨。疇咨，使衆共咨訪也。」（陳傳卷一，頁八。）

吁！嚚訟，可乎！

【佚文】（二四）「訟者，言之于公。」（考古質疑卷三，頁十六。）〔一〕

静言庸違，象恭滔天。

〔一〕宋葉大慶考古質疑（卷三，頁十六。）：「近世王文公（安石），其説經亦多解字，如……」其引安石所解經字，有僞、位、訟、伍、什、盟、門、蝨、郊、富、貧、忠、恕，共十三字，或即解詩、書經字者，姑收爲佚文。下例倣此，不復一一爲註。

【佚文】（二五）「静則能言，用則違其言。象恭滔天，言其外貌恭而中心懷藏姦僞，滔天莫測。」（伊川經説卷二，頁五；陳傳卷一，頁八。）

蕩蕩懷山襄陵。

【佚文】（二六）「山高而陵下，陵言『襄』、山言『懷』，何也？地高則襄陵，地下則懷山。」（精義卷二，頁十一。）

方命圮族。

【佚文】（二七）「圓則行，方則止；方命，猶今言『廢閣詔命』也。蓋鯀之爲人，悻戾自用，不從上令也。」（蔡傳卷一，頁三；朱子語類卷七八，頁十五；朱子五經語類卷四三，頁十；陳傳卷一，頁九；纂傳卷一，頁七；書傳會選卷一，頁八。）

【佚文】（二八）「堯知鯀之方命圮族，然卒使之，何也？曰：方是之時，舜、禹皆未聞于世也。在朝廷所與者，鯀而已，聖人雖有過人之明，然不自用也，故曰：稽于衆，舍己從人。雖疑其不可任，苟衆之所與，亦不廢也。故曰：誰毁誰譽？如有所譽者，其有所試矣。譽人尚必有所試，則其廢人也，亦必有所試，而不勝任，然後廢之耳。鯀既未常試，又衆之所與，堯雖獨見其不可任，敢不試而逆度以廢之乎？敢違衆而自用乎？聖人之立法，皆以衆人爲制，中才之君，獨見其所見，不從衆人之所見，逆度其不可任，而不待其有所試，則其爲失也多矣。故堯之聰明，雖足以逆知來物，明見鯀之不可任，猶不敢自用，所以爲中人法也。夫利一時而其法不可以推之萬世者，聖人不爲也，此所謂聖人之仁也。用己則聖人有所殆，用衆則雖中人可以無爲而治也。故堯之用鯀也，以四岳之僉同；其用舜也，亦以四岳之師錫，所以爲聖人者，以其善用衆也。『天聰明自我民聰明』、『唯天爲大，唯堯則之』。于試舜與鯀見之矣。」（精義卷二，頁十一—十二。）

朕在位七十載……巽朕位。

【佚文】（二九）「位者，人之所立。」（考古質疑卷三，頁十六。）

【佚文】（三〇）「自下升則曰陟，自外入則曰巽。『汝能庸命，巽朕位』，謂汝能庸我之命，居帝之位，攝行天子之事也。」（全解卷一，頁三十；夏解卷一，頁三一。）

【評】（一二）宋夏僎曰：「『巽』與『遜』同，故馬氏（融）亦云巽，讓也。王氏乃謂：『自下升曰陟，自外入曰巽。』遂以『巽位』之位爲堯將使四岳自外入居帝位，與下文言『陟帝位』同意。蓋『巽』之爲字，于釋文未有訓爲『自外而入内』者，不若以『巽』爲『遜』，而堯典之書亦有『將遜于位』之言，則王氏之説爲未安也。」（夏解卷一，頁三一。）

【佚文】（三一）「堯固已聞舜矣，然且謂岳『汝能庸命，巽朕位』，然則堯之出此僞歟？曰：非然也。四岳者，皆大賢人，故堯任之，以與之釐百工，熙庶績者矣。堯雖聞舜，然未敢自用其所聞也，以爲四岳亦能庸命，雖與之天下，亦可以朝諸侯、一天下也。此四人苟有賢于己者，宜亦知之；苟知之，宜亦推之，故推四岳之功善，而云欲予之天下者，四人也，知足以知聖人，而其污不至乎貪天下也。舜誠聖人而在下，則四人宜知之矣；知之則宜言之矣，其肯相爲比黨而蔽在下之賢于己者乎？此堯稽于衆，舍己從人，不敢自用其耳目之聰明也，必待四岳師錫己以舜而後徵庸之耳。然則四岳何以不蚤舉舜歟？曰：陰雖有美含之，以從王事，必待上之唱也然後發，故四岳雖知舜，必待堯之唱也然後錫。」（精義卷二，頁十二—十三。）

釐降二女于嬀汭，嬪于虞。

【佚文】（三二）釐降，下嫁也。（全解卷一，頁三四；夏解卷一，頁三六；或問卷上，頁十二。）

【評】（一三）宋林之奇曰：「此説亦可通。然而以『釐降』爲下嫁，則是此一篇所載，惟及乎堯之妻舜，而不及乎舜也。刑于二女，而便與舜典『慎微五典』之文相接，甚爲不備。」（全解卷一，頁三四。）

【評】（一四）宋夏僎曰：「孔氏云：『釐降乃舜能以義理下二女之心。』然經言『釐降二女于嬀汭』，則降又非降其心。故不若合二説爲一，謂舜能以義理下降二女；雖帝女之貴，亦使下降而居嬀汭也。」（夏解卷一，頁三六。）

舜典第二

濬哲文明，温恭允塞。

【佚文】（三三）「堯曰『欽明文思』者，成德之序也。舜曰『濬哲文明，温恭允塞』者，修爲之序也。故於堯則言性之所有，於舜則言學以成之。」（全解卷二，頁二—三；夏解卷二，頁四。）

玄德升聞。

【佚文】（三四）「玄德，亦俊德也。自其著者言之，則謂之俊；自其妙者言之，則謂之玄。於聖人在上者稱其著，於聖人在下者稱其妙。」（精義卷三，頁二。）

納于大麓，烈風雷雨弗迷。

【佚文】（三五）「大麓，泰山之麓也；後世封禪之說，傅會於此。」（纂疏卷一，頁十一；大全卷一，頁二九；尚書埤傳卷二，頁二。）

【佚文】（三六）舜于大麓主祭，「古者易姓告代」也。（全解卷二，頁四。）

【評】（一五）宋晁説之曰：「荆公論舜『納于大麓』何義？（吕）晦叔（公著）曰：『薦之于天。』」（晁氏客語頁十。）

【佚文】（三七）「風之烈而雷雨弗迷者，則陰陽不失序可知矣。」（全解卷二，頁四。）

【評】（一六）宋林之奇曰：「烈風雷雨弗迷，……孔氏謂『陰陽和，風雨時，各以其節，無有迷錯愆伏』，王氏因之。……孫博士推廣王氏之説曰：『上天之載，無聲無臭。所可推者，陰陽之氣矣。陰陽以散而生風，至於烈風，則陰陽之極也。陰陽薄而成雷，陰陽亨而成雨，雷雨則陰陽相成之極也。陰陽之極多，迷而不復常，則爲物之害。聖人在上，德足以當天心，雖「風之烈而雷雨」，不至於迷而害物，則陰陽之不失其序。』此説粗通矣。」（全解卷二，頁四—五。）

舜讓于德，弗嗣。

【佚文】（三八）「讓于德者，遜於有德之人也。弗嗣者，弗肯陟帝位以嗣堯也。」（夏解卷二，頁七；全解卷二，頁六。）

正月上日。

【佚文】（三九）「（正，）政事當歲易者。」（夏解卷二，頁七。）

【評】（一七）宋夏僎曰：「李校書謂歲之首謂之正月，猶正貳之正，蓋亦訓長。王氏……安也。下文『格文祖』，言『月正』者，亦正月也，特變文耳。」（夏解卷二，頁七。）

【佚文】（四〇）「（上日，）上旬之日。」（全解卷二，頁六；夏解卷二，頁八。）〔二〕

【評】（一八）宋林之奇曰：「據下文『月正元日，舜格于文祖』、大禹謨言『正月朔旦，受命于神宗』，則此『上日』宜爲朔旦，特史官變其辭而云爾。猶正月朝會謂之『元會』，元會亦朔日也。豈有受命于神宗獨用朔日，而受終于文祖獨不用朔日乎？然月令『仲春之月擇元日，命民社』，則元日亦不必爲朔日也。元日既不必爲朔日，則上日亦不必爲上旬之日也。」（全解卷二，頁六。）

〔二〕夏僎尚書詳解誤此「上旬之日」爲孔氏（僞孔傳）之説，茲參尚書全解、僞孔傳改正。

受終于文祖。

【佚文】（四一）堯受終于文祖。（全解卷二，頁七；夏解卷二，頁七。）

【評】（一九）宋林之奇曰：「受終而不言『舜』者，蒙上之文也。王氏徒見此文不加『舜』字，遂以謂『堯受終于文祖』，李校書云：『信如王氏之説，則下文「在璿璣玉衡，以齊七政」，亦當屬之堯矣。孟子曰「堯老而舜攝也」，又曰「舜相堯二十有八載」。始堯命舜云「汝陟帝位」，而又言「受終于文祖」，則是自此以後，堯不復有庶政矣。』此論是也。」（全解卷二，頁七；夏僎評略同，見夏解卷二，頁七。）

在璿璣玉衡，以齊七政。

【佚文】（四二）「美珠謂之璿。」（全解卷二，頁八；精義卷三，頁七載張九成尚書詳説引；夏解卷二，頁十；陳傳卷一，頁十五。）

【評】（二〇）宋林之奇曰：「孫氏從王氏之説，以璿爲寶珠，引列子『有玉者方流，有珠者圜折』之言。古詩云『玉水氾方流，璿源載圜折』，穆天子傳云『天子之寶璿珠』，以是璿爲美珠。此説不同。然後世之渾儀，既不用珠玉，而用銅爲之，則古之璿璣，或以玉爲之，或綴珠於其上，皆不可得而知。」（全解卷二，頁八—九。）

【佚文】（四三）「堯典言『曆象』，舜典言『璣衡』；璣衡者，器也。堯典言『日月星辰』，此言『七政』；七政者，事也。堯典所言，皆『道』也；於此所言，皆『器』也，事也。」（全解卷二，頁九—十。）

【評】（二一）宋林之奇曰：「此説殊不然。夫堯典所謂『曆象』，即舜典之所謂『璣衡』也。舜典所謂『七政』，即堯典所謂『日月星辰』皆在其中矣，豈有道與器與事之異哉？」（全解卷二，頁十。）

【佚文】（四四）「（政，）以人之所取正也。」（或問卷上，頁十三。）

【評】（二二）宋陳大猷曰：「孔説、王説主人而言政，然主人而言，要不若主天而言。……日月五星，司天之政，亦猶人之有政也，故以『政』言之耳。唐孔氏説亦微有意，故附見之。」（或問卷上，頁十三—十四。）

禋于六宗。

【佚文】（四五）三昭、三穆爲六宗，從晉張髦之説也。（全解卷二，頁十一。）

【佚文】（四六）「天子事七廟，於地不言大示，於人不言太祖，於天不言日月星辰。以地示、人鬼之及六宗山川，則天、地之及日月星辰可知也。以天帝之及上帝，則人鬼、地示之及太祖、大示亦可知也。於天則舉尊以見卑，於人、於地則舉卑以見尊。」（或問卷上，頁十五。）

既月，乃日覲四岳羣牧。

【陳補】四岳總百官，羣牧總諸侯。日覲者，與之謀内外之政也。（陳傳卷一，頁十六。）

協時、月，正日，同律、度、量、衡。

【佚文】（四七）「歲月日時之所能齊，律度量衡之所能一，先王詳而謹之，故居則曆象日月星辰，出則同律度量衡而天下治。」（精義卷三，頁十一。）

【陳補】「王者必須曆以天下正朔，故巡守則考時月而協之。作曆不能無盈縮，及其久也，日不能無差，故考日而正之。」（陳傳卷一，頁十六。）

五玉、三帛、二生、一死，贄。

【評】（二三）宋林之奇曰：「自『五玉』至於『一死，贄』，皆其所贄之物。量其貴賤輕重，以寓其等差而已，非有義理於其閒。王氏曲生義訓，皆從而爲之辭，穿鑿爲甚。如此等說，皆無取焉。」（全解卷二，頁二十。）

【佚文】（四八）「凡贄，諸侯圭，周禮小行人『六幣：圭、璋、璧、琮、琥、璜』，註云：『幣，所以享也；享后用琮。』則餘五玉即所贄之五玉也。」（書傳會選卷一，頁十六。）

如五器，卒乃復。

【佚文】（四九）「諸侯有不能臣之義，復之所以賓之也。」（全解卷二，頁二十。）

歸格于藝祖，用特。

【陳補】「用特以見約也，先王非飲食，致孝乎鬼神，不敢約也，然其約如此，則巡守不敢煩費可知。」（陳傳卷一，頁十八。）

敷奏以言，明試以功，車服以庸。

【佚文】（五〇）「『放勳』之『勳』，功繫於王之謂，周官夏官司勳：『王功曰勳。』此『庸』，周官六功，皆曰『上之所報』，以民功爲主，故『司勳』又曰『民功曰庸』是也。（全解卷二，頁二三；夏解卷二，頁二十。）

【評】（二四）宋林之奇曰：「庸，與『格則承之庸之』（之）『庸』同，蓋言通用之也。……王氏必以周官『六功』之説，於『放勳』則引『王功曰勳』，於此則引『民功曰庸』。夫六功之説，出於周官，以是而見於堯典、舜典之言，非正義矣。至知其説不通，則迂闊而求合……薛氏所謂『人本無病，病從藥生』，此類是也。」（全解卷二，頁二三。）

【陳補】「敷奏以言，觀其志也。明試以功，察其事也。車服以庸，報其功也。」（陳傳卷一，頁十八。）

封十有二山，濬川。

【佚文】（五一）「封山川則材木不可勝用，濬川則穀米不可勝食。」（或問卷上，頁十九。）

【評】（二五）宋陳大猷曰：「張氏推其説，以爲此王道之始，正合孟子之言，如何？曰：……王説乃虞衡之職，不應言於『肇州』之後。兼如王説，則是盡禁天下之山，而非止於名山。濬川亦止説得興利一邊，若以爲王道之始，何不及分田制産之事乎？」（或問卷上，頁十九。）

【佚文】（五二）「濬者，治而深之之謂。」（纂傳卷二，頁八。）

【佚文】（五三）「十二州之山川皆封培而濬之。蓋山川所以表識，又天地間生民之大利於是乎出也。」（纂傳卷二，頁八。）

象以典刑。

【佚文】（五四）「象者，垂以示人之謂，若周官『垂治象、刑象之法于象魏』是也。」（纂傳卷二，頁八；全解卷二，頁二六；夏解卷二，頁二五；陳傳卷一，頁十九。）

【評】（二六）宋林之奇曰：「此説比先儒爲長。蓋王者之法如江河，必使易避而難犯，故必垂以示之，使知避之；苟不垂以示之，使知所避，及陷於罪，然後從而刑之，是罔民也。」（全解卷二，頁二六。）

流宥五刑。

【佚文】（五五）「先王以爲，人之罪，有被之五刑爲已重，加之以鞭扑爲已輕。已輕則不足以懲，已重則吾有所不忍，于是又爲之制五流之法，以宥五刑之輕者。此則先王之仁，以鞭扑、五刑爲未足以盡出入之差故也。」（精義卷三，頁十四；全解卷二，頁二六—二七；夏解卷二，頁二六。）

【佚文】（五六）堯竄三苗於三危。（文定集卷十六，頁二，參下佚文第七一條下汪應辰評。）

帝乃殂落。

【佚文】（五七）「魂氣歸于天，故謂之殂；體魄降于地，故謂之落。」（夏解卷二，頁三一。）

【評】（二七）宋夏僎曰：「殂落，漢孔氏謂即死也。唐孔氏廣其説，謂：殂，往也，言命盡而往；落者，若草木之落也。故王氏諸儒從而爲之説，曰：『……』此説極當。」（夏解卷二，頁三一。）[一]

百姓如喪考妣，三載，四海遏密八音。

【佚文】（五八）「聖人之政，其施不能無厚薄，則其報施之義，亦不能無厚薄也。」（全解卷二，頁三一。）

【評】（二八）宋林之奇曰：「……百姓，蓋指民而言之。……百姓若失父母，無小大、無遠近皆然，非獨百官而已。『三載，四海遏密八音』，指其地而言之，則曰『四海』；指其人而言之，則曰『百姓』，其實不異也。而王氏云：『……』。此蓋曲生穿鑿，無義理也。夫謂百姓如喪考妣者，非是處苫塊，真如居父母之喪也，但謂憂愁不樂也。惟憂愁不樂，則於三年之間遏密八音。此蓋相因之辭，無有臣與民之異也。」（全解卷二，頁三一。）

[一] 尚書全解卷二，頁三一暗用安石「魂氣歸於天」云云等共十八字。

月正元日，舜格于文祖。

【佚文】（五九）「舜避堯之子，方其未踐位，天下無政，故此格文祖，即月而後有政，故言『月正』。」（夏解卷二，頁七—八、頁三二一；全解卷三，頁一。）

【評】（二九）宋林之奇曰：「二典之所載，皆史官變其文以成經緯，苟得其大意足矣。如必較量輕重而爲之説，則將不勝其鑿。如舜典言舜受終則曰『正月』，格于文祖則曰『月正』，必欲從而爲之説，此王氏之所以有『即是月而後有政』之論也。」（全解卷三，頁一。）

【評】（三〇）宋夏僎曰：「前言『正月上日』，此言『月正元日』，特史家變文耳，初無别義。王氏乃謂……曾氏廣其説……王氏、曾氏所以藉爲曲説，非通論也。」（夏解卷二，頁三二一—三二二。）

食哉惟時。

【陳補】「商頌『歲事來辟』，則戒以『稼穡匪解』。周人遣諸侯于廟，則戒以『新畬終艾』，與此意同。」（陳傳卷一，頁二十二。）

柔遠能邇。

【佚文】（六〇）「古人皆以治遠自近始，至於言『柔遠能邇』，則先言『柔遠』者何也？不柔遠則遠者將爲己患，而近者不得安矣，雖欲善近，不可得也；欲善近者，以柔遠爲始。乃若治之，則自身至於家，自家至於國，自國至於天下，四海之外，未有不始乎近而後及乎遠也。」（精義卷四，頁三。）

【佚文】（六一）「遠者，柔之而已；近者，吾所治也，故當能之。」（夏解卷二，頁三四。）

惇德允元。

【陳補】「有德者，惇厚之。元善者，信任之」。（陳傳卷一，頁二二。）

而難任人，蠻夷率服。

【佚文】（六二）任，佞也。難者，拒之使不得進也。難任人，則忠信昭而四夷服。（嫩真子卷一，頁九。）

【評】（三一）宋馬永卿曰：「元祐中，東坡知貢舉日，並行詩賦、經義，書題中出『而難任人，蠻夷率服』，注云：『……』——東坡習大科日，曾作忠信昭而四夷服論——而新經與注意同。當時舉子謂東坡故與金陵異説，以爲難於任人則得賢者，故四夷服。」（嬾真子卷一，頁九。）

使宅百揆，亮采惠疇？

【佚文】（六三）「采，事也。百官，百揆之疇類也。宅百揆得人，則百官受其惠。」（陳傳卷一，頁二二；書傳會選卷一，頁二二。）

【佚文】（六四）「亮采者，明其事也。惠疇者，惠其疇也。百工者，百揆之疇也。百揆得人，則百工皆疇離祉矣。」（全解卷三，頁五；夏解卷二，頁三六。）

【評】（三二）宋林之奇曰：「此説雖勝，然以疇爲惠其疇，而引周易『疇離祉』爲證。……以『疇離祉』證『疇』之義，而又以『離祉』爲説，迂迴甚矣。」（全解卷三，頁五。）

五品不遜，汝作司徒，敬敷五教，在寬。

【陳補】「五品，言其人之品也。五典，言其品之典也。五教，言其以典教也。」（陳傳卷一，頁二三。）

【陳補】「舜以道制典，故史以謹教五典言之，故以典敷教，故舜以敬敷五教命之。」（陳傳卷一，頁二四。）

蠻夷猾夏，寇賊姦宄，汝作士。

【佚文】（六五）「（士，）在周，大司馬之職；當舜之時，以士官兼之。」（全解卷三，頁十；夏解卷二，頁四十；陳傳卷一，頁二四。）

【評】（三三）宋林之奇曰：「其意以謂：舜之時，不立大司馬之官，其有蠻夷猾夏，則使皋陶治之。此説不然。夫蠻夷侵亂邊境，將用兵以禦之邪？不用兵以禦之邪？不用兵以執之，則何以隸皋陶之刑？如其用兵，以士官爲將帥，古無是理。……甘誓『大戰于甘，乃召六卿』，在啓時有六卿，則當舜之時安知其無司馬之職，而必以爲兼於士官乎？」（全解卷三，頁十。）蘇軾評「或者」（即安石）誤以堯時士與司馬爲一官，與林氏評略同，見東坡書傳卷二，頁十一——十二。）

五服三就；五流有宅，五宅三居。

【佚文】（六六）「三就，就輕、就重與就輕重之中。三居，居遠、居近與居遠近之中。」（陳傳卷一，頁二四；輯纂卷一，頁二五；絜齋家塾書鈔卷一，頁四五。）〔一〕

〔一〕袁燮絜齋約尚書新義之文，謂「先儒」説，此先儒固謂安石。

疇若予上下草木鳥獸。

【陳補】「上下者，或山或澤，或飛或潛。」（陳傳卷一，頁二五。）

典樂教胄子。

【陳補】「胄子，將與其天職者也，不可以不教，教之之道，莫善於樂，故命夔典樂而教胄子。」（陳傳卷一，頁二六。）

直而温，寬而栗，剛而無虐，簡而無傲。

【佚文】（六七）「此四句乃教者之事。」（或問卷上，頁二四。）

【評】（三四）宋陳大猷曰：「或問：『直而温』下四句，荆公言此教者之事，諸家多取之，如何？曰：晦菴謂如此則於教胄子上都無益。愚謂直、寬、剛、簡決非施教者之事，王、張氏雖强引經，據於理，終非所安也。」（或問卷上，頁二四。）

詩言志，歌永言，聲依永，律和聲。

【佚文】（六八）「古之歌者，皆先有詞，後有聲，故曰『詩言志，歌永言，聲依永，律和聲』。如

今先撰腔子，後填詞，却是永依聲也。」（侯鯖録卷七，頁十一。）〔二〕

八音克諧，無相奪倫；神人以和。夔曰：「於！予擊石拊石，百獸率舞。」

【佚文】（六九）「堂上之樂，以象宗廟朝廷之治。堂下之樂，以象鳥獸萬物之治。石者，堂上之樂也。夔方擊石拊石，以象宗廟朝廷之治，鳥獸不待堂下之樂，固已率舞，以此見舜功化之敏，樂之形容有所不逮也。堂上之樂，非止于石，特曰『擊石拊石』者，蓋八音惟石難諧，舉石則餘不足道也。詩曰：『鼗鼓淵淵，嘒嘒管聲，既和且平，依我磬聲。』以此知樂之和由石聲而依之也。」（夏解卷二，頁四九。）

「命伯禹作司空」至「命龍作納言」。

【佚文】（七〇）「百揆，百官之首，故先命禹。養民，治之先務，故次命稷。富然後教，故次命契。刑以弼教，故次命皋。工立成器，以爲天下利，人治之末，故次命垂。如此治人者略備矣，然後及草木鳥獸，故次命益。民、物如此，則隆禮樂之時也，故次命夷、夔；禮先樂後，

〔二〕此條爲荆公説，惟疑非書義之文，姑存於此，以備考索。

故先夷後夔。樂作則治功成矣。羣賢雖盛，治功雖成，苟讒閒得行，則賢者不安，前功遂廢，故命龍於末，所以防讒閒、衛羣賢以成其終。猶命十二牧，而終以『難任人』。夫子答『爲邦』，而終以『遠佞人』也。」（輯纂卷一，頁二九；陳傳卷一，頁二七；纂疏卷一，頁二二；書纂言卷一，頁三六；尚書通考卷五，頁十三；書傳會選卷一，頁二六；大全卷一，頁六二—六三。）

【佚文】（七一）伯益、禹、稷，皆堯所命。（文定集卷十六，頁二一。）

【評】（三五）宋汪應辰曰：「舜典之命九官，與吕刑本不異，但註似誤以『皇帝』（吕刑文）爲堯。王介甫專不取註疏，于此乃不能正其失。竄三苗，命伯益、禹、稷，皆舜事也，而以爲堯，不知何所據也。若其命官先後之次，此則偶爾不同，不必論也。」（文定集卷十六，頁二一。）

二十有二人。

【陳補】「二十二人者，四岳一人，十二牧，九官。」（陳傳卷一，頁二七。）

三載考績；三考，黜陟幽明；庶績咸熙。分北三苗。

【佚文】（七二）「唐、虞以三考黜陟幽明，而其所命之官，或終身于一職，然則其所謂『陟』者，特爵服之加而已。」（尚書埤傳卷二，頁三四。）

【佚文】（七三）「分北三苗，黜幽也；然止於三苗，黜者寡矣。」（輯纂卷一，頁三十；大全卷一，頁六五。）

【陳補】「積不善則浸至於幽，積善則浸至於明。」（陳傳卷一，頁二六。）

【陳補】「分北三苗者，黜幽也。然止於三苗，見萬國皆順軌而干有司者寡矣。」（陳傳卷一，頁二八。）

尚書堯典、舜典通義。

【佚文】（七四）「堯行天道以治人，舜行人道以事天。堯典於舜、丹朱、共工、驩兜之事，皆論之，未及乎升黜之政。至舜典，然後禪舜以位、『四罪而天下服』之類，皆堯所以在天下，舜所以治。」（河南程氏遺書卷二二上，頁四。）

【評】（三六）宋程頤曰：「介甫自不識『道』字，道未始有天、人之别，但在天則爲天道，在地則爲地道，在人則爲人道。如言是何義理？四凶在堯時亦皆高才，職事皆修，堯如何誅之？然堯已知其惡，非堯亦不能知也。及堯一旦舉舜於側微，使四凶北面而臣之，四凶不能堪，遂逆命；鯀功又不成，故舜然後遠放之。如呂刑言『遏絶苗民』，亦只是舜，孔安國誤以爲堯。」（河南程氏遺書卷二二上，頁四。）

【評】（三七）宋陳振孫曰：「二典義，尚書左丞陸佃農師撰，爲王氏學，長於考訂。」（書録解題卷二，頁五。）

尚書新義　卷二

虞書

大禹謨第三

大禹謨。此篇題。

【佚文】（七五）「皋陶指其名，而禹稱『大禹』者，宅揆任大，冠諸臣之上，表而出之也。」（纂傳卷三上，頁一。）

曰若稽古大禹，曰文命，敷於四海。

【佚文】（七六）文命，禹號也。（朱文公文集卷六五，頁十六。）

【評】（三八）宋蘇軾曰：「命，教也，以文教布于四海而繼堯、舜。以文命爲禹名，則布于四海者爲何事耶？」（東坡書傳卷三，頁一。）

曰，后克艱厥后，臣克艱厥臣，政乃乂，黎民敏德。帝曰：「俞！允若兹，嘉言罔攸伏。野無遺賢，萬邦咸寧。稽于衆，舍己從人。不虐無告，不廢困窮，惟帝時克。」

【佚文】（七七）「舜，后也，故但言堯克艱事。今按：定公問『一言興邦』，孔子對以『君難，臣不易』，下文惟及君而不及臣，意亦類此。」（纂疏卷一，頁二五；陳傳卷二，頁二一；大全卷二，頁四；書傳彙纂卷三，頁四。）

【陳補】「嘉者，美之至也。」（陳傳卷二，頁二一。）

【陳補】「嘉言罔攸伏，故野無遺賢，野無遺賢，故萬邦咸寧。」（陳傳卷二，頁二一。）

都，帝德廣運。

【陳補】「都，君子所居。鄙，小人所居。故古者謂都爲美，謂鄙爲野。」（陳傳卷二，頁二一。）

乃聖乃神，乃武乃文。

【佚文】（七八）「乃聖乃神，所以立道；乃武乃文，所以立事。先聖而後神，道之序也；先武而後文，事之序也。」（全解卷四頁六；陳傳卷二，頁二一。）

【評】（三九）宋林之奇曰：「審如是説，則是道之外復有事，事之外復有道。既有道之序，復有事之序。使道無預於事，事無預於道。此王氏患天下之術之原。」（全解卷四，頁六。）

戒哉！儆戒無虞，罔失法度，罔遊于逸，罔淫于樂。任賢勿貳，去邪勿疑。疑謀勿成，百志惟熙，罔違道以干百姓之譽，罔咈百姓以從己之欲。無怠無荒，四夷來王。

【佚文】（七九）「自『儆戒無虞』至『四夷來王』，乃歷言『戒哉』之説。」（纂傳卷三一，頁三。）

【佚文】（八〇）「『罔失法度』以下，修之身者也。『任賢勿貳』以下，修之朝者也。『罔違道』以下，施之天下者也。」（輯纂卷一，頁三三；書傳會選卷一，頁三一；大全卷二，頁七；書傳彙纂卷三，頁八。）

【佚文】（八一）「咈百姓以從先王之道則可，咈百姓以從己之欲則不可。古之人有行之者，盤庚是也。蓋人之情順之則譽，咈之則毁，所謂『違道以干百姓之譽』也，即咈百姓以從先王之道者也。」（全解卷四，頁十。）

【評】（四〇）宋林之奇曰：「此説大戾！夫盤庚將遷都，民咨胥怨而不從，盤庚不强之以遷也。方且優游訓誥，若父兄之訓子弟，至於再，至於三，必使之知遷都之爲利，不遷之爲害，然後率之以遷焉。何嘗咈之以從己哉？夫王者之安天下，必本於人情，未有咈百姓而可以從先王之道也。王氏此説，甚牴牾於聖經矣。」（全解卷四，頁十。）

【陳補】「人君不能儆戒以守法度，而游于逸，淫于樂，則荒惑矣，荒惑則任賢豈能勿貳？任賢不一，與去邪豈能勿疑？然所謂勿疑者，非於可疑之際而斷以勿疑也，考核情實無可疑，然後可斷而去之爾。」（陳傳卷二，頁三。）

【陳補】「無怠，戒以勤。無荒，戒以治。」（陳傳卷二，頁四。）

水、火、金、木、土、穀，惟修；正德、利用、厚生，惟和；九功惟敘。

【佚文】（八二）「以『惟敘』爲六府三事之序，故以土治水，以水治火，然後水、火爲用；以火治金，以金治木，然後金、木爲器；以木治土，以土治穀，然後土、穀爲利。」（全解卷四，頁十二—十三。）

【評】（四一）宋林之奇曰：「楊龜山曰：『不然。神農氏斲木爲耒，揉木爲耜，耒耜之利，以教天下，蓋以木治土，然後有耒耜之利，非土能治穀矣。洪範曰「土爰稼穡」，與「水之潤下，火之炎上，木之曲直，金之從革」，一也，謂土能治穀者非也。』此説爲是。然龜山既知土能治穀之爲非，而又曰：『五行相生以相繼，相尅以相治。相生爲四時之序，相尅爲六府之序也。』夫既以相尅爲六府之序，則自水治火而推之，亦將以土治穀矣。此則流入於王氏之説而不自知也。」（全解卷四，頁十三。）

地平天成，六府三事允治。

【佚文】（八三）「方水之未平，春作秋成有弗穫者，故地平然後天成。」（纂傳卷三上，頁五。）

耄期倦于勤。

【陳補】「八十九十曰耄，耄則昏矣。百年曰期頤，期者百年之名，期者則當頤養。」（陳傳卷二，頁六。）

帝念哉！念兹在兹，釋兹在兹，名言兹在兹，允出兹在兹。惟帝念功。

【佚文】（八四）「念此人當知此人有可念之道，釋此人當知此人有不可念之理，名言此人當察此人之賢否。此事之是非，允出于此道，則當察此道之可否。蓋禹以爲皋陶有可念之功，無可釋之事，名其人則有德，言其事則民懷。舜允出于禪位，則皋陶在所當念，不在所當釋。」（夏解卷三，頁十七；全解卷四，頁十八。）

【評】（四二）宋林之奇曰：「王氏……以此爲讓于皋陶，其説是也，然而意亦未順。竊謂禹之讓于皋陶也，蓋以謂我之心念其可以受帝之禪者，惟在於皋陶。……」（全解卷四，頁十八；夏僎用林氏意見，見夏解卷三，頁十七—十八；陳傳卷二，頁七。）

臨下以簡。

【陳補】「臨下以簡爲善，故元首叢脞則萬事墮哉。」（陳傳卷三，頁八。）

成允成功。

【佚文】（八五）「舉事當，人信之，謂之『成允』。鯀汨陳五行，而禹行其所無事，可謂成允，成允然後能成功。」（陳傳卷二，頁九；纂傳卷三上，頁七。）

汝惟不矜，天下莫與汝争能；汝惟不伐，天下莫與汝争功。

【佚文】（八六）「矜有執持之意，伐有夸大之意，故以矜言能，以伐言功；伐甚於矜也。能過天下而不矜，故天下愈服其能；功高天下而不伐，故天下愈服其功。」（輯纂卷一，頁三八；纂疏卷一，頁二九—三十；大全卷二，頁十七。）

天之曆數在汝躬。

【陳補】「曆數，易所謂天地之數五十有五，所以成變化而形鬼神者是也。成變化，故昆蟲之出入，草木之生死，莫不待此以成。行鬼神，故自有形以至無形，自有心以至無心，莫不待此以行。帝王之興以天之曆數所在，非人事也。然人事果無與於廢興乎？曰：有命有義，命所以立天道，義所以立人道，『天之曆數在汝躬』，言命也。『四海困窮，天禄永終』，言義也。莫之爲而爲者，天道也。爲之而使然者，人道也。和同天人之際，使之無間，非聖人孰能與於此！（陳傳卷二，頁十一—十二。）

四海困窮，天禄永終！

【佚文】（八七）「四海困窮則失民，失民則無與守邦；無與守邦則天禄永終矣。」（全解卷四，頁二九。）

枚卜功臣，惟吉之從。

【佚文】（八八）「木幹曰枚，枝曰條。枚有條，故數物曰枚，數事曰條。枚卜，人人而卜之也。」（輯纂卷一，頁四一；陳傳卷二，頁十二；纂疏卷一，頁三二；大全卷二，頁二三；書傳彙纂卷三，頁二六。）

昏迷不恭。

【陳補】「不明謂之昏，不悟謂之迷。苗以昏故迷，以迷故不恭。」（陳傳卷二，頁十四。）

民棄不保，天降之咎，肆予以爾衆士，奉辭伐罪。

【陳補】「天明畏自我民明威，民棄不保則天降之災咎，禹之用師，致天討而已。天降之咎，故以爾衆士奉辭伐罪。」（陳傳卷二，頁十四。）

負罪引慝祗載，見瞽叟，夔夔齋慄。

【陳補】「負罪而不釋，引慝而不拒，祗載而不違，此舜所以事瞽瞍也。」（陳傳卷二，頁十五。）

班師振旅。

【佚文】（八九）「班，分也，如『班瑞』、『班宗彝』之班。禹前會諸侯之師，今分而散之。」（書傳會選卷一，頁三八。）

皋陶謨第四

允迪厥德，謨明弼諧。

【佚文】（九〇）「迪，道也。允迪厥德，謂所行之德允當于道。能允迪厥德，則心徹于內，而思慮不蔽，以之成謀，則明；智徹于外，而視聽不悖，以之受弼，則諧。」（夏解卷四，頁二；全解卷五，頁二。）

【評】（四三）宋夏僎曰：「夫皋陶直言『允迪厥德』而已，王氏乃加『道』字；直言『弼諧』，王氏乃加『受』字，其辭亦贅。」（夏解卷四，頁二；林之奇評大旨略同，見全解卷五，頁二。）

慎厥身修，思永。惇敘九族，庶明勵翼，邇可遠，在茲。

【佚文】（九一）「身立則政立，故皋陶先言『修身』。能修其身然可以齊其家，故繼之以『惇敘九族』。齊家而後國治，故繼之以『庶明勵翼』。國治而天下平，故繼之以『邇可遠在茲』。」（夏解卷四，頁五。）

庶明勵翼。

【陳補】「庶官昭明勉勵而輔翼於己。」（陳傳卷二，頁十七。）

惟帝其難之。

【佚文】（九二）惟帝其難之，指堯而言。（全解卷五，頁五—六。）

【評】（四四）宋林之奇曰：「張橫渠以帝爲舜。所以必從張橫渠之説者，蓋禹不當謂堯爲帝。……四凶之誅，在舜歷試之時，當堯之時雖知其大惡大姦，然而未嘗有可誅之罪，故釋之而不誅，非憂之畏之而不敢誅也。苟以『惟帝其難之』爲指堯而言，則是禹之意以堯未能盡其知人安民之意，故曰：『何憂乎驩兜？何遷乎有苗？何畏乎巧言令色孔壬？』審如是説，則禹之言是所以貶堯，非所以稱美之矣。」（全解卷五，頁六。）

【佚文】（九三）孔壬，大包藏禍心之意。（真德秀引，見纂疏卷一，頁三五；輯纂卷一，頁四五；尚書日記卷四，頁五；及尚書埤傳卷三，頁九。）

何憂乎驩兜？何患乎有苗？何畏乎巧言令色孔壬？

【評】（四五）宋真德秀曰：「孔壬，古註以爲甚佞。介甫謂其包藏禍心；蓋以『壬』爲『妊娠』之『妊』。胡氏非之，謂此訓將以腹非罪人。蔡氏仍祖其説，不若從孔註爲長。」（纂疏卷一，頁三五引。又見輯纂卷一，頁四五；尚書日記卷四，頁五；尚書埤傳卷三，頁九引，略同。）

【評】（四六）明王樵曰：「孔傳于舜典『難壬人』，只云：壬，佞也；于此『孔壬』，只云：

甚佞。似爲簡徑。而蔡傳每處加以『包藏』之義，得非亦先入於荆公之説乎？」（尚書日記卷四，頁五。）

【陳補】「驩兜誣人之功罪，害於知人；有苗違上政令，害於安民，故畏之。巧言以色孔壬，若共工『静言庸違象恭』是也，則無所不害，害之至也，故畏之，畏又甚於憂也。有苗雖頑，然上之聰明不爲驩兜、共工之徒所蔽，則按其惡遷之而已，非所憂畏也，故於苗曰遷而已。」（陳傳卷二，頁十六。）

亦行有九德，亦言其人有德，乃言曰載采采。

【陳補】「知人之方當考其行，行有九德，所以知其德者當考其事。今言其人有德，則當言其可見之行。曰載采采者，所謂可見之行也。」（陳傳卷二，頁十八。）

寬而栗，柔而立，愿而恭，亂而敬，擾而毅，直而温，簡而廉，剛而塞，强而義。

【佚文】（九四）「愿愨或失于朴陋，恭謂恭肅有禮。」（纂傳卷三中，頁三；陳傳卷二，頁十九。）

【陳補】「九德合之則爲三，分之則爲九。」（陳傳卷二，頁十九。）

日宣三德，夙夜浚明有家；日嚴祗敬六德，亮采有邦。

【佚文】（九五）「日宣達三德之賢，使任有家。日嚴祗敬六德之賢，使任有邦。」（輯纂卷一，頁四六；纂疏卷一，頁三六；大全卷二，頁二四。）

【評】（四七）元董鼎曰：「真氏取之，皆作君用賢説，庶與下文『翕受敷施九德』之賢相協。」（輯纂卷一，頁四六。）

【佚文】（九六）嚴，貌嚴；祗，行祗；敬，心敬。（全解卷五，頁十。）

翕受敷施，九德咸事，俊乂在官。

【佚文】（九七）「合九德而受之，敷九德而施之。」（纂傳卷三中，頁四；陳傳卷二，頁二十。）

【陳補】「材可以治之謂乂。」（陳傳卷二，頁二十。）

【陳補】「所謂賢者在位，能者在職也。」（陳傳卷二，頁二十。）

撫于五辰。

【佚文】（九八）「五辰分配四時：春則寅卯，爲木之辰；夏則巳午，爲火之辰。餘倣此。」（輯纂卷一，頁四六；書傳會選卷一，頁四二；大全卷二，頁二四。）

無教逸欲有邦。

【佚文】（九九）「天子當以勤儉率天下諸侯，不當以逸欲教有邦。蓋天子逸欲於上，則諸侯化之，亦將肆其逸欲以盤樂怠傲於下。使有邦者皆肆其逸欲，則生民之受其禍，可勝計哉！而其源則自夫上之人以逸樂導之也。誠使爲天子者澹然無營，清心寡欲，舉天下之聲色貨利曾不足以動其心，彼諸侯者其敢肆其逸欲於下哉！」（全解卷五，頁十三。）

無曠庶官。

【陳補】「曠，用非其人，空其位，廢其事之謂也。」（陳傳卷二，頁二一。）

天秩有禮，自我五禮有庸哉！

【佚文】（一〇〇）「吉、凶、軍、賓、嘉之禮，亦天所秩也，天子當自其禮庸之；庸者，常用之謂也。」（纂傳卷三中，頁五。）

【佚文】（一〇一）「五典、五服、五刑之所施，非一人之身，若五禮則取於一人之身。」（全解卷五，頁十五。）

【評】（四八）宋林之奇曰：「典曰『五惇』，服曰『五章』，刑曰『五用』，而至於禮則獨曰『有庸』者，王氏曰：『……』而楊龜山以其説爲不然……曰：『禮雖有五而其用則非一，如五禮上自天地、社稷、宗廟，下至山林、川澤以及四方物，皆有祭焉。而其儀章器物，各從其類，不可以數計；吉、凶、軍、賓、嘉，亦莫不然，故曰「有庸」。』然馬融本則直作『五庸』，與『五惇』、『五章』、『五用』無以異。然世遠難以折中，姑兩存之。」（全解卷五，頁十五—十六。）

五服五章哉！

【陳補】「服，所以章有德也。」（陳傳卷二，頁二二。）

天聰明自我民聰明，天明畏自我民明威。

【佚文】（一〇二）「聰明主于典禮而言，明威主于命德討罪而言。」（夏解卷四，頁十七；全解卷五，頁十六。）

【評】（四九）宋林之奇曰：「案：呂刑云『德威惟畏，德明惟明』……明者天之所彰也，畏者天之所畏也。……夫『明畏』主於『命德討罪』，無可疑者，而以『聰明』爲『主典禮』，則失之泥。要之，二句只一意，蓋所以總結上文而盡其義；亦不必分説。泰誓曰：『天視自我民視，天聽自我民聽。』此正爲『命德討罪』而言也。」（全解卷五，頁十六；夏僎評，見夏解卷四，頁十七，略同。）

【陳補】「民受天地之中以生，其性命之所受與天爲一，其視聽好惡之公，未嘗與天違也。」（陳傳卷二，頁二三。）

思曰贊贊襄哉！

【佚文】（一〇三）「思曰」之「曰」，當作「日」，形近之訛。（書疑卷二，頁二；陳傳卷二，頁二十三。）

【評】（五〇）敏案：諸家説多與安石同，謂「曰」作「日」：東坡書傳（卷三，頁十七；卷四，頁一。）、薛氏（全解卷五，頁十八引。）、張九成（精義卷七，頁十—十一引。）、蔡傳（卷一，總頁十七。）、書疑（卷二，頁二。）等。參拙作王柏之生平與學術第肆編第二章第一節。

【佚文】（一〇四）「襄，成也。思一一贊襄，以成禹之功也。」（全解卷五，頁十八；陳傳卷二，頁二三。）

【評】（五一）宋林之奇曰：「案：春秋左氏傳定十五年：『葬定公，雨不克襄事』，杜元凱曰：『襄，成也。』王氏之訓蓋出諸此。此説爲善。皋陶之意，蓋以謂使我獨厎可績，則未能爲禹之助以成其功而已。」（全解卷五，頁十八。）

經文不詳。

【佚文】（一〇五）「按其見惡。」（王安石臨川集卷四三，頁三乞改三經義誤字劄子皋陶謨篇：，疑爲「天討有罪，五刑五用哉」釋義。）

益稷第五

予乘四載，隨山刊木。

【佚文】（一〇六）鯀治水九載，兗州「作十有三載乃同」，禹之代鯀，蓋四載而成也。（東坡書傳卷四，頁二。）

【評】（五二）宋蘇軾曰：「水行乘舟，陸行乘車，泥行乘輴，山行乘樏，秦、漢以來，師傳如此，且孔氏之舊也。故安國知之，非諸儒之臆説也。『四載』之解，雜出于尸子、慎子，而最可信者，太史公也。亦如六宗之説，自秦、漢以來尚矣，豈可以私意曲學鐫鑿附會爲之哉？而或者以爲鯀治水九載，兗州作十有三載乃同，禹之代鯀，蓋四載而成功也。世或喜其説，然詳味本文,『予乘四載,隨山刊木』,則是駕此四物以行于山林川澤之閒,非以『四』因『九』通爲十三載之辭也。按書之文,鯀『九載,績用弗成』在堯未得舜之前,而殛鯀在舜登庸歷試之後,鯀殛而後禹興,則禹治水之年,不得與鯀之九載相接,兖州之功,安得通『四』與『九』爲『十三』乎?禹之言曰:『娶于塗山,辛壬癸甲。』是娶在治水之中;又曰:『啓呱呱而泣,予弗子,惟荒度土功。』是啓生在水患未平之前也。禹服鯀三年之喪,自免喪而至于娶,而至于子,自有子至于止禹而泣,亦久矣,安得在四載之中乎?反覆考之,皆與書文乖異,書所云『作十有三載乃同』者,指兖州之事,非謂天下共作十三載也。近世學者喜異而巧于鑿,故詳辯之以解世之惑!」(東坡書傳卷四,頁二一—三。)

【佚文】(一〇七)「隨山,相水所出入治之:刊,除木也。刊木,以達險阻,除蔽障也。」(陳傳卷二,頁二四;永樂大典卷二〇四二六,頁十六載書集傳引;纂傳卷三下,頁一。)

【佚文】(一〇八)「決九川,距四海,使大水有所歸;濬畎澮,距川,使小水有所入:治水之次第也。不決川,則雖濬畎澮,不能除水患也。」(纂傳卷三下,頁一;「治水之次第也」以下共二十字,用輯纂卷一,頁五十所引「王氏曰」補。此條又略見纂疏卷一,頁三九;大全卷二,頁

予決九川,距四海;濬畎澮,距川。

四二；書傳彙纂卷三，頁五二。）

【佚文】（一〇九）「濬，治而深之之謂。川或不必濬，於其壅塞也，決之而已。」（陳傳卷二，頁二四；永樂大典卷二〇四二六，頁十六載書集傳引同。）

懋遷有無化居。

【佚文】（一一〇）「物不可積，則懋使之化；可積以待，則遷使之居。」（永樂大典卷二〇四二六，頁十六載書集傳引；臨川集卷四三，頁三乞改三經義誤字劄子。）〔一〕

【佚文】（一一一）「居，儲也。」（纂傳卷三下，頁二。）

「帝曰臣作朕股肱耳目」至「否則威之」。

【佚文】（一一二）「自『臣作朕股肱耳目』至『否則威之』，帝責任於禹。」（纂傳卷三下，頁三。）

【佚文】（一一二之一）「下文『汝翼』、『汝爲』，作股肱也；『汝明』、『汝聽』，作耳目也。」（陳

〔一〕參臨川集乞改三經義誤字劄子此條，知陳大猷書集傳引文删節「懋」、「遷」二字，今補。

傳卷二，頁二六；永樂大典卷二〇四二八，頁十七載書集傳引同。）

帝曰：「臣作朕股肱耳目：予欲左右有民，汝翼；予欲宣力四方，汝爲；予欲觀古人之象，日、月、星辰、山、龍、華、蟲，作會，宗彝、藻、火、粉、米、黼、黻、絺繡，以五采彰施于五色，作服，汝明；予欲聞六律、五聲、八音，在治忽，以出納五言，汝聽。」

【佚文】（一一三）「『臣作朕股肱耳目：予欲左右有民，汝翼。予欲宣力四方，汝爲』，言作股肱。『予欲觀古人之象』至於『汝聽』，言作耳目。」（全解卷六，頁十一；夏解卷五頁十。）

【佚文】（一一四）「汝翼，作肱；汝爲，作股；汝明，作目；汝聽，作耳也。」（輯纂卷一，頁五二；纂疏卷一，頁四一；大全卷二，頁四六。）

【佚文】（一一五）「敬敷五教，司徒掌之，豈非左右有民？稷掌阻飢，皋治姦宄，豈非宣力四方？夷作秩宗，豈非制衣服？夔典樂，豈非察音聲？然彼皆各治一官，禹則總百官而治之者也。帝兼舉四事，而寄以股肱耳目，蓋如此。」（輯纂卷一，頁五二；纂疏卷一，頁四一；大全卷二，頁四六；尚書日記卷四，頁二三；書傳彙纂卷三，頁五八。）

【佚文】（一一五之一）「一陰一陽之謂道。道之在天，以日月爲本，以星辰爲紀，故以日月星辰爲首。山取其靜而仁，龍取其變化。」（陳傳卷二，頁二七；永樂大典卷二〇四二八，頁十七載書集傳引。）

【佚文】（一一六）「日、月、星辰、山、龍、華、蟲，凡此，德之屬夫陽者，故在衣而作繪。宗彝、藻、火、粉、米，凡此，德之屬夫陰者，故絺繡在裳。辨物則知善之爲善，知善之爲善，推而上之，可以至於天道，則聖人之能成矣。」（全解卷六，頁十四。）

【佚文】（一一六之二）「宗彝，宗廟尊彝也；事宗廟之常器，所以象孝。藻，水草也，以其清潔而可薦羞。火，以其明足以燭物而烹治。」（陳傳卷二，頁二七；永樂大典卷二〇四二八，頁十七載書集傳引。）

【評】（五三）宋林之奇曰：「介甫嘗有韓退之詩曰：『紛紛易盡百年身，舉世無人識道真；力去陳言誇末俗，可憐無補費精神！』王氏於經，其鑿如此，則其『無補費精神』，蓋又甚於韓退之矣！故楊龜山力辨其非……而其説又曰：『日、月、星辰，天象也；山，地之屬也；服之所以體天地也。龍、華、蟲，天産也，故作繪而在上。宗彝，形而在下者；藻、火、粉、米，地産也；黼黻，人爲也，故絺繡在下。』此則流而入王氏之説而不自知，是皆目睫之論。」（全解卷六，頁十四—十五。敏案：王安石詩集卷三四有七絶韓子，「無」作「何」。）

【陳補】「華、蟲取其文。」（陳傳卷二，頁二七。）

【陳補】「米取養人，黼取其斷，黻取其辨。」（陳傳卷二，頁二七。）

予違，汝弼。

【佚文】（一一七）「拂我而相之，謂之弼，故『弼』字或作『拂』。比我而相之謂之輔，故比卦曰：比，輔也。」（陳傳卷二，頁二九；輯纂卷一，頁五二；纂疏卷一，頁四一；大全卷二，頁四七。）

侯以明之，撻以記之，書用識哉。

【陳補】「此以禮教也。」（陳傳卷二，頁三十。）

侯以明之。

【陳補】「若射矍相之圃，或斥出之，或留在位，此侯以明之之意。」（陳傳卷卷二，頁三十。）

書用識哉。

【陳補】「周禮鄉黨之官以時書民孝弟睦婣有學者，亦此意。」（陳傳卷二，頁三十。）

工以納言，時而颺之；格則承之庸之，否則威之。

【佚文】（一一八）「工以納言，時而颺之者，所謂以樂教也。格則承之庸之者，既教而成矣，則有德者承之，而承之者使之在位也；有能者庸之，而庸之者使之在職也。否則威之者，教之不率而後威之以刑，先王所以成就天下之材至於如此，可謂至矣。」（精義卷八，頁四。）

「禹曰俞哉帝光天之下」至「帝其念哉」！

【佚文】（一一九）「自『俞哉』至『帝其念哉』，禹歸重於帝。」（纂傳卷三下，頁六。）

「咸見五長，各迪有功，苗頑弗即工，帝其念哉！」帝曰：「迪朕德，時乃功惟敘。」皋陶方祗厥敘，方施象刑，惟明。

【佚文】（一二〇）「禹言『帝念哉』，蓋謂苗頑弗即工，帝當念其罪而誅之。故帝于下文言『皋陶方祗厥敘，方施象刑，惟明』，乃所以告禹，謂汝欲我念其所以誅三苗，我當命皋陶施刑以誅之。」（夏解卷五，頁二二三；全解卷六，頁二五—二六。）

【評】（五四）宋夏僎曰：「此說雖可喜，林少穎（之奇）謂勸人君以用刑（兵），豈禹愛君之意？兼當時苗之頑凶，率六師以征之，猶且不服，豈皋陶象刑而能制哉！此所謂『帝念哉』者，特謂……帝當以苗民爲念憂，勤于政事，不可使有一日之慢遊也。」（夏解卷五，頁二一三；林之奇評，見全解卷六，頁二六，略同。）

【評】（五五）宋蘇軾曰：「今天下定矣，而苗猶不即工者，帝不可以不求諸己也，故曰『帝其念哉』。此禹得之于益班師而歸諫舜之詞也。而説者乃謂禹勸舜當念三苗之罪而誅之。夫所謂『念哉』者，豈誅有罪之言乎？」（東坡書傳卷四，頁六。）

【陳補】「師長各相率而赴功，故各迪有功。」（陳傳卷二，頁三十。）

夔曰：「戛擊鳴球，搏拊琴瑟，以詠，祖考來格；虞賓在位，羣后德讓。下管鼗鼓，合止柷敔，笙鏞以間；鳥獸蹌蹌。簫韶九成，鳳皇來儀。」

【佚文】（一二一）「治定制禮，功成作樂，舜之治功於是乎成矣。故夔稱其作樂，以美舜也。」（全解卷六，頁二七；夏解卷五，頁二六。）

【評】（五六）宋林之奇曰：「蓋舜之在位三十餘年，其與禹、皋、夔、益之徒相與答問者多矣……史官集而記之，非其一日之言也。諸儒之説，自皋陶謨至此篇末，皆謂其文勢相屬。薛氏以謂『……』王氏則以謂：『……』凡此皆欲會同數篇所載，以爲一日之言。豈史官獨載其一日之言，而盡遺其餘乎？此理之必不然也。理之所不然而必爲之説，故其説皆牽沿而不通，今不取。」（全解卷六，頁二六—二七。）

【佚文】（一二二）「以兆鼓則曰鼗。」（考古質疑卷三，頁十六。）

【佚文】（一二三）「堂上樂以象宗廟朝廷之治，故堂上之樂作而能致和于宗廟朝廷。堂下樂以象鳥獸萬物之治，故堂下之樂作而能致和于鳥獸萬物也。」（夏解卷五，頁二九。）

【評】（五七）宋夏僎曰：「堂上、堂下，其器雖不同，要之作樂之際，實相合以成樂也。……堂上、堂下必翕然並作，其格祖考、感鳥獸，當如大司樂幾變而格祖考，幾變而感鳥獸。……非謂堂上樂可以格祖考，而不可以感鳥獸；堂下樂可以感鳥獸，而不可以格祖考。……其實是上、下之樂並作，樂聲既和，上則祖考羣后咸和，下則鳥獸萬物咸若。」（夏解卷五，頁二六—二八。）

【陳補】「鳥獸蹌蹌鼓舞，則萬物無不和矣。」（陳傳卷二，頁三四。）

【陳補】「管篁之族其音象鳥，鼓鐘之族其聲象獸，非特聲也，其制形亦然。先儒以笙爲象鳥翼，而筍簴亦皆爲鳥獸之形。」（陳傳卷二，頁三四。）

【陳補】「鳳凰鳴中律呂，色能五彩文章，能集其類，而君之治則見，亂則隱。」（陳傳卷二，頁三四。）

夔曰：「於，予擊石拊石，百獸率舞，庶尹允諧。」

【陳補】夔既言韶之成，又歎美舜德化之妙，樂之形容有所不逮也。予方擊石拊石，不待衆樂之奏，百獸固已率舞，庶尹固已允諧，豈無自而然哉？皆帝德有以致之也。（陳傳卷二，頁三五。）

帝庸作歌。

【陳補】「治大成矣，上下宜相戒儆之時，故帝以此作歌。」（陳傳卷二，頁三五。）

股肱喜哉！

【佚文】（一二四）「股肱不喜，而有刑以俟之。」（嵩山集卷一，頁三八。）

皋陶拜手稽首，颺言曰：「念哉！率作興事……屢省乃成。」……「元首明哉！股肱良哉！庶事康哉！」……「元首叢脞哉！股肱惰哉！萬事墮哉！」

【佚文】（一二五）「皋陶以爲人君不必下侵臣職以求事功，但委任而責成功爾。『率作興事』者，分職授任，如咨命二十二人是也。『屢省乃成』，則三載考績、三考黜陟是也。能如是則可謂之明君。君明則臣不敢欺，而思盡其職，庶事自各就緒矣。苟爲不然，而欲下侵衆職，則元首叢脞而股肱懈怠〔一〕。天下之事豈一人所能辦哉？萬事之墮，固其宜矣。」（尚書日記卷四，頁三七。）

【佚文】（一二六）「前言『庶事』，後曰『萬事』，甚言叢脞與惰之敗事也。」（書纂言卷一，頁五七；陳傳卷二，頁三十六；纂傳卷三下，頁十。）

〔一〕「脞」，原作「挫」，據尚書原文改。

尚書新義　卷三

夏書

禹貢第一

禹別九州，隨山濬川，任土作貢。此尚書小序之全文。

【佚文】（一二七）「王制云：『廣谷大川異制，民生其間者異俗。』故禹別九州，皆奠高山大川，以正封域。」（禹貢說斷卷一，頁四；禹貢集解卷一，頁三。）〔二〕

冀州。

〔二〕　通志堂經解收宋烏傷（婺州義烏縣）傅寅同叔禹貢集解二卷，而武英殿聚珍版叢書及四庫全書自永樂大典所載輯出本書（釐爲四卷），視通志堂本文字爲多，書名作「禹貢說斷」（詳四庫提要卷十一，頁十四—十五經部書類一）。兹據殿本，並附見通志堂本（書名仍用「禹貢集解」）卷頁於其次。

【佚文】（一二八）「九州之序，禹貢始於冀，次以兗，而終於雍；職方始於揚，次以荊，而終於并者，蓋禹貢言治水之序，職方言遠近之序。治水自帝都而始，然後順水性所便，自下而上，故自兗至雍而止。以遠近言之，則周之化自北而南，以南爲遠，故關雎、鵲巢之詩，分爲二南，漢廣亦言文王之道被于南國；德化所及，以遠爲至故也。始於揚州，則以揚在東南；次以荊，則以荊在正南；終于并，則以并在正北：先遠而後近也。」（周禮訂義卷五六，頁二五—二六；禹貢匯疏卷一，頁十九—二十；禹貢古今注卷一，頁七。）

既載壺口，治梁及岐。既修太原，至于岳陽。覃懷厎績，至于衡漳。

【佚文】（一二九）「治水或言地名，或言山名，或言水名者，言地名則以地有水瀰漫也，言山名則以山有水壅塞也，言水名則以水汎濫而不見故道也。治山之水者，自上而達之于下；治地之水者，自小而達之于大。故初則至于川，次則入于河，終則歸于海，歸於海則無壅塞瀰漫不見故道之患矣。治水或言載，或言治，或言厎績，其實一也；欲文其辭，故異其字耳。冀州治水至此，則無水患矣。」（精義卷九，頁八。）

【佚文】（一三〇）「載，事也；既事壺口，然後治梁及岐也。水逆行泛濫而亂，故治之也。」（禹貢說斷卷一頁十五；陳傳卷三，頁二；禹貢集解卷一，頁十四。）

【佚文】（一三一）「修其亂謂之治。」（纂傳卷四，頁二。）

【佚文】（一三二）「治其壞謂之修。」（纂傳卷四，頁二。）

【佚文】（一三三）「地爲水所攻蕩，隳圮而壞，故修之也。」（禹貢集解卷一，頁十七；禹貢説斷卷一，頁十八。）

【評】（五八）宋陳大猷曰：「或問：孔氏及蘇、王（安石）諸儒説『衡漳』，新安王氏（炎）以爲非，如何？曰：漢孔氏去古近，蘇、王諸儒皆至中原，所謂『漳』者，宜親見之。新安王氏言漳之源流雖詳，恐未必是禹之舊跡；兼王氏（炎）乃近世人，未嘗身至中原，故未敢從。」（或問卷上，頁三四。）

厥土惟白壤，厥賦惟上上錯，厥田惟中中。

【佚文】（一三四）「物其土田以知所宜，奠其賦以知所出也。冀州之土非盡白壤，而曰『白壤』者，其大致然也。餘州蓋皆如此。」（禹貢説斷卷一，頁二三—二四；禹貢集解卷一，頁二二；纂傳卷四，頁三；書纂言卷二，頁三；書傳彙纂卷四，頁十。）

【佚文】（一三五）「田與賦皆分作九等，故有上中下；而上中下之間又各分之，故有上上、上中、上下，又有中上、中中、中下，又有下上、下中、下下，是爲九等。故上上爲第一，上中爲第二，以次至下下爲九等。」（精義卷九，頁九。）

【佚文】（一三六）「賦乃田與土所出，故八州言『賦』皆在『田』之下，惟此在『田』之上者，傳之誤也。且九州或田與土品第高而賦則卑，或田與土品第卑而賦則高，何也？蓋田土論性，賦論多寡，故田與土品第高者其性美也，賦則品第卑者其數少也；田土品第卑者其性不美也，賦則品第高者其數多也，故賦與田土品第不同。」（精義卷九，頁九。）

恒衞既從。

【陳補】「從，順也。順者，水不逆行也。」（陳傳卷三，頁四。）

夾右碣石入于河。

【佚文】（一三七）「夾右碣石入于河」句，與下「濟河惟兗州」連，爲一段。（全解卷七，頁十八。）

雷夏既澤。

【佚文】（一三八）「既澤者，水有所鍾而不溢也。」（禹貢説斷卷一，頁三八。）

濰、沮會同。

【佚文】（一三九）「兩相合謂之會，合而爲一謂之同。」（陳傳卷三，頁五；纂傳卷四，頁六。）

厥篚織文。

【佚文】（一四〇）「時已有織文之貢，則此織文也，必非水去之後創爲此制，則其來遠矣。以堯、禹在上而不能革，後世將誰革之乎？衣不必温，而又爲目觀之美，則奢侈自堯、舜前矣。」（精義卷九，頁十八。）

嵎夷既略。

【佚文】（一四一）「（略，）爲之封畛也。」（全解卷八，頁二；禹貢錐指，見皇清經解卷三一，頁九。）

【評】（五九）宋林之奇曰：「曾氏推廣王氏之意，以謂『嵎夷既略』者，言地接於夷，不爲之封畛，則有猾夏之變。以『既略』爲『封域』，其説比先儒爲優。……禹貢之九州，如冀、揚之島夷，此州之嵎夷、萊夷，梁州之和夷，徐州之淮夷，皆是此數州之境界；於要荒之地，故有蠻獠之民雜處於其地，如後世蠻洞羈縻州郡是也。」（全解卷八，頁二—三。）

【評】(六〇)清胡渭曰:「九州唯此書『略』,必有精義。……左傳曰:『天子經略,諸侯正封,古之制也。封略之内,何非君土?』又曰:『封畛土略。』又曰:『侵敗王略。』略,皆訓界;經略,猶言經界也。王説本此。」(禹貢錐指,皇清經解卷三一,頁九。)

海濱廣斥。

【佚文】(一四二)「水去故見土,色白而墳起。海畔廣有斥鹵之水,可煎以爲鹽;斥爲鹽鹵也。」(精義卷十,頁三。)

岱畎絲、枲、鉛、松、怪石。

【佚文】(一四三)「黑錫曰鉛。」(纂傳卷四,頁九;禹貢錐指,皇清經解卷三一,頁二十。)

淮、沂其乂,蒙、羽其藝;大野既豬,東原厎平。

【佚文】(一四四)「乂,治也。謂治淮、沂二水,使歸故道,則蒙、羽二山自無水患,而可種藝;而大野之澤既以蓄水,則水不瀰漫矣;東原之地乃致之平,是無水患矣。」(精義卷十,頁五—六。)

羽畎夏翟，嶧陽孤桐，泗濱浮磬，淮夷蠙珠暨魚。

【佚文】（一四五）「夏翟乃雉之名，出於羽山之谷，其羽可以爲旌旄。嶧山之南，有孤生之桐，堪爲琴瑟。泗水之涯，有石出於水如浮然，可以爲樂器之磬。皆以爲貢也。」（精義卷十，頁七—八。）

浮于淮、泗，達於河。

【佚文】（一四六）「順流于淮、泗二水，以至於河，入揚州之境。」（精義卷十，頁八。）

三江既入，震澤厎定。

【佚文】（一四七）「一江自義興，一江自毗陵，一江自吴縣。義興，古之陽羡；毗陵，今之丹徒，春秋謂之延陵，季札所居之地；吴縣，今之吴江。三江介于常、潤、蘇三州之間，而震澤瞰乎三州之界，尾通吴興，苕、霅之水出焉。三江皆入海。二江在震澤之上〔二〕，一江在震澤之下；震澤

〔二〕「二江在震澤之上」，禹貢説斷「二」作「一」，與下文「上二江今中絶」不合，前附三江既入震澤之圖作「二」，精義卷十，頁十引張綱書解述安石説亦作「二」。又今通志堂本程大昌禹貢論中，後人誤將此三江既入震澤之圖收入，見四庫提要。

水有所洩，故底定也。上二江今中絶，故震澤有水災於是見。此書所記禹迹，尚足用以知水也〔二〕。」（禹貢指南卷一，頁二三；「二江在震澤之上」以下，據禹貢説斷前附三江既入震澤底定之圖及禹貢説斷卷二，頁十三補；全解卷八，頁十五；禹貢山川地理圖頁十八；夏解卷七，頁四；陳氏詳解卷六，頁二六；胡氏詳解卷三，頁六；輯纂卷二，頁九；纂疏卷二，頁八；尚書通考卷七，頁十九；尚書埤傳卷五，頁六。大抵皆止引「一江自義興」以下三句。）

【評】（六一）宋葉夢得曰：「……而王氏言『入』者，亦不可爲入海。凡言『入于渭』、『入于河』，皆由之以往，言其終也。三江既自爲别水，非有所從來，前既未嘗言『入于海』，當如『既陂』、『既澤』、『既導』、『既瀦』之類，各就其本水言之。既入，若言由地中行也。」（禹貢匯疏卷五，頁十七引。）

【評】（六二）宋毛晃曰：「此言殆與班固相表裏，然雖詳而無統，概之禹貢之文，不若孔氏之傳爲稍長，亦未允也。」（禹貢指南卷一，頁二三。）

【評】（六三）宋程大昌曰：「王安石謂：『三江入海，一自義興，一自毗陵，一自吴縣。』未問其水道曲折當否，惟其棄外經文，别求他水，説雖甚工，亦不可究用也。」（禹貢山川地理

〔二〕按：「知」當爲「治」之誤。

圖頁十八。）

【評】（六四）宋夏僎曰：「王介甫以爲：『一江自毗陵，一江自義興，一江自吴縣。』班固以爲南江從會稽、吴縣南入海，中江從丹陽、蕪湖縣西東至會稽、陽羡入海，北江從會稽、毗陵縣北東入海：此皆據所見之江而爲言，非禹之舊迹也。」（夏解卷七頁四—五；董鼎［見輯纂卷二，頁九］、陳櫟［見纂疏卷二，頁八］評皆略同；並本林之奇意，參全解卷八，頁十五。）

【評】（六五）宋傅寅曰：「此祖孟堅之説。」（禹貢説斷卷二，頁十三；陳大猷［見或問卷上，頁三七］、朱鶴齡［見尚書埤傳卷五，頁六］、全祖望［經史問答，見皇清經解卷三〇三，頁十二］評皆略同。）

【評】（六六）宋陳經曰：「……或以爲自義興、自毗陵、自吴縣。此皆東南枝流小水自相派別而入海者。禹貢所謂中、北江，自彭蠡出者也。徒見禹貢有三江、中、北江之名，而不知一江合流而異味，則雜枝流小水以應三江之數。今京口之江視數江猶畎澮，禹不應遺其大而數其小也。」（陳氏詳解卷六，頁二六—二七。）

【評】（六七）清李紱曰：「王安石之説，誤會『既』字之義，牽連震澤。竊意後人有用韋氏（昭）説妄增婁、松、淅三水爲三江者，亦由『既』字誤之耳。不知程氏引『弱水既西』、『彭蠡既瀦』二『既』字駁之，確知下文不相聯綴，此蓋無庸辯者。」（穆堂初稿卷十九，頁十四。）

厥草惟夭，厥木惟喬。

【評】（六八）宋林之奇曰：「兗、徐、揚三州皆言草木：兗之『繇、條』，徐之『漸、包』，揚之『夭、喬』，皆言草木之茂盛，特史官變其文耳。雖王介甫之喜鑿，亦不能曲而爲之説。」（全解卷八，頁十六。）

厥土惟塗泥。厥田惟下下，厥賦下上、上錯。

【佚文】（一四八）「地之下濕，東南爲甚。天傾西北，地缺東南，故揚與荆皆曰『塗泥』。」（纂傳卷四，頁十四。）

【佚文】（一四九）「以其地尤低，故常爲塗泥。以見其草木長茂之後，而後知土性，則其地尤低可知。田爲第九，以地甚低故也。賦爲第七，以數亦不多故也。上錯，謂錯雜之物則爲上等。」（精義卷十，頁十二。）

瑶、琨、篠、簜。

【佚文】（一五〇）「（瑶、琨，）美石灰玉者也。」（禹貢説斷卷二，頁十七。）

【佚文】（一五一）「瑶、琨、篠、簜，皆以爲貢者，蓋與青州貢松之説同。」（精義卷十，頁十二—十三。）

厥包橘、柚，錫貢。

【佚文】（一五二）「有『厥篚』，有『厥包』。篚則盛之於篚，包則用物包之；以橘柚不包則壞也。錫貢者，有以與之則貢，蓋若今和買然。且禹貢言『錫貢』者二，此則橘柚，以其爲食之餘，不欲以此爲常貢，故錫之常。若有用，則亦錫而後貢也。橘與柚錫其命而後貢之；不常入，當繼荊州乏無也。」（精義卷十，頁十三，至「而後貢也」止；「橘與柚」以下，見禹貢說斷卷二，頁二十，而所引僅此二十字。）

江、漢朝宗于海，九江孔殷，沱、潛既道，雲土夢作乂。

【佚文】（一五三）「江、漢發源於梁，入海於揚，合流趨海之勢，已見於荊。漢水入江處，在漢陽軍大別山下，正屬荊州之域[一]。」（纂疏卷二，頁九；輯纂卷二，頁十一。）

[一] 「之域」二字，用輯纂所引補，輯纂有「漢水入江處，在漢陽軍大別山下，正屬荊州之域」，與此條後半略合，而作「王氏炎曰」。未知孰是，姑録存於此，以備考索。

【佚文】（一五四）「孔，甚也。殷，分也。江、漢以海爲宗，去海尚遠，其流赴海如朝其宗，故云朝宗于海。江、漢之源尤在上，其下乃爲九江。言甚分者，以水患去而甚分別也。沱、潛二水既治之而從故道矣。雲澤之土見於夢地皆可爲治，謂耕種也。孔氏以雲夢爲澤名，謂雲夢之土可以耕藝矣。」（精義卷十，頁十五。）

【佚文】（一五五）「雲之地，土見而已；夢之地，則非特土見而已，草木生之矣；非特草木生之而已，人有加功乂之者矣。」（禹貢説斷卷二，頁二九—三十；禹貢集解卷一，頁七六—七七；全解卷八，頁二四；夏解卷七，頁十六；陳氏詳解卷六，頁三二；禹貢錐指，皇清經解卷三四，頁二一。）

【評】（六九）宋林之奇曰：「……據經文，以『土』之一字間於『雲』、『夢』之間，若從先儒之説，於經文爲不順，當從王氏之説。……左傳定四年『楚子涉雎濟江入于雲中』，昭公三年『楚子與鄭伯田于江南之夢』，則雲、夢爲二也。王氏云爾者，謂此雲、夢之二澤，勢有高卑；雲之澤則土見，夢之澤則可以作乂矣。然而史記、漢地理志又皆作『雲夢土』，果作『雲夢土』，則當從孔氏之説矣。」（全解卷八，頁二四；夏僎評，見夏解卷七，頁十六，略同。）

厥田惟下中，厥賦上下。

【佚文】（一五六）「當時田之低者，皆品第之。賦則兼山與澤所出，不專在田。故此賦爲甚高，田爲甚卑也。」（精義卷十，頁十七。）

包匭菁茅。

【佚文】（一五七）「包匭菁茅者，包且匭也。物或篚或包，至菁茅則包且匭者，正以供祭祀，故嚴之也。」（禹貢説斷卷二，頁三三；禹貢集解卷一，頁八十；禹貢錐指，皇清經解卷三四，頁三四。）

九江納錫大龜。

【佚文】（一五八）「大龜所以卜神明之意，天子寶之。不謂『貢』者，以貢則自下升上之義；以重其神靈之物，不以爲自下升上，故謂之『納』。」（精義卷十，頁十七。）

浮于江、沱、潛、漢，逾于洛，至于南河。

【佚文】（一五九）「逾，過也。順行于江、沱、潛、漢四水，而過于洛水，以至于南河，入豫州之境。」（精義卷十，頁十八。）

【佚文】（一六〇）「江、沱、潛、漢均與洛不通，必陸行逾洛，然後由洛可至南河。凡曰『逾』，皆水道不通，遵陸而後能達也。『逾于沔』同義。」（輯纂卷二，頁十二；纂疏卷二，頁十一；大全卷三，頁三四；禹貢錐指，皇清經解卷三四，頁三九。）

滎波既豬，導菏澤，被孟豬。

【佚文】（一六一）「于『滎』而言『波』者，豈非滎澤之旁地卑而波蕩之水多，今治導之，則其波皆入于澤乎？以菏澤地高、孟豬地卑，故言導菏澤之水加被于孟豬，則水患去可知。」（精義卷十一，頁二。）

厥土惟壤，下土墳壚。

【佚文】（一六二）「上言『土』，下言『下土』，則上爲平地，下乃地之卑者，可知矣。皆不言『色』者，豈非皆土之本色，不必言乎？」（精義卷十一，頁三。）

厥貢漆、枲、絺、紵，厥篚纖纊。

【佚文】（一六三）「枲，麻也。絺，細葛也。紵，謂紵布。與漆四者，爲貢。纊，綿也。細綿則今之好綿，盛於篚以貢。磬錯，謂治磬之石。此微物而不常貢，故有以與之而後貢。」（精義卷十一，頁四。）

錫貢磬錯。

【佚文】（一六四）「磬、錯二物不常貢，錫命乃貢。」（禹貢説斷卷二，頁四二；禹貢集解卷一，頁八八。）

華陽、黑水惟梁州。

【佚文】（一六五）「（梁州，）於後世爲巴蜀，今四川地也。」（纂疏卷二，頁十二；大全卷三，頁三八。）

和夷厎績。

【佚文】（一六六）「所以言『厎績』者，以其用功多，故特稱其『厎績』，冀州『覃懷厎績』亦同。」（精義卷十一，頁六。）

厥賦下中三錯。

【佚文】（一六七）「凡言『錯』者，皆不指名其物，以其物微不足書，故總言『錯』而已。」（精義卷十一，頁七。）

厥貢璆、鐵、銀、鏤。

【陳補】「鏤，鋼鐵可鏤物者。」（陳傳卷三，頁十四。）

厥土惟黄壤，厥田惟上上，厥賦中下。

【佚文】（一六八）「土色黄而無塊，此則地之不甚美者，而田則第一。或以土性不甚美，田雖美而或少，故賦爲第六。」（精義卷十一，頁十二。）

浮于積石，至于龍門西河，會于渭汭。

【佚文】（一六九）「會渭逆流而上，此順流而浮于積石山之水，至于龍門山，遂至于西河，乃逆水上而至于渭水之北。」（精義卷十一，頁十二—十三。）

「導山」一大段。

【佚文】（一七〇）「導山者，導山之澗谷而納之川也。」（全解卷十頁五；陳傳卷三，頁十五；禹貢説斷卷三，頁二；禹貢集解卷二，頁二；纂傳卷四，頁二五；禹貢錐指，皇清經解卷三八，頁一。）

【佚文】（一七一）「言『導』者十二，蓋治水則有開決隄障之事；導則專于疏滌，引導之而已。恐再有大水，則壅塞爲患，亦以方治九州之時，姑從其急者，未暇及此。及九州之水大體已去，然後專導水之源，故十二『導』者列于九州治水之後也。」（精義卷十一，頁十六。）

【佚文】（一七二）「言『導』者皆謂治山之水，山則無瀰漫之患，唯有壅塞，故導之耳。」（精義卷十一，頁十六。）

導嶓冢，至于荆山。

【佚文】（一七三）「山頂曰冢，導嶓山之頂水也。」（精義卷十一，頁十八。）

又北播爲九河，同爲逆河，入于海。

【佚文】（一七四）「逆河者，逆流之河；非並時分流也，故謂之『逆河』。」（全解卷十，頁二三；精義卷十二，頁四；夏解卷八，頁十九。）

【評】（七〇）宋林之奇曰：「孔氏云：同合爲一大河，名『逆河』，而入于海。鄭氏、王子雍皆同此説。惟王介甫以謂『……』。據王氏之意，以『同爲逆河』之一句，蓋所以解釋上文『播爲九河』之義。然而據經所載導水之例，凡言『爲』者，皆是從此而爲彼也。……『同爲逆河，入于海』，是九河合爲一大河以入海也，明矣；謂之『逆河』者，此一大河之名也。……王氏以逆河爲逆流之河，其説鑿矣。」（全解卷十，頁二三；夏僎評略同，載夏解卷八，頁十九。）

導渭自鳥鼠同穴，東會于灃，又東會于涇，又東過漆、沮，入于河。

【佚文】（一七五）「導渭自此山，向東乃會於灃水，又向東會于涇水，又向東過漆、沮二水，乃入于河。」（精義卷十二，頁八。）

導洛自熊耳，東北會于澗、瀍，又東會于伊，又東北入于河。

【佚文】（一七六）「洛水出於熊耳山。導此水自熊耳山向東，又北乃會于澗、瀍二水，又東會于伊水，又東而復北，乃入于河。」（精義卷十二，頁九。）

四隩既宅。

【佚文】（一七七）「隩，隈也。」（全解卷十一，頁二一。）

四海會同，六府孔修；庶土交正，厎慎財賦，咸則三壤，成賦中邦。

【佚文】（一七八）「水、火、金、木、土、穀惟修，財賦乃所以敷於下而用於上者，前此則未知其高下多矣，今方得其數，故謹其出入也。其言『中邦』者，蓋對『夷狄』而言，謂禹之治水，有及於四夷者而不取其賦，故言中邦之賦而已。若崑崙、析支之類，乃在荒服之外，是豈取其賦哉！」（精義卷十二，頁十一。）

【佚文】（一七九）「庶土交正，厎慎財賦，言以衆土交相正，制財賦之法，致慎其事也。咸則三壤，成賦中邦，言九州之田咸有則，以成中邦賦法。蓋土賦有及四夷，田賦止於中邦而已。」（禹貢説斷卷四，頁十八；陳傳卷三，頁二三；禹貢集解卷二，頁五九；全解卷十一，頁四；禹貢錐指，皇清經解卷四五，頁二十。）

【評】（七一）宋林之奇曰：「據孔氏之意，蓋以謂中邦者指九州而言之也。由孔氏爲此説，諸儒因之，遂皆以中邦爲諸夏，謂土貢及於四夷，而田賦則止中夏而已。蘇氏、王氏、張諫議之説皆然。然而以中邦爲九州，則與上文『四海會同』文勢不相貫，又未足以見重敘

『成賦中邦』之意。……」（全解卷十一，頁三—四。）

錫土姓，祗台德先，不距朕行。

【佚文】（一八〇）「古者姓如封爵，故人多無姓。今以水患既去，故有功德者則與之姓。」（精義卷十二，頁十二。）

【佚文】（一八一）「封建諸侯，錫之土以立國，錫之姓以立宗。祗台德先者，祗上之德先之也。不距朕行，從上所行行之也。」（陳傳卷三，頁二十三；纂傳卷四，頁三六；禹貢説斷卷四，頁二三；禹貢集解卷二，頁六四—六五。）

【評】（七二）清朱鶴齡曰：「愚按：封建起于黄帝，唐、虞、夏建國，五等曰公、侯、伯、子、男。塗山之會國號萬，其時海上有十里之邦，然『萬』特舉盈數耳，即使國皆十里，禹時提封豈有十萬之廓乎？王介父、洪容齋皆有辨。」（禹貢長箋卷十二，頁十。）

五百里甸服。

【佚文】（一八二）「五百里甸者，畿内也。甸者，井牧其地之謂；王所自治也。」（禹貢説斷卷四，頁二一七；禹貢集解卷二，頁六八；禹貢錐指，皇清經解卷四六，頁八；書傳彙纂卷五，頁三八。）

【評】（七三）清胡渭曰：「詩小雅『信彼南山，維禹甸之』、大雅『奕奕梁山，維禹甸之』，毛傳云：甸，治也；鄭箋云：禹治而丘甸之。王、呂之説本此。然井牧偏于中邦，而甸服則惟千里。當以安國解爲正。」（禹貢錐指，皇清經解卷四六，頁八。）

【佚文】（一八三）「王者使人耕甸而服事於王，故名『甸服』。服者，大略若今所謂『路』，如京畿路之類。」（精義卷十二，頁十三。）

三百里納秸服。

【佚文】（一八四）「納秸而服輸將之事也。以正在五百里之中，便於畿內移用，故其利薄於粟米；以正在五百里之中，便於移用，又使之服輸將之事，則其利之所出，足以補其財之所入；財之所入，足以優其力之所出矣。」（全解卷十一，頁十；夏解卷八，頁三三；禹貢説斷卷四，頁二八；禹貢集解卷二，頁六九；陳氏詳解卷六，頁六九；或問卷上，頁四五；禹貢錐指，皇清經解卷四六，頁九—十。）

【評】（七四）宋陳大猷曰：「或問『三百里秸服』，王氏、夏氏之説如何？曰：王説『秸服』二字雖詳，然後世郡縣納賦，猶是官自漕運。三百里去王畿不爲近，若以爲五百里之中而便於畿内移用，則是輸將於五百里之間，不亦勞民乎？此必不然。兼『服』只是『服役』之義，謂之『服輸將』，則是增衍爲説，於文義亦未當。夏因王説，而謂『服輸將』以償其所輸之輕，則意愈差。當時所以爲輕重者，必有多寡之等，而未必以輸將爲償也。」（或問卷上，頁四五。）

【評】（七五）清胡渭曰：「王氏財力補除之説，甚善。然又似兼服内外四百里之稟役，則財雖省而力太勞，恐亦無是理。」（禹貢錐指，皇清經解卷四六，頁十。）

四百里粟，五百里米。

【佚文】（一八五）「四百里粟者，以遠故也；五百里米者，以其尤遠故也。」（禹貢説斷卷四，頁二九；禹貢集解卷二，頁六九。）

五百里侯服：百里采，二百里男邦，三百里諸侯。

【佚文】（一八六）「以始有諸侯，故曰『侯服』。」（陳傳卷三，頁二四；纂傳卷四，頁三七。）

【佚文】（一八七）「（百里采，）於此有采地也。」（禹貢説斷卷四，頁三十；禹貢集解卷二，頁七一；禹貢錐指，皇清經解卷四六，頁十四。）

【佚文】（一八八）「侯服之内百里，乃王者食采、諸侯所封之地；不得有其地，惟采其所産之物，故謂之采。此外百里爲二百里，謂之男邦，謂得有其地，而封以爲男。此男邦之外，統三百里以封諸侯，以其國大而勢强，故封於外以爲扞禦。」（精義卷十二，頁十四。）

【佚文】（一八九）「於此但建男邦者，欲王畿不爲大國所逼，而小邦易獲京師之助也。」（禹貢説斷卷四，頁三一—三二；禹貢集解卷二，頁七二；全解卷十一，頁十二；夏解卷八，頁三五；陳氏詳解卷六，頁七十；陳傳卷三，頁二五；纂傳卷四，頁三七；禹貢錐指，皇清經解卷四六，頁十九。）

【陳補】「於此乃建諸侯之邦。」（陳傳卷三，頁二五。）

二百里奮武衛。

【佚文】（一九〇）「二百里奮武衛者，以近蠻夷故也。」（禹貢説斷卷四，頁三四；禹貢集解卷二，頁七四；禹貢錐指，皇清經解卷四六，頁二十。）

五百里要服。

【佚文】（一九一）「於此不可用中國之政，爲之要約而已。」（陳傳卷三，頁二五；纂傳卷四，頁三八；禹貢錐指，皇清經解卷四六，頁二一三。）

三百里夷。

【佚文】（一九二）「三百里夷者，於此皆夷也。」（禹貢説斷卷四，頁三四；禹貢集解卷二，頁七五；禹貢匯疏卷十二，頁三九；禹貢錐指，皇清經解卷四六，頁二一四。）

【佚文】（一九三）「夷，易也；無中國禮法，易而已。」（輯纂卷二，頁二一八；陳傳卷三，頁二五；纂疏卷二，頁二一六；大全卷三，頁七四；禹貢匯疏卷十二，頁三九；禹貢錐指，皇清經解卷四六，頁二一四。）

二百里蔡。

【佚文】（一九四）「蔡，放也；放罪人於此。」（陳傳卷三，頁二一五；禹貢説斷卷四，頁三五；禹貢集解卷二，頁七五；禹貢錐指，皇清經解卷四六，頁二一四。）

五百里荒服。

【佚文】（一九五）「荒，不治也；言不可要而治也。」（陳傳卷三，頁二一六；禹貢説斷卷四，頁三五；禹貢集解卷二，頁七五；纂傳卷四，頁三八；書傳彙纂卷五，頁四一。）

三百里蠻。

【佚文】（一九六）「蠻之爲言慢，則甚於夷矣。」（陳傳卷三，頁二六；纂傳卷四，頁三八；輯纂卷二，頁二八；纂疏卷二，頁二六；大全卷三，頁七四；禹貢錐指，皇清經解卷四六，頁二四。）

東漸于海，西被于流沙；朔、南暨聲教，訖于四海。

【佚文】（一九七）「言『訖于四海』，則朔、南亦皆訖于海。」（禹貢説斷卷四，頁三七；禹貢集解卷二，頁七七。）

禹錫玄圭，告厥成功。

【佚文】（一九八）「禹錫玄圭于堯，以告成功也。玄，天道也；歸功於堯，故錫玄圭。錫與『師錫帝』、『九江納錫大龜』同義。」（禹貢集解卷二，頁七九；陳傳卷三，頁二八；禹貢説斷卷四，頁三九；全解卷十一，頁十九；夏解卷八，頁四十；纂傳卷四，頁三九；禹貢錐指，皇清經解卷四七，頁一。）

【評】（七六）宋林之奇曰：「臣以圭而錫君，載籍恐無此理。以某所見，此是禹以玄圭告成功於天耳。周官典瑞云：『四圭有邸，以祀天，旅上帝。……』……然而必用玄圭者，蓋天色玄，因天事天，猶蒼璧然也。其曰『錫』者，與『師錫帝曰』、『納錫大龜』同，古者下錫上亦可謂之錫也。」（全解卷十一，頁十九—二十。）

【評】（七七）宋夏僎曰：「胡益之（有開？）則謂：洪水之初，禹八年于外，事從其宜，不由中覆，蓋堯以是命之，故禹常執圭以馭衆。今水既退，則前之所假，當歸于君，而禹則退處人臣之列，所以告功之成也。……少潁（林之奇）則于經文不通，蓋此言錫玄圭，不言用圭告天也。王氏之説雖近，要之不如胡氏之説詳盡而有理，故特從之。」（夏解卷八，頁四十。）

甘誓第二

乃召六卿。

【陳補】「六卿蓋始於夏時。」（陳傳卷三，頁二八。）

有扈氏威侮五行，怠棄三正，天用剿絶其命。

【陳補】「若是者自絶于天，故天剿絶其命。」（陳傳卷三，頁二九。）

左不攻于左，汝不恭命；右不攻于右，汝不恭命；御非其馬之正，汝不恭命。

【佚文】（一九九）「左不攻于左、右不攻于右，誓徒也。御非其馬之正，誓車也。」（全解卷十二，頁六。）

【評】（七八）宋林之奇曰：「然三代以來，皆用車戰，春秋所載列國戰爭皆用車，而每車必有左右與御。此所誓者，曰『攻于左，攻于右，御非其馬之正』，與左氏所載相合，不必分『徒』與『車』也。夫古者車戰，每車甲士三人，步卒七十二人。所謂步卒者，坐、作、進、退皆聽命於車而已，又何必於誓車之外，又誓其徒邪？」（全解卷十二，頁六。）

用命賞于祖，弗用命戮於社，予則孥戮汝。

【陳補】「出師載廟社主行，示民以用命也。上用命則民用命，此所謂以躬率之也。」（陳傳卷三，頁三十。）

五子之歌第三

五子咸怨，述大禹之戒以作歌。

【陳補】「小弁之怨，親親也。親之過大而不怨，是愈疏也，五子之怨與小弁同。」（陳傳卷三，頁三一。）

關石和鈞。

【佚文】（二〇〇）「於石言關，於鈞言和，亦無深意，唯文其辭耳。乃欲鈞平而天下通用，且大禹所爲多矣，特言此者，以時困乏，故特思而言之也。」（精義卷十三，頁十三。）

予懷之悲，萬姓仇予。

【陳補】「先王以敬民爲本，惟不敬民，故縱欲而喪志，喪志則失道而失政，此萬姓所以仇予也。其言之序若出於一。」（陳傳卷三，頁三四。）

鬱陶乎予心，顔厚有忸怩。

【佚文】（二〇一）「鬱陶，憂悶也。忸怩，慚色也。謂憂於我心，而面顔加厚，如有慚色以見天下。不謹其所爲，今雖悔之，其可追及乎？」（精義卷十三，頁十四。）

【佚文】（二〇二）「以禹之德在人，百世而有天下，未有過也。一世而至啓，德已不足以服人，故有有扈之戰，再世而至太康，遂有滅亡之患。嗚呼！豈非以其生長於富貴，養其情態，又有便嬖以奉之，有諂諛以導之，日復一日，浸淫而不可已，乃至於縱欲不能自克，以及於難乎？然則非中才以上者，不可處大富貴，以其不克負荷故也。」（精義卷十三，頁十四。）

胤征第四

羲和湎淫，廢時亂日。此尚書小序之文。

【陳補】羲、和至夏合爲一官。（陳傳卷三，頁三四。）

明徵定保。

【佚文】（二〇三）「其言可以明證，其事可以定保。」（全解卷十三，頁七。）

【評】（七九）宋林之奇曰：「據經言，初無『言』與『事』之别，王氏分爲二説，迂矣。」（全解卷十三，頁七。）

先王克謹天戒，臣人克有常憲，百官修輔。

【佚文】（二〇四）「日有變，王爲之懼者，謹天戒也。不敢廢時亂日者，有常憲也。」（纂傳卷七，頁二一。）

【佚文】（二〇五）「使羲、和守常憲以修輔，則仲康得慎天戒而修省矣。今畔官離次，不知有日蝕之變，則是不有常憲，昧先聖之謨訓，安能免於誅乎？」（輯纂卷二，頁三五；纂疏卷二，頁三二；大全卷三，頁八八；書傳彙纂卷六，頁二一—二二。）

每歲孟春，遒人以木鐸徇于路。

【佚文】（二〇六）「孟春布令，憲禁之時，與周官『正月始和』同義。」（陳傳卷三，頁三六；纂傳卷七，頁二一。）

官師相規，工執藝事以諫。其或不恭，邦有常刑。

【佚文】（二〇七）「責難於君謂之恭，不諫則謂之不恭。」（陳傳卷三，頁三六；纂傳卷七，頁二一。）

政典曰：先時者殺無赦，不及時者殺無赦。

【陳補】「政典乃六典之一，周之六典蓋因於夏。」（陳傳卷三，頁三七。）

天吏逸德，烈于猛火。

【佚文】（二〇八）「吏，奉將天罰者也〔二〕，故謂之天吏。」（或問卷上，頁五一；纂傳卷七，頁三；書傳彙纂卷六，頁二七。）

【評】（八〇）宋陳大猷曰：「或問：王氏説『天吏』與孟子合，用新安王（炎）説，何也？曰：吏誠奉天罰，必不至逸德。不若新安之説穩，猶俗言『王師』爲『天兵』也。」（或問卷上，頁五一。）

威克厥愛，允濟；愛克厥威，允罔功。

【佚文】（二〇九）「威嚴勝於慈愛，人則畏而勉力，故誠有成；若慈愛勝於威嚴，則人無所畏而懈怠，故誠無功。爾衆士當勉戒之，以期於有功也。甘誓之言『予則孥戮汝』，則甚峻而幾

〔二〕「將」字，據纂傳補。

於虐矣；此言『威克厥愛』、『愛克厥威』，而不明言其誅，蓋啓爲禹之子，生長於富貴，不知艱難，不知危懼，故用兵以伐有扈則有『孥戮』之言，此仲康則嘗遭有窮之難，而知所警懼，故命胤侯戒師之言，亦温和而不至於大暴，唯曰『威克厥愛』、『愛克厥威』，以寓其意而已。」（精義卷十四，頁十七。）

【評】（八一）宋蘇軾曰：「先王之用威、愛，稱事當理而已，不惟不使威勝愛，若曰『與其殺不辜，寧失不經』，又曰『不幸而過，寧僭無濫』，是堯、舜已來，常務使愛勝威也。今乃謂『威勝愛則事濟，愛勝威則無功』，是爲堯、舜不如申、商也，而可乎？此胤侯之黨，臨敵誓師，一切之言當與申、商之言同棄不齒，而近世儒者欲行猛政，輒以此藉口，予不可以不辨。」（東坡書傳卷六，頁九—十一。）

【評】（八二）宋林之奇曰：「王氏、蘇氏二説，大爲穿鑿。據此二説而考之，皆以威爲刑罰之威，愛爲仁愛之愛，故其説如此。殊不知所謂威者，非刑威之威，乃果斷之威也。所謂愛者，非仁愛之愛，乃姑息之愛也。以果斷之威勝其姑息之愛，則有濟矣。……以姑息之愛勝其果斷之威，則陵夷太壞，必至滅亡，信乎其無功也。……若以此威爲刑威之威、愛爲仁愛之愛，此誠申、商之言也，豈詩、書之訓哉！」（全解卷十三，頁十九。）

尚書新義　卷四

商書

湯誓第一

伊尹相湯伐桀，升自陑，遂與桀戰于鳴條之野。作湯誓。此尚書小序之全文。

【佚文】（二一〇）「升陑，非地利也，亦人和而已。」（全解卷十四，頁三；夏解卷十，頁二。）

【評】（八三）宋蘇軾曰：「升陑以戰，記事之實，猶泰誓『師渡孟津』而已。或曰升高而戰，非地利，以人和而已。夫恃人和而行師于不利之地，亦非人情，故皆不取。」（東坡書傳卷七，頁二。）

【評】（八四）宋晁公武曰：「元祐史官謂慶曆前學者尚文辭，多守章句注疏之學，至敞始異諸儒之説。後王安石修經義，蓋本於敞。公武觀原甫説『伊尹相湯伐桀升自陑』之類，經義多勦取之，史官之言，良不誣也。」（郡齋讀書志卷四，頁六；李壁據楊時説評同，見箋註

王荆文公詩卷四三，頁四。）〔二〕

非台小子敢行稱亂；有夏多罪，天命殛之。

【佚文】（二一一）「以分言之，以臣伐君，疑於亂矣。以天命言之，湯所謂『天吏』，非稱亂也。」（陳傳卷四，頁三；纂傳卷八，頁二。）

「今爾有衆，汝曰」至「夏德若兹，今朕必往」。

【評】（八五）宋林之奇曰：「『今爾有衆』至於『今朕必往』，漢儒解釋此義，迂迴繳繞，最爲難曉。惟薛氏、王氏爲深得之。今參酌二家之説，以述其義。……此蓋亳邑之民安於無事，而深憚伐桀之勞。……謂湯不恤亳邑之衆，舍我稼穡之事，而斷正有夏之罪。……湯謂：……夏氏有罪，獲譴於上天，故上帝命我以『弔民伐罪』，予畏上帝之命，不敢不往正有夏之罪，以弔民也。……」（全解卷十四，頁五—六。）

〔二〕劉敞（字原甫）七經小傳（卷上，頁六。）：「……陋者，桀恃嶮也。升者，言其易也。……言桀雖據險亦不能拒湯，所謂『地利不如人和』。……」末句，安石尚書新義與之大旨同。

仲虺之誥第二

成湯放桀于南巢，惟有慙德。

【佚文】（二一二）「桀之罪不若紂之甚，故湯放之而已。」（全解卷十四，頁十一。）

【佚文】（二一三）「湯未伐桀之時，勇以伐之；既伐之，後乃有慙德。以其本心寬厚，不得已而伐惡以救民，伐畢乃慙，亦如人之可罪而撻之；及其撻之，則又悔之：皆寬厚之意也。」（精義卷十五，頁九。）

惟天生民有欲，無主乃亂。

【佚文】（二一四）「民之有欲，至於失性命之情以争之，故攘奪誕謾無所不至。爲之主者，非聰明足以勝之，則亂而已。」（全解卷十四，頁十四。）

【評】（八六）宋林之奇曰：「此説大害義理！夫所貴乎聖人者，惟欲知天下好惡之情而已。苟欲勝之，則秦始皇、魏武帝之聰明而已，豈足以已其亂邪？」（全解卷十四，頁十四。）

天乃錫王勇智。

【佚文】（二一五）「經言『智仁勇』，或言『仁智勇』，未見先『勇』者。蓋成大功定大業，必以智勇；智之所以行者勇也，故先『勇』後『智』。」（纂疏卷三，頁三。）

【佚文】（二一六）「夏有昏德，則衆從而昏；商有明德，則衆從而明。」（蔡傳卷三，總頁四四。）

式商受命，用爽厥師。

惟王不邇聲色，不殖貨利，德懋懋官，功懋懋賞，用人惟己，改過不吝，克寬克仁，彰信兆民。

【佚文】（二一七）「用人惟己，己知可用而後用之。如此則是果於自任，而不從天下之所好惡也。王者心術之真，大抵如此。改過不吝，言己有過則改之，無復吝惜，若所謂『過則勿憚改』也。用人惟己，則善者無不從；改過不吝，則不善者無不改：此所以能合并爲公，以成其大也。其發而爲政，又能寬以居之，仁以行之，蓋所謂『以不忍人之心，行不忍人之政』也。惟湯之德如上所言，兹其所以明信於天下；天下信之而欲以爲君也。孟子曰：『以萬乘之國伐萬乘之國，簞食壺漿以迎王師，豈有他哉？避水火也。如水益深，如火益熱，亦運而已矣。』桀之所以失天下之心者，惟其肆爲威虐，故民墜塗炭而莫之拯。湯於是時，以寬仁之德彰信於天下，故天下歸之，若大旱之望雲霓。然湯之所以能成寬仁之德者，其本則自於清浄寡欲，恥然天下，舉不足以動其心，故能利與人同，以施其不忍人之政，兹其所以彰信於天下也。蓋撥亂反正，以成帝王之業者，苟有利之之心，則將奪於物欲，見利而動，惑於聲色貨利之私，遂至以私害公，不能執其所有，以與天下共其利。剛愎自用，遂其非而莫之改，如此則所施者無非虐政，是水之益深、火之益熱也。古之人有失之者，項羽是也。漢高祖與項羽，當秦之末，俱興義兵以除殘去虐，較其勢，則高祖之不如羽遠甚，然而高祖卒得天下，羽失之者，以高祖之寬仁而羽則惟肆其暴虐而已。原其高祖之所以寬仁者，無他，亦本於此數者之德而已。觀其入秦關，珍物無所取，婦女無所幸，封秦宫室府庫，還軍灞上，則其志已不小矣。而又不愛爵賞，降城即以侯其將，得賂即以分其士，好謀能聽，從諫如轉圜，惟此數者之德，皆備於己，故其約法三章，悉除去秦法，而秦民皆按堵如故，莫不欲高祖王秦者。而項羽之所爲則皆反是，此其成敗之勢所以不同也。以高祖之成帝業者而推之，則知仲虺所以推本成湯誕膺伐夏救民之意，始於不邇聲色，不殖貨利，改過不吝，然後繼之以克寬克仁、彰信兆民，可謂知所先後矣。」（精義卷十六，頁四—六；全解卷十四，頁十九。）

【評】（八七）宋林之奇曰：「『惟己』，與『愼厥終，惟其始』之『惟』同，言用人之言如自己出也，若所謂『善與人同，舍己從人，樂取諸人以爲善』也。王氏曰：『用人惟己，己知可用而後用之。如此則是果於自任，而不從天下之所好惡也。』王氏心術之異，大抵如此。」（全解卷十四，頁十九。）

初征自葛：東征西夷怨，南征北狄怨，曰：「奚獨後予？」攸徂之民，室家相慶，曰：「徯予后，后來其蘇。」

【佚文】（二一八）「王者之用兵，如良醫之治疾，惟恐其來之遲，故先彼則此怨，先此則彼怨。」（纂傳卷九，頁三。）

【陳補】「民信之，然後可用以征伐，故繼言征葛。」（陳傳卷四，頁八。）

佑賢輔德，顯忠遂良。

【佚文】（二一九）「佑者，右也；輔者，左也。」（全解卷十四，頁二一四。）

【評】（八八）宋林之奇曰：「此言爲善者必爲人之所助也。……若求之太深，必欲從而爲之説，如王氏所謂『佑者，右也；輔者，左也』之類，則將不勝其鑿矣。」（全解卷十四，頁二一三—二一四。）

推亡固存，邦乃其昌。

【佚文】（二二〇）「推亡固存，謂推彼所以亡之故，固吾之所以存，乃邦之所以昌也。」（或問卷上，頁五三。）

【評】（八九）宋陳大猷曰：「或問：王氏説……如何？曰：若止説二字自通，但上文意義不協。」（或問卷上，頁五三。）

王懋昭大德，建中于民。

【佚文】（二二一）「懋昭大德，所以極高明、所以處己也。建中于民，所以道中庸、所以用人也。」（全解卷十四，頁二六；夏解卷十，頁二二。）

【評】（九〇）宋林之奇曰：「夫高明、中庸豈可分而爲二致邪？王氏之學所以不可入聖人之道者，蓋其爲見如此，寔異端駁雜之論也。」（全解卷十四，頁二六。）

殖有禮。

【佚文】（二二二）「禮者，天之經，地之義，治道之極，彊國之本也。人君之所殖，孰大乎此？」（精義卷十六，頁十二。）

湯誥第三

惟皇上帝，降衷于下民。

【佚文】（二二二三）衷，中也。（或問卷上，頁五五。）

【陳補】「衷，中之謂也，民受天地之中以生。」（陳傳卷四，頁十。）

若有恒性。

【佚文】（二二二四）「善者，常性也；不善者，非常性也。」（或問卷上，頁五五。）

【評】（九一）宋陳大猷曰：「或問王氏謂：『……』不幾於善惡混乎？曰：程子謂有義理之性，有血氣之性。血氣之性，有善有不善；義理之性，無不善。常性，義理之性也；非常性，則血氣之性也。」（或問卷上，頁五五—五六。）

【陳補】「人之生有善有惡，善者常性也，不善者非常性也。」（陳傳卷四，頁十一。）

天道福善禍淫。

【佚文】（二二二五）禍不足畏。（嵩山集卷一，頁三八；宋元學案卷九八，總頁一八三七荆公新學略。）

天命弗僭。賁若草木，兆民允殖。

【佚文】（二二六）「草木者，天之所生，民之所殖也。非天所生，則民不能殖；非民所殖，則天不能成。湯之受命也，天與之，人立之，故曰『天命弗僭，賁若草木，兆民允殖』，觀民之所立，則知天之所與矣。」（全解卷十五，頁九；書傳彙纂卷七，頁二四。）

【評】（九二）宋林之奇曰：「（王氏、蘇氏）二説皆善，蓋謂我之所以受命者，本因民之所殖也。然王氏不解『賁』字之義。」（全解卷十五，頁九。）

【評】（九三）清王頊齡曰：「……獨朱子以『兆民』、『草木』對言，以爲天命弗差，人物皆遂。與諸説反覆審之，畢竟朱子乃正大不易之論。諸家解多此托喻一層，皆迂迴而難通，而王氏、陳氏更不免於曲爲之説矣。」（書傳彙纂卷七，頁二五。）

慄慄危懼，若將隕于深淵。

【佚文】（二二七）「湯始伐桀，商人皆咎湯不恤我衆，然湯升自陑，告以必往，至於孥戮誓衆，無所疑難也。及夫天下已定，乃曰『慄慄危懼，若將隕于深淵』。蓋有爲之初，衆人危疑，則果斷之以濟功；無事之後，衆人豫怠，儆戒所以居業。其異於衆人也遠矣，此其所以爲湯也。若夫事未濟則從而懼，事已濟則喜而怠，則是衆人也，豈足以制衆人哉！」（全解卷十五，頁十一；夏解卷十一頁八；陳傳卷四，頁十二。）

【評】（九四）宋林之奇曰：「王氏此説，徒以其爲新法之地而已，學者遂信之，以成湯之意果如是，豈不誤歟！……湯雖伐罪弔民，然驅馳於鋒鏑之下，豈得恝然全無恐懼之意，及無事而後懼哉？……今謂有事則不當懼，豈非邪説簧鼓惑人主之聽，以逞其私乎？」（全解卷十五，頁十一。）

其爾萬方有罪，在予一人；予一人有罪，無以爾萬方。

【佚文】（二二八）「此非謙而過厚之辭，乃誠然矣。萬方有罪，豈非天子不能治化故然乎？天子有罪，萬方何與焉！」（精義卷十六，頁二一；陳傳卷四，頁十三；纂傳卷十，頁三。）

伊訓第四

古有夏先后，方懋厥德，罔有天災，山川鬼神亦莫不寧，暨鳥獸魚鼈咸若。于其子孫弗率，皇天降災，假手于我有命。

【陳補】「君懋德則施及鳥獸，不懋德則其身不能保。」（陳傳卷四，頁十五。）

造攻自鳴條，朕哉自亳。

【佚文】（二二九）「鳴條，夏所宅也。亳，商所宅也。桀有可伐之罪，然後湯與伊尹謀於亳而往伐之；所以起兵戎者夏也，故曰『造攻自鳴條』。既有可誅之罪，湯遂自亳而往攻之，故曰『朕哉自亳』。周書曰：『我不爾動，自乃邑。』亦與此同義。」（全解卷十五，頁二三。）

【評】（九五）宋林之奇曰：「王氏此言，亦趙岐之意也。蓋言桀有可攻之罪，故我得而攻之；攻之者湯，造攻者在桀也。孟子曰：『國必自伐，然後人伐之。』此亦必然之理也。」（全解卷十五，頁二三。）

爲下克忠。

【陳補】「湯逃尹於桀，克忠可見。」（陳傳卷四，頁十六。）

制官刑，儆于有位。

【佚文】（二二三〇）「湯豈真以刑加之哉？儆戒之而已。」（纂傳卷十一，頁四。）

制官刑，儆於有位。曰：敢有恒舞于宫，酣歌于室，時謂巫風。敢有殉于貨色，恒于游畋，時謂淫風。敢有侮聖言，逆忠直，遠耆德，比頑童，時謂亂風。惟兹三風十愆，卿士有一于身，家必喪，邦君有一于身，國必亡，臣下不匡，其刑墨。

【陳補】「有位之人以行義率風俗，以職業成政事，三風十愆，敗風俗，墮政事，故湯制官刑以此爲急。」（陳傳卷四，頁十七。）

臣下不匡，其刑墨。具訓于蒙士。

【佚文】（二二三一）「蒙士，童蒙之士也；爲童蒙則如此訓之矣。至於出爲臣屬，而不能正其君上，則刑墨矣。」（全解卷十五，頁三一。）

【評】（九六）宋林之奇曰：「具訓于蒙士者，先儒之説不如王氏、蘇氏。……二説皆是。酒誥曰：『文王若教小子〔一〕、有正、有事，無彝酒。』蓋自其爲小子固以此而教之矣。」（全解

〔一〕按：「若」或爲「告」之誤，酒誥經文本作「誥」

卷十五，頁三一。）

太甲上第五

惟嗣王不惠于阿衡。

【佚文】（二三二）「阿，大陵之有曲者，保其君如阿，平其國如衡。」（纂疏卷三，頁十一；全解卷十六，頁四；陳傳卷四，頁十九；纂傳卷十二上，頁一；大全卷四，頁三十。）

【評】（九七）宋林之奇曰：「伊尹稱阿衡，蓋其一時所以極其推尊之意者，其義則無傳焉。……王氏云：『保其國如阿，平其國如衡。』……是隨字立義，未必得其當時所以命民之旨，猶毛氏解尚父，曰『可尚可父』云爾。」（全解卷第十六，頁四。）

顧諟天之明命。

【佚文】（二三三）「諟，以言其不違。」（全解卷十六，頁五。）

肆嗣王丕承基緒。

【陳補】「非湯非尹，嗣王無可承之基緒，然則太甲不當不惠于阿衡，以覆湯之典刑。」（陳傳卷四，頁二十。）

自周有終，相亦惟終。

【佚文】（二三四）「有終，善終也。相，輔相之臣也。」（纂傳卷十二上，頁二。）

其後嗣王罔克有終。

【佚文】（二三五）「罔終，不克善終也。」（纂傳卷十二上，頁二。）

慎乃儉德，惟懷永圖。若虞機張，往省括于度，則釋。欽厥止，率乃祖攸行。

【佚文】（二三六）「上弦曰張。」（纂傳卷十二上，頁三。）

【佚文】（二三七）「語静之道，則曰『慎乃儉德，欽厥止』；語動之道，則曰『若虞機張，率乃祖攸行』。」（輯纂卷三，頁十四；大全卷四，頁三四。）

太甲中第六

伊尹以冕服奉嗣王歸于亳。

【陳補】「商冕之制無所經見。」（陳傳卷四，頁二二二。）

欲敗度，縱敗禮。

【佚文】（二三八）「欲而無以節之，則敗度；縱而無以操之，則敗禮。欲而無以節之，謂廣其宮室、侈其衣服之類；縱而無以操之，謂惰其志氣、弛其言貌之類。」（全解卷十六，頁二一一；夏解卷十二，頁十四。）

【評】（九八）宋林之奇曰：「此説比先儒爲長。要之，多欲者必縱肆，縱肆者必多欲，不類之人必有此二者之失。故其至於敗度敗禮而不自反，則召罪戾於其身也。」（全解卷十六，頁二一一。）

自底不類。

【陳補】「人之類善，故不類謂之不善。」（陳傳卷四，頁二二三。）

太甲下第七

德惟治。

【陳補】「德者，得也，得道之謂也。」（陳傳卷四，頁二五。）

無輕民事，惟難。無安厥位，惟危。

【陳補】「惟難也所以易，惟危也所以安。」（陳傳卷四，頁二五。）

有言逆于汝心，必求諸道；有言遜于汝志，必求諸非道。

【佚文】（二三九）「遜，順也。有人之言，雖於汝心爲逆，必於道理中求之，恐其合於道而有益也。有人之言，雖於汝志爲順，必於非道理中求之，恐其不合於道而有損也。」（精義卷十八，頁六。）

一人元良。

【陳補】「元者，善之長。良者，善之至。」（陳傳卷四，頁二六。）

罔以辯言亂舊政。

【陳補】「能亂善惡之實者，辯言也。」（陳傳卷四，頁一二六。）

咸有一德第八

臣爲上爲德，爲下爲民。

【佚文】（二四〇）「所謂『爲上爲德』者，將順正救爲其上造成，所以爲君之德。所謂『爲下爲民』者，先後相勸爲其下造成，所以爲民之行也。」（全解卷十七，頁十三。）

【評】（九九）宋林之奇曰：「如王氏『爲上爲德』則通，而以『爲下爲民』言爲其下造成其爲民之行，所以爲民之行。則經文但有『德』字無『行』字，是知此説皆不通。」（全解卷十七，頁十三。）

七世之廟，可以觀德；萬夫之長，可以觀政。

【佚文】（二四一）「於廟言『德』者，不德則墜厥宗。於長言『政』者，政荒則民散。」（纂傳卷十三，頁四；書傳彙纂卷八，頁九。）

【評】（一〇〇）明王樵曰：「朱子主王安石之説，謂始祖不可祧，大端有五：謂篤生聖人，始祖不可謂無功，一也；謂推太祖之心，亦欲尊崇其親，二也；謂始祖之廟不毁，然後始祖之次當祧者，可藏主於始祖之夾室，若祧始祖，則自始祖以下當藏主於太祖之夾室，以祖考而藏主於子孫之夾室，於義爲不順，三也；若爲始祖別立廟，則有原廟之嫌，四也；謂太祖功德配天，所伸之祭至多，惟廟享爲始祖，屈所屈之祭至少，五也。」（尚書日記卷七，頁七五；朱鶴齡説略同，見尚書埤傳卷八，頁十。）

〔附〕　咸乂四篇小序

伊陟相太戊，亳有祥，桑、穀共生于朝；伊陟贊于巫咸，作咸乂四篇。此尚書小序之全文。

【佚文】（二四二）「兆乎物者，禍福特未定，皆謂之『祥』；應以德，則爲福；應以不德，則爲禍。」（輯纂書序頁四；纂疏書序頁四；大全卷十後序，頁九。）〔一〕

〔一〕　此條，輯纂作「汪氏曰」，而大全從之。（卷十後序，頁九。）考元陳師凱書蔡氏傳旁通載輯録引用諸書有王氏（多家）而無汪氏，又大全引先儒説亦不列汪氏。「汪」當作「王」，纂疏正作「王氏曰」，今從之。

尚書新義　卷五

商書

盤庚上第九

盤庚五遷，將治亳殷，民咨胥怨。作盤庚三篇。此尚書小序之全文。

【佚文】（二四三）「上篇告其羣臣，中篇告其庶民，下篇告百官族姓。」（全解卷十八，頁五；夏解卷十三，頁二；蔡傳卷三，總頁五三；尚書日記卷八，頁一。）

【評】（一〇一）宋林之奇曰：「此書三篇皆是誥其民臣之言，而其誥之者自有先後，故分爲三篇，而以上、中、下、爲之別。……王氏……强生分别，攷之於經而不合，不可從也。」（全解卷十八，頁五；卷十九，頁一。）

【評】（一〇二）宋林之奇又曰：「唐孔氏曰：『上二篇未遷時事，下一篇既遷後事。上篇人皆怨，上初啓民心，故其辭尤切。中篇民已少悟，故其辭少緩。下篇民既從遷，故辭復益緩。』此言深得敘書者之意。王氏以爲告羣臣、庶民與夫百官族姓，此則未深考於其所敘之先後，而妄爲之説也。」（全解卷十九，頁一。）

【評】（一〇三）宋夏僎曰：「彼王氏乃謂『上篇告羣臣』，殊不知『盤庚斅于民』，則未嘗不告民也；『中篇告庶民』，殊不知『予念我先神后之勞爾先』，則未嘗不告臣也；『下篇告百官族姓』：皆强生分别，攷之于經，一無所合，未可從也。」（夏解卷十三，頁二。）

【評】（一〇四）明王樵曰：「王氏以上篇爲告羣臣，中篇爲告庶民，下篇爲告百官族姓，蓋因上篇有『斅民由在位』之語，中篇有『話民弗率，有衆咸造』之語，下篇有『歷告爾百姓于朕志，邦伯、師長、百執事』之語。」（尚書日記卷八，頁一。）

若顛木之有由蘖。

【佚文】（二四四）「蘖，萌也。」（纂傳卷十四上，頁二。）

盤庚斅于民，由乃在位，以常舊服，正法度，曰：「無或敢伏小人之攸箴！」

【佚文】（二四五）「無或敢伏小人之攸箴者，斅之以無自用而違其下。……治形之疾以箴，治性之疾以言。小人之箴雖不可伏，然亦不可受人之妄言。妄言適足以亂性，有至於亡國敗家者，猶受人之妄刺，非特傷形，有至於殺身者矣。故古之人塈讒説，放淫辭，使邪説者不得作，而所不伏者嘉言而已。」（全解卷十八，頁十一。）

【評】（一〇五）宋蘇軾曰：「矇誦、工諫、士傳言、庶人謗于市，此先王之舊服正法也。今民敢相聚怨誹，疑當立新法行權政，以一切之威治之。盤庚，仁人也。其下教于民者，乃以常舊事而已，言不造新令也；以正法度而已，言不立權政也。曰『無或敢伏小人之攸箴』者，憂百官有司逆探其意而禁民言也。盤庚遷而殷復興，用此道歟！」（東坡書傳卷八，頁二。）

【評】（一〇六）宋林之奇曰：「（蘇氏）此論甚善，亦有爲而發也。當時王介甫變更祖宗之制度，立青苗、免役等法，而當朝公卿、下而小民皆以爲不便，而介甫決意行之，其事與盤庚遷都相類，故介甫以此藉口，謂臣民之言皆不足恤。然所以處之則與盤庚異者。盤庚斆于民，由乃在位，以常舊服，正法度，而介甫一以新法從事。盤庚言『無或敢伏小人之攸箴』，而介甫則峻刑罰以繩天下之人言新法之不便者。故雖以盤庚自解説，而天下之人終不以盤庚許之者，以其迹雖同而其心則異也。非特天下之人不許以盤庚之事，而介甫亦自知其叛於盤庚之説，其解盤庚又從而爲之辭，以爲其新法之地，而既曰：『……』而又曰：『……』觀王氏此言，其與誦六經以文奸言者，何以異哉！蘇氏之言爲王氏而發也。雖爲王氏而發，實得盤庚斅民之意，非奮其私意與王氏矛盾也。」（全解卷十八，頁十一—十一。）

王若曰。

【佚文】（二四六）「凡言『若曰』者，或史官述其旨而代作，非其自言；或史撮其大意而删潤之，非其本言。」（纂傳卷十四上，頁三；陳傳卷五，頁三；輯纂卷三，頁二四；纂疏卷三，頁二一；大全卷五，頁五。）

無傲從康。

【佚文】（二四七）「無傲，戒之以無違王命；無從康，戒之以無即安其故處。」（纂傳卷十四上，頁三；書傳彙纂卷八，頁十六。）

起信險膚。

【佚文】（二四八）「不夷謂之險，不衷謂之膚。造險膚者，所不待教而誅。」（全解卷十八，頁十三；夏解卷十三，頁九；陳傳卷五，頁三；纂傳卷十四上，頁三；書傳彙纂卷八，頁十六。）

【評】（一〇七）宋林之奇曰：「王氏曰：『不夷謂之險，不衷謂之膚。』此論甚善！而繼之曰：『造險膚者，所不待教而誅。』此言大害義理！夫盤庚敎于民，由乃在位，則是爲險膚之言者，皆教之而不忍誅也。今曰『造險膚者，不待教而誅』，則是盤庚之時必誅其造險膚者。此蓋王氏借此言簧鼓以惑天下，欲快意於一時。老成之人言新法之不便者，皆欲指爲造險膚之人而悉誅也。不仁之禍，至六經而止。王氏乃借六經之言欲以肆其不仁之禍，是可歎也！」（全解卷十八，頁十三。）

予弗知乃所訟。

【佚文】（二四九）「訟，争辯也。」（纂疏卷三，頁二二；輯纂卷三，頁二四。）〔一〕

若網在綱，有條而不紊；若農服田力穡，乃亦有秋。

【佚文】（二五〇）「若網在綱，有條而不紊者，言下從上、小從大則治，此申前『無傲』之戒；若農服田力穡，乃亦有秋，此申前『無從康』之戒。」（全解卷十八，頁十四；夏解卷十三，頁十；陳傳卷五，頁四；纂傳卷十四上，頁四。）

〔一〕此條，輯纂作「王氏炎曰」，未知孰是；别無他書可資旁證，姑存於此。

恐沈于衆。

【佚文】（二五一）「恐，謂恐動之以禍患；沈，謂沈溺之於罪戾。」（全解卷十八，頁十九；陳傳卷五，頁五。）

人惟求舊；器非求舊，惟新。

【佚文】（二五二）「以人惟求舊，故於舊有位之臣，告戒丁寧，不忍遽爲殄滅之事；以器非求舊，惟新，故不常厥邑，至於今五遷也。」（全解卷十八，頁二一；或問卷上，頁六五。）

【評】（一〇八）宋陳大猷曰：「或問東坡『人舊則習，器舊則弊，當使舊人用新器，我所以從老成之言而遷新邑也』[一]，荆公亦同此說，如何？曰：林氏（之奇）謂：『雖有器非求舊、惟新之言，然盤庚舉此，但以證「人惟求舊」耳，故下文繼以「古我先王暨乃祖乃父」，文勢首尾相類，無取於「器非求舊」以爲新邑之喻也。』（文略見全解卷十八，頁二十一—二一。）此説辨之當矣。兼今曰『新邑』，乃是先王舊邑，豈果是求新乎？是正與盤庚紹復先王之意相反也。」（或問卷上，頁六五。）

[一] 敏案：文略見東坡書傳卷八，頁五。

汝無侮老成人。

【佚文】（二五三）「老不可敬。」（嵩山集卷一，頁三八；宋元學案卷九八，總頁一八三七荆公新學略。）

盤庚中第十

鮮以不浮于天時。

【佚文】（二五四）「乘時流行，無所底滯。」（全解卷十九，頁四；陳傳卷五，頁八。）

非汝有咎比于罰。

【陳補】「非有咎於汝，比於罰而謫徙也。」（陳傳卷五，頁八。）

今予將試以汝遷，安定厥邦。

【佚文】（二五五）「今予將試以汝遷，安定厥邦者，告民以遷之安利也。以遷爲安定厥邦，則知不遷必有危而不安、亂而不定之事也。」（全解卷十九，頁六；陳傳卷五，頁九；纂傳卷十四中，頁二。）

汝何生在上？

【陳補】「死則體魄降而在下，故曰汝何生在上。」（陳傳卷五，頁九。）

茲予有亂政同位，具乃貝玉。乃祖乃父丕乃告我高后曰：「作丕刑于朕孫。」迪高后丕乃崇降弗祥。

【佚文】（二五六）「古者以貝爲貨，以玉爲寶，後言『貨寶』，互相備也。」（陳傳卷五，頁十一；永樂大典卷七六七七，頁十八載書集傳引；纂傳卷十四中，頁四。）

【佚文】（二五七）「先王設教，因俗之善而導之，反俗之惡而禁之。方盤庚時，商俗衰，士大夫棄義即利，故盤庚以『具貝玉』爲戒，此反其俗之惡而禁之者也。自成周以上，莫不事死如事生，事亡如事存，故其俗皆嚴鬼神；以經考之，商俗爲甚。故盤庚特稱先后與臣民之祖、父崇降罪疾爲告，此因其俗之善而導之者也。」（蔡傳卷三，總頁五六—五七；纂傳卷十四中，頁四；書經疑問卷五，頁四六。）

【評】（一〇九）明姚舜牧曰：「王氏『因俗之善，反俗之惡』等語，説不著。」（書經疑問五，頁四六。）

乃有不吉不迪，顛越不恭，暫遇姦宄；我乃劓殄滅之，無遺育，無俾易種于兹新邑。

【佚文】（二五八）「前既告以鬼神之禍，此又告以刑罰之威。」（陳傳卷五，頁十二；永樂大典卷七六七七，頁二三載書集傳引。）

盤庚下第十一

無戲怠，懋建大命。

【陳補】「無戲，欲其嚴事也。無怠，欲其勤事也。」（陳傳卷五，頁十二。）

用降我凶德。

【陳補】「降，有黜去之意。」（陳傳卷五，頁十三。）

敢恭生生，鞠人，謀人之保居，敘欽。

【佚文】（二五九）「導其耕桑，薄其稅斂，使老幼不失其養，鞠人之事也。聯其比閭，合其族黨，相友相助，謀人保居之事也。既養之，又安之，則斯民之生生得矣。」（書傳會選卷三，頁三八。）

式敷民德，永肩一心。

【評】（一一〇）宋蘇軾曰：「……盤庚，德之衰也。其所以信于民者未至，故紛紛如此。然民怨誹逆命而盤庚終不怒，引咎自責，益開衆言，反覆告諭，以口舌代斧鉞，忠厚之至，此殷所以不亡而復興也。後之君子厲民以自用者，皆以盤庚藉口，予不可以不論。」（東坡書傳卷八，頁十四—十五。）

說命上第十二

王宅憂。

【佚文】（二六〇）「宅憂，居喪也。」（纂傳卷十五上，頁一。）

（高宗）恭默思道。夢帝賚予良弼。

【佚文】（二六一）「古之人齊三日以致其思，必見其所爲齊者，況于恭默思道致一而深思？則感格上帝，夢賚良弼，蓋無足怪者。淺陋之人，不知天人之際至誠可以感通如此。」（或問卷下，頁二一。）

【佚文】（二六二）「若金，用汝作礪者，命之使治己也。若濟巨川，用汝作舟楫者，命之使濟難也。若歲大旱，用汝作霖雨者，使之澤民也。」（全解卷二十，頁八；夏解卷十四，頁六；纂傳卷十五上，頁二；纂疏卷三，頁二九；大全卷五，頁二七；書傳彙纂卷九，頁六。）

若金，用汝作礪；若濟巨川，用汝作舟楫；若歲大旱，用汝作霖雨。

【評】（一一一）宋林之奇曰：「高宗之設此三喻，大抵言其望於傅説之納誨者如此其激切，而其託意之深，故重複言之。或者見其有此三喻，則必從而爲之説，以爲每句皆有所託，王氏曰：『……』呂吉甫又以謂：『……』是皆附會穿鑿以追求高宗之意。據此上文言『朝夕納誨，以輔台德』，下文言『啓乃心，沃朕心』，則是高宗於此其與傅説言者，大抵欲成就己之德而已，未及乎『濟難，澤民』與『舉天下而聽之』之事也。」（全解卷二十，頁七—八；夏僎評，見夏解卷十四，頁六—七，略同。）

説命中第十三

惟口起羞，惟甲胄起戎，惟衣裳在笥，惟干戈省厥躬。王惟戒兹，允兹克明，乃罔不休。

【佚文】（二六六三）「衣裳，命服也。上曰衣，下曰裳。」（纂傳卷十五中，頁二一。）

【佚文】（二六六四）「衣裳所以彰有德，無德而賜之，則不如其已，故宜在笥。」（輯纂卷三，頁三四。）

【佚文】（二六六五）「（口、甲胄、衣裳、干戈）四事，乃爲天下之大者，得其大則小者從之，故曰『乃罔不休』。」（纂傳卷十五中，頁二一。）

慮善以動，動惟厥時。

【佚文】（二六六六）「事固有善而非時所宜者：善如裘葛之良，時如寒暑之時。時非葛裘，雖善何施？惟未動，審於慮善，將動，審於時宜，然後事順理而當，其可矣。不顧可否，于時而動，非聰明也。」（輯纂卷三，頁三五；纂疏卷三，頁三一；大全卷五，頁三二；尚書日記卷八，頁三八；尚書埤傳卷八，頁十八；書傳彙纂卷九，頁十三。）

【評】（一一二）明王樵曰：「按：善如『主善爲師』之『善』，『時』字就在『善』字上帶出。

蓋善而不合乎時宜，則猶未善也。」（尚書日記卷八，頁三八。）

有其善，喪厥善。

【評】（一一三）宋邵博曰：「東坡倅錢塘日，答劉道原書云：『……近見京師經義題：「……」又：「有其善，喪厥善。『其』、『厥』不同，何也？」』……似此類甚衆，大可痛駭！時熙寧初王氏之學，務爲穿鑿至此！」（邵氏聞見後録卷二十，頁八—九。）

説命下第十四

説曰：「王！人求多聞，時惟建事。學于古訓，乃有獲。」

【佚文】（二六七）「王人，猶君人也。」（纂傳卷十五下，頁二一。）

【佚文】（二六八）「此言『王！人求多聞』，乃傅説稱王而告之曰：『人之爲人，貴乎求多聞也。』」（夏解卷十四，頁二十；全解卷二十，頁二九；陳傳卷五，頁二二。）

【評】（一一四）宋林之奇曰：「此説爲勝。禹言於舜曰：『帝！光天之下，至於海隅蒼生、萬邦黎獻，共惟帝臣。』亦是稱帝而告之，與此稱王，其文勢正同；猶後世奏事稱陛下也。」

（全解卷二十，頁二九—三十。）

【佚文】（二六九）「求多聞而不爲古訓是式，則是非無所考正，而所聞愈惑矣！」（輯纂卷三，頁三七；陳傳卷五，頁二一二；纂疏卷三，頁三三；大全卷五，頁三八；書傳彙纂卷九，頁十九。）

惟學遜志，務時敏，厥脩乃來，允懷于茲道，積于厥躬。

【佚文】（二七〇）「遜順其志以受學，則人樂於言而言易入。又必以時而敏疾行之，其所修者乃來矣；謂所學之成，乃如來也。若不遜順其志，則善無自而入。若不時敏於行，則所學者無自而成。此二者所以必貴於兼之。」（精義卷二二，頁九。）

【評】（一一五）宋陳大猷曰：「今學力既加，修者始來；來自吾心，而非由外至也。來者始積；積於吾身，而非由外假也。王氏、張氏謂學自外至，故言『乃來』。蓋不知所學之事，皆吾性分本然之性，曷嘗強其所無哉！」（或問卷下，頁五—六。）

股肱惟人，良臣惟聖。

【佚文】（二七一）「期説之良，期己之聖。至是，其相期者亦遠矣。」（纂傳卷十五下，頁三二。）

高宗肜日第十五

罔非天胤，典祀無豐于昵。

【佚文】（二七二）「祖考罔非天嗣；祀有典，不可豐殺。訓之使改，所謂『正厥事』。」（輯纂卷三，頁四十；纂疏卷三，頁三五；大全卷五，頁四四；書傳彙纂卷九，頁二八。）

西伯戡黎第十六

不虞天性。

【佚文】（二七三）「不虞天性，能度天性而行則義矣。」（精義卷二三，頁五。）

微子第十七

今殷民，乃攘竊神祇之犧牷牲用，以容將食，無災。

【佚文】（二七四）「純而不雜故謂之牷，完而無傷故謂之犧。」（臨川集卷四三，頁三乞改三經義誤字劄子。）

用乂，讎斂，召敵讎不怠。……我舊云刻子。

【佚文】（二七五）「我舊云刻子，刻，責也；舊以社稷之責責微子也。用乂讎斂，言因用公治法以刑讎民，以賦斂民。讎民則召民敵，斂民則召民讎也。因用治法讎斂民，所謂阻法度之外以責于下者也。」（精義卷二三，頁十九。）

我不顧行遯。

【佚文】（二七六）「左傳：楚克許，許男面縛銜璧，衰絰輿櫬以見楚子。楚子問諸逢伯，逢伯對曰：『昔者武王克商，微子啓如是。武王親釋其縛，受其璧而祓之，焚其櫬，禮而命之，使復其所。』則是微子歸周，在武王克商之後，而其行遯之本心，特欲避禍自全，待其悔而冀其存也。紂卒不悔，武王克商，微子奉祭器出，爲商請後，甚不得已也。」（纂傳卷十八，頁四。）

【評】（一一六）元王天與曰：「説者謂微子志存殷後爲仁，然此言於紂亡之後可也，若謂謀去之初，事固出此，則未然。嘗考此書辭意，將去深悲，迫於情之不獲已，故雖有存宗祀之心，而亦豈出於豫亡其君、留身以爲後圖之意？……故讀微子之書者，若以爲微子決然去之，全身續祀，未足見微子之心。惟觀其愛君憂國，傷時念亂，彷徨躊躇，就謀於一二同休戚之人，而後微子之心始著。已而去之，猶將謂王庶幾改之，予日望之。萬一疑情泮渙，頓釋前非，直爲宗社救此一縷，此宗臣依依戀國之真心也。」（纂傳卷十八，頁四。）

尚書新義　卷六

周書

泰誓上第一

泰誓。此篇題。

【佚文】（二七七）「受之時，上下不交而天下無邦。武王大會諸侯誓師（往）伐，以傾（受之）否，故命之曰『泰誓』。」（全解卷二二，頁一；夏解卷十六，頁一。）

【評】（一一七）宋林之奇曰：「篇首有『大會于孟津』之言，遂以『泰誓』二字爲其簡編之別，非有深意於其間。……而王氏好爲鑿説，徒見今之書不用『大』字而用『泰』字，則爲之説曰：『……』甚矣！王氏之喜鑿也。夫『否泰』之『泰』與『太甚』之『太』與『大學』之『大』，此三字通用也，故『泰壇』、『泰階』、『泰伯』，雖經傳所載或有用『否泰』之『泰』字，然其實與『太甚』之『太』、『大學』之『大』無以異。『泰誓』之爲言，亦猶是也。是以孟子、左氏傳、國語舉此篇名，或作『泰否』字，或作『太甚』之『太』字，或作『大學』之『大』字，明此三字音同義同，故得以通用也。王氏（之）……説則新矣，然而非書之意也。泰誓則爲誓師以傾受之否，使誥篇名偶用『泰否』字，則當傾否而作誥矣。蓋王氏欲盡廢先儒之詁訓，悉斷以己意，則其説必至於如此之陋也。」（全解卷二二，頁一——二；夏僎評，見夏解卷十六，頁一——二，略同。）

惟十有一年，武王伐殷；一月戊午，師渡孟津。作泰誓三篇。此尚書小序之全文。

惟十有三年春，大會于孟津。此泰誓上篇篇首經文。

【評】（一一八）宋程頤曰：「介甫以『武王觀兵』爲周易（乾卦）九四，大無義理！兼觀兵之説亦自無此事，如今日天命絶，則今日便是獨夫，豈容更留之三年？今日天命未絶，便是君也，爲人臣子豈可以兵脅其君？安有此義？……書（武成篇）亦自云紂之衆若林，三年之中豈肯容武王如此，便休得也？只是大誓一篇前序云『十有一年』，後面正經便説『惟十有三年』，先儒誤妄，遂轉爲『觀兵』之説。先王無觀兵之事，不是前序『一』字錯却，便是後面正經『三』字錯却！（河南程氏遺書卷十九，頁二一——二二。）

惟其克相上帝，寵綏四方，有罪無罪，予曷敢有越厥志！

【佚文】（二七八）「有罪不妄赦，無罪不妄伐。其志在乎克相上帝，寵綏四方而已，何敢越也？孟子曰：『一人衡行於天下，武王恥之。』蓋有罪於此，而不能相上帝以伐之者，武王之所恥也。」（全解卷二二，頁十二。）

泰誓中第二

有夏桀，弗克若天，流毒下國。

【佚文】（二七九）「弗克若天，非所謂奉天。流毒下國，非所謂惠民。」（纂傳卷十九中，頁二。）

天其以予乂民，朕夢協朕卜。

【佚文】（二八〇）「天意其以我爲天子而治民，我得夢合于我卜；是重疊有休美吉祥，若加兵于商紂，必勝矣。」（精義卷二五，頁九—十。）

雖有周親，不如仁人。

【佚文】（二八一）「（二句，）指微子而言，謂微子之徒以紂爲無道而周有道，故去紂而歸我。此所以紂雖有至親而不如我之獲仁人也。」（全解卷二二，頁二四；夏解卷十六，頁二一。）

【評】（一一九）宋林之奇曰：「審如是，則是周未興師而微子已歸周矣。武王既得微子，以爲獲仁人，然後興師往伐紂。如此則是微子預亡其國，爲名教之罪人，安得爲仁人乎？微子之歸國，蓋在周既伐商之後。」（全解卷二二，頁二四；夏僎評略同，見夏解卷十六，頁二一。）

天視自我民視，天聽自我民聽。百姓有過，在予一人。今朕必往。

【佚文】（二八二）「自，從也。天之所視，從我民之所視；天之所聽，從我民之所聽。謂民視聽于周家，天必從之，以有天下。民有過乃在于己，豈可不伐紂以正百姓乎？今我所以必往伐紂也。此武王以天下自任乎！」（精義卷二五，頁十一。）

【佚文】（二八三）「在予一人，蓋以其身任天下之責；不如是，不足以爲天吏也。」（輯纂卷四，頁七；大全卷六，頁十四；引經釋卷二，頁十四；書傳彙纂卷十，頁二二。）

泰誓下第三

爾衆士，其尚迪果毅，以登乃辟。功多有厚賞，不迪有顯戮！

【佚文】（二八四）「不迪，謂不迪果毅也。」（纂傳卷十九下，頁二。）

牧誓第四

戎車三百兩。此尚書小序之文。

【陳補】「以其車載則稱乘。」（陳傳卷六，頁十六。）

王朝至于商郊牧野。

【佚文】（二八五）「與邑交則曰『郊』。」（考古質疑卷三，頁十六。）

王左杖黄鉞，右秉白旄以麾。

【佚文】（二八六）「鉞，所以誅；旄，所以教。黄者，信也；白者，義也。誅以信，故黄鉞；教以義，故白旄。無事於誅，故左杖黄鉞；有事於教，故右秉白旄。」（全解卷二三，頁四。）

【評】（二二〇）宋蘇軾曰：「黄鉞，以金飾也。軍中指麾，白則見遠。王無自用鉞之理，以爲儀耳，故左杖黄鉞。麾非右手不能，故右秉白旄。此事理之常，本無異説，而學者妄相附致，張爲議論，皆非其實。凡若此者，不取。」（東坡書傳卷九，頁七。）

【評】（二二一）宋林之奇曰：「王氏之説，抑又甚焉！……其……説經，未嘗肯從先儒之説，至於此説則從。非徒從之，又從而推廣之，惟其喜鑿故也。……故蘇氏於此篇則併與先儒而譏之。……蘇氏此説，可謂盡之矣。」（全解卷二三，頁四—五。）

爾所弗勖，其于爾躬有戮！

【佚文】（二八七）「功多厚賞，前誓已言；此不再言，而獨言『有戮』者，軍事以嚴終，亦『威克厥愛』之意。」（輯纂卷四，頁十；纂疏卷四，頁九；大全卷六，頁二三；尚書日記卷九，頁二五；書傳彙纂卷十，頁三八。）

武成第五

乃偃武修文，歸馬于華山之陽，放牛于桃林之野，示天下弗服。

【佚文】（二八八）「軍行戰車用馬，任載之車用牛。服，乘用也。急於偃武如此，見以兵定天下非其本心也。」（輯纂卷四，頁十一；纂疏卷四，頁十；大全卷六，頁二五；書傳彙纂卷十，頁四二。）

爲天下逋逃主，萃淵藪。

【佚文】（二八八之一）「歸之之謂主，萃之之謂聚，藏之之謂淵，養之之謂藪。」（全解卷二三，頁二二；書傳彙纂卷十，頁四六。）

予小子既獲仁人。

【佚文】（二八九）仁人，微子之徒也。武王以微子之來歸，而知紂之可伐。（全解卷二三，頁二三；夏解卷十七，頁十。）

【評】（一二二）宋林之奇曰：「（如王氏說，）則是微子之亡其國，略無不忍之意，烏得以爲仁哉！予故曰仁人必是自商而來，而人則莫知其爲誰也。」（全解卷二三，頁一三；夏僎評，見夏解卷十七，頁十，略同。）

其旅若林，會于牧野。

【佚文】（二九〇）「旅，衆也。」（朱子引博古圖載，見清顧棟高輯王安石遺事。）

【評】（一二三）宋朱熹曰：「若王氏之學，都不成物事；人卻偏要去學。……近看博古圖，更不成文理，更不可理會；也是怪，其中說一『旅』字，云：『王曰：衆也。』這是自古解作衆，他卻要恁地說時，是說王氏較香得些子。這是要取奉那王氏，但恁地也取奉得來不好。」（清顧棟高輯王安石遺事。）

式商容閭。

【佚文】（二九一）「式者，在車所行之禮也。」（蘆浦筆記卷二，頁二，載宋胡洵直引，古今圖書集成理學彙編經籍典卷一一四書經部載。）

惇信明義，崇德報功。

【佚文】（二九二）「惇厚其信，使天下不趨於詐。顯明其義，使天下不徇於利。崇德使人知所以尚賢，報功使人知所以勸忠。」（輯纂卷四，頁十五；纂疏卷四，頁十三；大全卷六，頁三三；書傳彙纂卷十，頁五二。）

尚書武成篇通義。

【佚文】（二九三）安石考本篇歲月爲：

正月初三癸巳，武王步自周，于征伐商。二十八日戊午，渡孟津。二月辛酉朔，甲子殺紂。其年閏二月庚寅朔，三月庚申朔，四月三日哉生明辛卯。四月十九日丁未，祀于周廟。越三日庚戌二十二日，柴望。（全解卷二三，頁十四。）

【佚文】（二九四）安石於本篇經文改本爲：

惟一月壬辰旁死魄，越翼日癸巳，王朝步自周，于征伐商，底商之罪，告于皇天后土。所過名山大川，曰：「惟有道曾孫周王發，將有大正于商。今商王受無道，暴殄天物，害虐烝民，爲天下逋逃主，萃淵藪。予小子既獲仁人，敢祗承上帝，以遏亂略。華夏蠻貊，罔不率俾恭天成命。肆予東征，綏厥士女，惟其士女篚厥玄黄，昭我周王。天休震動，用附我大邑周。惟爾有神，尚克相予，以濟兆民，無作神羞。」既戊午，師逾孟津。癸亥，陳于商郊，俟天休命。甲子昧爽，受率其旅若林，會于牧野，罔有敵于我師，前徒倒戈，攻于後，以北，血流漂杵。一戎衣，天下大定。厥四月哉生明，王來自商，至于豐，乃偃武修文，歸馬于華山之陽，放牛于桃林之野，示天下弗服。丁未，祀于周廟，邦、甸、侯、衛駿奔走，執豆籩。越三日庚戌，柴望，大告武成。既生魄，庶邦冢君暨百工受命于周。王若曰：「嗚呼！羣后，惟先王建邦啓土，公劉克篤前烈。至于大王，肇基王迹，王季其勤王家。我文考文王克成厥勳，誕膺天命，以撫方夏。大邦畏其力，小邦懷其德。惟九年，大統未集。予小子其承厥志，乃反商政，政由舊。釋箕子囚，封比干墓，式商容閭，散鹿臺之財，發鉅橋之粟。大賚于四海，而萬姓悦服。列爵惟五，分土惟三，建官惟賢，位事惟能，重民五教，惟食、喪、祭。惇信明義，崇德報功，垂拱而天下治。」（據全解卷二三，頁十八—十九；容齋續筆卷十五，總頁一四四；項氏家説卷三，頁十二定；詳下三「評」之文。）

【評】（一二四）宋林之奇曰：「自『厎商之罪』以下至於『大賚于四海而萬姓悦服』……王氏、劉氏、程氏諸家以屬於『王朝步自周于征伐商』之下，敏案：王氏不盡如此，詳下文。蓋得之矣。但王氏以『乃反商政政由舊釋箕子囚』以下，屬於歸周敏案：謂勝殷歸至豐，祀于周廟，柴望，告諸侯百官。之後，則失其次。夫釋箕子囚，封比干墓，式商容閭，散財發粟，此蓋既克商之事，豈至周而後有事於此邪？故劉氏自『厎商之罪』至『萬姓悦服』，悉以加於『厥四月哉生明王來自商至于豐』之前，此則勝於王氏所次遠甚。」（全解卷二三，頁十八—十九。）

【評】（一二五）宋洪邁曰：「經典遭秦火之餘，脱亡散落，其僅存於今者相傳千歲，雖有錯誤，無由復改。……武成一篇，王荆公始正之。自『王朝步自周于征伐商』即繼以『底商之罪告于皇天后土』至『一戎衣天下大定』，乃繼以『厥四月哉生明』至『予小子其承厥志』，然後及『乃反商政』，以訖終篇。則首尾亦粲然不紊！」（容齋續筆卷十五，總頁一四四。）

【評】（一二六）宋朱熹曰：「『王若曰』以下（至篇末）……恐須是有錯簡。然自王氏、程氏、劉原父以下所定，亦各不同。舊嘗考之，劉以爲王語之末有闕文，似得之。」敏案：劉敞七經小傳卷上，頁八謂：「『予小子其承厥志』之下，武王之誥未終，當有百工受命之語，計脱五、六簡。」（朱文公文集卷六十，頁三三。）

【評】（一二七）宋朱熹又曰：「此篇簡編錯亂，劉侍讀、王荆公、程先生皆有改正次序，今以參考定讀如此，大略皆集諸家之所長。……劉侍讀謂『余小子其承厥志』之下當有闕文，以今考之，固所宜有。……」（朱文公文集卷六五，頁三十—三一。朱子語類卷七九，頁十四；朱子五經語類卷四八，頁二，大旨略同；朱睦㮮評，見五經稽疑卷二，頁十八，略同。）

【評】（一二八）宋項安世曰：「王介甫以此篇爲脱簡，當以自『厥四月哉生明』至『予小子其承厥志』移在『天下大定』之下，此説良是。必如此然後文理可讀，月日亦順；又見武王所承之志。上謂文王欲由商之舊政而未得，今予小子不可不承，故次以『乃反商政政由舊』，此即『承志』之事也。若如本文，則是文王志在底商之罪，而武王承之也，豈不上誣先志哉！」（項氏家説卷三，頁十一—十二。）

【評】（一二九）宋章如愚曰：「疑武成之誤者，古今之常説也。孔穎達曰：『此篇敘事多而王言少，其辭又首尾不結，體裁異於餘篇。「無作神羞」，當有其辭，今無其語，是言尚未訖，簡篇斷絶也。』自漢以來，豈惟穎達疑之耶？特爲之疏義，故説行於世也。近世王氏、程氏之徒，莫不疑之。人自爲斷，家自爲讀，而卒無定論。烏乎！書之不幸出於口授壁藏，孔安國定其可知者五十有九篇，曰：『其餘錯亂摩滅，不可復知。』然則五十九篇既定之後，豈無錯繆也哉！蓋亦有之矣！若夫武成之書，則似顛倒錯亂，然深究其旨，實未嘗錯誤也。武成者，武王伐紂之功已成，識其政事之書，皆史官記武王征伐，及其歸周所行之事；此與堯典、舜典、冏命之書體同。孔氏乃疑其序事多而王言少，且據左氏『無作神羞』以下皆有其辭，此獨無文，何拘之甚邪！王氏則離析其章句，以『予小子其承厥志』以下，即繼以『乃反商政』。夫繼上言先王之勤勞，文王之未集大統，武王方承厥志，經以底商之罪。此其辭理是順，無『其承厥志』以下，不言伐商罪，遽謂反商政，則其語無倫。世之學者，惟患武成之失次，及其離而讀之，反以無倫可乎？」（羣書考索續集卷五，頁三—四；別集卷四，頁八—九，略同。）

【評】（一三〇）宋胡洵直曰：「按武成之書，自伏生口傳失其次序，王氏新義嘗加攷正。説書者愈疑，且以『式者，在車所行之禮也。式商容閭，豈當在歸至于豐之後』。洵直以樂記考之：孔子告賓牟賈以大武遲久之意，首言久立于綴以待諸侯之至，則庶邦冢君受伐商之命于周，乃其時也。故其克商也，有未及下車而爲之者，有下車而爲之者，有濟河而西然後爲之者。至其終也，左射貍首，右射騶虞，而貫革之射息也；裨冕搢笏而虎賁之士説劍也；祀乎明堂而民知孝；朝覲然後諸侯知所以臣；耕藉然後諸侯知所以敬。以此五者爲天下之教，其先後有倫如此，則武成之次序可概見矣。是以驗之，以孔子之言而次第之，庶有所本云。」（古今圖書集成理學彙編經籍典卷一一四書經部胡洵直考正尚書武成一卷自序，又略見蘆浦筆記卷二，頁二一—三「武成次序」條後胡洵直按語。）

【評】（一三一）宋蔡沈（蔡傳卷四，總頁七四。）、宋人某氏（六經奥論卷二，頁二四—二五。）、宋王柏（書疑卷四，頁五—六。）、宋黄仲元（四如講稿卷四，頁十三。）、元金履祥（書經注卷七，頁二十；金仁山遺書本尚書表注卷下，頁五。）、元王天與（纂傳卷二一，頁五。）及元陳師凱（書蔡氏傳旁通卷四上，頁十九。）諸家，或述前人之説，或評安石所改，文甚繁重，兹不具録，存目備徵焉。

尚書新義　卷七

周書

洪範第六

武王勝殷殺受，立武庚，以箕子歸，作洪範。此尚書小序之全文。

【佚文】（二九五）「武王殺受矣，而不爲商立後，以統承先王〔一〕，修其禮物，則是遇商不仁、無禮無義也。箕子嘗爲商之大臣，尚可以言之乎？武王立武庚，則是遇商仁且有禮義，此實箕子所以言也。」（全解卷二四，頁三；夏解卷十七，頁十六—十七。）

王訪于箕子，王乃言。

〔一〕「王」，全解作「生」，據夏解改正。

【陳補】「致禮然後問，故先言『王訪於箕子』，而後曰『王乃言』。」（陳傳卷七，頁二。）

箕子乃言曰。

【陳補】「致禮以問然後告，故於是箕子乃言。」（陳傳卷七，頁二。）

次五，曰建用皇極；　次六，曰乂用三德。

【佚文】（二九六）「皇極立本，三德趨時。」（輯纂卷四，頁二十；纂疏卷四，頁二四；大全卷六，頁四四；洪範正論卷一，頁三十；臨川集卷六五，頁一洪範傳，略同。）〔二〕

一，五行：一曰水，二曰火，三曰木，四曰金，五曰土。水曰潤下，火曰炎上，木曰曲直，金曰從革，土爰稼穡。潤下作鹹，炎上作苦，曲直作酸，從革作辛，稼穡作甘。

〔二〕　安石別有洪範傳（載臨川集卷六五，頁一—十六。），又有書洪範傳後（載臨川集卷七一，頁十一—十二。），著成在尚書新義之後（説詳下附洪範傳全文及其考證），而傳與新義説頗多相同。今凡宋、元人引安石洪範説之文皆依常例收爲佚文，如與其洪範傳相同，則並標洪範傳文之卷頁於括弧內；如止明（永樂以後）、清人引安石洪範説之文，出於安石洪範傳，且未見宋、元人引述者，則其所據非尚書新義，故一概不收。

【佚文】（二九七）「自天一至於天五，五行之生數也。以奇生者成而耦，以耦生者成而奇；其成之者皆五，五者天數之中也。蓋中者所以成物也。道立於兩，成於三，變於五，而天地之數具。其爲十也，耦之而已，蓋五行之爲物，其時其位，其材其氣，其性其形，其事其情，其色其聲，其臭其味，皆各有耦。推而散之，無所不通；一柔一剛，一晦一明，故有正有邪，有美有惡，有醜有好，有凶有吉；性命之理，道德之意，皆在是矣。耦之中又有耦焉，而萬物之變遂至於無窮。其相生也，所以相繼也；其相克也，所以相治也。水言潤，則火燥；土溽、木敷、金歛，可知也。火言炎，則水洌；土蒸、木温、金清，可知也。水言下，火言上，則木左、金右、土中央，可知也。木言曲直，則土圜、金方、火鋭、水平，可知也。金言從革，則木變、土化、水因、火革，可知也。土言稼穡，則水之井洫、火之爨治、木金之爲器械，可知也。」（六經天文編卷一，頁六七；陳傳卷七，頁六；或問卷下，頁二一；纂傳卷二二，頁五；尚書日記卷九，頁四五；尚書埤傳卷十，頁十三、十四；洪範正論卷二，頁五；書傳彙纂卷十一，頁十二；臨川集卷六五，頁二一—三洪範傳，略同。）

【佚文】（二九八）「所謂木變者何？炳之而爲火，爛之而爲土，此之謂『變』。所謂土化者何？能燥，能潤，能敷，能歛，此之謂『化』。水因者何？因甘而甘，因苦而苦，因蒼而蒼，因白而白，此之謂『因』。火革者何？革生以爲熟，革柔以爲剛，革剛以爲柔，此之謂『革』。金亦能化，可以圜，可以平，可以鋭，可以曲直；然非火革則不能自化，故命之曰『從革』也。」（或問卷下，頁二一；尚書日記卷九，頁四五—四六；尚書埤傳卷十，頁十四；洪範正論卷二，頁六；書傳彙纂卷十一，頁十二；臨川集卷六五，頁三洪範傳，略同。）

【評】（一三二）清胡渭曰：「王氏此義，敏案：謂自上條「水言潤」至此條「從革也」。如説卦之廣象，雖未必皆聖人之意，而亦未嘗背於理；視彼拘而鮮通者，有鵬、鷃之别矣。」（洪範正論卷二，頁六。）

【佚文】（二九九）金性能從能革。（捫蝨新話卷一，頁三。）

【評】（一三三）宋陳善曰：「李長吉嘗語余：昔問羅疇老洪範『金曰從革』（尚書）新義云：『能從能革』，而荆公洪範傳又云：『金性能從，惟革者之所化。』敏案：参上條佚文及王安石文集卷四十，總頁一〇八洪範傳，大旨如此。二義不同，未知孰是。疇老云：『譬如釋迦十大弟子，各説第一義；二説皆通，無可揀者。』予謂王氏之學，率以一字一句較其同異，而父子之論，自不能一如此。敏案：陳善以尚書新義乃王雱撰著。迨其末流之弊，學者不勝異説。」（捫蝨新話卷一，頁三；儒學警悟本「長吉」作「季長」，「大」作「六」。）

嚮用五福，威用六極。

【陳補】「嚮者，慕而欲其至。威者，惡而欲其亡也。」（陳傳卷七，頁四。）

二，五事：一曰貌，二曰言，三曰視，四曰聽，五曰思。

【佚文】（三〇〇）「以五事分別配五行。」（全解卷二四，頁二三—二四；夏解卷十七，頁三十。）

【評】（一三四）宋林之奇曰：「諸儒之論五事，皆以配五行，唐孔氏曰：『……』王氏、蘇氏之説，大抵類此，而王氏詳明。……諸儒皆是附會穿鑿而爲之説，箕子之意，本不如是。若『五事』果可以配『五行』，則自『八政』以下，皆各有所配，豈止於五事？而『皇極』、『庶證（徵）』、『福極』猶可條而入之，至於其餘不可以穿鑿通者，則舍之不論，此豈自然之理哉！……蘇氏每譏王氏，以爲喜鑿，至於此論，則其去王氏無幾矣。」（全解卷二四，頁二三—二四。）

三，八政：一曰食，二曰貨，三曰祀，四曰司空，五曰司徒，六曰司寇，七曰賓，八曰師。

【佚文】（三〇一）「析之寥寥，烝之浮浮，后稷肇祀，庶無罪悔。后稷樹藝五穀，遂以肇祀；以祀教敬，則民不苟也，故祀次之。器利用足，故司空次之。食足用利而教興焉，故司徒次之。刑以弼教，故司寇次之。所以相交際者不可廢，故賓次之。所以相保聚者不可廢，故師又次之。賓者，非獨施於來諸侯通四夷而已也，鄉使相賓。師者，非獨於征不庭、伐不順而已也，殺越人於貨，愍不畏死，不待教而誅之。食、貨、祀、賓、師，稱其事，通乎下也。司空、司徒、司寇，稱其官，制乎上也。正法度，敷教制，刑必自其上出。」（尚書説卷四，頁十—十一。）

四，五紀……五曰曆數。

【佚文】（三〇二）「曆者，所以紀數。」（輯纂卷四，頁一三。）

而康而色。

【佚文】（三〇三）「詩云：『載色載笑，匪怒伊教』，而康而色之謂。」（陳傳卷七，頁十；纂傳卷二二，頁九；纂疏卷四，頁二二；洪範正論卷四，頁九；臨川集卷六五，頁六洪範傳，略同。）

皇極之敷言，是彝是訓，于帝其訓。凡厥庶民，極之敷言，是訓是行，以近天子之光。

【佚文】（三〇四）「有極之所在，吾安所取正？取正於天而已。我取正於天，則民取正於我。道之本出於天，其在我爲德；皇極，我與庶民所同然也，故我訓于帝，則民訓于我矣。」（全解卷二四，頁四五；洪範正論卷四，頁二五。）

六，三德：一曰正直，二曰剛克，三曰柔克。……惟辟作福，惟辟作威，惟辟玉食。臣無有作福作威玉食；臣之有作福作威玉食，其害于而家，凶于而國。人用側頗僻，民用僭忒。

【佚文】（三〇五）「皇極者，君與臣、民之所共由者也；三德者，君之所獨任，而臣、民不得僭焉者也。」（全解卷二五，頁六；陳傳卷七，頁十四；洪範正論卷四，頁三六。）

【評】（一三五）宋林之奇曰：「此實至當之論。蓋大中之道，人之所同有。爲君者苟不能以先知覺後知，以先覺覺後覺，而與斯民共之，則人將淫朋比德，而自弃於小人之域，此國家之所以亂也。威福名器，人主之利勢，苟不能執之於一己，使臣下得而僭焉，則庶民化之，亦將側頗辟僭忒矣，此亦國家所由以亂也。」（全解卷二五，頁六。）

【佚文】（三〇六）惟辟作福，惟辟作威，荀子曰：「擅生殺之謂王，能利害之謂王。」義如此。君王用人惟己，亦「作福」之義。（默堂文集卷二二，頁十六。）

【評】（一三六）宋陳淵曰：「荆公引『擅生殺之謂王，能利害之謂王』，此申、商、韓非之所爲，豈是先王之道？而彼不悟，反以證經。曰：此自荀子之説，何爲不善？曰：若論道，則荀卿容有不知者，其説亦何足取？……然則書言『惟辟作福，惟辟作威』，非耶？曰：今人勸人主攬權，多用此説，而不知聖人之言，意有所主。其下文云：『臣無有作福作威玉食，臣之有作福作威玉食，其害于而家，凶于而國。』蓋曰威福之作，唯人主當爾。人臣如此，必致凶害，所以戒也，豈生殺由我之謂哉？曰：『用人惟己』之義又如何？曰：……見賢焉然後用之，不以左右、大夫、國人之譽而用人也……」（默堂文集卷二二，頁十六。）

七，稽疑：擇建立卜筮人。

【佚文】（三〇七）「有所選用謂之擇，有所創立謂之建。周官太卜所謂『凡國大貞，卜立君，卜大封』者，所謂『建』也；『大祭祀、國大遷、大師（，則貞龜）』，所謂『擇』也。」（全解卷二五，頁八。）

曰雨，曰霽，曰蒙，曰驛，曰克。

【佚文】（三〇八）「以龜占象之謂卜，以火灼龜，其象可占之謂兆。」（書傳彙纂卷十一，頁三五。）

曰貞，曰悔。

【佚文】（三〇九）「貞者，靜而正，故内卦曰『貞』。悔者，動而過，故外卦曰『悔』。動乎外豈皆有悔哉？而以外卦爲『悔』者，悔生乎動故也。」（全解卷二五，頁九；夏解卷二五，頁九；項氏家説卷三，頁十五；書傳彙纂卷十一，頁三七。）

【評】（一三七）宋林之奇曰：「以此二説敏案：謂鄭玄之説與此王安石説。觀之，則王氏之説爲勝，然未必是古人意如此也。蘇氏曰：『其謂之貞、悔者，古語如此，莫知其訓也。』」（敏案：見東坡書傳卷十，頁十二。）此説深得古人『多聞闕疑』之義。」（全解卷二五，頁九。）

【評】（一三八）宋項安世曰：「人但知内卦爲貞，外卦爲悔，不知其何説也。王介甫謂『靜爲貞，動爲悔』，亦臆之而已。此占家之事，惟京氏易謂發爲貞，靜爲悔，則合于筮法。蓋占家以内卦爲用事，謂問者之來意也；外卦爲直事，謂禍福之決也。來意方發，專一之至，故謂之『貞』；外卦既成，禍福始定，故有悔焉。蓋卦有元、亨、利、貞，故取『貞』字爲主；爻有吉、凶、悔、吝，故取『悔』字爲決也。」（項氏家説卷三，頁十五。）

卜五，占用二，衍忒。

【佚文】（三一〇）「衍者，吉之謂也；忒者，凶之謂也。吉言衍，則凶之爲耗可知也；凶言忒，則吉之爲當可知也。忒也、當也，言乎其位；衍也、耗也，言乎其數。夫物有吉凶，以其位與數而已。六五陽位矣，其爲九四所難者，數不足故也。九四得數矣，其爲六五所制者，位不當故也。數衍而位當者吉，數耗而位忒者凶。此天地之道，陰陽之義。」（全解卷二五，頁十；臨川集卷六五，頁十一洪範傳及洪範正論卷五，頁十，並略同。）

【評】（一三九）宋林之奇曰：「其説比之諸家，最爲詳悉，而范純夫亦用此説，以謂：『……』此説蓋本於王氏而增廣之。雖用此説，而又曰：『一云：衍，推也；忒，變也。卜卦有疑，則推其所變之卦。』此又近於先儒之説。要之，此二説雖皆可通，然先儒以忒訓變，王氏以衍爲吉、忒爲凶，皆未免於附會。不如且從劉執中之説，以謂『推衍其義，以知差忒』，爲平直而不費辭也。」（全解卷二五，頁十—十一。）

【佚文】（三一二）「推衍其義，以極其變也。如觀之否，則占九四之變；大有之睽，則占九三之變。」（輯纂卷四，頁二九；纂疏卷四，頁二五。）〔一〕

汝則有大疑……謀及卿士，謀及庶人。

〔一〕此條與上條義相牴牾，而與舊説多相合，疑爲輯纂誤收，而纂疏從之録入者也。

【佚文】（三一二）「周官：有大事，衆庶得至外朝，與羣臣以序進，而天子親問焉。」（輯纂卷四，頁三十；纂疏卷四，頁二六；大全卷六，頁六八；洪範正論卷五，頁十三。）

【陳補】「稽之人以盡其智，稽之鬼神以盡其神。」（陳傳卷七，頁十五。）

八，庶徵：曰雨，曰暘，曰燠，曰寒，曰風，曰時。五者來備，各以其敘，庶草蕃廡。一極備，凶；一極無，凶。

【佚文】（三一三）「『時』字是總言，下分兩股：『來備，各以其敘』之謂『時』；『極備』、『極無』之謂『不時』。」（尚書日記卷九，頁七四—七五。）

【佚文】（三一四）「庶草者，物之尤微而莫養，又不知自養也；而猶蕃廡，則萬物得其養，皆可知也。」（全解卷二五，頁十八；陳傳卷七，頁十八；洪範正論卷五，頁二四；書傳彙纂卷十一，頁四二；臨川集卷六五，頁十二洪範傳，略同。）

【佚文】（三一五）「雨極備則爲常雨，暘極備則爲常暘，風極備則爲常風。燠極無則爲常寒，寒極無則爲常燠，此飢饉疫癘之所由作也，故曰『凶』。」（全解卷二五，頁十八；纂傳卷二一，頁十三；書傳彙纂卷十一，頁四三；臨川集卷六五，頁十二洪範傳，同。）

【陳補】「雨暘燠寒風，所以目『五者來備』以下之事。時，所以目『王省惟歲』以下之事。（陳傳卷七，頁十七。）

【陳補】「極備極無，此饑饉疫厲所由作，故曰凶。」（陳傳卷七，頁十八。）

曰休徵：曰肅，時雨若；曰乂，時暘若；曰晢，時燠若；曰謀，時寒若；曰聖，時風若。曰咎徵：曰狂，恒雨若；曰僭，恒暘若；曰豫，恒燠若；曰急，恒寒若；曰蒙，恒風若。

【佚文】（三一六）若，似也。（全解卷二五，頁二十；夏解卷十七，頁五八。）

【佚文】（三一七）「降而萬物悦者，肅也，故若時雨然；升而萬物理者〔一〕，乂也，故若時暘然；晢者，陽也，故若時燠然；謀者，陰也，故若時寒然；睿其思心〔二〕，無所不通，以濟四者之善者，聖也，故若時風然。狂則蕩，故常雨若；僭則亢，故常暘若；豫則解緩，故常燠若；急則縮栗，故常寒若；冥其思心，無所不入，以濟四者之惡者，蒙也，故常風若。……君子之於人也，固當思其賢，而以其不肖者爲戒〔三〕。況天者固人君之所當取象也，則質諸彼以驗此，固其宜也。」（全解卷二五，頁二十；夏解卷十七，頁五八；陳傳卷七，頁十八；臨川集卷六五，

〔一〕「升」，全解作「外」，誤，從夏解引改正。

〔二〕「睿」原無，據王安石洪範傳補。

〔三〕「肖」，全解作「省」，誤，今從洪範傳改正。

頁十三洪範傳，略同。）

【評】（一四〇）宋林之奇曰：「此其論五事之與五氣各有其類，則誠有此理，但以『若』訓『似』，而謂『君子之於人也，固當思其賢，而以其不肖者爲戒，況天者固人君之所當取象也，則質諸彼以驗此，固其宜也』。此則殊失庶徵本疇之義。夫謂之『庶徵』者，謂人君以一己之得失驗之於天。苟以『若』爲『似』，謂雨、暘、燠、寒、風皆人君所取象以正五事，則是箕子設此一疇，但爲『五事』箋註耳，其何以爲『庶徵』乎？」（全解卷二五，頁二十一—二二。）

【評】（一四一）宋朱熹曰：「洪範庶徵，固不是定如漢儒之説，必以爲有是應必有是事。多雨之徵，必推説道是某時做某事不肅，所以致此。爲此必然之説，所以教人難盡信。但古人意精密，只於五事上體察，是有此理。如荆公又却要一齊都不消説感應，但把『若』字做『如』、『似』字義，説做譬喻；説了也不得。荆公固是也説道此事不足驗，然而人主自當謹戒。如漢儒必然之説固不可，如荆公全不相關之説亦不可。古人意思精密，恐後世未見到耳。」（朱子語類卷七九，頁二一；朱子五經語類卷四八，頁十一—十二。纂傳卷二二，頁十四；輯纂卷四頁三二—三三；大全卷六頁七二；尚書埤傳卷十，頁三三載朱子説，略同。）

【評】（一四二）清胡渭曰：「按：荆公説『庶徵』，便是『天變不足畏』之謬種，何可以爲訓？」（洪範正論卷五，頁二七。）

【評】（一四三）清吴汝綸曰：「王引之云：王弼易注：若，辭也。……王荆公説此經云：『肅若時雨，乂若時陽然，言人君之有五事，猶天之有五物也。』……必如傳云『人君行然，天則順之以然』：使狂且僭，則天如何其順之也？」（經説卷二之二，頁六三尚書故。）

【佚文】（三一八）三「惟」字，皆訓「如」。自「王」至於「師尹」，猶歲、月、日三者之相繫屬。「肅，時雨若」，乂，時暘若」之類，皆聖人所以取憲於天道。（全解卷二五，頁二四—二五；臨川集卷六五，頁十三—十四洪範傳，略同。）

【評】（一四四）宋林之奇曰：「夫聖人取憲於天，設官分職，誠有詳略，然箕子之名此疇，謂之『庶徵』：徵者，以人占天之謂也。今若以『象』爲説，則其疇屬於『稽疑』之下、『福極』之上，果何義哉？蔡元度（卞）雖以『曰時』爲『歲月日時』之『時』，而其大意則祖述王氏。」（全解卷二五，頁二五。）

王省惟歲，卿士惟月，師尹惟日。

九，五福：一曰壽，二曰富，三曰康寧，四曰攸好德，五曰考終命。六極：一曰凶短折，二曰疾，三曰憂，四曰貧，五曰惡，六曰弱。

【佚文】（三一九）「同田爲富，分貝爲貧。」（考古質疑卷三，頁十六。）

【佚文】（三二〇）「富貴人所欲，貧賤人所惡，而『福』、『極』不言『貴』、『賤』，何也？曰：五福者，自天子至庶人皆可使慕而嚮；六極，亦皆可使畏而遠。若貴賤則有常分矣，使自公侯至庶人皆慕貴，欲其至，而不欲賤之在己，則陵犯篡奪，何有終窮？詩曰『寔命不猶』，蓋王者之世欲賤者之安其賤如此。」（輯纂卷四，頁三五；纂疏卷四，頁三十；定正洪範集說頁十八；大全卷六，頁七八；尚書日記卷九，頁八三；洪範正論卷五，頁五三；書傳彙纂卷十一，頁五二；臨川集卷六五，頁十五洪範傳，略同。）

【佚文】（三二一）「惡者，小人之剛也；弱者，小人之柔也。」（全解卷二五，頁三一；陳傳卷七，頁二十一；尚書日記卷九，頁八二；洪範正論卷五，頁五六；臨川集卷六五，頁十五洪範傳，略同。）

〔附〕 王安石洪範傳及其考評

洪範傳

全文。據臺灣中華書局四部備要本臨川集卷六五，頁一—十六抄録。

五行，天所以命萬物者也；故初一曰「五行」。五事，人所以繼天道而成性者也；故次二曰「敬用五事」。五事，人君所以修其心治其身者也，修其心治其身而後可以爲政於天下；故次三曰「農用八政」。爲政必協之歲、月、日、星辰、曆數之紀；故次四曰「協用五紀」。既協之歲、月、日、星辰、曆數之紀，當立之以天下之中；故次五曰「建用皇極」。中者所以立本，而未足以趣時，趣時則中不中無常也，唯所施之宜而已矣；故次六曰「乂用三德」。有皇極以立本，有三德以趣時，而人君之能事具矣；雖然，天下之故，猶不能無疑也，疑則如之何？謀之人以盡其智，謀之鬼神以盡其神，而不專用己也；故次七曰「明用稽疑」。雖不專用己而參之於人物鬼神，然而反身不誠不善，則明不足以盡人物，幽不足以盡鬼神，則其在我者不可以不思；在我者其得失微而難知，莫若質諸天物之顯而易見，且可以爲戒也；故次八曰「念用庶證」。自五事至於庶證，各得其序，則五福之所集；自五事至於庶證，各失其序，則六極之所集；故次九曰「嚮用五福，威用六極」。敬者何？君子所以直内也，言五事之本在人心而已；

農者何？厚也，言君子之道施於有政，取諸此以厚彼而已；有本以保常，而後可立也；故皇極曰「建」。有變以趣時，而後可治也；故三德曰「乂」。嚮者，慕而欲其至也；威者，畏而欲其亡也。五行：一曰「水」，二曰「火」，三曰「木」，四曰「金」，五曰「土」，何也？五行也者，成變化而行鬼神，往來乎天地之間，而不窮者也。是故謂之「行」。天一生水，其於物爲精；精者，一之所生也。地二生火，其於物爲神；神者，有精而後從之者也。天三生木，其於物爲魂；魂從神者也。地四生金，其於物爲魄；魄者，有魂而後從之者也。天五生土，其於物爲意；精神魂魄具而後有意。自天一至於天五，五行之生數也。以奇生者成而耦，以耦生者成而奇；其成之者皆五；五者，天數之中也。蓋中者所以成物也。道立於兩，成於三，變於五，而天地之數具。其爲十也，耦之而已。蓋五行之爲物，其時其位，其材其氣，其性其形，其事其情，其色其聲，其臭其味，皆各有耦；推而散之無所不通。一柔一剛，一晦一明，故有正有邪，有美有惡，有醜有好，有凶有吉：性命之理，道德之意，皆在是矣。耦之中又有耦焉，而萬物之變，遂至於無窮。其相生也，所以相繼也；其相克也，所以相治也。語器也以相治，故序六府以相克；語時也以相繼，故序盛德所在以相生。洪範語道與命，故其序與語、器與時者異也。道者，萬物莫不由之者也；命者萬物莫不聽之者也。器者，道之散；時者，命之運。由於道、聽於命而不知者，百姓也；由於道、聽於命而知之者，君子也。道萬物而無所由，命萬物而無所聽，唯天下之至神爲能與於此。夫火之於水，妻道也；其於土，母道也；故神從志，無志則從意。志致一之謂精，唯天下之至精，爲能合天下之至神；精與神一而不離，則變化之所爲在我而已；是故能道萬物而無所由，命萬物而無所聽也。水曰潤下，火曰炎上，木曰曲直，金曰從革，土爰稼穡，何也？北方陰極而生寒，寒生水；南方陽極而生熱，熱生火；故水潤而火炎，水下而火上。東方陽動以散而生風，風生木，木者、陽中也，故能變；能變故曲直。西方陰止以收而生燥，燥生金，金者、陰中也，故能化；能化故從革。中央陰陽交而生濕，濕生土，土者、陰陽沖氣之所生也；故發之而爲稼，斂之而爲穡。「曰」者，所以命其物；「爰」者，言於之稼穡而已。「潤」者，性也；「炎」者，氣也；「上下」者，位也；「曲直」者，形也；「從革」者材也；「稼穡」者，人事也。冬物之性復，復者性之所，故於水言其性；夏物之氣交，交者氣之時，故於火言其氣；陽極上，陰極下，而後各得其位，故於水火言其位；春物之形著，故於木言其形；秋物之材成，故於金言其材；中央人之位也，故於土言人事。水言潤，則火熯、土溽、木敷、金斂，皆可知也；火言炎，則水洌、土烝、木温、金清，皆可知也；水言下、火言上，則木左、金右、土中央，皆可知也。推類而反之，則曰後、曰前、曰西、曰東、曰北、曰南，皆可知也；木言曲直，則土圜、金方、火鋭、水平，皆可知也；金言從革，則木變、土化、水因、火革，皆可知也；土言稼穡，則水之井洫、火之爨冶、木金之爲械器，皆可知也。所謂木變者何？灼之而爲火，爛之而爲土；此之謂變。所謂土化者何？能熯、能潤、能敷、能斂；此之謂化。所謂水因者何？因甘而甘、因苦而苦、因蒼而蒼、因白而白；此之謂因。所謂火革者何？革生以爲熟、革柔以爲剛、革剛以爲柔；此之謂革。金亦能化，而命之曰「從革」者何？可以圜、可以平、可以鋭、可以曲直，然非火革之，則不能自化也；是故命之曰從革也。夫金，陰精之純也，是其所以不能自化也。蓋天地之用五行也，水施之、火化之、木生之、金成之、土和之。施生以柔、化成以剛，故木撓而水弱，金堅而火悍；悍堅而濟以和，萬物之所以成也。奈何終於撓弱，而欲以收成物之功哉？潤下作鹹，炎上作苦，曲直作酸，從革作辛，稼穡作甘，何也？寒生水，水生鹹；故潤下作鹹。熱生火，火生苦；故炎上作苦。風生木，木生酸；故曲直作酸。燥生金，金生辛；故從革作辛。濕生土，土生甘；故稼穡作甘。生物者，氣也；成之者，味也。以奇生則成而耦，以耦生則成而奇。寒之氣堅，故其味可用以耎；熱之氣耎；故其味可用以堅；風之氣散，故其味可用以收；燥之氣收，故其味可用以散。土者，沖氣之所生也，沖氣則無所不和；故其味可用以緩而已。氣堅則壯，故苦可以養氣；脉耎則和，故鹹可以養脉；骨收則强，故酸可以養骨；筋散則不攣，故辛可以養筋；肉緩則不壅，故甘可以養肉。堅之而後可以耎，收之而後可以散；欲緩則用甘，不欲則弗用也。古之養生治疾者，必先通乎此；不通乎此，而能已人之疾者，蓋寡矣。五事：一曰「貌」，二曰

「言」，二曰「視」，四曰「聽」，五曰「思」。貌曰恭，言曰從，視曰明，聽曰聰，思曰睿。恭作肅，從作乂，明作哲，聰作謀，睿作聖，何也？恭則貌欽，故作肅；從則言順，故作乂；明則善視，故作哲；聰則善聽，故作謀；睿則思無所不通，故作聖。五事以思爲主，而貌最其所後也；而其次之如此，何也？此言修身之序也。恭其貌，順其言，然後可以學而至於哲；既哲矣，然後能聽而成其謀；能謀矣，然後可以思而至於聖。思者，事之所成終，而所成始也，思所以作聖也；既聖矣，則雖無思也、無爲也，寂然不動，感而遂通天下之故，可也。八政：一曰「食」，二曰「貨」，三曰「祀」，四曰「司空」，五曰「司徒」，六曰「司寇」，七曰「賓」，八曰「師」，何也？食貨，人之所以相生養也；故一曰「食」，二曰「貨」。有相生養之道，則不可不致孝於鬼神，而著不忘其所自，故三曰「祀」。有所以相生養之道，而知不忘其所自，然後能保其居，故四曰「司空」。司空所以居民；民保其居，然後可教，故五曰「司徒」。司徒所以教民；教之不率，然後俟之以刑戮，故六曰「司寇」。自食貨至于司寇，而治内者具矣，故七曰「賓」、八曰「師」。賓所以接外治，師所以接外亂也。自食貨至於賓、師，莫不有官以治之，而獨曰「司空」「司徒」「司寇」者，言官則以知物之有官，言物則以知官之有物也。五紀：一曰「歲」，二曰「月」，三曰「日」，四曰「星辰」，五曰「曆數」，何也？王省惟歲，卿士惟月，師尹惟日，上考之星辰，下考之曆數，然後歲月日時不失其政；故一曰「歲」，二曰「月」，三曰「日」，四曰「星辰」，五曰「曆數」。曆者，數也；數者，一二三四是也；五紀之所成終，而所成始也。非特曆而已，先王之舉事也，莫不有時；其制物也，莫不有數。有時故莫敢廢，有數故莫敢踰。蓋堯、舜所以同律度量衡、協時月正日而天下治者，取諸此而已。皇極：皇建其有極，斂時五福，用敷錫厥庶民，何也？皇，君也；極，中也。言君建其有中，則萬物得其所，故能集五福以敷錫其庶民也。惟時厥庶民于汝極，錫汝保極，何也？言庶民以君爲中，君保中則民與之也。凡厥庶民，無有淫朋，人無有比德，惟皇作極何也？言君中則民人中也。庶民無淫朋，人無比德者，惟君爲中而已。蓋君有過行偏政，則庶民有淫朋，人有比德矣。凡厥庶民，有猷有爲有守，汝則念之；不協于極，不罹于咎，皇則受之；而康而色曰「予攸好德，汝則錫之福，時人斯其惟皇之極」，何也？言民之有猷有爲有守，汝則念其所猷所爲所守之當否；所猷所爲所守不協于極，亦不罹于咎，君則容受之，而康汝顔色以誘之。不協于極，不罹于咎，雖未可以錫之福，然亦可教者也，故當受之而不當譴怒也。詩曰「載色載笑，匪怒伊教」，康而色之謂也。其曰我所好者德則是，協于極則非，但康汝顔色以受之，又當錫之福以勸焉。如此，則人惟君之中矣。不言攸好德，則錫之福，而言曰「予攸好德，則錫之福」，何也？謂之皇極，則不爲已甚也。攸好德，然後錫之福，則獲福者寡矣。是爲已甚，而非所以勸也。曰「予攸好德，則錫之福」，則是苟革面以從吾之攸好者，吾不深探其心，而皆錫之福也。此之謂皇極之道也。無虐煢獨，而畏高明，何也？言苟曰好德，則雖煢獨，必進寵之而不虐；苟曰不好德，則雖高明，必皐廢之而不畏也。蓋煢獨也者，衆之所違而虐之者也；高明也者，衆之所比而畏之者也。人君蔽於衆而不知自用其福威，則不期虐煢獨而煢獨實見虐矣；不期畏高明而高明實見畏矣。煢獨見虐而莫勸其作德，則爲善者不長；高明見畏而莫懲其作僞，則爲惡者不消。善不長，惡不消，人人離德作僞，則大亂之道也。然則虐煢獨而寬朋黨之多，畏高明而忽卑晦之賤，最人君之大戒也。人之有能有爲，使羞其行，而邦其昌，何也？言有能者使在職而羞其材，有爲者使在位而羞其德，則邦昌也。人君孰不欲有能者羞其材，有爲者羞其德，然曠千數百年而未有一人致此。蓋聰不明而無以通天下之志，誠不至而無以同天下之德，則智以難知而爲愚者所詘，賢以寡助而爲不肖者所困，雖欲羞其行，不可得也。通天下之志在窮理，同天下之德在盡性。窮理矣，故知所謂咎而弗受，知所謂德而錫之福；盡性矣，故能不虐煢獨以爲仁，不畏高明以爲義。如是則愚者可誘而爲智也，雖不可誘而爲智，必不使之詘智者矣；不肖者可革而爲賢也，雖不可革而爲賢，必不使之困賢者矣。夫然後有能有爲者得羞其行，而邦賴之以昌也。凡厥正人，既富方穀，汝弗能使有好于而家，時人斯其辜，何也？言凡正人之道，既富之，然後善。雖然，徒富之，亦不能善也。必先治其家，使人有好於汝家，然後人從汝而善也。汝弗能使有好於汝家，則人無所視效，而放僻邪侈亦無不爲也。蓋人君能自治，然後可以治人；能治人，然後人爲之用；人爲之用，然後可以爲政於天下。爲政於天下者，在乎富之善之，而善之必自吾家人始，所謂自治者「惟皇作極」，是也；所謂治人者「弗協于極，弗罹于咎，皇則受之」，而康而色，曰「予攸好德」，汝則錫之福，無虐煢獨，而畏高明，是也；所謂人爲之用者，有能有爲，使羞其行，而邦其昌，是也；所謂爲政於天下者，凡厥正人，是也。既曰能治人，則人固已善矣；又曰富之然後善，何也？所謂治人者，教化以善之也；所謂富之，然後善者，政以善之也。徒教化不能使人善，故繼之曰凡厥正人既富方穀；徒政亦不能使人善，故卒之曰汝弗能使有好于而家，時人斯其辜也。于其無好德，汝雖錫之福，其作汝用咎，何也？既言治家不善，不足以正人也；又言用人不善，不足以正身。言崇長不好德之人而錫之福，亦用咎作汝而已矣。無偏無陂，遵王之義，無有作好，遵王之道，無有作惡，遵王之路，無偏無黨，王道蕩蕩，無黨無偏，王道平平，無反無側，王道正直，會其有極，歸其有極，曰皇極之敷言，是彝是訓，于帝其訓，何也？言君所以虛其心，平其意，唯義所在，以會歸其有中者，其説以爲人君以中道布言，是以爲彝，是以爲訓者，于天其訓而已。夫天之爲物也，可謂無作好，無作惡，無偏無黨，無反無側，會其有極，歸其有極矣。蕩蕩乎，言乎其大；平平者，言乎其治；大而治，終於正直，而王道成矣。無偏者，言乎其所居；無黨者，言乎其所與；以所居者無偏，故能所與者無黨，故曰無偏無黨；以所與者無黨，故能所居者無偏，故曰無黨無偏。偏不已乃至於側，陂不已乃至於反。始曰無偏無陂者，率義以治心，不可以有偏陂也；卒曰無反無側者，及其成德也，以中庸應物，則要之使無反側而已。路，大道也；正直，中德也。始曰義，中曰道、曰路，卒曰正直，尊德性而道問學，致廣大而盡精微，極高明而道中庸之謂也。孔子以爲示之以好惡而民知禁，今曰「無有作好，無有作惡」，何也？好惡者，性也；天命之謂性。作者，人爲也；人爲則與性反矣。書曰：「天命有德，五服五章哉！天討有辠，五刑五用哉！」命有德，討有辠，皆天也；則好惡者，豈可以人爲哉？所謂示之以好惡者，性而已矣。凡厥庶民，極之敷言，是訓是行，以近天子之光，曰「天子作民父母，以爲天下王」，何也？言凡厥庶民，以中道布言，是訓是行，以近天子之光者，其説以爲天子作民父母，以爲天下王，當順而比之，以效其所爲，而不可逆。蓋君能順天而效之，則民亦順君而效之也。二帝三王之誥命，未嘗不稱天者，所謂于帝其訓也。此人之所以化其上也。及至後世，矯誣上天，以布命于下，而欲人之弗叛也，不亦難乎？三德：一曰「正直」，二曰「剛克」，三曰「柔克」，何也？直而不正者有矣，以正正直，乃所謂正也；曲而不直者有矣，以直正曲，乃所謂直也。正直也者，變通以趣時，而未離剛柔之中者也。剛克也者，剛勝柔者也；柔克也者，柔勝剛者也。平康正直，彊弗友剛克，燮友柔克，何也？燮者，和孰上之所爲者也；友者，右助上之所爲者也；彊者，弗柔從上之所爲者也；弗友者，弗右助上之所爲者也。君君臣臣，適各當分，所謂正直也；若承之者，所謂柔克也;若威之者,所謂剛克也。蓋先王用此三德,於一嚬一笑,未嘗或失;況以大施於慶賞刑威之際哉?故能爲之其未有也,治之其未亂也。沈潛剛克,高明柔克,何也?言人君之用剛克也,沈潛之於内;其用柔克也,發見之於外。其用柔克也,抗之以高明;其用剛克也,養之以卑晦。沈潛之於内,所以制姦慝;發見之於外,所以昭忠善。抗之以高明,則雖柔過而不廢;養之以卑晦,則雖剛過而不折。易曰:「道有變動,故曰爻;爻有等,故曰物;物相雜,故曰文;文不當,故吉凶生焉。」吉凶之生,豈在夫大哉?蓋或一嚬一笑之間而已。洪範之言三德,與舜典、皋陶謨所序不同,何也?舜典所序以教胄子,而皋陶謨所序以知人臣,故皆先柔而後剛;洪範所序則人君也,故獨先剛而後柔。至於正直,則舜典、洪範皆在剛柔之先,而皋陶謨乃獨在剛柔之中者,教人治人,宜皆以正直爲先。至於序德之品,則正直者中德也,固宜在柔剛之中也。唯辟作福,惟辟作威,惟辟玉食。臣無有作福作威玉食;臣之有作福作威玉食,其害于而家,凶于而國。人用側頗僻,民用僭忒。何也?執常以事君者,臣道也;執權以御臣者,君道也。三德者,君道也。作福,柔克之事也;作威,剛克之事也;以其侔於神天也,是故謂之福。作福以懷之,作禍以威之。言作福則知威之爲禍,言作威則知福之爲懷也。皇極者,君與臣民共由之者也;三德者,君之所獨任而臣民不得僭焉者也。有其權,必有禮以章其別;故惟辟玉食也。禮所以定其位,權所以固其政,下僭禮則上失位,下侵權則上失政，上失位則亦失政矣；上失位失政，人所以亂也。故臣之有作福作威玉食，其害于而家，凶于而國。人用側頗僻，民用僭忒也。側頗僻者，臣有作福作威之效也；僭忒者，臣有玉食之效也。民側頗僻也易，而其僭忒也難。民僭忒則人可知也，人側頗僻則民可知也。其曰庶民有淫朋，人有比德，亦若此而已矣。於淫朋曰庶民，於僭忒曰民而已，何也？僭忒者，民或有焉，而非衆之所能也。天子皇王辟，皆君也。或曰天子，或曰皇，或曰王，或曰辟，何也？皇極于帝其訓者，所以繼天而順之，故稱天子；建有極者道，故稱皇；好惡者德，故稱王；福威者政，故稱辟。道所以成德，德所以立政，故言政於三德而稱辟也。建有極者道，故稱皇，則其曰「天子作民父母，以爲天下王」，何也？吾所建者道，而民所知者德而已矣。士稽疑，擇建立卜筮人，乃命卜筮，曰「雨」、曰「霽」、曰「蒙」、曰「驛」、曰「克」、曰「貞」、曰「悔」，凡七，卜五，占用二，衍忒，何也？言有所擇，有所建，則立卜筮人。卜筮凡七，而其爲卜者五，則其爲筮者二，可知也。先卜而後筮，則筮之爲正悔，亦可知也。衍者，吉之謂也；忒者，凶之謂也。吉言衍，則凶之爲耗，可知也。凶言忒，則吉之爲當，亦可知也：此言之法也。蓋自始造書，則固如此矣。福之所以爲福者，於文從畐，畐則衍之謂也。禍所以爲禍者，於文從咼，咼則忒之謂也。蓋忒也，當也，言乎其位；衍也，耗也，言乎其數。夫物有吉凶，以其位與數而已。六五得位矣，其爲九四所難者，數不足故也；九四得數矣，其爲六五所制者，位不當故也;數衍而位當者吉,數耗而位忒者凶,此天地之道,陰陽之義,君子、小人之所以相爲消長,中國、夷狄之所以相爲强弱。易曰:「人謀鬼謀,百姓與能。」蓋聖人君子以察存亡,以御治亂,必先通乎此;不通乎此而爲百姓之所與者,蓋寡矣。立時人作卜筮,三人占則從二人之言,何也?卜筮者,質諸鬼神,其從與違,爲難知,故其占也,從衆而已也。汝則有大疑,謀及乃心,謀及卿士,謀及庶民,謀及卜筮,何也?言人君有大疑,則當謀之於己;己不足以決,然後謀之於卿士;又不足以決,然後謀之於庶民;又不足以決,然後謀之於鬼神。鬼神,尤人君之所欽也,然而謀之反在乎卿士庶民之後者,吾之所疑而謀者,人事也;必先盡之人,然後及鬼神焉,固其理也。聖人以鬼神爲難知,而卜筮如此其可信者,易曰:「成天下之亹亹者,莫大乎蓍龜。」唯其誠之不至而已矣;用其至誠,則鬼神其有不應,而龜筮其有不告乎?汝則從,龜從,筮從,卿士從,庶民從,是之謂大同:身其康彊,子孫其逢,吉,何也?將有作也,心從之,而人神之所弗異,則有餘慶矣,故謂之大同,而子孫其逢,吉也。汝則從,龜從,筮從,卿士逆,庶民逆,吉。卿士從,龜從,筮從,汝則逆,庶民逆,吉。庶民從,龜從,筮從,汝則逆,卿士逆,吉,何也?吾之所謀者,疑也;可以作,可以無作,然後謂之疑,疑而從者衆,則作而吉也。汝則從,龜從,筮逆,卿士逆,庶民逆,作內吉,作外凶,何也?尊者從,卑者逆,故逆者雖衆,以作內猶言吉也。龜、筮共違于人,用静吉,用作凶,何也?所以謀之心、謀之人者盡矣，然猶不免於疑，則謀及於龜、筮，故龜、筮之所共違，不可以有作也。庶徵：曰「雨」、曰「暘」、曰「燠」、曰「寒」、曰「風」、曰「時」者，何也？曰雨、曰暘、曰燠、曰寒、曰風者，自「肅，時雨若」以下是也。曰時者，自「王省惟歲」以下是也。五者來備，各以其敘，庶草蕃廡，何也？陰陽和則萬物盡其性，極其材。言庶草者，以爲物之尤微而莫養，又不知自養也；而猶蕃廡，則萬物得其性，皆可知也。一極備凶，一極無凶，何也？雨極備則爲常雨，暘極備則爲常暘，風極備則爲常風，燠極無則爲常寒，寒極無則爲常燠：此饑饉疾癘之所由作也，故曰凶。曰休徵：曰「肅，時雨若」、曰「乂，時暘若」、曰「哲，時燠若」、曰「謀，時寒若」、曰「聖，時風若」；曰咎徵：曰「狂，恒雨若」、曰「僭，恒暘若」、曰「豫，恒燠若」、曰「急，恒寒若」、曰「蒙，恒風若」，何也？言人君之有五事，猶天之有五物也。天之有五物，一極備凶，一極無亦凶，其施之小大緩急無常，其所以成物者，要之適而已；人之有五事，一極備凶，一極無亦凶，施之小大緩急亦無常，其所以成民者，亦要之適而已。故雨暘燠寒風者，五事之證也。降而萬物悅者，肅也，故若時雨然；升而萬物理者，乂也，故若時暘然；哲者，陽也，故若時燠然；謀者，陰也，故若時寒然；睿其思心，無所不通，以濟四事之善者，聖也，故若時風然；狂則蕩，故常雨若；僭則亢，故常暘若；豫則解緩，故常燠若；急則縮栗，故常寒若；冥其思心，無所不入，以濟四事之惡者蒙，故常風若也。孔子曰：「見賢思齊，見不賢而内自省也。」君子之於人也，固常思齊其賢，而以其不肖爲戒；況天者固人君之所當法象也。則質諸彼以驗此，固其宜也。然則世之言災異者，非乎？曰：人君固輔相天地，以理萬物者也。天地萬物不得其常，則恐懼修省，固亦其宜也。今或以爲天有是變，必由我有是罪以致之。或以爲災異自天事耳，何豫於我？我知修人事而已。蓋由前之説，則蔽而葸；由後之説，則固而怠；不蔽不葸、不固不怠者，亦以天變爲己懼，不曰天之有某變，必以我爲某事而至也。亦以天下之正理，考吾之失而已矣。此亦念用庶證之意也。王省惟歲，卿士惟月，師尹惟日，何也？言自王至於師尹，猶歲月日三者相繫屬也。歲月日有常，而不可變。所總大者，不可以侵小；所治少者，不可以僭多。自王至于師尹三者，亦相繫屬，有常而不可變。所總大者，亦不可以侵小；所治少者，亦不可以僭多。故歲月日者，王及卿士、師尹之證也。歲月日時無易、百穀用成，乂用明，俊民用章，家用平康；日月歲時既易，百穀用不成，乂用昏不明，俊民用微，家用不寧，何也？既以歲月日三者之時爲王及卿士師尹之證也，而王及卿士師尹之職，亦皆協之歲月日時之紀焉。故歲有會，月有要，日有成。大者省其大而略，小者治其小而詳。其小大詳略得其序，則功用興而分職治矣。故百穀用成，乂用明，俊民用章，家用平康。小大詳略失其序，則功用無所程，分職無所考，故百穀用不成，乂用昏不明，俊民用微，家用不寧也。庶民惟星，星有好風，星有好雨，何也？言星之好不一，猶庶民之欲不同。星之好不一，待月而後得其所好，而月不能違也；庶民之欲不同，待卿士而後得其所欲，而卿士亦不能違也，故星者庶民之證也。日月之行，則有冬有夏，何也？言歲之所以爲歲，以日月之有行，而歲無爲也；猶王之所以爲王，亦以卿士師尹之有行，而王無爲也。春秋者，陰陽之中；冬夏者，陰陽之正，陰陽各致其正，而後歲成。有冬有夏者，言歲之成也。月之從星，則以風雨，何也？言月之好惡不自用而從星，則風雨作而歲功成；猶卿士之好惡不自用而從民，則治教政令行而王事立矣。書曰：「天聽自我民聽，天視自我民視。」夫民者，天之所不能違也；而況於王乎？況於卿士乎？五福：一曰「壽」、二曰「富」、三曰「康寧」、四曰「攸好德」、五曰「考終命」，何也？人之始生也，莫不有壽之道焉，得其常性，則壽矣，故一曰壽。少長而有爲也，莫不有富之道焉，得其常產，則富矣，故二曰富。得其常性，又得其常產，而繼之以毋擾，則康寧矣，故三曰「康寧」也。夫人君使人得其常性，又得其常產而繼之以毋擾，則人好德矣，故四曰攸好德。好德則能以令終，故五曰考終命。六極：一曰「凶短折」、二曰「疾」、三曰「憂」、四曰「貧」、五曰「惡」、六曰「弱」，何也？不考終命謂之凶，蚤死謂之短，中絕謂之折，禍莫大於凶短折；疾次之，憂次之，貧又次之，故一曰凶短折、二曰疾、三曰憂、四曰貧。凶者，考終命之反也；短折者，壽之反也；疾憂者，康寧之反也；貧者，富之反也。此四極者，使人畏而欲其亡；故先言人之所尤畏者，而以猶愈者次之。夫君人者使人失其常性，又失其常產而繼之以擾，則人不好德矣，故五曰惡、六曰弱。惡者，小人之剛也；弱者，小人之柔也。九疇：曰「初」、曰「次」，而五行、五事、八政、五紀、三德、五福、六極，特以一二數之何也？九疇以五行爲初，而水之於五行，貌之於五事，食之於八政，歲之於五紀，正直之於三德，壽凶短折之於五福六極，不可以爲初故也。或曰：箕子之所次，自五行至於庶證，而今獨曰自五事至于庶證各得其序，則五福之所集；自五事至于庶證，各爽其序，則六極之所集，何也？曰：人君之於五行也，以五事修其性，以八政用其材，以五紀協其數，以皇極建其常，以三德治其變，以稽疑考其難知，以庶證證其失得，自五事至于庶證各得其序，則五行固已得其序矣。或曰：世之不好德，而能以令終，與好德而不得其死者衆矣，今曰好德則能以令終，何也？曰：孔子以爲「人之生也直，罔之生也幸而免」。君子之於吉凶禍福，道其常而已。幸而免，與不幸而及焉，蓋不道也。或曰：孔子以爲「富與貴人之所欲，貧與賤人之所惡」，而福極不言貴賤，何也？曰：五福者，自天子至于庶人，皆可使慕而欲其至；六極者，自天子至於庶人，皆可使畏而欲其亡。若夫貴賤，則有常分矣。使自公侯至於庶人皆慕貴欲其至，而不欲賤之在己，則陵犯篡奪之行日起，而上下莫安其命矣。詩曰：「肅肅宵征，抱衾與裯，寔命不猶！」蓋王者之世，使賤者之安其賤如此。夫豈知貴之爲可慕而欲其至，賤之爲可畏而欲其亡乎？

敏案：右洪範傳一卷，宋王安石撰。其作意，安石進洪範表（臨川集卷五六，頁七。）云：

「聖人必考古成己，然後以所嘗學措之事業，爲天下利。……臣嘗以蕪廢腐餘之學，得備論思勸講之官，擢與大政，又彌寒暑，勳績不效，俛仰甚慚！謹取舊所著洪範傳，刪潤繕寫，輒以草芥之微，求裕天地。」可見安石撰傳，意在致用於當世。而舊注疏，則不足以發明經旨，資之爲世用，安石書洪範傳後（臨川集卷七一，頁十一——十二。）云：「孔子没，道日以衰熄，浸淫至於漢，而傳注之家作。爲師則有講而無應，爲弟子則有讀而無問；非不欲問也，以經之意爲盡於此矣，吾可無問而得也。……夫如此，使其傳注者皆已善矣，固足以善學者之口耳，不足善其心；況其有不善乎？宜其歷年以千數，而聖人之經卒於不明，而學者莫能資其言以施於世也。予悲夫洪範者……爲傳注者汨之，以至於今冥冥也。於是爲作傳，以通其意。」

味進表「與大政，勳績不效」語，知此稿刪定進呈似在第二次罷相之後。清蔡上翔王荆公年譜考略（卷二十，總頁二七〇。）：「荆公……洪範傳……其進御覽，必在於元豐之世，又無年月日可考，故録於熙之末、豐之首。」第考續長編（卷二六八，頁八。）熙寧八年九、十月間吕惠卿言，似此編時已有傳刊本：「惠卿曰……安石必言垂示萬世恐誤學者，洪範凡有數本，易義亦然，後有與臣商量改者三二十篇，今市肆所賣，新改本是也。」後學官請降旨刊行，宋史卷三五三龔原傳：「……（龔原）爲司業時，請以安石所撰字説、洪範傳……刊本傳學者。」時紹聖二年事，宋會要輯稿（總頁二二六〇，崇儒五。）：「哲宗紹聖二年正月十七日，國子司業龔原等言：『故相王安石在先朝嘗進尚書洪範傳……乞雕印頒行，以便學者。』從之。」（于大成先生王荆公年譜頁二二九，謂降旨付國子監雕印，在紹聖元年十月，疑另有所本。）

是篇，郡齋讀書志（卷一，頁二二三。）、玉海（卷三七，頁三五。）、宋史藝文志（經部 書類。）、文獻通考（卷一七七，經籍四。）、焦竑國史經籍志（卷二，頁十一。）、陳第世善堂書目（卷上，頁四。）、祈承㸁澹生堂藏書目（卷一，頁五。）及經義考（卷九六，頁一。）皆著録一卷；原單行，後編入文集。（唯澹生堂藏書目又著録：「洪範皇極内篇二卷，王安石集本。」）

此傳既令刊，「一時學校舉子之文靡然從之」。（宋史龔原傳。）龔原謂此篇「解釋九疇之義，本末詳備」，（宋會要輯稿。）黄震謂此篇「字義多足取者」，（黄氏日抄卷六四，頁十二。）而言五事與庶徵不取漢儒天變災異之學（別詳尚書新義洪範篇佚文及諸家評語），晁公武則曰：「安石以劉向、董仲舒、伏生明災異爲蔽，而思別爲此傳，以庶徵所謂『若』者不當訓『順』，當訓『如』；人君之五事，如天之雨、暘、寒、燠、風而已。大意言天人不相干，雖有變異，不足畏也。」（郡齋讀書志卷一，頁二二三；蔡上翔評略同，見王荆公年譜考略總頁二八五。）近人錢基博曰：「洪範疇數之説，始西漢今文家伏生大傳，以下逮京房、劉向諸人，以陰陽災異附合洪範五事、庶徵之文。而宋儒……臨川王安石介甫則持天人不相與、天變不足畏之論，似破伏生、董仲舒、劉向言洪範五行災異之蔽，撰洪範傳一卷。以庶徵所謂『若』者不當訓『順』，當訓『如』；蓋人君之五事，如天之雨煬（暘）、懊、寒、風、而已。安石説經，好爲新解，類如是矣！」（經學通志頁六三尚書志第二。）當時，孫諤撰洪範會傳一卷，攻其失，郡齋讀書志曰：「諤元祐中博士，其説多本先儒，頗攻王氏之失。」（卷一，頁二五。玉海卷三七，頁三五著録同，宋元學案補遺卷九六，頁二三取晁説，謂原書久佚。又謂長於尚書學，鄒浩道鄉集卷二八，頁七括蒼先生易傳敘：「神宗皇帝以道莅天下，於是造士以經，表通經者講于大學，以訓迪四方……孫公諤書……」）

是篇定稿在尚書新義之後，説頗與新義同。考元代以前，尚書新義未佚，諸家解尚書引王安石之説，因新義與洪範傳之説間有相同或相近者，故其據究爲何書，有時甚難確定，不得已依常例，概作尚書新義佚文，並條附諸家評語於厥後；而全載洪範傳文於此，以備參酌。至明（永樂）以後，尚書新義已佚，凡諸家直據洪範傳以釋尚書者，則一概不取。

旅獒第七

明王慎德，四夷咸賓，無有遠邇，畢獻方物，惟服食器用。王乃昭德之致于異姓之邦，無替厥服；分寶玉于伯叔之國，時庸展親。

【佚文】（三二二）「明王既以德所致者分異姓，以寶玉分同姓，則人不敢輕易其物；方且以我所賜之物爲德。」（夏解卷十八，頁五；纂疏卷四，頁三一；大全卷七，頁三。）

【評】（一四五）宋夏僎曰：「其意則以此『德』字如賈誼謂『膚有德色』之『德』。此説雖可與上文連屬，而與下文『德盛不狎侮』（之）『德』字非一意，故不可從。」（夏解卷十八，頁五。）

【佚文】（三二三）「親之矣，而不以所寶分之，則人孰知親親之信也。」（全解卷二六，頁五。）

犬馬非其土性不畜，珍禽奇獸不育于國。……所寶惟賢，則邇人安。

【佚文】（三二四）「以不寶遠物，故犬馬非其土性不畜；以所寶惟賢，故珍禽奇獸不育于國。」（全解卷二六，頁十一。）

不矜細行，終累大德。爲山九仞，功虧一簣。

【陳補】「大德，細行之積也。九仞，一簣之積也。故細行不矜，足以累大德之全。一簣不勉，足以虧九仞之成。」（陳傳卷七，頁二四—二五。）

金縢第八

公歸，乃納册于金縢之匱中。王翼日乃瘳。

【佚文】（三二五）「縢，緘也。古者卜筮既畢而不敢褻，必納其册書於匱，以金縢之，異時將有大卜，則復啓焉。乃國家故事，非特爲此匱藏其册，爲後來自解之計也。王明日疾乃瘥。夫請代武王之死者，周公之心也。王瘳而周公不死，此則天也，非人之所能爲也。」（陳傳卷七，頁二一七；書纂言卷四，頁二一五；纂傳卷二四，頁三；大全卷七，頁十三。）

【評】（一四六）元吴澄曰：「愚謂：匱所以藏卜書，卜則啓匱，此常事也。惟周公此時之卜，有與常時不同者，以先有册書告三王而後卜也。故既卜之後，其册書因得同藏於卜書之匱。若常時之卜，則史述卜主之命告卜人；蓋不書於册，既卜亦無册可藏也。……王氏、蔡氏之説未當，而謂『非周公藏其册，爲後來自解之計』則是。」（書纂言卷四，頁二一五。）

武王既喪，管叔及其羣弟乃流言於國，曰：「公將不利於孺子。」周公乃告二公曰：「我之弗辟，我無以告我先王。」周公居東二年，則罪人斯得。于後，公乃爲詩以貽王，名之曰鴟鴞；王亦未敢誚公。

【佚文】（三二六）「雱所撰書義以謂聖人君子，不可疑而遠之也；疑而遠之，則違天矣。……人君不明，可惑以非義，則於周公忠聖，不敢無疑。……成王易懷疑忠聖之人。」（四明尊堯集卷四，頁二六。）

【評】（一四七）宋陳瓘曰：「臣今取三經義，考安石及雱解經之微意……譏薄之言，藏於經義。……雱所撰書義以謂：『……』又以謂：『……』又以謂：『……』……雱假詩、書以文其姦，安石託聖訓以肆其詆。……雱以易壞之語誣薄成王，所以甚明其父之聖忠而不可疑也。安石自聖，遂以其悖詐之身僭比周公，而以含糊不分明之語上詆先烈者，不可一一數。」（四明尊堯集卷四，頁二六—二八。）

大誥第九

天降割于我家，不少延。……用寧王遺我大寶龜紹天明。

【佚文】（三二七）自「延」字絶句。（全解卷二七，頁六；朱子語類卷七九，頁二八；輯纂卷四，頁四六載朱子説引；纂疏卷四，頁三九載朱子説引。）

【評】（一四八）宋林之奇曰：「先儒以『不少』爲絶句，以『延』字屬於下句，其曰：『不少者，謂三監及淮夷並作難也。』據此篇之意，先言周家新造，而武王遽喪，成王以幼沖之資纘承先業……而三叔、武庚乃爲此舉，以覬所非望，故自『越茲蠢』而下，然後言三監及淮夷之作難。所謂『不少延』者，但言武王之即世也。王氏、蘇氏皆以『延』字屬上句讀，蓋得之矣。」（全解卷二七，頁六。）

【佚文】（三二八）以「用」字屬下句之首。（朱子語類卷七九，頁二八；朱子五經語類卷四二，頁二一——二二；輯纂卷四，頁四六載朱子説引；纂疏卷四，頁三九載朱子説引。）

【評】（一四九）上兩條，宋朱熹因論點書，曰：「人説荆公穿鑿，只是好處亦用還他。……」道夫曰：「更如先儒點『天降割于我家。不少延』、『用寧王遺我大寶龜』，皆非注家所及。」（朱子）曰：「然。」（朱子語類卷七九，頁二八；朱子五經語類卷四二，頁二一——二二；輯纂卷四，頁四六及纂疏卷四，頁三九載朱子評，略同。）

【評】（一五〇）元董鼎曰：「愚案：朱子深取王氏點句，敏案：參上條朱子評論。而蔡氏不盡從，何也？敏案：謂蔡傳尚以「用」字屬上爲句。」（輯纂卷四，頁四六。）

【評】（一五一）清王頊齡曰：「王氏之説，以『用』字屬下句，朱子嘗取之。蔡傳仍屬上句讀，則以二孔注、疏分明，不欲更改耳。」（書傳彙纂卷十二，頁三十。）

【陳補】「歷，歷數也。服，王事也。」（陳傳卷八，頁二一。）

【陳補】「大誥言寧王者，大誥以寧民故也。王者能若天道、賓四夷、立政事以明，故説命、旅獒、周官言明王。使王姬執婦道，不敢驕以平，故詩何彼穠矣言平王。征伐勝敵以武，故詩玄鳥、長發言武王。成王業，成民業，故立政、噫嘻言成王，言各有所當。」（陳傳卷八，頁二一。）

若涉淵水，予惟往求朕攸濟。敷，賁敷前人受命，茲不忘大功，予不敢閉于天降威。用寧王遺我大寶龜紹天明，即命。

【佚文】（三二九）「賁」字屬下讀。（書集傳音釋卷四，頁二三。）

【評】（一五二）元鄒季友曰：「賁，彼義反，用朱子語録，從王荊公讀，屬下句。」（書集傳音釋卷四，頁二三。）

【佚文】（三三〇）「大誥疑有脱誤，其不可知者輒闕之，而釋其可知者。」（輯纂卷四，頁四五；全解卷二七，頁七；纂疏卷四，頁三九；大全卷七，頁二一；書傳彙纂卷十二，頁二九。）

【評】（一五三）宋林之奇曰：「王氏疑其（自「敷賁」至「大功」）有脱誤，而不可知者宜闕之，此爲得體。薛博士增廣王氏之説，尤爲詳備，曰：『「敷賁，敷前人受命，茲不忘大功。殷小腆，誕敢紀其敘。天降威。若兄考，乃有友伐厥子，民養其勸弗救。越天棐忱，爾時罔敢易法，矧今天降戾于周邦？」此皆書義疑有脱誤、不可知者，學者闕焉。』王氏解經，每不合於義者，不旁引曲取以爲之説，至闕之。此王氏之所長也。」（全解卷二七，頁七—八。）

【評】（一五四）元陳櫟曰：「案：朱子所以取荆公者在此，此可爲解盤、誥諸篇之法。」（纂疏卷四，頁三九。）

【佚文】（三三一）「文、武皆能安寧天下，故謂之『寧王』。是『寧王』者兼文、武而言。若『寧人』，則又兼文、武之臣而言也。言『寧考』，則謂武王耳。」（精義卷三二，頁十一。）

【佚文】（三三二）「閉，拒也。天降威，成王不敢拒，故用寧王所用大寶龜，紹天之明，以斷吉凶，而即天命也。」（輯纂卷四，頁四六；大全卷七，頁二三；書傳彙纂卷十二，頁三十。）

爾庶邦君，越庶士、御事，罔不反曰：「……越予小子，考翼，不可征；王害不違卜？」

【佚文】（三三三）此爲成王敘邦君之言以告之。邦君之意，謂：「王其咎之害，在于不違卜耳。欲王違卜而不征，王何故不違卜？」（夏解卷十八，頁三四—三五，引號内當是尚書新義原文；「其咎」二字用全解卷二七，頁十五補。）

【評】（一五五）宋夏僎曰：「爾庶邦之君長及于庶士、御事之臣，無不以言復于我曰：……不可以征伐，王何不違卜而勿征？故曰『王害不違卜』。此『害』如詩『害澣害否』之『害』同。先儒乃謂：成王之意，謂汝邦君言……我小子先卜敬成周道，若謂四國不可征，則王室有害，故謂今決不可違卜。……是其言乃成王自言己意，非成王敘邦君之言以告之。意既迂迴，又與上文不相貫。……王氏雖以此爲成王敘邦君之言以告之，然又以：『王害不違卜爲邦君之意，謂王之害在於不違卜耳。欲王違卜而不征。』夫卜所以決吉凶，豈可謂從卜則爲害？非立言之體；但言『王何故不違卜』，則有味也！」（夏解卷十八，頁三四。）

天閟毖我成功。

【陳補】「閟言否閉而不通，毖言艱難而不易。」（陳傳卷八，頁五。）

天棐忱辭，其考我民。

【陳補】「天之視監自民，民輔我則天輔我矣，民獻予翼則民輔我之效。」（陳傳卷八，頁五。）

王曰：「若昔，朕其逝。」

【佚文】（三三四）「順古之道，以朕其往而征之也。」（全解卷二七，頁二三。）

【評】（一五六）宋林之奇曰：「王曰：『若昔，朕其逝。』孔氏曰：『順古道，我其往東征矣。』王氏亦曰：『……』然上文但言前人之烈待我而後成，不可不順天命以征之，初無有『順古道』之事。則與上文不接。」（全解卷二七，頁二一三。）

肆予曷敢不越卬敉寧王大命？

【佚文】（三三五）「於我者，不敢以諉後人也。武庚之叛，在成王即位之初，周公攝政之日。則夫平定凶逆，以奠國家之基業者，正成王、周公之責也。使其不以此自任，則豈足以爲武王之子乎？爾邦君御事之不肯從我以征，無乃爲不足以堪前人所付託之重乎？故成王以此而自勉也。」（全解卷二七，頁二一四；陳傳卷八，頁六。）

若兄考，乃有友伐厥子，民養其勸弗救？

【佚文】（三三六）此小節義當闕疑。（全解卷二七頁，二一四；纂疏卷四，頁四二一。）

【評】（一五七）宋林之奇曰：「諸家之説，大抵迂曲，惟王氏闕之爲得。」（全解卷二七，頁二一四。）

【評】（一五八）元陳櫟曰：「王氏、張氏、林氏皆云當闕疑。」（纂疏卷四，頁四二一。）

肆哉！

【佚文】（三三七）肆，肆而不拘之意。（全解卷二八，頁四十。）

【佚文】（三三八）「肆爲涉危難而無所毖。」（全解卷二七，頁二五。）

越天棐忱，爾時罔敢易法，矧今天降戾于周邦？

【佚文】（三三九）此義不可知，闕之。（全解卷二七，頁二六。）

爽邦由哲，亦惟十人，迪知上帝命。……肆朕誕以爾東征；天命不僭，卜陳惟若兹。

【佚文】（三四〇）「爽邦由哲，非由衆也。十夫者，哲人也。」（纂傳卷二五，頁六。）

【佚文】（三四一）「武庚，周所擇以爲商臣[一]；三叔，周所任以商事者也，其材似非庸人。方主幼國疑之時，相率而爲亂，非周公往征，則國家安危存亡，殆未可知。然承文、武之後，賢人衆多，而迪知上帝以決此議者，十夫而已；況後世之末流，欲大有爲者，乃欲取同于污俗之衆人乎？」（全解卷二七，頁二九；精義卷三三，頁七。）

[一]「周」，據精義補。

【評】（一五九）宋蘇軾曰：「方是時，武王之舊臣，皆欲從王征伐。故王曰：……況今卜并吉，是天欲征而不欲休也。我其必往，蓋卜之久矣。……盤庚、大誥皆違衆自用者所以藉口也。使盤庚不遷都，周公不攝政，天下豈有異議乎？平居無事，變亂先王之政而民不悦，則以盤庚、周公自比，此王之所以作大誥也。」（東坡書傳卷十一，頁十四。）

【評】（一六〇）宋林之奇曰：「王氏此言，假之以爲新法之地也。故每於盤庚遷都、周公東征，以傅會其説而私言之，以寓其意焉。殊不知己之所爲，與盤庚、周公之事相近，而實不侔也。盤庚之遷都，將以奉上天之命，而復先王之業也；不遷則有墊溺之患。周公之東征，亦將以奉上天之命，而終前人之功也；不征則有割據之禍。而當時邦伯、師長、邦君、御事，玩一時之安，而不慮他日之憂，故扇爲異論以摇其上。盤庚、周公於此，惟不忍以利趨而勢迫之，故丁寧反覆，至於再三，必使之心悦誠服而後已；非是誥之而不從，則遂脅之以刑威，而有所不恤也。……盤庚之遷、周公之征，雖其始也有異同之論，而其既已誥之矣，則莫不改心易慮，惟上之是聽，不獨『民獻十夫』以爲可征也。如王氏之説，則是周公之東征，決其議者十夫而已，其餘無預也。蘇氏曰『盤庚、大誥皆違衆自用者所以藉口』，蓋爲王氏而發也。」（全解卷二七，頁二九—三十。）

若稽夫，予曷敢不終朕畝！

【陳補】「天欲殄殷若穡夫，予當收斂之終畝，使無遺也。」（陳傳卷八，頁七。）

尚書大誥篇通義。

【評】（一六一）宋陳善曰：「荆公於三經新義，託意規諷，至大誥篇則幾乎罵矣！召公論真有爲而作也。後東坡作書論解，又矯枉過直而奪之。」（捫蝨新話卷一，頁四。）

微子之命第十

王若曰：「猷！殷王元子！」

【佚文】（三四二）微子，殷帝乙之諸子也。「元」爲善之長。（全解卷二七，頁三四。）

【評】（一六二）宋林之奇曰：「微子，帝乙之長子也，故謂之『殷王元子』。……武王訪洪範則曰『嗚呼！箕子』，成王命微子曰『猷！殷王元子』，皆尊之之辭也。……王氏……蓋泥於易之言，謂微子爲紂之諸子，故從而爲之説耳。其實微子者，帝乙之首子，當從史記之説也。」（全解卷二七，頁三三—三四。）

齊聖廣淵。

【陳補】「至一之謂齊，大而化之之謂聖。」（陳傳卷八，頁八。）

上帝時歆。

【佚文】（三四三）「微子爲商後，得郊，故稱其『上帝時歆』，記曰『宋之郊也，契也』[二]；上帝時歆，然後許之郊，宜矣。」（全解卷二七，頁三七；陳傳卷八，頁九，輯纂卷四，頁五二；纂疏卷四，頁五四；大全卷七，頁二五；尚書埤傳卷十一，頁十九；書傳彙纂卷十三，頁五。）

【評】（一六三）宋林之奇曰：「此説是也。王者之後，得用郊天之禮。禮記曰『杞之郊也，禹也；宋之郊也，契也』是也。微子之德，既爲上帝之所歆，則其祀帝於郊也，神其吐之乎？」（全解卷二七，頁三七。）

〔二〕「記曰」至「契也」八字，據輯纂補。

尚書新義　卷八

周書

康誥第十一

「惟三月，哉生魄，周公初基作新大邑于東國洛」至「乃洪大誥治」。

【佚文】（三四四）於此章四十八字無解。（輯纂卷四，頁五四；纂疏卷四，頁四六。）

【陳補】「三監既誅，然後封康叔，康叔既封，然後宅洛邑，事之敘也。此書乃先言作洛，繼言告康叔，蓋封康叔在卜洛之前，而告康叔乃在作洛之際。當其營洛則四方之民、五服之侯咸在，王者當孚大命於諸侯，必於臣民所會之時，則所及者廣，所儆者衆，此康叔之誥所以在營洛之際也。」（陳傳卷八，頁十二。）

惟時怙冒。

【陳補】「怙之如父，冒之如天，惟怙冒是文王。」（陳傳卷八，頁十三。）

王曰：「嗚呼！封。……今民將在……往敷求于殷先哲王，用保乂民。汝丕遠惟商耇成人……別求聞由古先哲王，用康保民。」

【佚文】（三四五）「往敷求」、「遠惟」、「別求」、「保乂」、「康保」，皆各有其義。（全解卷二八，頁十四—十五。）

【評】（一六四）宋林之奇曰：「其於殷先哲王，則曰『往敷求』；於商耇成人，則曰『遠惟』；於古先哲王，則曰『別求』；於殷先哲王，則曰『保乂』；於古先哲王，則曰『康保』：此蓋經緯其文，以成述作之體，……不必求其義也。而王氏諸家皆從而爲之說，其言破碎附會，不足取信。然經之大意，蓋不在是也。如必以此等語爲各有其義，則於先哲王曰『殷』，於商耇成人曰『商』，亦必有說矣。」（全解卷二八，頁十四—十五。）

【陳補】「紹所聞於文王而被服其德言，然未可足也，又當往敷求殷先哲王，用其道以保乂民。猶未足也，又當大遠求商老成人，宅心而知其訓。猶不可以爲足，又當別求聞由古先哲王，用其道以康保乎民。」（陳傳卷八，頁十三。）

王曰：「嗚呼！封。敬明乃罰。」

【佚文】（三四六）「敬明乃罰者，教康叔以作新民之道也。民習舊俗，小大好草竊姦宄，卿士師師非度，而一日欲作而新之，其變詐强梗，將無所不爲，非有以懲之則不知所畏，故當『敬明乃罰』也。」（全解卷二八，頁十八。）

【評】（一六五）宋林之奇曰：「王氏之學者，遂因其說，以謂：殷之頑民，難以仁懷，易以威服。此言甚非，先王之所以愛民之意失。秦自商鞅，乃遺禮義，棄仁恩，并心於進取。秦俗日敗，蓋不減於殷之頑民也。漢承秦後……於秦之餘民，尚不忍以刑罰而繩之，孰謂周公而肯爲此乎？彼（王安石）蓋見此篇所言多及於敬刑慎罰之事，求其說而不可得，故爲此說耳。」（全解卷二八，頁十八—十九。）

人有小罪非眚，乃惟終，自作不典，式爾；有厥罪小，乃不可不殺。乃有大罪非終，乃惟眚災，適爾；既道極厥辜，時乃不可殺。

【佚文】（三四七）「典、式皆訓法，人若有小罪而非過誤，乃終如此，而自作不合典法之事爾，是故爲也。故爲者，雖小罪亦當殺之。」（纂傳卷二七上，頁四。）

【評】（一六六）宋朱熹曰：「（不典式爾）……王氏云云。予謂此不可曉，大概是宥過刑故之意。」（朱文公文集卷六五，頁二八；輯纂卷四，頁五六載朱子評同。）

【佚文】（三四八）「適爾，謂偶然。人若有大罪，非終於爲之，乃是過誤以爲災，而偶然耳。過誤者雖大罪，亦當赦之也。」（纂傳卷二七上，頁四。）

【佚文】（三四九）「人有小罪，非過眚也；惟終成其惡，非詿誤也。乃惟自作不善，原其情乃惟不以爾爲典式，是人當殺之無赦。乃有大罪，非能終成其惡也，乃惟過眚，原其情乃惟適爾，非敢不以爾爲典式也。是人當赦之，不可殺。」（東坡書傳卷十二，頁四—五。）〔二〕

【評】（一六七）宋蘇軾曰：「信如此言，周公虐，刑殺非死罪，且教康叔以人之向背以爲喜怒，而出入其生死也。法當死，原情以生之可也；法不當死，而原情以殺之可乎？情之輕重，寄於有司之手，則人人可殺矣。雖大無道、嗜殺人之君，不立此法，而謂周公爲之歟！……末世法壞，違經背禮，然終無許有司論殺小罪之法，況使諸侯自以向背爲喜怒，而專殺非死罪者歟！……予恐後世好殺者以周公爲口實，故具論之。」（東坡書傳卷十二，頁四—六。）

〔二〕　此條，東坡以爲是「近時學者解此書」之意，參上兩條及張綱書説（尚書精義卷三四，頁十二—十三引。），此所謂「近時學者」當謂王安石。

王曰：「……有敘，時乃大明服，惟民其敕懋和。若有疾，惟民其畢棄咎。」

【佚文】（三五〇）「刑罰之有敘者，政而已，未及夫德也。故民之和，强勉而已，非其德也。惟導之以德，然後民應之以德也。『若有疾』、『若保赤子』，道之以德也。『畢棄咎』，『其康乂』，應之以德也。」（陳傳卷八，頁十五；書傳會選卷四，頁五五。）

非汝封刑人殺人，無或刑人殺人；非汝封又曰劓刵人，無或劓刵人。

【佚文】（三五一）「刑人、殺人，非汝所刑、殺，乃天討有罪，汝無或妄刑、殺人也。『非汝封又曰劓刵人』，疑其當云『又曰非汝封劓刵人』。」（全解卷二八，頁二三；夏解卷十九，頁十三。）

【評】（一六八）宋林之奇曰：「王氏（之説）……勝於先儒。然其……改易經文以就己意，非闕疑之義。」（全解卷二八，頁二三。）

王曰：「外事，汝陳時臬司，師茲殷罰有倫。」

【佚文】（三五二）「人君以正德爲内事，正法爲外事。上所戒者，正德之事；於是戒之以正法之事。」（全解卷二八，頁二三。）

【評】（一六九）宋林之奇曰：「以『德』與『法』而分内外，既已非矣；然自此以上，是亦正法之事也，安得爲至此後方言外事乎？蘇氏亦以德爲内，政爲外。」（全解卷二八，頁二三—二四。）

要囚服念五六日，至于旬時。

【陳補】「或□□刑，其罪既定，又爲之要書。」（陳傳卷八，頁十六。）

乃汝盡遜。

【佚文】（三五三）「遜者，屈己以就義之意。」（纂傳卷二七上，頁六。）

王曰：「封，元惡大憝，矧惟不孝不友。子弗祗服厥父事，大傷厥考心；于父不能字厥子，乃疾厥子。于弟弗念天顯，乃弗克恭厥兄；兄亦不念鞠子哀，大不友于弟。惟弔兹，不于我政人得罪，天惟與我民彝大泯亂；曰，乃其速由文王作罰，刑兹無赦。」

【佚文】（三五四）「此父子兄弟所以爲無可赦之道。」周公誥意謂殷俗之薄，非罰不能齊整其民而使之遷善，故其説不得不然也。（全解卷二八，頁三十及三七。）

【評】（一七〇）宋蘇軾曰：「商紂之後，三監之世，殷人之父子兄弟，以相賊虐爲俗。周公之意蓋曰：孝友民之天性也；不孝不友，必有以使之。子弟固有罪矣，而父兄獨無過乎？故曰凡民有自棄於姦宄者，此固爲元惡大憝矣，政刑之所治也。至于父子兄弟相爲逆亂，則治之當有道，不可與寇攘同法。我將誨其子曰：汝不服父事，豈不大傷父心？又誨其父曰：此非汝子乎，何疾之深也？又誨其弟曰：長幼，天命也，其可不順？又誨其兄曰：此汝弟也，獨不念先父母鞠養劬勞之哀乎？……我獨弔閔此人，不幸而得罪於三監之世，不得罪于我政人之手，天與我民五常之性，而吏不知訓，以大泯亂，乃迫而蹙之，曰『乃其速由文王作罰，刑茲無赦』，則民將辟罪不暇，而父子兄弟益相忿疾，至于賊殺而已。……舜命契爲司徒，曰：『敬敷五教，在寬。』寬之言緩也；所以復其天性，當緩而不當速也。」（東坡書傳卷十二，頁八—九。）

【評】（一七一）宋林之奇曰：「舜……使契爲司徒，敷五教以導之，且以『在寬』爲戒。……故周公使康叔於元惡則當憝之，而至於不孝不友則閔之。……孔子爲魯司寇，有父子訟者，夫子同狴執之，三月不別。其父請正，夫子赦之。季孫聞之不悦。……孔子喟然嘆曰：『上失其道而殺其下，非理也。不教以孝而聽其獄，是殺不辜、亂其教、煩其刑，使民迷惑而陷焉。又從而制之，故刑雖煩而益不勝也。』夫以不孝、不友、不慈、不悌之人，固爲大惡矣。苟爲不教而殺，則是夫子之所謂『不辜』也。而先儒乃以爲『速由茲文王作罰刑』，謂周公使康叔案法而誅之，王氏亦同此說。信如此言，則夫子赦父子之訟爲縱惡，而季孫之言爲合於周公也。故不如蘇氏之説爲勝也。」（全解卷二八，頁二九—三十。）

【評】（一七二）宋朱熹曰：「元惡大憝，詳文意，當從王氏。」（朱文公文集卷六五，頁二八；輯纂卷四，頁五九載朱子評同。）

矧惟外庶子訓人，惟厥正人越小臣諸節。

【陳補】「況外庶子所以訓人，與其正人之官，及小臣諸有符節者，謂將命出入之吏。」（陳傳卷八，頁十七。）

亦惟君惟長，不能厥家人、越厥小臣外正，惟威惟虐，大放王命；乃非德用乂。

【評】（一七三）宋朱熹曰：「乃非德用乂，言汝若寬縱，則小臣、外正，皆得爲威虐汝之爲。此欲以德乂民，而實非德也，姑息而已。蘇、陳等說，懲王氏之弊，一概以『寬』爲說，敏案：蘇說已詳上評。陳氏蓋鵬飛，宋志著録其書解三十卷，今佚。恐非聖人刑人正法之意也。」（朱文公文集卷六五，頁二一八。輯纂卷四，頁六十；大全卷七，頁五一；尚書日記卷十一，頁十七載朱子評略同。）

【評】（一七四）宋真德秀曰：「朱子之言當矣，然蘇説亦不可廢。」（尚書日記卷十一，頁十七引。）

【評】（一七五）清王夫之曰：「……此言食邑之君於其家臣，六官之長於其屬貳，不以德相能，而唯用威虐，則不可復以德乂，而當施之以刑也。……故武王申言之，而皆使以刑止之。……眉山矯金陵之説，一主於寬，朱子固力辨其失，而蔡氏閒復用之者，非也。今但循文思義，則蘇氏之説不攻而自破矣。」（書經稗疏卷四，頁二六—二七。）

汝亦罔不克敬典，乃由裕民。

【佚文】（三五五）「周官：以六典待邦國之治，於爲諸侯，當先敬典。」（全解卷二八，頁三三。）

【評】（一七六）宋林之奇曰：「予竊以爲不然。典者，天敘之典，即父子兄弟之常道也。敬典者，『敬敷五教』是也。乃由裕民者，『在寬』是也。既不可以嚴刑峻罰以迫切之，則無不敬典，而用以裕民；寬以誘之，則易直子諒之心油然而生矣。」（全解卷二八，頁三三。）

我時其惟殷先哲王德，用康乂民作求。

【佚文】（三五六）「（求，）作而求我所爲。」（全解卷二八，頁三三六。）

【評】（一七七）宋林之奇曰：「（王氏之説）非本義。蓋『求』與『好古敏以求之』之『求』同。作，起也；起而求商先哲王所以康乂民者而行之也。」（全解卷二八，頁三三六。）

王曰：「……予惟不可不監告汝德之説，于罰之行。」

【佚文】（三五七）「民悦汝德，乃以汝罰之行也。有罪而不能罰，則小人無所懲艾，驕陵放横，責望其上無已。雖加以德，未肯心説，故于罰行，然後説德也。」（全解卷二八，頁三三七。）

【評】（一七八）宋林之奇曰：「王氏……意謂殷俗之薄，非罰不能齊整之民，而使之遷善，故其説不得不然也。然觀王氏此言，蓋其新法之行，不附己者，皆私斥逐，故以此藉口耳。」（全解卷二八，頁三三七。）

王曰：「……肆汝小子封，惟命不于常。……無我殄享。」

【佚文】（三五八）「小子從父兄，奉令承教則拘，出而爲人君則肆。肆而罔念，或至于殄享，以天命無常故也。」（全解卷二八，頁四十。）

【評】（一七九）宋林之奇曰：「王氏於大誥『肆哉』，其説亦然，皆牽强不足取。大誥之言曰『肆哉』，而後曰『爾庶邦君，越爾御事』，則其文勢以爲『肆而不拘』，雖非其本義，猶可爲說。至此章曰『肆汝小子封』，而亦爲『肆而不拘』，豈可通哉？肆，今也。成王……以天命之無常，戒謹之不可怠，故言今小子封也。」（全解卷二八，頁四十。）

酒誥第十二

王若曰：「明大命于妹邦。」

【佚文】（三五九）「總其君與其臣民誥之，故曰『邦』。」（陳傳卷八，頁二十；纂傳卷二七中，頁二二。）

乃穆考文王。

【佚文】（三六〇）言文王克明顯民，曰『丕顯考』。言文王誥毖、誥教臣民以酒，則曰『穆考』。」（全解卷二九，頁三二。）

惟曰我民迪小子，惟土物愛，厥心臧。

【陳補】「言庶國化，文王誥教其民使迪小子。」（陳傳卷八，頁二一一。）

純其藝黍稷，奔走事厥考厥長。肇牽車牛遠服賈，用孝養厥父母。

【佚文】（三六一）「肇者，既種黍稷，始牽車牛也。民以農爲本，賈爲末。」（纂疏卷四，頁五五。）

【佚文】（三六二）「既藝黍稷，乃始牽牛遠行從事賈買。賈人亦受田也；舉農、賈，則工可知矣。」（陳傳卷八，頁二一一；纂傳卷二七中，頁二。）

爾大克羞耇惟君，爾乃飲食醉飽。

【佚文】（三六三）「爾大能進德，至於耇老，則惟君以養老之故，爾乃飲食醉飽，蓋非耇老則不敢以醉飽爲事。」（陳傳卷八，頁二一二；輯纂卷四，頁六五；纂疏卷四，頁五六。）

惟御事厥棐有恭。

【佚文】（三六四）御事，相（去聲）也。（全解卷二九，頁十五。）

【評】（一八〇）宋林之奇曰：「御事，謂凡治事之臣也。王氏以爲『相』，唐孔氏以爲『公卿』，其意蓋以上言『畏相』，而下言『御事厥棐有恭』，此君臣報施之義，故以爲『相』與『公卿』也。書之稱『御事』多矣，牧誓之言『御事』，則在『有邦冢君』之下、『司徒』之上；大誥之言『御事』，則在『庶士』之下；顧命之言『御事』，則在『百尹』之下。以是知『御事』者，蓋總言也，非指定其人而稱之也。」（全解卷二九，頁十五。）

越在外服，侯、甸、男、衛、邦伯。

【佚文】（三六五）伯，長也。（全解卷二九，頁十六。）

用燕喪威儀。

【陳補】「用燕飲喪其威儀。」（陳傳卷八，頁二一四。）

庶羣自酒。

【陳補】「庶羣自酒，言舉國之人化紂所爲。」（陳傳卷八，頁二一四。）

腥聞在上。

【陳補】「凡物成則香，敗則臭。」（陳傳卷八，頁二一四—二一五。）

汝劼毖殷獻臣，侯、甸、男、衛；矧太史友、内史友，越獻臣、百宗工；矧惟爾事，服休、服采。

【佚文】（三六六）「殷獻臣，謂獻臣嘗仕商而今里居者。侯、甸、男、衛，謂四方諸侯接於衛者。服休者，以德爲事。休，德也，『作德心逸日休』者也；謂在位者也。服采者，以事爲事。采，事，『若予采』者也；謂在職者也。皆我所委任，豈可忽哉！戒康叔劼毖于酒，先當劼毖所賓、所友、所事之人，亦『畏相』之類也。」（輯纂卷四，頁六七；全解卷二九，頁二一三—二一四；精義卷三六，頁八；陳傳卷八，頁二一五；纂傳卷二七中，頁五；纂疏卷四，頁五九；大全卷七，頁六八；書傳彙纂卷十三，頁四九。）〔一〕

【評】（一八一）宋陳大猷曰：「或問：『劼毖殷獻臣』一章，説多支離，蔡氏説如何？曰：……集傳采林、王之説，謂『劼毖』猶殷家『畏相』之謂，則其臣皆自知敬畏，而不敢湎酒。意味又妥貼也。」（或問卷下，頁三四。）

【佚文】（三六七）「獻臣百宗工，則有貴於太史、内史者，其爲康叔所從，可知也。」（全解卷二一

〔一〕　旁有「△」者二十七字，乃據精義所引核補。

九，頁二三。）

【佚文】（三六八）「爾事爲人君必有，所友，有所事，蓋盛德之士有不可友者。此『服采』爲康叔所事。」（全解卷二九，頁二四。）

【評】（一八二）宋林之奇曰：「王氏（之説）……非也。獻臣百宗工，謂賢臣之爲百宗工者。……（服休、服采，）先儒……以……皆康叔修之於身，非其臣也。據此文勢在『百宗工』之下、『圻父』之上，不應於其中閒閒以康叔之身事也。不如王氏之説，以爲其臣。……然其以『「爾事」爲人君必有，所友，有所事，蓋盛德之士有不可友者。此「服采」爲康叔所事』，則未必然。既曰『盛德之士有不可友』，則『以德爲事』者，事之可也。『以事爲事』，豈亦事之乎？此蓋泛言爾之所與共事，有此二者也。」（全解卷二九，頁二三—二四。）

【陳補】「謂不敢忽慢之也。」（陳傳卷八，頁二五。）

矧惟若疇：圻父薄違，農父若保，宏父定辟。

【佚文】（三六九）「三卿之位，爲汝疇匹。」（纂傳卷二七中，頁五；全解卷二九，頁二四；陳傳卷八，頁二五。）

【佚文】（三七〇）「司馬主薄伐愆違，司徒主若國保民，司空主治四民、定而生之以致辟。」

（精義卷三六，頁八—九；全解卷二九，頁二四—二五；纂傳卷二七中，頁五。）

【佚文】（三七一）「（宏父者，）闢地以居民也。」（全解卷二九，頁二四。）

【評】（一八三）宋林之奇曰：「宏父者，唐孔氏曰『以營造爲廣大國家之父』，不如王氏曰『闢地以居民也』。（「若疇」云云，）先儒以……，蘇氏（以）……不如王氏以『若疇』爲『汝之疇匹』，而於其下先舉其官名而後陳其所任之職也。……薄違者，當從先儒之訓，而用王氏之義，言司馬之迫逐違命者也。農夫（父）若保，言司徒教民稼穡以順安之也，王氏曰『若國保民』，亦非也。」（全解卷二九，頁二四—二五。）

【佚文】（三七二）從「違」、「保」、「辟」絶句。（朱子語類卷七九，頁二七—二八；朱子五經語類卷四二，頁二一；困學紀聞卷二，總頁一六四。）

【評】（一八四）宋朱熹曰：「因論點書，曰：『人説荆公穿鑿，只是好處亦用還他。且如「矧惟若疇圻父薄違農父若保宏父定辟」，古注從「父」字絶句，荆公則就「違」、「保」、「辟」絶句，夐出諸儒之表。』」（朱子語類卷七九，頁二七—二八；朱子五經語類卷四二，頁二一；徐振亞評略同，見王安石經學概論初稿。）

【評】（一八五）明馬明衡曰：「王荆公始讀『違』、『保』、『辟』爲句。……大抵古書字義多不可通，今以『迫違』爲『迫逐違命』，亦只是以意臆度，若以爲『不違農時』，夫豈不可？即如古註釋謂：『矧汝所咨問之圻夫，不可有違之農父，汝所保安之宏父，皆所賴以定其君者，可不謹於酒乎？』」（尚書疑義卷五，頁十九—二十。）

【陳補】「司徒，教官，主農，故云農父。」（陳傳卷八，頁二五。）

厥或誥曰：「羣飲。」汝勿佚，盡執拘以歸于周，予其殺。

【評】（一八六）宋蘇軾曰：「予其殺者，未必殺也，猶今法曰『當斬』者，皆具獄以待命，不必死也。然必立死法者，欲人畏而不敢犯也。羣飲，蓋亦當時之法，有羣聚飲酒謀爲大姦者，其詳不可得而聞矣。如今之法有曰『夜聚曉散者，皆死罪』，蓋聚而爲妖逆者也。使後世不知其詳而徒聞其名，凡民夜相過者輒殺之，可乎？」（東坡書傳卷十二，頁十八。）〔二〕

乃不用我教辭，惟我一人弗恤，弗蠲乃事，時同于殺。

〔二〕　蔡上翔曰：「（蘇軾）擬進士對策曰：『夫人相與飲酒而輒殺之，雖桀、紂之暴不至此。』子瞻蓋譏切荆公，今見於上仁宗皇帝書是也。或曰：荆公之刻核，不如子瞻之平易近人，宜乎子瞻以此自憙。既自録入書傳；而後之注書傳者，亦采取而存之也。予曰：否！否！予於斯見蘇子鹵莽經義，蓋未察紂惡之所以稔，與酒誥之所以作也。」（王荆公年譜考略卷六，總頁一一一三。）據蔡說，東坡書傳此段文，蓋針對安石酒誥解而發。

【佚文】（三七三）康叔不用教辭，則同于見殺。（全解卷二九，頁二一七。）

勿辯乃司民湎于酒。

【佚文】（三七四）「汝司民有湎于酒，則以政治之，勿爲之辯釋，以爲無罪也。」（全解卷二九，頁二一七；夏解卷十九，頁三八；纂傳卷二七中，頁六；輯纂卷四，頁六八；大全卷七，頁七十；書傳彙纂卷十三，頁五二。）

梓材第十三

以厥庶民暨厥臣達大家，以厥臣達王。

【佚文】（三七五）「以其臣達王事於大家，以其臣民達大家之事於國人。」（全解卷二九，頁三十。）

汝若恒越曰。

【佚文】（三七六）若恒，若有恒性也。（全解卷二九，頁三一。）

【評】(一八七)宋林之奇曰：「若恒者，所以通上下之情也。王氏以『若恒』爲『若有恒性』。經但曰『若恒』，不可援湯誥之言以爲説也。」(全解卷二九，頁三一一。)

司徒、司馬、司空、尹、旅曰：予罔厲殺人；亦厥君先敬勞。……姦宄、殺人、歷人，宥；肆亦見厥君事，戕敗人宥。

【佚文】(三七七)「(酒誥)先言『圻父』者，制殷民羣飲，以政爲急故也。此言『敬勞』與『罔厲殺人』，故先司徒，與酒誥異。」(全解卷二九，頁三一一。)

【評】(一八八)宋林之奇曰：「諸侯之三卿，司徒爲上，司馬次之，司空又次之。……今酒誥乃序『圻父』於『農父』之上，故王氏爲之説。竊謂酒誥之言正猶武成曰『邦甸侯衛』也，周之九服，甸服在侯服之外，康誥曰『侯甸男邦采衛』是也，而武成乃先『甸』而後『侯』，此豈亦可以爲之説乎？況夫酒誥之言，不專以政爲急也。」(全解卷二九，頁三一一。)

【佚文】(三七八)「三卿、尹、旅見姦宄、殺人、歷人，不肯以法治之，反宥而縱之者，亦見其君於以戕敗人爲事者宥而不治者也。」(全解卷二九，頁三一二。)

【評】(一八九)宋林之奇曰：「其意蓋謂此等麗于刑之人，皆當勿宥之。康誥之言曰『乃其速由文王作罰，刑兹無赦，不率大戛』，戒康叔以爲不可殺，而王氏則以爲當殺。此則戒康叔以爲可宥，而王氏則以爲當勿宥。王氏之心術，大抵如此。……夫殺無道以就有道，夫子尚以爲不可，況於不孝不友之可閔者，與夫姦宄、殺人、歷人見厥君事戕敗人之可疑者，可以殺之而不宥乎？其徇私意以叛經旨，一至於此，不可不察也。」（全解卷二九，頁三三。）

王啓監，厥亂爲民。曰：無胥戕，無胥虐，至于敬寡，至于屬婦，合由以容。

【佚文】（三七九）「王啓邦君，其教之如此。」（全解卷二九，頁三四。）

厥命曷以引養引恬？

【佚文】（三八〇）「引養者，引民而養之；引恬者，引民而恬之。」（全解卷二九，頁三四。）

自古王若茲，監罔攸辟。

【佚文】（三八一）「自『古』者，謂由先王之道；自『王』者，謂由今王之政。」（全解卷二九，頁三五。）

【佚文】（三八二）「自古王者歷世相傳皆如此，監無用刑辟。」（纂傳卷二七下，頁二一；陳傳卷八，頁二八—二九。）

【佚文】（三八三）「（監罔攸辟，）無所致辟。」（全解卷二九，頁三五。）

【評】（一九〇）宋林之奇曰：「其意謂監能若此，則無罪可致之辟矣。其説非也。先儒、王氏於酒誥『時同于殺』，其意亦若是。謂康叔苟如上所云，則同於見殺也。夫先王之時，君臣道合，相親如父子，相愛如兄弟，歡忻輯睦而無間，豈必以刑罰懼之而後爲善哉？……夫康叔以親賢而作藩於東土，乃謂周公親以殺戮之言而恐之，使之有所畏，古人必不然也。」（全解卷二九，頁三五—三六。）

惟曰：若稽田，既勤敷菑，惟其陳修，爲厥疆畎。若作室家，既勤垣墉，惟其塗塈茨。若作梓材，既勤樸斲，惟其塗丹雘。

【佚文】（三八四）「王者之造始，墾菑害，除荒穢，疆理天下，而作爲典則以授之諸侯，猶敷菑、垣墉、樸斲之勤也。諸侯嗣其功而致飭以終之，陳修疆畎、塗塈茨丹雘之比也。」（全解卷二九，頁三八；夏解卷十九，頁四三。）

【評】（一九一）宋林之奇曰：「王氏之意，以『稽田』喻『除荒穢』、『室家』喻『疆理天下』、『梓材』喻『作爲典章』，區而分之，既非經之本意，而又謂『王者造始而諸侯終之』，亦非其義也。此蓋但以喻今當用德以治民。……雖以三者設喻，而其意則一，正猶説命曰『若金，用汝作礪』、『若濟巨川，用汝作舟楫』、『若歲大旱，用汝作霖雨』，皆是以喻高宗必資傅説之納誨然後可以成其德也，而説者亦從而分别之，則過矣。」（全解卷二九，頁三八。）

先王既勤用明德，懷爲夾。

【佚文】（三八五）「德有昏有明，自其知、不知言之，則曰昏、曰明。」（或問卷下，頁三四。）

【評】（一九二）宋陳大猷曰：「（王荆公、朱晦菴）二君子説『明德』，大概皆以『智』言之。夫『明德』固本於『智』，然亦非『智』之一端所能盡，若止以『智』言，則所謂『仁義禮智』皆非明德乎？書所謂『先王勤用明德』、『明德惟馨』、『克謹明德』，左氏傳所稱『美哉禹功，明德遠矣』，豈可獨指以爲『智』言哉？蓋德根於一性，本自光明，以言其仁……以言其義……」（或問卷下，頁三四。）

【佚文】（三八六）夾，讀如字，夾輔之意。（全解卷二九，頁四十。）

【評】（一九三）宋林之奇曰：「夾，先儒音協，近也。『懷爲夾』者，言懷遠爲近。不如王氏只如字讀，以爲『夾輔』之『夾』爲簡徑。」（全解卷二九，頁四十。）

【陳補】「先王既勤用明德以爲治，懷撫庶邦爲己夾輔。」（陳傳卷八，頁二九。）

和懌先後迷民。

【佚文】（三八七）「民迷則悖，欲使保乂之，當先以和，和然後惟王之聽；惟王之聽，然後可以先後之，使不失道。」（全解卷二九，頁四一；書傳彙纂卷十四，頁八。）

今王惟曰。……肆王惟德用。……惟王。……子子孫孫永保民。

【佚文】（三八八）「成王自言必稱『王』者，以覲禮考之，天子以正遇諸侯則稱王〔二〕，此誥正教康叔以諸侯之事故也。」（全解卷二九，頁三九；蔡傳卷四，總頁九四。）

【評】（一九四）宋林之奇曰：「其意以『王』爲成王之自稱，故爲此説。然考之於書，王自稱有曰『予一人』，有曰『台小子』，有曰『予小子』，未有自稱『王』者。以『王』爲成王之自稱，非人情也。春秋文公元年書天王使毛伯來錫公命，或曰『天王』，或曰『天子』，故劉原父以爲有臨天下之言焉，有臨一國之言焉。夫春秋以一字爲褒貶，則其有『天王』、『天子』之殊稱，而劉原父爲之説，識者尚以爲鑿矣，況於此篇，乃其誥戒之辭，而謂以政遇諸侯，則其稱必曰『王』，恐無此理。」（全解卷二九，頁三九。）

〔二〕「遇」，蔡傳引作「過」，疑誤。

【評】（一九五）宋蔡沈曰：「王氏謂：『……』亦强釋難通。獨吴氏以爲誤簡者，爲得之。」（蔡傳卷四，總頁九四。）

尚書梓材篇通義。

【佚文】（三八九）書序，孔安國以此篇爲成王命康叔之書，而伏生尚書大傳則以爲周公命伯禽之書，二説皆可疑。（書經注卷八，頁三九、四一；尚書表注卷下，頁十九。）

尚書大誥、康誥、酒誥、梓材四篇通義。

【評】（一九六）宋蘇軾曰：「大誥、康誥、酒誥、梓材，其文皆奥雅，非世俗所能通。學者見其書紛然若有殺罰之言，因爲之説曰：康誥所戒，大抵先言殺罰，蓋衛地服紂成俗，小人衆多，所以治之先後緩急當如此。予詳考四篇之文，雖古語淵慤，然皆粲有條理，反覆丁寧，以殺爲戒，以不殺爲德，此易所謂聰明睿智神武而不殺者。故周有天下八百餘年。後之王者以不殺享國，以好殺殃其身及其子孫者多矣，天人之際有不可盡知者。至于殺不殺之報，一一若符契可見也。而世主不以爲監，小人又或附會六經，醖釀鐫鑿以勸之殺。悲夫！殆哉！唐末五代之亂，殺人如飲食，周太祖叛漢，漢隱帝使開封尹劉銖屠其家百口。

太祖既克京師，夜召其故人知星者趙延義問漢祚所以短促者，延義答曰：漢本未亡，以刑殺寃濫，故不及期而滅。時太祖方以兵圍銖及蘇逢吉第，旦且滅其族，聞延義言，矍然貸之，誅止其身。予讀至此，未嘗不流涕太息，故表其事于書傳以救世云。」（東坡書傳卷十三，頁四—五。）

召誥第十四

成王在豐，欲宅洛邑，使召公先相宅，作召誥。此尚書小序全文。

【佚文】（三九〇）「成王欲宅洛者，以天事言之，則日東景朝多陽，日西景夕多陰，日南景短多暑，日北景長多寒。洛，天地之中，風雨之所會，陰陽之所和也；以人事言，則四方朝聘貢賦道里均焉。非特如此而已，懲三監之難，毖殷頑民，遷以自近洛，距妹邦爲近，則易使之遷作王都焉，則易以鎮服也。雖然，鎬京宗廟社稷官府宮室具在，不可遷也，故於洛時會諸侯而已。何以知其如此？以詩考之，宣王時會諸侯於東都，而車攻謂之復古。」（朱文公文集卷六五，頁二一—二二；蔡傳卷五，總頁九六；陳傳卷九，頁一；纂傳卷二八，頁一；輯纂卷五，頁一；書蔡氏傳旁通卷五，頁三；尚書通考卷十，頁十；大全卷八，頁一—二；文亦略見王安石詩經新義。）

【評】（一九七）元陳師凱曰：「馮氏子亮云：『「土中」之説，蔡氏（沈）引王氏所論，而今本多訛：「日東景夕多風」，誤爲「（日東）景朝多陽」；「日西景朝多陰」，誤爲「（日西）景夕多陰」，宜正之。』又案：王氏據周禮而鄭註不明。蓋地官司徒『測土深，正日景』，所以求地之中也。所謂『日南景短，日北景長，日東景夕，日西景朝』者，是指其立表之處而言其不中也。……」（書蔡氏傳旁通卷五，頁四。）

惟丙午朏。

【佚文】（三九一）「以朏、望、明、魄紀月，以甲子紀日，書之法也。」（玉海卷十一，頁二七；陳傳卷九，頁二；輯纂卷五，頁二；纂疏卷五，頁一；大全卷八，頁三；書傳彙纂卷十四，頁十二。）

厥既得卜，則經營。越三日庚戌，太保乃以庶殷攻位于洛汭。

【佚文】（三九二）「（經營，）經其南北而四營之也。」（朱文公文集卷六五，頁一二；書經注卷九，頁一；纂傳卷二八，頁二。）

【陳補】「經營然後城郭、途巷、廟社、朝市、居室之位定，故庚戌太保乃以衆殷民治位於洛。」（陳傳卷九，頁二。）

越三日丁巳，用牲于郊，牛二。越翼日戊午，乃社于新邑，牛一、羊一、豕一。

【佚文】（三九三）「於尊以簡爲誠，於卑以豐爲貴，故郊特牲而社稷太牢。先祭告於郊、社，然後用工。」（輯纂卷五，頁二一；纂疏卷五，頁二一；大全卷八，頁四；尚書埤傳卷十二，頁五。）

越七日甲子，周公乃朝用書命庶殷侯、甸、男邦伯。

【佚文】（三九四）「邦伯者，侯、甸、男服之邦伯也。庶邦冢君咸在，而獨命邦伯者，公以『書』命邦伯，而邦伯以『公命』命諸侯也。」（蔡傳卷五，總頁九五；全解卷三十，頁九；朱文公文集卷六五，頁二二；夏解卷十九，頁五十；陳傳卷九，頁三；永樂大典卷八〇二五，頁十四載書義斷法引；尚書日記卷十二，頁七。）

大保乃以庶邦冢君出取幣，乃復入，錫周公。

【佚文】（三九五）「庶邦冢君，諸侯會于洛者。洛邑成而獻幣，所以爲禮，且致慶也。」（輯纂卷五，頁三；纂疏卷五，頁二；大全卷八，頁六；尚書埤傳卷十二，頁九；書傳彙纂卷十四，頁十八。）

（召公）曰：「拜手稽首，旅王若公。」

【佚文】（三九六）「陳成王欲宅洛之意，順周公用書命庶殷邦伯之事。」（全解卷三十，頁十一。）

皇天上帝改厥元子，兹大國殷之命。

【陳補】「皇天上帝其命無妄矣，元子大國其受命正大矣，惟弗敬德，雖元子大國不能無所受。」（陳傳卷九，頁四。）

相古先民有夏，天迪從子保……今相有殷，天迪格保。

【佚文】（三九七）「夏言『迪從子保』，殷言『格保』，互相備也。」（纂傳卷二八，頁四；全解卷三十，頁十九。）

【評】（一九八）宋林之奇曰：「此只當從王氏説『夏言「從子」，殷言「格之」』〔二〕，至相備爾』〔三〕，與夏言『服天命』，殷言『受天命』同意。此蓋史官經緯其文，以成述作之體。……唐孔氏曰：『此説二代興亡，其意同也。於禹言從而子安之，則天於湯亦子安之，故於湯因上文直言「格保」』，此正王氏之意。」（全解卷三十，頁十九；陳傳卷九，頁五。）

【陳補】「迪者，謂天先而道之。從者，謂先天而天從之。」（陳傳卷九，頁五。）

今沖子嗣，則無遺壽耇；曰其稽我古人之德，矧曰其有能稽謀自天。

【佚文】（三九八）「勿棄老成，又考古人之德，則善矣。況曰能考謀自天，則又善也。」（朱文公文集卷六五，頁二一三。）

用顧畏于民嵒。

【佚文】（三九九）嵒，僭也。顧畏于民嵒者，言民有僭而不信者，不可不省顧而畏慎之也。

〔二〕「之」當爲「保」之誤。
〔三〕「至」當爲「互」之誤。

（全解卷三十，頁二一一。）

王來紹上帝。

【佚文】（四〇〇）「帝，天德，而紹之者王。王，人道也。皇，天道也。惟道爲能建中，惟建中爲能配天道，中天而宅之。建中以配天道，非特紹上帝而已。來紹上帝者，王之事也。配皇天者，皇之事也。」（全解卷三十，頁二二二。）

王先服殷御事，比介于我有周御事。

【佚文】（四〇一）「比，親；介，助也。」（纂傳卷二八，頁五。）

節性惟曰其邁。

【佚文】（四〇二）「當明政刑以節之。」（全解卷三十，頁二二五；朱文公文集卷六五，頁二四。）

【評】（一九九）宋林之奇曰：「此不知道者之言。湯誥曰：『惟皇上帝，降衷于下民，若有常性，克綏厥猷，惟后。』夫所貴乎后者，因斯民有常性，順以治之而已矣。若明其政刑爲可以節性，豈所謂『若有常性』哉？」（全解卷三十，頁二二五。）

【陳補】「殷人習紂之惡，習與性成矣。苟無以節之，則縱恣而不知所止。」（陳傳卷九，頁六。）

王敬作所，不可不敬德。

【佚文】（四〇三）「敬德者所以作所。」（全解卷三十，頁二五。）

【評】（二〇〇）宋林之奇曰：「此……於『所』字强生義理，其辭爲費。當從先儒之説，謂其不可以不敬德，王當敬作之也。」（全解卷三十，頁二五。）

我不敢知，曰有夏服天命，惟有歷年；我不敢知，曰不其延，惟不敬厥德，乃早墜厥命。我不敢知，曰有殷受天命，惟有歷年；我不敢知，曰不其延，惟不敬厥德，乃早墜厥命。

【佚文】（四〇四）「言夏、殷所受天命，歷年長短，我皆不敢知也。我所敢知者，惟不敬厥德，乃早墜厥命也。」（朱文公文集卷六五，頁二一四；書經注卷九，頁八。）

今天其命哲，命吉凶，命歷年。

【佚文】（四〇五）「哲者，性也。吉凶者，事也。歷年者，數也。性在我，事在物，數在時，君子修其在我者，不責命於天也。」（或問卷下，頁三五。）

王其德之用，祈天永命。

【陳補】「王其惟德之用以祈求永命，蓋惟德能自貽哲命，獲吉而有歷年，永命謂有歷年也。」（陳傳卷九，頁七。）

其惟王勿以小民淫用非彝亦敢殄戮；用乂民，若有功。

【佚文】（四〇六）「不敢慢小民而淫用非彝，亦當敢於殄戮有罪以乂民也。」（全解卷三十，頁二九；朱子語類卷七八，頁九引汪應辰張綱謚文定奏狀；經義考卷八十，頁二及宋元學案補遺卷九八，頁一四五引汪氏奏狀。）

【評】（二〇一）宋蘇軾曰：「古今説者皆謂召公戒王過用非常之法，又勸王亦須果敢殄滅殺戮以爲治。嗚呼！殄滅殺戮，桀、紂之事；桀、紂猶有所不果，而召公乃勸王，使果于殄戮而無疑！嗚呼！儒者之叛道，一至于此哉！皋陶曰：『與其殺不辜，寧失不經。』人主之用刑，憂其不慎，不憂其不果也；憂其殺不辜，不憂其失不經也。今召公方戒王以慎罰，言未終而又勸王以果于殄戮，則皋陶不當戒舜以『寧失不經』乎？季康子問孔子曰：『如殺無道就有道，何如？』孔子曰：『子爲政，焉用殺？子欲善，而民善矣。君子之德風，小人之德草，草上之風必偃。』夫殺無道以就有道，爲政者之所不免，其言蓋未爲過也，而孔子惡之如此；惡其恃殺以爲政也。今予詳考召公之言，本不如說者之意，蓋曰：王勿以小民過用非法之故，亦敢于法外殄戮以治之。民自用非法，我自用法；民自過，我自不過，稱罪作刑而已。民之有過，罪實在我，及其有功，則王亦有德，何也？王之位，民德之先倡也。如此則法用于天下，王亦顯矣。兵固不可弭也，而佳兵者必亂；刑固不可廢也，而恃刑者必亡。痛召公之意爲俗儒所誣，以啓後世之虐政，故具論之。」（東坡書傳卷十三，頁十一—十二。）

【評】（二〇二）宋林之奇曰：「凡書之告戒以『不殺』之言者，王氏皆以爲『使之殺』也，蘇氏破其說矣。正猶治獄之吏，持心近厚者，惟求所以生之；持心近薄者，惟求所以殺之。」（全解卷三十，頁二九。）

【評】（二〇三）宋汪應辰曰：「……臣竊以王安石訓釋經義，穿鑿附會，專以濟其刑名法術之說，如書義中所謂『敢於殄戮，乃以乂民』、『忍威不可訖』、『凶德不可忌』之類，皆害理教，不可以訓。」（朱子語類卷七八，頁九引汪氏張綱謚文定奏狀；朱子五經語類卷四二，頁十六；經義考卷八十，頁二及宋元學案補遺卷九八，頁一四五引汪氏說略同。又：洪葴撰張綱行狀，載華陽集卷四十，其頁十八—十九有文，汪氏所引與之略同。）

【佚文】（四〇七）「敢于殄戮，而刑足以服人心。」（嵩山集卷一，頁三八。）

【佚文】（四〇八）若，順也。（全解卷三十，頁二九。）

我非敢勤，惟恭奉幣，用供王能祈天永命。

【佚文】（四〇九）「奉幣以供王毖祀上下，而祈永命。」（朱文公文集卷六五，頁二一五；書經注卷九，頁十一。）

尚書召誥篇通義。

【評】（二〇四）宋陳善曰：「荆公於三經新義，託意規諷，……（其中）召公論，真有爲而作也。後東坡作書論解，又矯枉過直而奪之。」（捫蝨新話卷一，頁四。）〔二〕

〔二〕王安石文集中，未見召公論，陳善所云，當謂尚書新義召誥篇之召公論，疑斯論在全篇之末，今佚，故今署陳氏之評於此。（編按：王安石所著召公論，見於明弘治十七年刻本歷代名賢確論卷九，詳見本全集之臨川先生文集附録臨川先生佚文。）

尚書新義　卷九

周書

洛誥第十五

【佚文】(四一〇)「此誥有不可知者,當闕之,而擇其有可知者〔一〕。」(朱文公文集卷六五,頁二五;朱子語類卷七八,頁九;朱子五經語類卷四二,頁二一;書疑卷七,頁一;輯纂卷五,頁八;纂疏卷五,頁七;大全卷八,頁十八;書傳彙纂卷十五,頁一。)

【評】(二〇五)宋朱熹曰:「荊公不解洛誥,但云:其間煞有不可强通處,今姑擇其可曉者釋之。今人多説荊公穿鑿,他却有如此處。若後來人解書,又却須要解盡。」(朱子語類

尚書洛誥篇題下。

〔一〕「擇」,輯纂、纂疏並引作「釋」。

卷七八，頁九；朱子五經語類卷四二，頁二一略同；輯纂「朱子說書綱領」頁五；纂疏「讀尚書綱領」頁四；大全卷首，頁五六「書說綱領」；書傳彙纂卷首下「綱領」頁三一；宋元學案補遺卷九八，頁五八引朱子評略同。）

周公拜手稽首曰：「朕復子明辟。」

【佚文】（四一一）「復，如『復逆』之『復』，成王命周公往營成周，周公得卜，復命於成王。謂成王爲『子』者，親之也。謂成王爲『明辟』者，尊之也。」（全解卷三一，頁五；尚書講義卷十五，頁九；朱文公文集卷六五，頁二五；困學紀聞卷二，總頁一六四；纂傳卷二九，頁一；纂疏卷五，頁八；大全卷八，頁十九；尚書疑義卷五，頁二六。）

【佚文】（四一二）「先儒謂：成王幼，周公代王爲辟，至是乃反政於成王，故曰『復子明辟』。荀卿曰：『以枝代王，而非越也；君臣易位，而非不順也。』以書考之，周公位冢宰、正百工而已，未嘗代王爲辟，則何君臣易位、復辟之有哉？如禮明堂位曰：『昔者周公朝諸侯于明堂之位，天子負斧扆，南鄉而立。』又曰：『武王崩，成王幼弱，周公踐天子之位以治天下。』則是周公正天子之位以臨萬國。」（全解卷三一，頁四；纂疏卷五，頁八；大全卷八，頁十九；尚書日記卷十二，頁二三。）

【評】（二〇六）宋葉夢得曰：「復如孟子『有復于王』之『復』。自孔氏以『復子明辟』謂周公攝而歸政之辭，古今儒者從之不敢易，獨王氏以爲不然，世或未之信焉。以予考之，周公踐天子位以治天下，初無經見，獨明堂位云爾；明堂位非出吾夫子也。蓋武王崩，周公以冢宰攝政，此禮之常。攝者，攝其事，非攝其位。世見周公在喪之攝，不知其非以成王幼而攝，故至卜洛，猶有『歸政』之言，則王氏之言爲有證。」（輯纂卷五，頁九引；尚書埤傳卷十二，頁十七引略同。朱睦㮮評幾全同，用葉氏之說，見五經稽疑卷二，頁二四。蔡傳卷五，總頁九八暗用安石說，附見於此。）

【評】（二〇七）宋林之奇曰：「王氏之所謂『代王爲辟』者，指此也。則王氏之破先儒之說，可謂明於君臣之大分，而有功於名教也。蓋說者徒見成王幼沖，周公攝政，遂疑其稱王以令天下。如多士之篇序曰『成周既成，遷殷頑民，周公以王命誥』，而篇之發首則曰『惟三月，周公初于新邑洛，用告商王士』。王若曰」。蓋明周公雖攝政，而其號令皆稱成王之命也。謂『代王爲辟』，固無是理。然……周公之至洛而得吉卜，則已遣使人來告於王，下文曰『伻來以圖及獻卜』是也。非是周公至此方以吉卜而復於成王也。且既謂成王爲『子』，又謂『明辟』，以爲兼尊親之稱，則鑿矣。……」（全解卷三一，頁五。）

【評】（二〇八）宋史浩曰：「……惟王安石以爲：復者，告也。明辟，君也。周公以『定洛』告成王，非攝位而還之也。復者，若説命所謂『説復於王』、孟子所謂『有復於王者』是也。若謂周公作是書而還位於成王，則『召公爲保，周公爲師，相成王爲左右』，是成王自即位已爲君在上，不知周公昔何所受而今還之也。漢儒不達『復』字之義，乃以爲『還位』，後世紛紛，遂有『復辟』之論，以事理考之，當以王説爲然也。」（尚書講義卷十五，頁九—十。）

【評】（二〇九）宋袁燮曰：「復辟之事，説者皆引『説復于王』、『有復于王者』爲證，謂周公以明君之道復之于王，有失然後有復，成王未嘗不爲君，既不曾失，何復之有？其言信美矣！然觀其辭氣，則未必然。復辟只是復辟，初不必如此回護，況周公既無取天下之心，何必曲爲之説？書曰：『惟周公誕保文、武受命惟七年。』方成王幼沖，周公攝政，天下事權皆在周公之手，至今而成王壯矣，然後以人君之政事歸于王，只如此而已。夫何可疑？況此書中自甚分明，如曰：『予小子其退，即辟于周。』如曰：『亂爲四方新辟。』成王之爲君久矣，至此乃始謂之新辟，蓋前日雖爲王，政事却自周公出；今日周公既歸政，政事始自成王出，分明是爲新君也。由此觀之，則復辟之言，何獨不信？却非是成王前日未爲君，成王之爲王固久矣，但攝政七年之際，事權在周公，今始以人君之政事歸之於王，故謂之『復辟』爾。如後世霍光相宣帝，宣帝既壯，光稽首歸政，君臣之分亦未嘗不明，而況周公大聖，其處此有道矣。孔安國註以爲復還明君之政，此語甚好。營洛邑大事，本不當出于周、召，周公以爲：我看成王意思，一如弗敢及天命之初基定這天命營邑，則天命定矣。我看成王不敢擔當此事，故我繼太保而大相東土。今王自此以後始爲天下之明君矣，觀此一句，復辟之事豈不甚分明？此是周公復辟之辭。」（絜齋家塾書鈔卷十一，頁三十一——三二。）

【評】（二一〇）宋楊簡曰：「復，即孟子『有復於王者』之『復』、周禮宰夫『待諸臣之「復」』、大僕『掌諸侯之「復」逆』，復謂奏事也。辟，君也。明辟，稱成王，尊敬之辭。」（五誥解卷四，頁一。）

【評】（二一一）宋王應麟曰：「『復子明辟』，荆公謂『周公得卜，復命於成王也』。漢儒『居攝還政』之説，於是一洗矣。」（困學紀聞卷二，總頁一六四。）〔二〕

【評】（二一二）明馬明衡曰：「安石乃以爲『復逆』之『復』，宋諸儒從之。夫以爲攝而復政者，成王尚幼，周公以身任天下之重，何嘗履君位乎？如明堂位所言，踐天子位以治天下，此漢儒附會之謬説也，此固無俟於辨而自明者。然伊尹、周公皆有復辟之事，愚固謂伊尹之任商，周公之任周，皆非後世人臣所可擬者。有伊尹、周公之聖，而又有伊尹、周公之

〔二〕宋、元儒因安石之説推衍「復子明辟」之義者，如蔡傳（卷五，總頁九八。）、書經注（卷九，頁十二。）、纂疏（卷五，頁八。）等多家，兹不具録。

任，任之所在，責之所歸，故不得已而當之。以聖人爲之，至誠感動，始終有濟；若無其德、無其任而冒當之，未有不犯於逆亂之倫者，此王莽之徒，雖竊以藉口，然亦豈能以溷日月之明哉！後儒因王莽之事，遂將周公變易其説，蓋不欲使公之忠聖一淆於逆亂之跡，其愛公可謂至矣，其所以待公不其淺乎？嗚呼！操之不可爲文王，莽之不能爲周公，豈待後世方知之，而當時所爲已如白黑之不可同日語矣！混碔砆於珠玉之間，何損於珠玉耶？由是言之，聖賢之事，各論其實而已矣。」（尚書疑義卷五，頁二六—二七。）

【評】（二一三）清朱鶴齡曰：「愚考曾子問，禮本有『攝主』之名，春秋傳魯隱公『不書即位，攝也』，又宋穆公云『吾立乎此，攝也』。魯隱、宋穆并君位攝之，而周公止攝其政事，以此不同。謂周公未攝者，此又非通論也。特此篇不及『還政』，觀下文『伻來以圖及獻卜』，則荆公之説爲不易矣。」（尚書埤傳卷十二，頁十七。）

公！不敢不敬天之休，來相宅，其作周匹休。

【佚文】（四一三）「姚成曰：『天休震動，使周有天下者，天之休也，故周公敬之而相宅，以配天休也。』」（朱文公文集卷六五，頁二二五；陳傳卷九，頁十一。）

公既定宅……視予卜休恒吉，我二人共貞；公其以予萬億年，敬天之休。

【佚文】（四一四）「言宅洛之事定矣，公當以予永遠敬天之休，以成此休常吉之卜也[一]。」（朱文公文集卷六五，頁二五—二六；輯纂卷五，頁十；大全卷八，頁二一。）

【陳補】「貞者，正也，必有正焉然後定。」（陳傳卷九，頁十一。）

王肇稱殷禮，祀于新邑，咸秩無文。

【佚文】（四一五）「殷，盛也；如『五年再殷祭』之『殷』，非『夏殷』之『殷』也[二]。周公既制禮作樂，而成王於新邑舉盛禮之祀。凡典籍所無，而於義當祀者，咸次秩而祀之也。」（朱文公文集卷六五，頁二六；全解卷三一，頁十；陳傳卷九，頁十一；書經注卷九，頁十四；纂傳卷二九，頁二一。）

【評】（二一四）宋林之奇曰：「當從王氏之說。易象『雷出地，奮豫，先王以作樂崇德，殷薦之上帝，以配祖考』，禮有『殷祭、殷奠』，皆取『殷盛』之義，與『周因於殷禮』，其字雖同，

[一]「成」，輯纂作「承」。

[二]「非夏殷之殷也」，據全解引文補。

而義則異矣。……」（全解卷三一，頁十。）

【評】（二一五）元陳櫟曰：「王氏云此殷禮，疑即篇末十二月戊辰之祭，史述其語於前，而記其事於後也。敏案：此取朱子說。竊意十二月之祭，不過以周公留治洛之事，就冬烝以告文、武廟耳。此曰『殷禮』、曰『秩無文』，必作新邑後，就新邑舉非常大祭祀，豈十二月特牛之祀足以當之？三月後至十一月，必嘗親至洛，行大祀禮，受大朝賀，發大號令，今脱去矣。」（纂疏卷五，頁九。）

今王即命曰：「記功，宗以功，作元祀。」

【佚文】（四一六）「記功，蓋若『紀于太常，藏在盟府』之類〔一〕。作元祀，蓋若『茲予大享于先王，爾祖其從與享之』之類。」（纂傳卷二九，頁三；全解卷三一，頁十一；朱文公文集卷六五，頁二六；陳傳卷九，頁十二；輯纂卷五，頁十一；纂疏卷五，頁十；書傳彙纂卷十五，頁九。）

汝其敬識百辟享，亦識其有不享。……凡民惟曰不享，惟事其爽侮。

〔一〕「蓋」，據朱文公文集引文補，下「蓋」字倣此。

【佚文】（四一七）「事無爽侮，則君臣同得逸樂暇豫；若爽侮，則君臣同得憂勤，而有所不暇矣。王不能敬識享與不享，則事爽侮，而周公受其愁勞，乃惟成王賜我以不暇也。」（精義卷三八，頁九。）

彼裕我民，無遠用戾。

【佚文】（四一八）「彼遠者，以我民爲裕，則無遠用戾也。」（全解卷三一，頁十六。）

旁作穆穆，迓衡，不迷文、武勤教。

【佚文】（四一九）「穆穆，天子之容。旁作，謂輔成王而作之，以成其穆穆之德，以迎太平，是以於文、武之勤教垂之後代者，皆率循之而不迷也。」（全解卷三一，頁十八。）

公功棐迪篤，罔不若時。

【佚文】（四二〇）「（罔不若、時，）罔不若、罔不時，循道而不違，此『棐迪』之『若』；越時而不失，此『棐迪』之『時』。」（全解卷三一，頁十九。）

監我士師工。

【陳補】「事人之謂士，帥人之謂師，興事造業之謂工。」（陳傳卷九，頁十五。）

作周恭先。

【陳補】「以恭倡後王也。」（陳傳卷九，頁十六。）

伻來毖殷，乃命寧予，以秬鬯二卣，曰：「明禋，拜手稽首休享。」予不敢宿，則禋于文王、武王。

【佚文】（四二二）「成王使周公來毖商民，乃命寧周公。以秬鬯二卣，曰：明禋于文、武。使之明禋，則以太平告文、武也。故周公不敢宿成王明德之命，即禋文、武。」（纂傳卷二九，頁七；書傳彙纂卷十五，頁二三。）

「惠篤敘」至「誕保文、武受命，惟七年」。

【佚文】（四二三）皆周公戒成王之言。（全解卷三一，頁二七。）

【評】（二一六）宋林之奇曰：「以此爲戒成王之言，則與上文不相貫。惟蘇氏以此爲周公祝文、武之辭，此得之矣。……竊謂『殷乃引考』以上，則周公之祝辭；『王伻殷』以下，則戒王之言也。」（全解卷三一，頁二七。）

王賓，殺、禋，咸格，王入太室祼。

【佚文】（四二三）「賓，助祭者也。」（陳傳卷九，頁十六；纂傳卷二九，頁八。）

【佚文】（四二四）「大室，清廟中央之室。清廟，神之所在，故王入大室祼，獻鬯酒以告神也。祼者，灌也。王以圭瓚酌鬱鬯之酒以獻尸，尸受祭而灌於地。因奠不飲謂之祼。」（精義卷三八，頁二十一—二二。）

多士第十六

成周既成，遷殷頑民；周公以王命誥，作多士。此尚書小序之全文。

【佚文】（四二五）「成周即洛邑，初無王城、成周之辨。」（全解卷三二，頁三。）

【評】（二一七）宋林之奇曰：「成周，下都也。王城所以定九鼎，是爲王都，故成周爲下都。爲王氏之學者，以成周即洛邑，初無王城、成周之辨。説春秋者，亦多以王城、成周合而爲一。夫王城之與成周，歷代諸儒所紀甚詳，其援證爲明白，不可破也。」（全解卷三二，頁三。）

【佚文】（四二六）「此頑民者，乃商王士，而謂之『頑』者，以其不則德義之經而無常心故也。」（全解卷三二，頁三一四。）

【評】（二一八）宋林之奇曰：「致之微子、畢命之篇，則殷之民可謂頑也。……王氏之意，謂周公之所遷者，皆其士大夫，以其心之無常，故雖士而謂之民。此强説也。既謂之頑民，又謂之多士，則其遷也，不獨士而已。」（全解卷三二，頁三一四。）

【佚文】（四二七）「篇名多士，而序以爲頑民，何也？在官者謂之士，卿大夫士是也。在民者謂之士，士農工商是也。此書稱『士』，皆在官之殷士也。且周公未始以殷民爲頑，成王命君陳始有『無忿疾于頑』之語。夫殷民不附周，謂之頑可也；不忘殷，謂之頑可乎？故『頑』之一字，周公於康誥、酒誥、多士、多方等書，未嘗出諸其口也。」（輯纂卷五，頁十七；纂疏卷五，頁十五；大全卷八，頁三六；尚書埤傳卷十二，頁三十。）

惟三月，周公初于新邑洛，用告商王士。

【佚文】（四二八）「殷民遷于成周，從舊長所治，故先告之。殷士順從，則殷民皆然矣。」（輯纂卷五，頁十七；陳傳卷九，頁十九；纂疏卷五，頁十五；大全卷八，頁三七；書傳彙纂卷十五，頁二九。）

敕殷命終于帝。

【佚文】（四二九）「終，與『受終于文祖』之『終』同。」（陳傳卷九，頁十九；輯纂卷五，頁十八；纂疏卷五，頁十六；大全卷八，頁三七。）

肆爾多士，非我小國敢弋殷命。

【佚文】（四三〇）「『肆爾多士』者，肆之而不誅也，與『眚災肆赦』、『肆大眚』之『肆』同意，謂其致天罰也，惟誅獨夫紂而已，脅從罔治也。蓋周公將言『我小國敢弋殷命』，故呼爾多士而告之。」（全解卷三二，頁四。）

上帝引逸。有夏不適逸。

【佚文】（四三一）「引逸者，易簡則逸，反是則勞。適逸者，帝之所延也。」（精義卷三九，頁五。）

予亦念天即于殷大戾，肆不正。

【陳補】「我念天即于殷災戾大矣。」（陳傳卷九，頁二二二。）

【佚文】（四三二）「今不正治汝，不忍助天爲虐也。」（全解卷三二，頁十。）

【評】（二一九）宋林之奇曰：「周人伐殷，蓋我念天命而就誅爾殷之大罪戾者，故不正治其餘黨也。……王氏曰：『……』酒誥曰『天非虐，惟民自速辜』，乃以滅殷爲天之虐，可乎？」（全解卷三二，頁十。）

又曰夏迪簡在王庭，有服在百僚。

【陳補】「此怨周之不然也。」（陳傳卷九，頁二二三。）

予一人惟聽用德。

【陳補】「我惟聽用有德，汝殷士不務德，故我不得如夏之簡迪也。以聽用德，故今敢求汝于天邑商，苟汝好德，亦將聽用也。」（陳傳卷九，頁二二三。）

予惟率肆矜爾，非予罪，時惟天命。

【陳補】「章有德，討有罪，皆天命。」（陳傳卷九，頁二三三。）

我乃明致天罰，移爾遐逖；比事臣我宗，多遜。

【佚文】（四三三）「移爾遐逖，徙其民於遠方也。我宗，謂康叔也。」（全解卷三二，頁十二。）

【評】（二二〇）宋林之奇曰：「自洛而視殷之故地，則殷爲遠，故以遷于洛爲『移爾遐逖』。王氏以爲『徙其民於遠方』，此事無所經見；既徙之遠，何爲而又遷之周哉？王氏又以『我宗』爲『康叔』，既徙之遠力，而康叔封於殷之故都，安得臣於康叔乎？我宗，猶言我家也；非康叔也。」（全解卷三二，頁十二。）

無逸第十七

周公作無逸。此尚書小序之全文。

【佚文】（四三四）「君子以勤得逸，繼之以休；小人以逸得勤，繼之以憂。」（精義卷三九，頁十五。）

乃逸乃諺既誕。否則侮厥父母曰：「昔之人，無聞知！」

【評】（二二一）宋蘇軾曰：「戲侮曰諺，大言曰誕。信哉！周公之言也。曰『昔之人無聞知』，至于今閭巷田里之民，有不令子弟猶皆相師爲此言也，是蟣蝨螻蟻，周公何誅焉？而載于書曰以戒成王也。人君欲自恣於逸樂者，必先詆諆先王，戲玩老成，而小人譸張爲幻者，又勸成之。韓非之言曰：堯之有天下也，堂高三尺，采椽不斲，茅茨不剪，雖逆旅之宿不勤於此矣。冬日鹿裘，夏日葛衣，粢糲之食，藜藿之羹，飲土匭，啜土鉶，雖監門之養不觳于此矣。禹鑿龍門，通大夏，疏九河，曲九防，決停水致之海，股無胈，脛無毛，手足胼胝，面目黧黑，遂以死于外，葬于會稽，雖臣虜之勞，不烈于此矣。然則天子所以貴于有天下者，豈欲苦形勞神，自取逆旅之宿，口食監門之養，手持臣虜之作哉？此不肖人之所勉，非賢者之所務也。此其論豈不出于昔之人無聞知也哉！其言至淺陋，而世主悦之，故韓非一言覆秦，殺二世如反掌。自漢以來，學者雖鄙申、韓不取，然世主心悦其言，而陰用之，小人之欲得君者，必私習其説，或誦言稱舉之，故其學至于今猶行也。予是以具論之。」（東坡書傳卷十四，頁六—七。）

昔在殷王中宗，嚴恭寅畏，天命自度。

【佚文】（四三五）「貌嚴、行祗、心敬也，其畏天也，豈徒然哉！自度者，自治以法度也，猶所謂身爲法度也。能自治以法度，則不耽於逸豫矣。」（全解卷三二，頁二一四。）

自殷王中宗，及高宗，及祖甲，及我周文王，茲四人迪哲。

【佚文】（四三六）「四人皆天子，非若諸侯以戰戰兢兢爲孝者。」（全解卷三二，頁三八—三九。）

【評】（二二二）宋林之奇曰：「上之所言者，大王、王季而後及文王，此特舉文王，而舍大王、王季，故王氏曰：『……』楊龜山破之，謂：『畏天者，保其國而已，謂中宗爲「畏天」，是亦諸侯之事。』其説自相抵牾矣。文王大勳未集，雖曰受命之君，未嘗爲天子也。蓋四人者皆享國克壽，故特言之，非謂其爲天子也。』此説是矣。夫無逸之所言者，蓋皆以其戰戰兢兢而取之。如王氏之言，則是逸豫自肆者乃周公之所取也。」（全解卷三二，頁三八—三九。）

尚書新義　卷十

周書

君奭第十八

召公爲保，周公爲師，相成王爲左右；召公不説，周公作君奭。此尚書小序之全文。

【佚文】（四三七）「召公不悦，何也？曰：成王可與爲善，可與爲惡者也。周公既復辟，成王既即位，蓋公懼王之不能終，而廢先王之業也，是以不悦焉。夫周之先王，非聖人則仁人也；積德累行，數世而後受命；以周公繼之，累年而後太平。民之習治也久矣，成王以中才承其後，則其不得罪於天下之民，而無負於先王之烈也，不亦難乎！如此則責任之臣，不得不以爲憂也。賈誼曰：成王幼，在繈褓之中，召公爲太保，周公爲太傅，太公爲太師。保，保其身體；傅，傅之德義；師，道之教訓：三公之職也。於是皆選天下之端士，孝弟博聞有道術者，以衛翼之，使與太子居處出入。故太子初生，固見正事、聞正言、行正道，左右前後皆正人也。

習與正人居之，不能無正也。」（精義卷四十，頁十。）

【佚文】（四三八）「習文、武至治之後，則難爲繼。成王非有過人之聰明，則易以壞。以易壞之資任難繼之事，此召公於親政之始，有不悦也。」（羣書考索續集卷五，頁十一及別集卷五，頁四。；全解卷三三，頁五。；九經疑難卷三，頁四三。）

【評】（二二二三）宋林之奇曰：「……是皆以召公不知周公之心。程伊川、二蘇兄弟、王氏破之詳矣。……王氏謂：『成王非有過人之聰明，而出於文、武之後，人習至治之時，爲難繼，故召公於其親政之始，有不悦也。』案：此篇之言，皆是周公以天命之難諶，懼成王之弗克負荷，以忝前人之成憲，故己雖致政，而不敢告歸。若王氏之説，召公既以成王親政爲憂矣，周公當言成王之德可以光大文、武之緒，乃能解召公之憂，不當又以是爲言矣。」（全解卷三三，頁五。）

【評】（二二二四）宋章如愚曰：「（如）王氏之説，則是召公以成王聰明不足，難與有爲，豈聖賢之意乎？……君奭一書，無召公憂成王難與共治之事……然則召公之不悦者，非爲周公也，自有所不悦也。夫召公之自有所不悦，何也？召公相文、武、成王三世矣，至成王能自爲政，召公之年已老矣，而復尊以師保之任，方功成身退之時，而加以莫重之寄，雖成王之所眷注，周室之所倚賴，爵位日隆，任責日重，非召公所樂也。況召公已封於燕，身留相周，而不得優游，於公不悦之旨，蓋爲此爾。是以周公勤勤作書以留之。蓋不以寵利居成功者，人臣去就之節；亡身徇國，愛君不忍去者，大臣始終之義。召公之欲告老，雖得去就之節，未可以爲忘身徇君之義，此君奭之書所由作也。」（羣書考索續集卷五，頁十一；張文伯評略同，見九經疑難卷五，頁四三。）

嗚呼！君！已曰時我。我亦不敢寧于上帝命，弗永遠念天威越我民，罔尤違。

【佚文】（四三九）「此言君奭既曰是在我，我亦不敢暇逸于天命，而不永遠念天威之于我民，無尤違。言天威于民，皆當其罪無僭差，已不可以不念也。」（精義卷四十，頁十三。）

惟人，在我後嗣子孫，大弗克恭上下，遏佚前人光在家；不知天命不易、天難諶，乃其墜命，弗克經歷，嗣前人恭明德。

【佚文】（四四〇）「前既言在天者，今此言在人者，故曰『惟人』也。」（全解卷三三，頁七。）

【評】（二二五）宋林之奇曰：「先儒以『惟人』屬於下文，而以『罔尤違』爲絶句，故王氏因之。……不如蘇氏以『惟人』爲絶句，其意爲勝。」（全解卷三三，頁七。）

【佚文】（四四一）「前既言在我者，不敢不勉。此乃言在人者，非我所及知也。惟在人者若我後嗣，上則大不克敬恭天與祖考，下則大不克敬恭諸侯臣民，遏佚前人光在室家之中，沈溺于近習，而不知天下之艱難，則天命靡常，難可諶信，乃其墜命，不能經歷久遠，嗣前人敬明之德。」（精義卷四十，頁十四。）

格于上帝。

成湯既受命，時則有若伊尹，格于皇天。在太甲，時則有若保衡。在太戊，時則有若伊陟、臣扈，格于上帝。

【佚文】（四四二）「伊尹、保衡，其實一也。在成湯時則格于皇天，在太甲時則格于上帝，其故何哉？可與盡道則盡道，可與盡德則盡德。成湯，可與盡道者也；太甲，可與盡德者也。」（精義卷四十，頁十七。）

【評】（二二六）宋林之奇曰：「王氏多以天爲道，帝爲德，謂道至矣則格于皇天，德至矣則格于上帝，而説者又於伊尹一人之身而分道與德，其鑿甚矣！」（全解卷三三，頁十二。）

在武丁，時則有若甘盤。

【佚文】（四四三）「不言傅説而言甘盤者，蓋始迪高宗成其德者，甘盤也。以書考之，高宗命説，固已大過人矣，此甘盤之力也。」（纂傳卷三二，頁三；陳傳卷十，頁三；書傳彙纂卷十六，頁三十。）

【陳補】「巫賢、甘盤循爲此，伊陟、臣扈、巫咸已有所列陳，以保治有殷。」（陳傳卷十，頁三。）

割申勸寧王之德。

【佚文】（四四四）割，謂降割于殷也。（全解卷三三，頁十三；陳傳卷十，頁四。）

又曰無能往來，茲迪彝教，文王蔑德降于國人。

【陳補】「周公又謂若無此五人往來於此以迪常教，則文王蔑有德降于國人也。」（陳傳卷十，頁五。）

鳴鳥不聞。

【陳補】「以其鳴中律吕，故曰鳴鳥。」（陳傳卷十，頁六。）

汝明勖偶王，在亶。乘茲大命。

【佚文】（四四五）「乘者，以乘車而喻爲彼所載而行是也。詩曰『其車既載，不輸爾載』，蓋亦以乘車喻治天下。乘天之大命者，得其道則永保天命，不得其道則天命中絶，正猶乘車，有『輸爾載』、『不輸爾載』之殊，故惟在於誠而已。」（全解卷三三，頁十九。）

周公曰：「君奭。」公曰：「君……保奭。」

【佚文】（四四六）「此誥或曰『君奭』，或曰『保奭』，或曰『君』者，主王而言則曰『君奭』，主公事而言則曰『君』而已，主保事而言則曰『保奭』也。」（全解卷三三，頁二一。）

【評】（二二七）宋林之奇曰：「王氏喜爲鑿説，一至於此！信如此言，則康誥之篇或曰『朕其弟，小子封』，或曰『小子』，或曰『封』，或曰『小子封』，或曰『汝封』，或曰『汝』，亦皆有説也。」（全解卷三三，頁二二。）

以予監于殷喪大否。

【陳補】「大否，大辭也。」（陳傳卷十，頁七。）

其汝克敬德，明我俊民在讓，後人于丕時。

【佚文】（四四七）「大臣之善，在乎能讓；讓則推賢揚善，而無妨功害能。此所以能明俊民。」（輯纂卷五，頁三二；大全卷八，頁七四；書傳彙纂卷十六，頁四二。）

蔡仲之命第十九

爾乃邁迹自身，克勤無怠，以垂憲乃後。

【佚文】（四四八）「蔡叔違王命，無所因，故曰『自身』。」（全解卷三三，頁二八。）

多方第二十

惟帝降格于夏。

【佚文】（四四九）「惟帝降格于夏，與『惟帝降格，嚮於時夏』同意。」（輯纂卷五，頁三七；陳傳卷十，頁十三；纂疏卷五，頁三四；大全卷九，頁五；書傳彙纂卷十七，頁十四。）

乃惟成湯，克以爾多方簡代夏作民主。慎厥麗，乃勸；厥民刑，用勸。以至于帝乙，罔不明德慎罰，亦克用勸。要囚，殄戮多罪，亦克用勸；開釋無辜，亦克用勸。今至于爾辟，弗克以爾多方享天之命。

【佚文】（四五〇）「此言殷之興甚詳，言其亡甚略；蓋對殷遺民，不忍痛言其失也。」（輯纂卷五，頁三八；大全卷九，頁八；黄諫書傳集解［以下簡稱集解］卷十一，頁二一；書傳彙纂卷十七，頁二十。）

惟聖罔念作狂，惟狂克念作聖。

【佚文】（四五一）「操則存，舍則亡，其『心』之謂歟！思曰睿，睿作聖，操其心以思，所謂『念』也。罔念，雖聖可以作狂，故克念則狂亦可以作聖。」（輯纂卷五，頁三九；陳傳卷十，頁十六；大全卷九，頁十一；書傳彙纂卷十七，頁二三。）

爾乃迪屢不静。

【佚文】（四五二）「我以道迪汝屢矣，而猶不静。」（輯纂卷五，頁四十；纂疏卷五，頁三八。）

爾尚不忌于凶德，亦則以穆穆在乃位，克閲于乃邑。

【佚文】（四五三）「凶德不足忌。」（嵩山集卷一，頁三八。朱子語類卷七九，頁九引汪應辰張綱謚文定奏狀；朱子五經語類卷四二，頁十六；經義考卷八十，頁二；宋元學案補遺卷九八，頁一四五引汪氏奏狀略同。又洪葳撰張綱行狀載華陽集卷四十，其頁十八—十九有文，汪氏所引與之略同。）

【評】（二二八）宋汪應辰評，已見召誥篇，佚文第四〇六條下。

謀介。

【佚文】（四五四）「憂悔吝者存乎介。」（胡氏詳解卷十，頁九。）

多士！爾不克勸忱我命，爾亦則惟不克享。……爾乃惟逸惟頗，大遠王命；則惟爾多方探天之威，我則致天之罰，離逖爾土。

【佚文】（四五五）「士，治民也。多士不克享，則凡民視傚，亦『惟曰不享』矣。」（陳傳卷十，頁二十；纂傳卷三四，頁七。）

【佚文】（四五六）「上告以承之、庸之，此告以威之也。」（輯纂卷五，頁四一；纂疏卷五，頁三九；大全卷九，頁十七；黃諫集解卷十一，頁三二。）

時惟爾初。

【陳補】「與之更始，故曰『時惟爾初』」。（陳傳卷十，頁二十。）

立政第二十一

周公若曰：「拜手稽首，告嗣天子王矣。」用咸戒于王。

【佚文】（四五七）「拜手稽首，告嗣天子王矣，爲周公告成王之言。用咸戒于王，爲周公盡以告王。」（全解卷三五，頁三。）

【評】（二二九）宋林之奇曰：「先儒以拜手稽首，告嗣天子王矣，爲周公告王之言；咸戒于王，爲周公盡以告王。王氏之言亦然。其説於經意無相聯屬。不如蘇氏曰……而陳少南（鵬飛）之説尤爲詳明，曰：『「周公若曰」而下，帥羣臣之辭也；「用咸戒于王曰」而下，羣臣進戒之辭也。』」（全解卷三五，頁三—四。）

王左右常伯、常任、準人、綴衣、虎賁。

【佚文】（四五八）「常伯，庶官之長，所謂在位者也。常任，任事之臣，所謂在職者也。準人，非伯非任，而君取之以爲準平者也。」（或問卷下，頁四五；全解卷三五，頁四；夏解卷二二，頁二一。）

【評】（二三〇）宋林之奇曰：「薛博士因王氏之言，以爲常伯，三公、三孤之類；常任，六卿之類；準人，師氏、保氏之類（薛博士，蓋指薛季宣，薛説略見於書古文訓卷十二，頁一）。……其説皆不如蘇氏。蘇氏曰：『牧民之長曰常伯，任事之公卿曰常任，守法之有司曰準人。』蓋下文所謂『宅乃事』，即此常任也；『宅乃牧』，即此常伯也；『宅乃準』，即此準人也。此以爲『伯』，而下文以爲『牧』，則以『伯』爲『牧民之長』，宜矣。王氏以『伯』爲『庶官之長』，而下文之『牧』，則以爲『庶官之率』，以『牧』訓『率』，無是理也。」（全解卷三五，頁四—五。）

【評】（二三一）宋陳大猷曰：「曰：王説如何？曰：王説大概鶻突不明。以『常伯』爲『庶官之長』，則是六卿也；然『常任』又以爲『任事之人』，未知於六卿之外所指何官。以君所準者爲人，亦難以定其爲何職也。孫氏常伯、常任同王説。……葉氏……『準人』則以爲『師氏』之類，蓋其意與王氏同。然君之所準，固在公卿，乃捨之何歟？張氏以『準』爲『公孤』，蓋亦推王氏之意耳。然公孤，職之至尊，乃言於『三宅』之末，則不倫矣！」（或問卷下，頁四五。）

【陳補】「綴衣，舉内侍之類。虎賁，舉外衛之類。職微且衆，而與三宅同戒者，以其近王也。」（陳傳卷十，頁二二一。）

古之人迪惟有夏，乃有室大競，籲俊尊上帝，迪知忱恂于九德之行。

【陳補】「無競惟人，惟得人爲能競。」（陳傳卷十，頁二二一。）

【佚文】（四五九）「籲俊之道，在乎迪知忱恂于九德之行。」（輯纂卷五，頁四三；陳傳卷十，頁二二二。）

宅乃事，宅乃牧，宅乃準。……茲乃三宅無義民。桀德，惟乃弗作往任，是惟暴德，罔後。亦越成湯陟……乃用三有宅，克即宅；曰三有俊，克即俊。嚴惟丕式，克用三宅三俊。

【佚文】（四六〇）牧，庶官之率也。（全解卷三五，頁五。）

【評】（二三二）宋林之奇評，已見佚文第四五八條下評。

【佚文】（四六一）「三宅，居常伯、常任、準人之位者。三俊，有常伯、常任、準人之才者。」（纂傳卷三五，頁二一—三；全解卷三五，頁八、十；陳傳卷十，頁二二三。）

【評】（二三三）宋林之奇曰：「王氏所分，不甚明白。書既有『五流五宅三居』，則以『三宅』爲去罪人，先儒之説爲勝。然以正直、剛、柔爲三俊，則非也。三者，事也、牧也、準也，此三者皆以俊才宅之，故曰『三俊』。……蓋『三宅』當從先儒，而『三俊』當從王氏。」（全解卷三五，頁八。）

【佚文】（四六二）「既三宅無義民，則任是官者皆暴德之人，所以至於罔後也。」（全解卷三五，頁十。）

【佚文】（四六三）「克即者，言湯所用皆能就其事，所稱皆能就其才。嚴惟丕式者，言其於三宅三俊之所言所行，思之而不敢慢，式之而不敢忽也。夫如此，故能用三宅三俊。」（全解卷三五，頁十一。）

【陳補】「尊賢則内可與之正心修身，外可與之立政立事，孟子言『存其心，養其性，所以事天』，此言正心修身以事天也。皋陶言典禮刑賞皆法於天，此言立政立事以事天也。所率以事天者皆天下俊民，所以尊上帝。」（陳傳卷十，頁二一—二二。）

【陳補】「宅者，居而安之之謂也。」（陳傳卷十，頁二二。）

帝欽罰之。

【陳補】「天之罰之非遽而易之也，故曰欽。」（陳傳卷十，頁二三。）

桀德……其在受德暋，惟羞刑暴德之人同于厥邦。

【佚文】（四六四）「羞，進也；有『崇尚』之意。桀、紂所用非人，皆本於身有惡德，故曰『桀德』、『受德』者，推本言之也。」（輯纂卷五，頁四四；陳傳卷十，頁二十三；纂傳卷三五，頁三；大全卷九，頁二四；書傳彙纂卷十八，頁八。）

奄甸萬姓。

【佚文】（四六五）「井牧其地，什伍其民。」（全解卷三五，頁十一。）

文王、武王，克知三有宅心，灼見三有俊心。

【佚文】（四六六）「三宅，已授之以位，已任之以事，故不可以不知其心。若三有俊，則灼見之足矣。」（全解卷三五，頁十三。）

【評】（二三四）宋林之奇曰：「其意謂三俊未至於三宅之已在位，灼見未至於克知之爲詳。先儒之分三宅、三俊異於王氏，故唐孔氏因之，則曰『賢者難識，故特言「灼見」，言其知之審也』。」（全解卷三五，頁十三。）

虎賁、綴衣、趣馬、小尹，左右攜僕，百司、庶府。

【佚文】（四六七）「（小尹）小官之正也。」（全解卷三五，頁十五。）

【佚文】（四六八）「百司，若司裘、司服之類。庶府，若泉府、玉府之類。」（纂傳卷三五，頁四；全解卷三五，頁十五；陳傳卷十，頁二四。）

【陳補】「此内廷小臣。」（陳傳卷十，頁二四。）

【陳補】「前言綴衣、虎賁，此言虎賁、綴衣，亦與序三宅同意。」（陳傳卷十，頁二四。）

大都、小伯，藝人、表臣、百司，太史、尹伯，庶常吉士，司徒、司馬、司空、亞旅，夷、微、盧烝、三亳、阪尹。

【佚文】（四六九）「『大都』而下，爲都邑之官。『司徒』而下，爲諸侯之官。」（全解卷三五，頁十五。）

【陳補】「司徒、司馬、司空，諸侯之三卿也。」（陳傳卷十，頁二五。）

庶獄、庶慎，文王罔敢知于兹。

【佚文】（四七〇）「君道以擇人爲職，上必無爲而用天下，下必有爲而爲天下用，此君臣之分也。」（輯纂卷五，頁四六；陳傳卷十，頁二一六；纂疏卷五，頁四四；大全卷九，頁二一九；書傳彙纂卷十八，頁十六。）

亦越武王，率惟敉功。不敢替厥義德；率惟謀從容德。

【佚文】（四七一）「言『義』則知『容』之爲仁，言『容』則知『義』之爲忍。」（全解卷三六，頁三八。）

【評】（二三五）宋林之奇曰：「楊龜山辯之曰：『人，人之安宅也；義，人之正路也。大人之事，居仁由義是也。二者不可偏廢。夫有不忍人之心者，仁也，以爲「義忍」，則正與仁相反矣，無是理也。』此言深有補於名教，蓋忍者，先儒以爲『含忍』是也。」（全解卷三六，頁三九。）

告嗣天子王矣！……孺子王矣！

【佚文】（四七二）「言其繼上帝則曰『天子』，言其繼先王則曰『孺子』。周公之視成王，尊則君，親則兄之子。」（全解卷三五，頁二十。）

【評】（二三六）宋林之奇曰：「此非也。前言『嗣天子王矣』者，周公率羣臣進戒而贊之言也；贊羣臣之言，不得不曰『天子』，非有尊、親之辨也。」（全解卷三五，頁二十。）

相我受民。

【佚文】（四七三）「受民者，王者之得民，上受之於天，下受之於先王。」（纂傳卷三五，頁五；全解卷三五，頁二一；陳傳卷十，頁二七。）

自一話一言。我則末惟成德之彦，以乂我受民。

【佚文】（四七四）「話即言也，謂一話一言無不在賢者也。」（纂傳卷三五，頁六。）

【佚文】（四七五）「一話，言一事之始終也；一言，一句而已。」（輯纂卷五，頁四七；纂疏卷五，頁四五；大全卷九，頁三二。）

繼自今，文子文孫，其勿誤于庶獄、庶慎，惟正是乂之。

【佚文】（四七六）「守成則無所用武，曰『文子文孫』者，謂成王也。成王，武王之文子、文王之文孫也。」（全解卷三五，頁二三；陳傳卷十，頁二九。）

【佚文】（四七七）「（惟正是乂之，）正一而不可變，是變而不可常；守正所以立本，從是所以趨時。」（全解卷三五，頁二三。）

【評】（一二三七）宋林之奇曰：「楊龜山辯之，以爲『是』與『則具是、依是違』之『是』同。而陳少南之說，尤爲簡易可用，曰：『惟正是乂之』者，伸前『末惟成德之彦，以乂我受民』之言也。乂民之術非他也，正仰此成德之美士也。」（全解卷三五，頁二三一。）

常伯、常任、準人。……宅乃事，宅乃牧，宅乃準。……任人、準夫、牧，作三事。……立事、準人、牧夫。……立事、牧夫、準人。

【佚文】（四七八）「此篇屢言『三宅』，而先後之序不同者，官使之際皆當致謹，初無一定之先後也。」（輯纂卷五，頁四五；陳傳卷十，頁二一四；纂疏卷五，頁四三；大全卷九，頁二一七。）

克由繹之。

【陳補】「繹如繹絲，謂窮其端緒。」（陳傳卷十，頁二一八。）

罔有立政用憸人。

【陳補】「憸人，小有才而不知先王之大道者也。」（陳傳卷十，頁二一八。）

今文子文孫……其勿誤于庶獄，惟有司之牧夫。

【佚文】（四七九）「獄者政之終，牧者官之長；政舉其終，官舉其長，則無不舉矣。」（輯纂卷五，頁四八；大全卷九，頁三五；集解卷十一，頁六三。）

【佚文】（四八〇）「立政之意，始於『知恤』，而終於『用中罰』者，蓋知人而官，使之上下小大各任其職；不迪者，糾之以法。政之所以立也。」（全解卷三五，頁二六。）

【評】（二三八）宋林之奇曰：「王氏此言，蓋爲新法地爾。」（全解卷三五，頁二六—二七。）

休茲，知恤鮮哉！……茲式有慎，以列用中罰。

尚書新義　卷十一

周書

周官第二十二

六服羣辟，罔不承德。

【佚文】（四八一）「近中國之夷狄承德，則國家閒暇，可以脩政刑之時。」（全解卷三六，頁五。）

【評】（二三九）宋林之奇曰：「此言『六』者，王氏以爲近中國之夷狄，意謂并『蠻服』數之。唐孔氏亦以『六服』不數夷、鎮、藩，與之同。……周之王畿，在九服之外，不名曰『服』，安得謂之『六服』乎？觀大行人載『侯服歲一見』，自此降殺至于『要服，六歲一見』；要服即蠻服也。……至于夷服、鎮服，蕃服，則總言曰『九州之外，謂之蕃國，世一見』，正此所謂『六服』，蓋指九州之内也。王氏……蓋强爲之説。」（全解卷三六，頁四—五。）

立太師、太傅、太保，兹惟三公。論道經邦，燮理陰陽。……少師、少傅、少保，曰三孤。貳公弘化，寅亮天地，弼予一人。

【佚文】（四八二）「師道嚴，傅道親，保則尤親；尤親則幾於褻而不嚴。故師尊於傅，傅尊於保。」（全解卷三六，頁九。）

【評】（二四〇）宋林之奇曰：「此蓋强以其尊卑之等而爲之説。觀此篇自『冢宰』以下各有所掌，其職不同，而於三公同曰『論道經邦，燮理陰陽』，於三孤同曰『貳公弘化，寅亮天地，弼予一人』，則其職無有異，安得以其名有尊、親之義，以分其差等哉？漢表曰：『太師、太傅、太保，是爲三公。』蓋參天子坐而議政，無不總統，故不以一職爲官名。既謂不以一職爲官名，則安得以其名而區别之哉？」（全解卷三六，頁九—十。）

【佚文】（四八三）「號曰『公』者，『容』乃『公』之謂。大臣之義，當特立而無朋，故曰『孤』。」（全解卷三六，頁十一。）

【評】（二四一）宋林之奇曰：「此亦緣名以生義。夫天子之臣，其上爲公，其次爲孤，其次又爲卿，其次又爲大夫，其次又爲士，亦猶五等諸侯，曰公曰侯曰伯曰子曰男，皆假其名以別之，不必求其義也。後世於九州、十二牧之類，皆求其義於名，非也。」（全解卷三六，頁十一。）

【佚文】（四八四）「貳，副也。」（纂傳卷三六，頁三。）

【佚文】（四八五）「化待道而後立，天地待陰陽而後立。論道而不諭，然後弼。本在於上，末在於下，故公論道，孤洪化；公燮理陰陽，孤寅亮天地；公論於前，孤弼於後。」（全解卷三六，頁十一；陳傳卷十一，頁三；或問卷下，頁四六。）

【評】（二四二）宋林之奇曰：「此意謂三孤之職不若三公。果如是說，則以陰陽爲本，以天地爲末，可乎？以此一節觀之，則其說皆鑿矣。」（全解卷三六，頁十一。）

【評】（二四三）宋陳大猷曰：「或問：王氏謂……林氏謂其鑿，如何？曰：荆公穿鑿固多，至其的確處，不可例以爲鑿而棄之。林氏多闢王氏，其疏暢條達處誠佳，然懲創之過，率略處，閒亦不免，此類是也。不可不知。」（或問卷下，頁四六。）

【陳補】「老子曰『公乃王』，公與王同德。」（陳傳卷十一，頁三。）

冢宰掌邦治，統百官，均四海。

【佚文】（四八六）「爲其以賦式理財爲職，故曰『均』。」（全解卷三六，頁十四。）

【佚文】（四八七）「周官一書，理財居其半，故以理財爲冢宰之職。」（全解卷三六，頁十四。）

【評】（二四四）宋林之奇曰：「均四海者，先儒曰『均平四海之内邦國』，是也；周官亦曰『以佐王均邦國』，而王氏曰：『……』夫九賦斂財賄，九式均節財用。此特其一事而已。若太均四海，則所言者，大非指此也。王氏謂：『……』王氏置『制置三司條例』，議者皆譏其以天子之宰相而下行有司之事。此言蓋自爲地爾。」（全解卷三六，頁十四。）

【陳補】「均者，遠近多寡各得其分之謂。」（陳傳卷十一，頁四。）

司徒掌邦教，敷五典，擾兆民。

【佚文】（四八八）「善教者，浹於民心而耳目無聞焉，似道擾民者也。不善教者，施于民之耳目而求浹於心，以道强民者也。擾之爲言，猶山藪之擾毛羽，川澤之擾鱗介也，豈有制哉？自然焉爾〔一〕！强之爲言，其猶囿毛羽、沼鱗介乎？一失其制，脱然逝矣！」（尚書日記卷十四，頁四四—四五；尚書埤傳卷十四，頁五；書傳彙纂卷十八，頁三六。）

【陳補】「四民無教則强閻而不順，教所以擾之使順也。」（陳傳卷十一，頁四。）

〔一〕「焉」，尚書日記、書傳彙纂作「然」，此處據尚書埤傳引文。

六年，五服一朝。又六年，王乃時巡，考制度于四岳。

【佚文】（四八九）「每一歲一服入見，五服有一年休息。又六年五服兩朝，然後王一巡狩，殷國也。」（纂疏卷六，頁四；陳傳卷十一，頁五；大全卷九，頁四八；尚書埤傳卷十四，頁八。）

慎乃出令，令出惟行，弗惟反。

【佚文】（四九〇）「令出而反，民輕上而不信令矣。然必謹出令，不至於反。」（輯纂卷六，頁五；大全卷九，頁四九。）

【評】（二四五）宋蘇軾曰：「令出不善，知而改之，猶賢于不反也。然數出數改，則民不復信，上雖有善令，不行矣。故教以善令，非教其遂非也。」（東坡書傳卷十六，頁十二；陳傳卷十一，頁六。）

以公滅私，民其允懷。學古入官，議事以制，政乃不迷，其爾典常作之師。

【陳補】「學古入官，議事以時王之制，則政識所向而不迷矣，然而當務以典常爲師。」（陳傳卷十一，頁六。）

【評】（二四六）宋蘇軾曰：「春秋傳曰：鄭子産鑄刑書，晉叔向譏之曰：『昔先王議事以制，不爲刑辟。』其言蓋取諸此也。先王人、法並任，而任人爲多，故律設大法而已，其輕重之詳，則付之人；臨事而議，以制其出入，故刑簡而政清。自唐以前，治罪科條，止于今律令而已。人之所犯，日變無窮，而律令有限；以有限治無窮，不聞其有所闕，豈非人、法兼行，吏猶得臨事而議乎？今律令之外，科條數萬，而不足于用，有司請立新法者，日益而不已。嗚呼！任法之弊，一至于此哉！」（東坡書傳卷十六，頁十二。）

【評】（二四七）元陳櫟曰：「成王訓官，以學勉之，以不學戒之。學古而後入官，則當官議事必能以古制裁酌之，庶酌古通今而政不迷矣。然世亦有好古而至於好異者，如荆公是也。……」（纂疏卷六，頁五。）

蓄疑敗謀。

【評】（二四八）宋蘇軾曰：「人主聞讒言不即辨而藏之中，曰『蓄疑敗謀』，害政無大于此者。」（東坡書傳卷十六，頁十三。）

戒爾卿士。

【佚文】（四九一）「卿士職業異於士大夫，故別爲之戒。」（全解卷三六，頁二一。）

功崇惟志，業廣惟勤，惟克果斷，乃罔後艱。

【佚文】（四九二）「功以智崇〔一〕，業以仁廣，斷以勇克，此三者，天下之達道也。」（蔡傳卷六，總頁一二三，陳傳卷十一，頁七。）

【評】（二四九）明王樵曰：「王氏智仁勇之説，似非本意。」（尚書日記卷十四，頁五六。）

【陳補】「周公思兼三王，所謂志也。夜以繼日，所謂勤也。」（陳傳卷十一，頁七。）

位不期驕，禄不期侈。

【陳補】「功業既成，則戒於驕侈。」（陳傳卷十一，頁七。）

無載爾僞。

【佚文】（四九三）「人爲之謂僞。」（考古質疑卷三，頁十六。）

作德心逸日休，作僞心勞日拙。

〔一〕「智」，原作「志」，涉經文誤，據輯纂本卷六，頁五改。

【陳補】「心雖逸而德日起，所以爲休。心雖勞而僞日彰，所以爲拙。」（陳傳卷十一，頁八。）

推賢讓能，庶官乃和；不和，政厖。舉能其官，惟爾之能；稱匪其人，惟爾不任。

【佚文】（四九四）「道二，義、利而已。推賢讓能，所以爲義。大臣出於義，則莫不出於義，此庶官所以不争而和。蔽賢害能，所以爲利。大臣出於利，則莫不出於利，此庶官所以争而不和。庶官不和，則政必雜亂而不理矣。稱亦舉也。所舉之人，能修其官，是亦爾之所能。舉非其人，是亦爾不勝任。古者大臣以人事君，其責蓋如此〔二〕。」（蔡傳卷六，總頁一二二；纂傳卷三六，頁六。）

阜成兆民。……永康兆民，萬邦惟無斁。

【佚文】（四九五）「天之所以立君，君之所以設官分職者，凡以安民而已。民永安，則萬邦戴上，無厭斁矣。」（陳傳卷十一，頁八；書傳會選卷六，頁七。）

〔二〕「蓋」，據纂傳引補。

尚書周官篇通義。

【佚文】（四九六）全篇文意皆相續。（全解卷三六，頁二二五。）

【評】（二五〇）宋林之奇曰：「……予竊謂成王之言，是亦散而不一，一言一藥皆足以治天下之公患。而王氏之説，以其文意相續，雖其説之不至於此者，亦求其所以爲説，殊不知其言散而不一也。」（全解卷三六，頁二二五—二二六。）

〔附〕　汨作、亳姑等逸篇通義

【評】（二五一）宋林之奇曰：「王氏解經，善爲鑿説，凡義理所不通者，必曲爲鑿説以通之，其間如占夢教射者常矣，而於逸書未嘗措一辭，皆闕而不論，此又王氏之所長，而爲近世法者也。」（全解卷三，頁二六。）

君陳第二十三

命汝尹茲東郊。

【佚文】（四九七）「尹，即所謂『分正』也。」（纂傳卷三七，頁一。）

至治馨香，感于神明。

【佚文】（四九八）「言『神』則知『明』之爲人，言『明』則知『神』之爲幽。」（全解卷三六，頁三二。）

【評】（二五二）宋林之奇曰：「成王言此者，蓋謂君陳欲商民之感慕，惟在於德；德之馨香，可以感于神明，豈商民之難化哉？王氏之説，分『神』、『明』爲二。……觀楊子曰『心之潛也，天地神明猶將測之，而況於人乎？況於事倫乎』？此言『神明』而又言『人』，則不當分爲二也。」（全解卷三六，頁三二。）

昔周公師保萬民……爾其戒哉！

【佚文】（四九九）「此章教君陳法周公修德。」（纂傳卷三七，頁二。）

爾有嘉謀嘉猷，則入告爾后于内。

【佚文】（五〇〇）「議而決之謂之『謀』，擬而圖之謂之『猷』。」（夏解卷二三，頁六。）

【評】（二五三）宋夏僎曰：「此蓋因其有『謀』、『猷』之別，故從而爲之説。要之，謀猷總是議論也。」（夏解卷二三，頁六。）

爾惟風，下民惟草……臣人咸若時，惟良顯哉！

【佚文】（五〇一）「良，言其善；顯，言其善之昭著也。」（纂傳卷三七，頁三。）

【佚文】（五〇二）「此章教君陳以爲政。」（纂傳卷三七，頁二。）

懋昭……式……猷訓……弘……丕訓。

【佚文】（五〇三）懋昭、式、弘三者有異同，猷訓、丕訓二者亦有異同。（全解卷三六，頁三五。）

【評】（二五四）宋林之奇曰：「成王之於君陳，其意亦以守周公之舊而不少變望之，故其言諄諄如此。或曰『懋昭』，或曰『式』，或曰『弘』，或曰『猷訓』，或曰『丕訓』：其實一也。王氏皆從而爲之辨其異同，寧能免於鑿乎？」（全解卷三六，頁三五。）

王曰：「君陳！爾惟弘周公丕訓……以率其或不良。」

【佚文】（五〇四）「此剛柔相濟、仁義並行之道。忍，所以爲義，故能濟；容，所以爲仁，故能大。」（全解卷三六，頁三八。）

【陳補】「此下告以政之節目也。廣而大之之謂弘。」（陳傳卷十一，頁十二。）

【評】（二五五）宋蘇軾曰：「有殘忍之忍，有容忍之忍，春秋傳曰『州吁阻兵而安忍』，此殘忍之忍；孔子曰『小不忍則亂大謀』，此容忍之忍也。古今語皆然，不可亂也。成王指言三細不宥，則其餘皆當宥之，曰『必有忍其乃有濟』者，正孔子所戒小不忍則亂大謀者也。而近世學者乃謂當斷不可以不忍，忍所以爲義。是成王教君陳果于刑殺，以殘忍爲義也。夫不忍人之心，人之本心也。故古者以不忍勸人，以容忍勸人也，則有之矣，未有以殘忍勸人者也。不仁之禍，至六經而止，今乃析言誣經，以助發之，予不可以不論。」（東坡書傳卷十六，頁十七。）

【評】（二五六）宋林之奇曰：「蓋王氏之解經，多以『忍』爲『義』，亦多以『仁』、『義』對說，如今立政篇『容德』、『義德』，亦曰：『……』（已見立政篇，佚文第四七一條。）故龜山辯之曰：『……』（已見立政篇，佚文第四七一條下評。）蘇氏曰：『……』（參上條蘇氏評）此蓋指王氏以爲言，如以『忍』爲『義』，此申、韓之言，豈六經之訓哉？」（全解卷三六，頁三八—三九。）

【佚文】（五〇五）「修，謂其職業。良，謂其行義。職業有修與不修，當簡而别之，則人勸功。進行義之良者，以率其不良，則人勵行。」（蔡傳卷六，總頁一一三。）

【佚文】（五〇六）「此章告以政之節目。」（纂傳卷三七，頁三。）

惟民生厚……終有辭於永世。

【佚文】（五〇七）「末章又歸於修德。」（纂傳卷三七，頁四。）

顧命第二十四

昔君文王、武王宣重光，奠麗陳教，則肄肄不違，用克達殷集大命。

【陳補】「易曰『重明麗乎正，乃化成天下』，宣重光所謂重明也，奠麗所謂麗乎正也，陳教所謂化成天下也。」（陳傳卷十一，頁十六。）

出綴衣于庭。

【佚文】（五〇八）「綴衣，其衣連綴，帷幄之屬，在旁曰『帷』，在上曰『幕』，四合象宮室曰

『幄』。幄上承塵曰『帟』。庭，路寢之庭。」（輯纂卷六，頁十二；書蔡氏傳旁通卷六上，頁十四；大全卷九，頁六九。）

逆子釗於南門之外。

【佚文】（五〇九）「稱『子』者，所以正名，明父、子繼世之義；稱『名』，未成君也。王宮南向；南門，王宮之外門也。」（輯纂卷六，頁十三；纂疏卷六，頁十二；大全卷九，頁七十；書傳彙纂卷十九，頁二四。）

丁卯，命作册度。

【佚文】（五一〇）「喪禮：厥明而小斂，又厥明而大斂，尊卑皆同。丁卯，大斂後也。」（纂傳卷三八，頁四；書傳彙纂卷十九，頁二五。）

「狄設黼扆、綴衣」至「次輅在右塾之前」。

【佚文】（五一一）「（「越玉五重」至「垂之竹矢在東房」，）宗社守器，明前王所守、後王所受，皆在是也。」（輯纂卷六，頁十四；大全卷九，頁七四；書傳彙纂卷十九，頁三十。）

【佚文】（五一二）「先輅爲木輅，次輅爲革輅、象輅。謂其行也，貴者宜自近，賤者宜遠之。王乘玉輅，綴之以金；最遠者木，故木輅謂之先輅。」（全解卷三七，頁二十。）

【評】（二五七）宋林之奇曰：「木輅最爲五輅之下，而以爲先，故其説不免於鑿也。」（全解卷三七，頁二十。）

【佚文】（五一三）所設之物、所陳之器，在左在右，或東或西，於房於序，各皆有其義。如赤刀、大訓、弘璧、琬、琰在西序者，「在西則有取於義」，西序爲「脩德之序」。大玉、夷玉、天球、河圖在東序者，「在東則有取於仁」，東序爲「爲道之序」。「周之典籍缺矣，其指有不可知者。」（全解卷三七，頁二一—二二。）

【評】（二五八）宋林之奇曰：「王氏之解此篇，以爲所設之物、所陳之器，皆有其義。以至或在左、或在右、或在東、或在西、或在房、或在序，皆義之所寓。其説之鑿，莫此爲甚！如果有其義，則惠之立于畢門，戈之夾兩階戺，皆當有其義也，王氏何爲闕之哉？王氏謂『周之典籍缺矣，其指有不可知者』。蓋可以傅會爲之説，則以爲有其義；不可以傅會爲之説者，則闕之也。夫古先王之制器物，以行其禮儀，豈茫茫然無有意指寓於其間哉？如左傳曰：『清廟茅屋，大路越席，大羹不致，粢食不鑿，昭其儉也。』……若謂『在東則有取於仁，在西則有取於義』，以至有『爲道之序』，有『脩德之序』，牽合破碎，以求配於仁義道德，必非先王之本意也。」(全解卷三七,頁二二一—二二三。)

越玉五重,陳寶、赤刀、大訓、弘璧、琬琰在西序,大玉、夷玉、天球、河圖在東序,胤之舞衣、大貝、鼖鼓在西房,兑之戈、和之弓、垂之竹矢在東房。

【陳補】玉,所以象德也。大訓、河圖,道之所在也。赤刀、鼖鼓、弓矢,武事之所用也。舞衣,樂之具也。大貝,利之盡也。(陳傳卷十一,頁二二一。)

太保承介圭,上宗奉同瑁,由阼階隮,太史秉書由賓階隮。

【陳補】「同,以祭先王。」(陳傳卷十一,頁二二四。)

【陳補】「三者皆傳器也。」(陳傳卷十一,頁二二四。)

太保……授宗人同;拜,王答拜。太保受同,祭、嚌、宅。授宗人同;拜,王答拜。

【佚文】(五一四)「(答拜,)因太保拜而對拜。」(纂疏卷六,頁十六。)

【評】(二五九)元陳櫟曰:「……紛紛揣度,要之,王答召公拜,何疑焉?……冢宰以元老大臣受託孤重寄,先王臨之在上,先之拜告,傳顧命;繼之拜告,禮成。康王爲喪主,立柩前，其答拜，禮亦宜之。冢宰傳顧命以相授，見大臣如見先王也。答其拜，敬大臣，即所以敬先王也。何必如諸説之紛紛迴護哉！」（纂疏卷六，頁十六。）

康王之誥第二十五

太保率西方諸侯，入應門左；畢公率東方諸侯，入應門右。

【佚文】（五一五）「東方宜由左而入右，西方宜由右而入左。以明人臣事君，莫敢固，有其所以自便。」（全解卷三七，頁三二一。）

【評】（二六〇）宋林之奇曰：「此非也。案：曲禮曰：『主人入門而右，客入門而左。主人就東階，客就西階。』惟主人之就東階，而其入自門之右，則東方之入應門右，乃其所也。惟客之就西階，而其入自門之左，則西方之人應門左，亦其所也。何必又爲之説哉！」（全解卷三七，頁三二二。）

皆布乘黄朱。

【佚文】（五一六）黄爲臣道，朱爲君，從人以變。（全解卷三七，頁三二二。）

皇天改大邦殷之命。

【陳補】「言大邦殷，見天命不足恃。」（陳傳卷十一，頁二七。）

惟周文、武，誕受羑若，克恤西土。

【佚文】（五一七）「文、武所以誕受天命者，以其羑而無惡，若而無逆。無逆、惡，所以能愛人，故克恤西土。」（夏解卷二三，頁三四。）

惟新陟王，畢協賞罰。

【佚文】（五一八）「古以『升遐』爲『陟』，時成王未謚，故稱『新陟王』。」（纂傳卷三九，頁二；陳傳卷十一，頁二七。）

昔君文、武，丕平富，不務咎，厎至齊信。

【佚文】（五一九）「厎至，致其至也。大學之道，物格而後知至。蓋窮理之事，言極其窮理之妙也。」（夏解卷二三，頁三七。）

【評】（二六一）宋夏僎曰：「張彥政（綱）推廣其意，謂『厎至，致至也；致至所以窮理。齊信，致一也；致一所以盡性』。此又因王氏之説而强加牽合，未爲切當。蓋『齊』者，聖人肅敬之德也；『信』者，聖人誠慤之德也。文、武於『齊信』之德，能致其所至，蓋極其至也。」（夏解卷二三，頁三七。）

太保暨芮伯咸進，相揖，皆再拜稽首。……羣公既皆聽命，相揖，趨出。

【佚文】（五二〇）「（相揖者，）爲儐禮之人。言二公率諸侯百官咸進，相于是乎揖之。乃又再拜稽首，蓋致敬將以進戒也。」（夏解卷二三，頁三三。）

【佚文】（五二一）相爲「儐相」之「相」。「既進，相者揖之，乃拜。既受命，相者又揖之，乃出」。（輯纂卷六，頁十九載董琮説引；纂疏卷六，頁十八。）

【評】（二六二）宋夏僎曰：「先儒皆以『相揖』爲『相顧而揖』，謂太保揖羣臣，羣臣又報揖太保；蓋揖之使之俱進。然經言『咸進相揖』，則非揖使俱進，明矣。又篇末言『相揖趨出』，則既進之後，相者揖之，乃拜；既受命之後，相者揖之，乃趨出。于經文既安，于禮亦宜也。」（夏解卷二三，頁三三—三四。）

尚書新義　卷十二

周書

畢命第二十六

王朝步自宗周，至于豐，以成周之衆，命畢公保釐東郊。

【佚文】（五二二）書稱周公，曰「師保萬民」；見君陳篇。命君陳，曰「尹兹東郊」；命畢公，曰「保釐東郊」：義各有殊。王告以天命使之宅爾邑，繼爾居，以爲師保；簡厥修，進厥良，爲尹；表厥宅里，殊厥井疆，爲保釐。（全解卷三八，頁三。）

【評】（二六三）宋林之奇曰：「王氏之説……皆鶂𨈆不安，强生分别，自可以彼此移易也。」（全解卷三八，頁三。）

王若曰：「嗚呼！父師！」

【佚文】（五二三）「畢公同姓，故稱『父』；爲太師，故稱『師』。稱父、師而不名，尊之也。」（纂傳卷四十頁二。）

遷于洛邑，密邇王室。

【陳補】「遷王室，周德化易以漸染，聰明易以檢察，威重易以鎮服。」（陳傳卷十一，頁三一。）

道有升降，政由俗革，不臧厥臧，民罔攸勸。

【佚文】（五二四）「道有升降，故俗有厚薄；俗有厚薄，故政隨而革。今商俗已異於前，不善其善者，則民無所勸而爲善。」（陳傳卷十一，頁三一；纂傳卷四十，頁二。）

彰善癉惡，樹之風聲。

【佚文】（五二五）「癉，病也。先王之政，不獨慶賞刑威而已，所以沮勸之術，尤在於榮辱。彰善癉惡，使民知是非榮辱之所在也。」（纂傳卷四十，頁三；書傳彙纂卷二十，頁十六。）

【佚文】（五二六）「彰善者而著之，則惡者恥其不若，然則惡者病矣。使人有所感動曰『風』，使人有所聽聞曰『聲』。」（輯纂卷六，頁二一；纂疏卷六，頁二十；大全卷十，頁六。）

商俗靡靡，利口惟賢，餘風未殄。公其念哉！

【評】（二六四）宋蘇軾曰：「予以書考之，知商俗似秦俗；蓋二世似紂也。張釋之諫文帝：『秦以任刀筆之吏，争以亟疾苛察相高，其弊徒文具，無惻隱之實，以故不聞其過。陵夷至于二世，天下土崩。今以嗇夫口辯而超遷之，臣恐天下隨風而靡，争爲口辯，而無其實。』文略見史記卷一〇二張釋之馮唐列傳。凡釋之所論，則康王以告畢公者也。」（東坡書傳卷十八，頁二一。）

以蕩陵德，實悖天道。敝化奢麗，萬世同流。

【評】（二六五）宋蘇軾曰：「惟惡能及遠，故秦之俗至今猶在也。」（東坡書傳卷十八，頁三。）

公其惟時成周，建無窮之基。

【佚文】（五二七）「文王都豐，武王都鎬，成王始宅洛邑；成周，又洛邑之東郊也。」（書傳會選卷六，頁二七；參多士篇尚書小序下，已見佚文第四二五條。）

建無窮之基，亦有無窮之聞。

【佚文】（五二八）二句，以「極高明，道中庸」、「制行不以己，吉凶與民同」解，得其義。（全解卷三八，頁十六。）

君牙第二十七

弘敷五典，式和民則。

【佚文】（五二九）「『天生蒸民，有物有則』，所謂『民則』者，此也。」（全解卷三八，頁二十。）

【評】（二六六）宋林之奇曰：「是也。楊龜山曰：『孟子曰「有物必有則」，蓋曰有物矣，則物各有則焉。近取諸身，百骸五臟，達之於君臣、父子、夫婦、長幼、朋友，皆物也，而各有則。視聽言動，必由禮焉，此一身之則也。爲君而止於仁，爲臣而止於忠，爲父而止於慈，爲子而止於孝，此君臣、父子之則也。夫婦有別，長幼有序，朋友有信，此夫婦、長幼、朋友之則也。』所謂五典之民則者，此言盡之矣。」（全解卷三八，頁二十。）

丕顯哉！文王謨。丕承哉！武王烈。

【佚文】（五三〇）「（丕者，）積小成大。」（全解卷三八，頁二一三。）

【評】（二六七）宋林之奇曰：「王氏……蓋以楊子曰『由小致大，不亦丕乎』故也。」（全解卷三八，頁二一三。）

【佚文】（五三一）「聖人所以爲謨、烈，亦敷五典之教，以和五品之民。」（全解卷三八，頁二一三。）

【評】（二六八）宋林之奇曰：「此言『文、武、謨、烈』，蓋欲君牙洪敷五典，以奉順之也。王氏則以謂：『……』殊不知『謨、烈』者，但指伐商之事，楊龜山已辨之矣。」（全解卷三八，頁二一三—二一四。）

冏命第二十八

伯冏，惟予弗克于德，嗣先人宅丕后，怵惕惟厲，中夜以興，思免厥愆。

【陳補】「人主流於邪僻而不自知者，由所與居者非其人。則思勉厥愆在謹擇左右近習，故穆王先言此。」（陳傳卷十二，頁四。）

發號施令，罔有不臧。

【佚文】（五三二）「發之以爲『警』，戒之謂『號』，施之以爲『法』，守之謂『令』。」（陳傳卷十二，頁四；纂傳卷四二頁二；書傳彙纂卷二十，頁三五。）

其侍御僕從，罔匪正人。……永弼乃后于彝憲。

【佚文】（五三三）「近習之臣，不患其不能將順而莫之承，惟患其不能正救而莫之弼。故在先王，則稱其『承弼』；在己，則責之以『永弼』，而不及於『承』焉。」（輯纂卷六，頁二七；纂傳卷四二，頁三；纂疏卷六，頁二六；大全卷十，頁二一；書傳彙纂卷二十，頁四一。）

呂刑第二十九

呂刑篇名。

【佚文】（五三四）「此書穆王之言，而名『呂刑』者，呂侯爲主司寇，王使之參定贖刑，新制刑書已具，王乃推作刑本意，以訓羣后，故以『呂刑』名之。」（纂傳卷四三，頁一。）

吕命：穆王訓夏贖刑，作吕刑。此尚書小序之全文。

【佚文】（五三五）夏，謂中國。（全解卷三九，頁三。）

【佚文】（五三六）「先王於中國，則疆以周索；於蠻夷，則疆以戎索。贖刑不施於蠻夷，施於中國而已，故曰『訓夏贖刑』。」（全解卷三九，頁三。）

【評】（二六九）宋林之奇曰：「先儒以『夏』爲『夏禹贖刑之法』，考之篇中，殊無夏禹制刑之事。……王氏以『夏』爲『中國』，其説勝於先儒。而其言又曰：『先王於中國……』此亦是緣『夏』以生義，支離至此，亦與篇内不相應。其曰『訓夏』者，猶曰『訓天下』也，不必求之大過也。」（全解卷三九，頁二一—二二。）

王享國百年，耄荒；度作刑以詰四方。

【佚文】（五三七）「先王之爲天下，内明而外治，其發號施令，以德教爲主，不使民覿刑辟。穆王之訓，以贖刑爲主，所以稱其『耄荒』也。」（全解卷三九，頁四。）

【評】（二七〇）宋林之奇曰：「此蓋泥於『耄荒』之言，而爲此説。夫刑罰之不可廢，猶藥石之不可無也。蓋刑者，治之輔助而已，得其道則仁義興行而禮遜成俗，然猶不敢廢刑，所以爲民防也。如舜典曰：『流宥五刑，鞭作官刑，扑作教刑，金作贖刑，眚災肆赦，怙終賊刑，欽哉欽哉，惟刑之恤哉！』……若此呂刑之言，是皆以惟刑爲恤者也。一篇之中，呂侯之稱王命以告諸侯者，蓋欲其哀矜於刑獄而已，故序曰『訓夏贖刑』，非是穆王之治專以刑爲主也。」（全解卷三九，頁四—五。）

奪攘矯虔。

【佚文】（五三八）「彊取曰奪。」（纂傳卷四三，頁二一。）

【佚文】（五三九）「戕害曰虔。」（纂傳卷四三，頁二一。）

皇帝哀矜庶戮之不辜。

【評】（二七一）宋汪應辰評，已見舜典篇，佚文第七一條下。

伯夷降典。

【佚文】（五四〇）「自上以敷于下，故曰『降』。」（纂傳卷四三，頁三〇。）

士制百姓于刑之中，以教祗德。

【佚文】（五四一）「刑非教也，而言『以教祇德』，蓋聖人莫非教也。刑之所加，非苟害之，亦曰敺而納之於善而已。故周官十有二教，亦曰刑教中則民虤。」（纂傳卷四三，頁三；書傳彙纂卷二一，頁十二。）

典獄非訖于威，惟訖于富。

【佚文】（五四二）「忍威不可訖。」（朱子語類卷七九，頁九引汪應辰張綱謚文定奏狀；朱子五經語類卷四二，頁十六引同。經義考卷八十，頁二；宋元學案補遺卷九八，頁一四五引汪氏奏狀略同。又洪蒧撰張綱行狀載華陽集卷四十，其頁十八—十九有文，汪氏所引與之略同；又見嵩山集卷一，頁三八。）

【評】（二七二）宋汪應辰評，已見召誥篇，佚文第四〇六條下。

敬忌，罔有擇言在身。惟克天德，自作元命，配享在下。

【評】（二七三）宋蘇軾曰：「修其敬畏至于口無擇言，此盛德之士也。何以貴之于典獄？曰：獄，賤事也，而聖人盡心焉。其德入人之深，動天地，感鬼神，無大于獄者，故盛德之士皆屑爲之。臯陶遠矣，莫得其詳，如漢張釋之、于定國，唐徐有功，民皆自以爲不冤，其不信之信，幾于聖與仁者，豈非口無擇言、身無擇行之人哉？若斯人者，將與天合德，子孫其必有興者，非『自作元命，配享在下』而何？漢楊賜辭廷尉之命曰：三后成功，惟殷于民；皋陶不與焉，蓋吝之也。書蓋以爲『惟克天德，自作元命』者，何吝之有？此俗儒妄論也。或然之，不可以不辨。」（東坡書傳卷十九，頁四—五。）

爾尚敬逆天命……雖畏勿畏，雖休勿休。

【佚文】（五四三）「雖有可畏之禍，勿以爲畏；雖有可美之福，勿以爲美。所以然者，以禍福之變無常，而人心不可知，惟當脩德以逆天命耳。」（全解卷三九，頁十七—十八。）

惟敬五刑，以成三德。

【佚文】（五四四）「當輕而輕，所以成柔德；當重而重，所以成剛德；處輕、重之中，所以成正直之德。」（纂傳卷四三，頁五。）

五罰不服，正于五過。

【佚文】（五四五）「周禮『過而未麗於法者，桎梏而坐諸嘉石，役諸司空』，此治『五過』之法，非免釋之也。」（纂傳卷四三，頁七；書傳彙纂卷二一，頁二一。）

五過之疵，惟官、惟反、惟内、惟貨、惟來。

【佚文】（五四六）「（惟官，）貴勢也。」（全解卷三九，頁二一。）

墨辟疑赦，其罰百鍰，閲實其罪。劓辟疑赦，其罰惟倍，閲實其罪。剕辟疑赦，其罰倍差，閲實其罪。

【佚文】（五四七）「倍差者，謂以百鍰、二百、四百相倍而爲差也。」（全解卷三九，頁二四。）

【評】（二七四）宋林之奇曰：「倍差者……漢孔氏謂『五百』……馬氏曰『差者，又加四百之三分之一，凡五百三十三鍰三分鍰之一』……不如孔氏之數簡徑。孔氏之説，又不如王氏，王氏曰：『……』則是以剕爲四百鍰。或曰『惟倍』，或曰『倍差』，駁文也。」（全解卷三九，頁二四。）

勿用不行。

【佚文】（五四八）「責人以恕，所不可行者，勿用也。莊子曰『重其任而罰不勝，遠其途而誅不至』，此皆不可行，而先王之所不用也。」（全解卷三九，頁二七。）

【評】（二七五）宋林之奇曰：「是也。漢魏尚爲雲中守，坐法免，馮唐曰：『士卒盡家人子，起田中從軍，安知尺籍伍符？上功幕府，一言不應，文吏以法繩之。』長安賈人與渾邪王市者，坐當死五百餘人，汲黯曰：『愚民安所知市買長安中，而文吏以爲闌出財物如邊關乎？』若此之類，皆是所不可行而用之也。所不可行者而用之，則民無所措手足矣！」（全解卷三九，頁二七。）

輕重諸罰有權。刑罰世輕世重，惟齊非齊，有倫有要。

【佚文】（五四九）「上言『刑罰輕重有權』者，權一人而爲輕重也。此言『世輕世重』者，權一世而爲輕重也。」（全解卷三九，頁二八。）

【佚文】（五五〇）「情之輕重、世之治亂不同，則刑罰之用當異，而欲爲一法以齊之，則其齊也不齊。以不齊齊之，則齊矣。『惟齊非齊』，以不齊齊之之謂也。先後有序謂之倫，衆體所會謂之要。」（輯纂卷六，頁三五；纂疏卷六，頁三三；大全卷十，頁三九；書傳彙纂卷二一，頁二七。）

罰懲非死，人極于病。

【評】（二七六）宋蘇軾曰：「時有議新法之輕，多罰而少刑，不足以懲姦者，故王言『罰之所懲，雖非殺之也，而民出重贖，已極于病』。言如是亦足矣。」（東坡書傳卷十九，頁十一。）

非佞折獄，惟良折獄，罔非在中。

【佚文】（五五一）良，謂有仁心者。（全解卷三九，頁二九。）

【評】（二七七）宋蘇軾曰：「佞，口給也。良，精也。辯者服其口，不服其心也。」（東坡書傳卷十九，頁十一。）

察辭于差，非從惟從。

【佚文】（五五二）「以『辯』窮之，彼非心服而從，惟屈而從耳。」（纂疏卷六，頁三四。）

王曰：「嗚呼！敬之哉！官伯族姓。」

【佚文】（五五三）「姓，爲諸侯；族，爲羣臣。」（全解卷三九，頁三一。）

【評】（二七八）宋林之奇曰：「官伯族姓……先儒即以『官伯』爲『諸侯』；族，同族；姓，異姓。其説鑿矣。王氏以姓爲諸侯，族爲羣臣。亦無以異於先儒。」（全解卷三九，頁三十一—三一。）

尚書新義　卷十三

周書

文侯之命第三十

侵戎，我國家純。

【佚文】（五五四）「侵越我土地，殘害我人民。」（或問卷下，頁五五五。）

【評】（二七九）宋陳大猷曰：「或問：王氏言『侵越我土地，殘害我人民』。不載何也？曰：犬戎殺幽王，周室大壞，王降而國風，豈止『侵土地，傷人民』而已，去之則無不包矣。」（或問卷下，頁五五五。）

即我御事，罔或耆壽俊在厥服，予則罔克。

【陳補】「無競維人，周室所以至此者，以無人故也。」（陳傳卷十二，頁二三一。）

追孝于前文人。

【陳補】「使己不失天下以祀先王。」（陳傳卷十二，頁二二一。）

簡恤爾都。

【陳補】「簡者，察賢否、功過而辨之之謂。恤者，憂而念之之謂。簡之者，義也。恤之者，仁也。有國然後有都，言都則國可知。」（陳傳卷十二，頁二二三。）

費誓第三十一

汝則有大刑。

【陳補】「待之以可畏之刑，然後人從令，從令然後可以勝敵，勝敵而後人免於死亡，而宗社可保，則仁民孰大乎此！先王不得已而用兵，其於刑必使人易避難犯，申喻至熟而後加焉，故雖嚴而人不怨也。」（陳傳卷十二，頁二二六。）

秦誓第三十二

惟古之謀人，則曰未就予忌。惟今之謀人，姑將以爲親。

【陳補】「古之謀人，謂以先王之道爲謀者。今之謀人，謂苟一時之利爲謀者。」（陳傳卷十二，頁二一七。）

附録

尚書新義總評

（一）**宋陳淵曰**：「樓仲輝云：『從來解書義，誰解得好？』余曰：『若論注解，莫無出荆公。由漢以來，專門之學，各有所長，唯荆公取其所長，絢發於文字之間，故荆公爲最。』仲輝云：『穿鑿奈何？』余曰：『穿鑿固荆公之過，然荆公之所以失，不在注解，在乎道術之不正，遂生穿鑿。穿鑿之害小，道術之害大。』仲輝曰：『荆公之説，本於先儒；先儒亦有害乎？』曰：『先儒只是訓詁而已，不以己意附會正經，於道術初無損益也。下舉荆公引荀子説洪範，乃申、商之所爲，有害於道術：文詳洪範篇，佚文第三〇六條下陳氏評。』」（默堂文集卷二二，頁十六。）

（二）**宋汪應辰曰**：「（張綱）行狀云：『公講論經旨，尤精於書，著爲論説，探微索隱，無一不與聖人契，世號「張氏書解」。』臣竊以王安石訓釋經義，穿鑿附會，專以濟其刑名法術之説。……綱作書解，掇拾安石緒餘，敷衍而潤飾之，今乃謂『其言無一不與聖人契』，此豈不厚誣聖人，疑誤學者？」（朱子語類卷七八，頁九引汪氏張綱謚文定奏狀；朱子五經語類卷四一，頁十五—十六引同。經義考卷八十，頁二一；宋元學案補遺卷九八，頁一四五引汪氏説略同。又洪葳撰張綱行狀，載華陽集卷四十，其頁十八—十九有文，汪氏所引與之略同。）

（三）宋朱熹曰：「近年以來，習俗苟偷，學無宗主。治經者不復讀其經之本文與夫先儒之傳注，但取近時科舉中選之文，諷誦摹倣，擇取經中可爲題目之句，以意扭捏，妄作主張，明知不是經意，但取便於行文，不暇恤也。……今欲正之，莫若討論諸經之説，各立家法，而皆以注疏爲主。如……書則兼取劉敞、王安石、蘇軾、程頤、楊時、晁説之、葉夢得、吴棫、薛季宣、呂祖謙。……令應舉人各占兩家以上，於家狀内及經義卷子第一行内一般聲説。將來答義則以本説爲主，而旁通他説，以辨其是非。則治經者不敢妄牽己意，而必有据依矣。」（朱文公文集卷六九，頁二二—二三學校貢舉私議。）

（四）宋朱熹曰：「問：讀尚書欲裒諸家説觀之，如何？先生歷舉王、蘇、程、陳、林少穎、李叔易（經）十餘家解訖，却云：便將衆説看未得，且讀正文，見箇意思了方可。如此將衆説看，書中易曉處直易曉，其不可曉處且闕之。」（朱子語類卷七八，頁六—七；朱子五經語類卷四二，頁十八同；輯纂「朱子説書綱領」頁六載略同。）

（五）宋朱熹曰：「諸家注解，其説雖有亂道，若内只有一説是時，亦須還它底是。尚書句讀，王介甫、蘇子瞻整頓得數處甚是，見得古注全然錯。」（朱子語類卷七八，頁九；朱子五經語類卷四二，頁十三同；書傳彙纂卷首下，頁三二「綱領」載略同。）

（六）宋朱熹曰：「因論書解，（吳）必大曰：舊聞一士人説，注疏外當看蘇氏、陳氏解。（朱熹）曰：介甫解亦不可不看。」（朱子語類卷七八，頁九；朱子五經語類卷四二，頁三同；輯纂「朱子説書綱領」頁五及書傳彙纂卷首下，頁三「綱領」載，略同。）

（七）宋朱熹曰：「（尚書）諸説，此間亦有之，但蘇氏傷於簡，林氏傷於繁，王氏傷於鑿，呂氏傷於巧。然其間儘有好處。如制度之屬，秖以疏文爲本，若其間有未穩處，更與挑剔令分明耳。」（朱文公續集卷三，頁十一答蔡仲默。困學紀聞卷二，總頁一九〇王應麟原注引；輯纂「朱子説書綱領」頁七；纂疏「讀尚書綱領」頁四；大全卷首，頁五八「書説綱領」；書傳彙纂卷首下，頁二九—三十載略同。）

（八）宋董銖曰：「世所傳張綱書解，只是祖述荆公所説。或云是閩中林子和作，果否？……」（載朱子語類卷七八，頁九；朱子五經語類卷四二，頁十五同。）

（九）金王若虛曰：「王安石書解，其所自見而勝先儒者，纔十餘章耳，餘皆委曲穿鑿，出於私意，悖理害教者甚多。想其於詩、於周禮皆然矣。謬戾如此，而使天下學者盡廢舊説以從己，何其好勝而無忌憚也？」（滹南遺老集卷三一，總頁一五九。）

（十）宋李燾曰：「當安石萌芽，唯（司馬）光、（蘇）軾能逆折之，見於所述文字，不一而足。

軾著書傳，與安石辯者凡十八九條，尤爲切近深遠，其用功不在決洪水、闢楊墨下。使其言早聽用，寧有靖康之禍？」（愛日齋叢鈔卷二，頁十三載。）

（十一）**明郝敬曰**：「書不難讀，首當觀世代升降，與先後治亂，次第分明，逐篇文字可迎刃而解。王介甫、朱元晦謂大誥難讀，且須闕之。今若不先理會金縢，大誥如何可讀？予讀書次第通融，所以有得。」（尚書辨解「讀書」頁四。）

（十二）**清紀昀曰**：「晁公武讀書志稱：熙寧以後，專用王氏之説進退多士，此書（東坡書傳。）駁異其説爲多。今新經尚書義不傳，不能盡考其同異。」（四庫全書總目提要卷十一，頁五經部書類一。）

（十三）**清紀昀曰**：「尚書詳解二十六卷，宋夏僎撰。……陳振孫書録解題稱是書集二孔、王、蘇、陳、林、程、張及諸儒之説。以時瀾序及書中所引參考之：二孔者，安國、穎達之傳疏；蘇者，蘇軾書傳；陳者，陳鵬飛書解；林者，林之奇尚書全解；程者，程子書説；張者，張九成尚書詳説。惟『王氏』，瀾序不之及，蓋王雱新經尚書義，諱言之也。」（四庫全書總目提要卷十一，頁十三經部書類一。）

佚文及評論之部引用書目考

書名	簡名	卷數	作者	著成時代	板本
臨川集		一〇〇	宋王安石（一〇二一～一〇八六）		臺灣中華書局四部備要本（另參看河洛圖書出版社影印一本）
東坡書傳		二十	宋蘇軾（一〇三六～一一〇一）		學津討原本
河南程氏遺書		二五	宋程頤（一〇三三～一一〇七）等		臺灣中華書局四部備要本
伊川經説		五	宋程頤（一〇三三～一一〇七）		臺灣中華書局四部備要本
晁氏客語		一	宋晁説之（一〇五九～一一二九）		學海類編本
嵩山集		二十	宋晁説之（一〇五九～一一二九）		臺灣商務印書館影印四部叢刊續編本

續表

書名	簡名	卷數	作者	著成時代	板本
侯鯖録		八	宋趙令時（一〇六一～一一三四）		知不足齋叢書本
嬾真子		五	宋馬永卿（大觀三年〔一一〇九〕進士）		稗海本
四明尊堯集		十一	宋陳瓘（一〇五七～一一二四）	宋徽宗大觀初年（一一〇七）頃作	明蕭甫重刊本
默堂文集		二二	宋陳淵（?～一一四五）		商務印書館四部叢刊三編本
邵氏聞見後録		三十	宋邵博（?～一一五八）		臺北廣文書局影印本（筆記三編）
郡齋讀書志		四	宋晁公武（紹興二年〔一一三二〕進士）		臺北廣文書局影印清王先謙校刊本
捫蝨新話		十五	宋陳善（紹興〔一一三一～一一六二〕間人）		津逮秘書本
尚書全解	全解	四十	宋林之奇（一一一二～一一七六）		通志堂經解本

續表

書名	簡名	卷數	作者	著成時代	板本
文定集		二四	宋汪應辰（一一一九～一一七六）		武英殿聚珍版叢書本
尚書講義		二十	宋史浩（一一〇六～一一九四）		四明叢書三集本
禹貢指南		四	宋毛晃（紹興三十二年〔一一六二〕進士）		武英殿聚珍版叢書本
禹貢論、後論、禹貢山川地理圖		五	宋程大昌（一一二三～一一九五）	宋孝宗淳熙七年（一一八〇）作	通志堂經解本
尚書精義	精義	五十	宋黄倫	宋孝宗淳熙七年（一一八〇）頃作	經苑本
朱文公文集、續集		一一〇	宋朱熹（一一三〇～一二〇〇）		臺灣中華書局四部備要本
朱子語類		一四〇	宋朱熹（一一三〇～一二〇〇）（宋黎靖德編）		臺北正中書局影明覆刊宋本
容齋續筆		十六	宋洪邁（一一二三～一二〇二）		臺灣商務印書館國學基本叢書本

續表

書名	簡名	卷數	作者	著成時代	板本
尚書詳解	夏解	二六	宋夏僎	宋孝宗淳熙十三年(一一八六)頃作	武英殿聚珍版叢書本
項氏家説		十	宋項安世(?~一二〇八)		武英殿聚珍版叢書本
尚書説		七	宋黄度(一一三八~一二一三)		通志堂經解本
禹貢説斷(禹貢集解同書)		四	宋傅寅(南宋中期之後人)		武英殿聚珍版叢書本
尚書詳解	陳氏詳解	五十	宋陳經(慶元五年[一一九九]進士)		武英殿聚珍版叢書本
箋註王荆文公詩		五十	宋李壁(一一五九~一二二二)		臺北廣文書局影印元刊本
絜齋家塾書鈔		十二	宋袁燮(一一四四~一二二四)		商務印書館影印四庫全書珍本初集本
五誥解		四	宋楊簡(一一四一~一二二六)		墨海金壺本

續表

書名	簡名	卷數	作者	著成時代	板本
書經集傳	蔡傳	六	宋蔡沈（一一六七～一二三〇）	宋寧宗嘉定二年（一二〇九）作	臺北世界書局影印五經讀本
（山堂）羣書考索		二一二	宋章如愚（慶元二年［一一九六］進士）		臺北新興書局影印明刻本
蘆浦筆記		十	宋劉昌詩（開禧元年［一二〇五］進士）		學海類編本
周禮訂義		八十	宋王與之	宋理宗紹定五年（一二三二）作	通志堂經解本
考古質疑		六	宋葉大慶（南宋晚期人）		臺北廣文書局影印清武英殿聚珍版叢書本
滹南遺老集		四六	金王若虛（一一七四～一二四三）		臺灣商務印書館影印四部叢刊初編本
書集傳或問	或問	二	宋陳大猷（紹定二年［一二二九］進士）		通志堂經解本
書集傳	陳傳	十二	宋陳大猷（紹定二年［一二二九］進士）	宋理宗嘉熙二年（一二三八）奏進	續修四庫全書本

續表

書名	簡名	卷數	作者	著成時代	板本
直齋書録解題		二二	宋陳振孫（南宋晚期人）		臺北廣文書局影印清武英殿輯永樂大典本
九經疑難		四	宋張文伯（宋末人）		宛委別藏本
六經奥論		六	題宋鄭樵（一一〇四～一一六二）	宋末撰成	通志堂經解本
愛日齋叢鈔		五	宋人某氏	宋末撰成	守山閣叢書本
書疑		九	宋王柏（一一九七～一二七四）	宋理宗寶祐五年（一二五七）撰成	通志堂經解本
六經天文編		二	宋王應麟（一二二三～一二九六）		臺北文華書局影印元後至元三年慶元路儒學刊本
困學紀聞		二十	宋王應麟（一二二三～一二九六）		臺灣商務印書館國學基本叢書本
玉海		二〇〇	宋王應麟（一二二三～一二九六）		臺北文華書局影印元後至元三年慶元路儒學刊本
四如講稿		六	宋黄仲元（一二三一～一三一二）		文淵閣四庫全書本

續表

書名	簡名	卷數	作者	著成時代	板本
尚書詳解	胡氏詳解	十三	宋胡士行（宋末人）		通志堂經解本
書經注		十二	元金履祥（一二三二～一三〇三）		十萬卷樓叢書本
尚書表注		二	元金履祥（一二三二～一三〇三）		通志堂經解本
尚書纂傳	纂傳	四六	元王天與	元世祖至正二十五年（一二八八）撰成	通志堂經解本
書蔡氏傳輯録纂註	纂輯	七	元董鼎	元武宗至大元年（一三〇八）撰成	通志堂經解本
書蔡氏傳旁通		六	元陳師凱	元英宗至治三年（一三二三）撰成	通志堂經解本
書蔡氏傳纂疏	纂疏	七	元陳櫟	元文宗天曆二年（一三二九）撰成	通志堂經解本
書纂言		四	元吴澄（一二四九～一三三三）		通志堂經解本

續表

書名	簡名	卷數	作者	著成時代	板本
定正洪範集説		一	元胡一中	元順帝至正十四年（一三五四）撰成	通志堂經解本
尚書通考		十	元黄鎮成	元文宗天曆三年（一三三〇）撰成	通志堂經解本
書集傳音釋		七	元鄒季友		明初刊黑口本
書傳會選		六	明劉三吾（一三一三～一四〇〇）	明太祖洪武二十七年（一三九四）撰成	臺灣商務印書館影印四庫全書珍本五集本
永樂大典		二二九三七	明姚廣孝（一三三五～一四一八）	明成祖永樂（一四〇三～一四二四）間撰	臺北世界書局據多本影印本（新編定）
書傳大全	大全	十	明胡廣（一三七〇～一四一六）	明成祖永樂（一四〇三～一四二四）間撰	明内府刊本
書傳集解	集解		明黄諫（一四〇三～一四六五）		南京圖書館藏明刻本
尚書疑義		六	明馬明衡	明世宗嘉靖二十一年（一五四二）撰成	商務印書館影印四庫全書珍本初集本

續表

書名	簡名	卷數	作者	著成時代	板本
五經稽疑		八	明朱睦㮮（一五一八～一五八七）	明神宗萬曆十一年（一五八三）頃作	商務印書館影印四庫全書珍本初集本
尚書日記		十六	明王樵	明神宗萬曆二十三年（一五九五）撰成	臺灣商務印書館影印四庫全書珍本三集本
引經釋		五	明陳禹謨（一五四八～一六一八）		明萬曆間海虞陳氏刊本
書經疑問		十二	明姚舜牧（一五四二～一六二二）		明萬曆間刊本
禹貢匯疏		十五	明茅瑞徵（萬曆［一五七三～一六二〇］進士）		明崇禎五年吴興茅氏刊本
尚書辨解		十	明郝敬（一五五八～一六三九）		湖北叢書本
禹貢古今注		五	明夏允彝（崇禎九年［一六三七］進士）		鈔本
書經稗疏		四	清王夫之（一六一九～一六九二）		中國船山學會、自由出版社影印本

續表

書名	簡名	卷數	作者	著成時代	板本
尚書埤傳		十七	清朱鶴齡（一六〇六～一六八三）		臺灣商務印書館影印四庫全書珍本三集本
禹貢長箋		十二	清朱鶴齡（一六〇六～一六八三）		臺灣商務印書館影印四庫全書珍本三集本
禹貢錐指		二一	清胡渭（一六三三～一七一四）	清聖祖康熙四十四年（一七〇五）頃著成	皇清經解本
洪範正論		五	清胡渭（一六三三～一七一四）	清聖祖康熙四十四年（一七〇五）頃著成	臺灣商務印書館影印四庫全書珍本三集本
朱子五經語類		八十	清程川（編）（原朱熹經説）	清世宗雍正三年（一七二五）作	臺灣商務印書館影印四庫全書珍本三集本
穆堂初稿		五十	清李紱（一六七三～一七五〇）		清宣宗道光十一年（一八三一）珊城阜祺堂重刊本
經史問答		七	清全祖望（一七〇五～一七五五）		皇清經解本
宋元學案		一〇〇	清全祖望（一七〇五～一七五五）等		臺北世界書局排印本

續表

書名	簡名	卷數	作者	著成時代	板本
古今圖書集成		一〇〇四二	清陳夢雷（一六五〇～一七四一）	清世宗雍正六年（一七二八）印行	臺北文星書店據「照相影印本」影印本
書經傳説彙纂	書傳彙纂	二四	清王頊齡（一六四二～一七二五）	清世宗雍正八年（一七三〇）撰成	清雍正原刊本
王荊公年譜附王安石遺事		一	清顧棟高（一六七九～一七五九）	清世宗雍正十三年（一七三五）撰成	臺北河洛圖書出版社影印民國二十四年沈卓然重編王安石全集附印本
經義考		三〇〇	清朱彝尊（一六二九～一七〇九）		臺灣中華書局四部備要本
四庫全書總目提要		二〇〇	清紀昀等奉敕撰（一七二四～一八〇五）	清高宗乾隆四十七年（一七八二）撰成	臺北藝文印書館影印清同光間刻本
宋元學案補遺		一〇〇	清王梓材（一七九二～一八五一）		臺北世界書局影印四明叢書本
尚書故		三	清吴汝綸（一八四〇～一九〇三）		臺北藝文印書館影印桐城吴先生全書本
王安石經學概論初稿		一篇	民國徐振亞	載學藝雜誌第十四卷第七號，民國二十四年撰。	學藝雜誌社排印本

謹案：右書凡八十五種，大致以著成時間排列。余纂輯王安石尚書新義佚文及其評論，凡檢閱宋、元人文集三百餘種（檢其中「論」、「雜著」等部分）、史籍、類書及宋、元人筆記等百餘種，宋、元人尚書學專著現存之全部及明、清人尚書學專著一部分，間涉近人著作亦加采擇。自彼編輯獲材料者，僅上列八十五書。其索檢無獲之尚書學及經學專著，大概有宋胡瑗洪範口義、劉敞七經小傳、賈昌朝羣經音辨、薛季宣書古文訓、吕祖謙東萊書説、李石方舟經説、毛居正六經正誤、蔡沈洪範皇極内篇、魏了翁尚書要義、錢時融堂書解、鄭伯熊敷文書説、趙善湘洪範統一，元陳悦道書義斷法、許謙讀書叢説、王充耘書義矜式與書義主意及讀書管見、熊朋來經説、何異孫十一經問對、朱祖義尚書句解，明彭勗書傳大全通釋、申時行書經講義會編、蔣悌生五經蠡測、袁仁尚書砭蔡編、張泰羣英書義、張居正書經直解、王樵書帷别記、陳第尚書疏衍、黄道周洪範明義，清庫勒納日講書經解義、徐文靖禹貢會箋、賀淇尚書集解三十二種。更有明艾南英禹貢圖註（學海類編本）引「王氏曰」數條：其第一條，考之元人所引，爲王炎尚書小傳之説，其餘亦無以證爲安石説者，殆亦皆王炎之説，故並不收。

編按：此次出版尚書新義，於引用書目考中補入陳良中先生所徵引之書經集傳及書傳集解，合程元敏先生所徵引，共八十七種。

詩經新義

程元敏　輯録
張鈺翰　校理

出版説明

詩經新義係王安石於熙寧年間所編纂之三經新義之一，自宋代以後久已散佚。邱漢生輯有詩義鈎沉，對詩經新義作了初步的輯校工作。臺灣學者程元敏先生所撰三經新義輯考彙評之詩經部分，通過廣泛蒐羅，輯得該書一千餘條，是迄今較爲全面的詩經新義輯本。本次王安石全集之詩經新義，徵得程元敏先生的同意，以三經新義輯考彙評的詩經部分爲原本，加以整理。原輯本未分卷，據宋史藝文志著録，詩經新義二十卷，故參四部叢刊影宋本毛詩的分卷，將全書釐爲二十卷。程輯本所附諸論文，格於全集體例，予以删除。謹此説明。

程元敏序

尚書新義、詩經新義、周禮新義（三書合稱三經新義），宋神宗熙寧六至八年王安石父子等奉敕撰，乃王氏一家之學，其書久佚。爲便學者，余輯考此三書，溯自隨手鈔劄佚文，及作有系統之蒐集資料，實行有年（説詳尚書新義輯考彙評自序）。既先草成尚書新義輯考彙評；復從事詩經新義佚文評論之纂輯（多先已付期刊發表）。體製略似前著，亦具彼編拙序。

夫安石詩經新義，發明經義，往往勝先儒，而訖無善輯。近人邱漢生氏撰詩義鈎沉（一九八二年九月出版），輯安石詩經新義，所根據資料甚少，復多失收、脱誤（余别撰一文評介之）。曩余詳檢宋元人文集（其中「論」及「雜著」等部分）三百餘種、史籍與類書及宋元人筆記百餘種、宋元人詩經學專著及明清人部分詩經學專著，自其六十一書中搜獲詩經新義佚文及對該書之評論，並平素積蓄，計有佚文一〇四〇條、諸書所引凡二五八五條次；出評論二七三條、諸家評論凡二九三條次。王氏詩學，粲然大備矣。

全書所包括，依次將爲自序、目次、例言、佚文及評論彙輯、佚文及評論之部引用書目考、詩經新義體製探原、諸家評論及載引佚文按書分條考計、三經新義修撰人考。著「例言」、兼采「評論」、「考引用書目」、「探究體製」、於佚文與評論又分條考計者，説已詳尚書新義輯考彙評編。而彼編附三經新義修撰通考，概述修撰經義經過，既而病其疎略，尤於撰者仕履、著作及修書職任皆未遑詳著，故復成三經新義修撰人考一編，用盡其事焉。大分爲上下兩編，若干章節目，都約二十五萬言。

歲在丙寅仲秋安徽嘉山程元敏序於臺灣大學中國文學系

例言

一、此書分條纂輯王安石詩經新義佚文。先列與該條佚文有關之詩經本文（含詩大序及小序），頂格書寫；次低一格著【佚文】字樣；【佚文】下著（　）、（　）内數字即該條佚文號碼，（　）下輯録詩經新義佚文；佚文之後，即注明該條佚文之出處（書名及其卷、頁），出處上下加（　），以資區别；間有「按語」或「註碼」，則更次於其下焉。如爲總説某章、某篇、某風（雅、頌），則置於其章、其篇、其風（雅、頌）之後，而標「某章（篇、風、雅、頌）通義」，繫佚文於厥下。

二、此書分條采收昔賢評王安石詩經新義之文。評文依傍佚文條録，條碼相屬。有二條以上評文共屬一條佚文者，並敘次於該條佚文之下；有但有評文未見佚文者，則考定與該評文相關之詩經本文，使相屬連録，而以其前一條佚文號碼爲此評文號碼，且稱之曰「某碼後」，用便檢索。評文之上弁以【評】字樣，低二格書寫，其末亦注明出處，悉如佚文之例。總評詩經新義，則於盡録佚文之後總列。

三、佚文之定輯，以據著成時代較早之書所引述爲原則，第如較晚著成之書之所引述，或視前者爲備，或前者訛後者正，則改變常例，如佚文第四一條，據晚著之通釋，而不據先著之李黄解抄輯是也。類例甚多，不煩枚舉。某條佚文出處，如不止一書，所列第一書即所據以輯録之書，餘書則按其先後著録，引文若與第一書異，亦不加校注，惟偶有據某書輯録，或文有缺，或字有訛，則援它書補益校正，具見各條之下。

四、諸家評安石詩經新義某説，意常雷同，分列頗嫌冗沓，故今但依較早或較備者一家，冠以「某某曰」於評文之上，而著該家評語之出處於評語之下。某雷同諸家，則更於其後聲明之，云「某人説略同，見某書某卷某頁」，以廣知見。

五、從各書所輯詩經新義，如可能爲原文，則加「　」；如爲大意，則不加「　」。條目確定多憑諸書原引，唯視文氣或行文之便，偶分原引之一條爲數條，會合數條爲一條；但有分合，並無增損。

六、相同兩條之詩經新義佚文，除少數兩列以備一體外，互見概不重收。評文互見例倣此，且不計條數。

七、所據以輯録彙收之書名，凡引述次數較多者，視便約爲「簡名」，以節省文字，如呂祖謙呂氏家塾讀詩記省作呂記之類，詳見「佚文及評論之部引用書目考」下。

八、詩經經本文，據清嘉慶二十年南昌府學重刊宋本十三經注疏本（臺北藝文印書館影印），並參看唐石經本等定録。

九、未盡之事，詳佚文下與其附註。

目録

〔一〕　未見詩經新義佚文及諸家評論，但記篇目於此；上方加「△」號資別，下倣此。

詩經新義　卷二　國風

詩經新義　卷七　國風

[一] 今存篇目及小序，無詩辭，皆未見詩經新義佚文，下三篇倣此。

詩經新義　卷十二　小雅……（五五〇）

詩經新義　卷十三　小雅……（五七九）

詩經新義 卷十六 大雅……（六二四）

詩經新義 卷十七 大雅……（六四七）

詩經新義　卷十八　大雅

詩義序

王安石

敏案：即詩經新義序。

詩三百十一篇〔一〕，其義具存，其辭亡者，六篇而已。上既使臣雱訓其辭，又命臣某等訓其義。書成，以賜太學，布之天下；又使臣某爲之序。謹拜手稽首言曰：詩上通乎道德，下止乎禮義，放其言之文，君子以興焉；循其道之序，聖人以成焉。然以孔子之門人，賜也、商也，有得於一言，則孔子悦而進之。蓋其説之難明如此，則自周衰迄于今，泯泯紛紛，豈不宜哉？伏惟皇帝陛下，内德純茂，則神罔時恫；外行恂達，則四方以無侮。日就月將，學有緝熙于光明，則頌之所形容，蓋有不足道也。微言奥義，既自得之；又命承學之臣，訓釋厥遺，樂與天下共之。顧臣等所聞，如爝火焉，豈足以賡日月之餘光？姑承明制，代匱而已。傳曰：「美成而久。」〔二〕故棫樸之作人，以「壽考」爲言，蓋將有來者焉，「追琢其章」，纘聖志而成之也。臣衰且老矣，尚庶幾及見之！謹序。（臨川集卷八四，頁二一—三。）

〔一〕「三百十一篇」，龍舒本作「三百六篇」。

〔二〕「而」，龍舒本作「在」。

詩經新義 卷一 國風

詩大序

關雎，后妃之德也，風之始也；所以風天下而正夫婦也，故用之鄉人焉，用之邦國焉。

【佚文】（一）「凡詩用於天子者，諸侯不得用；用於諸侯者，大夫不得用。若三家以雍徹，而孔子非之也。此關雎，鄉人、邦國皆得用者，以之正夫婦也。」（大全詩序頁七；通釋卷一，頁十三——十四；詩傳彙纂卷一，頁三。）

風，風也，教也；風以動之，教以化之。

【佚文】（二）「風之于物，方其鼓舞搖蕩，所謂動之也；及其因形移易，使榮者枯、甲者坼，乃所謂化之也。詩之有風，亦若是也，始于風之而動，終于教之而化。」（通釋卷一，頁十四；段解卷一，頁六；大全詩序頁七；詩傳彙纂詩序上，頁四。）

治世之音安以樂，其政和；亂世之音怨以怒，其政乖；亡國之音哀以思，其民困。

【佚文】（三）「治亂言世言政，而亡國不言者，亡國世絶而無政故也。」（段解卷一，頁十；通釋卷首，頁六；大全綱領頁二。）

故正得失，動天地，感鬼神，莫近於詩。

【佚文】（四）「言也，聲也，以文爲主，則非其至，故其動天地感鬼神者，爲近而已。」（李黄解卷一，頁十六。）

【評】（一）宋李樗曰：「此説不善。觀公羊氏論春秋曰：『撥亂世而反諸正，莫近乎春秋。』何休注云：『莫近者，猶言莫過乎春秋也。』則知所謂莫近於詩者，謂莫過乎詩也。非如王氏所謂也。」（李黄解卷一，頁十六。）

【評】（二）宋黄櫄曰：「王氏以爲聲音者以文爲主而非其至，故特曰『近』而已。此不知詩之理者也。……竊以爲人民天地鬼神，皆同此心，則同此理。以理求理，夫何遠之有？先王知此理之不遠於人心，人心之所同然，故用之以經夫婦，以無邪之理而正之也。以是推之，則孝敬之所以成，人倫之所以厚，教化之所以美，風俗之所以移：皆此理之所用也。」（李黄解卷一，頁十八。）

故詩有六義焉：一曰風，二曰賦，三曰比，四曰興……

【佚文】（五）「以其所類而比之之謂比，」（李黄解卷一，頁二一。）「以其所感發而況之之謂興，興兼比與賦者也。」（吕記卷一，頁十九；李黄解卷一，頁二一。）

上以風化下，下以風刺上，主文而譎諫，言之者無罪，聞之者足以戒，故曰風。

【佚文】（六）「主文譎諫，有巽入之道，故曰風。」（通釋卷首，頁十—十一；段解卷一，頁十七；會通綱領頁七載輯録引〔二〕；大全綱領頁八。）

至于王道衰，禮義廢，政教失，國異政，家殊俗，而變風變雅作矣。

【評】（三）宋邵博評，詳見大雅諸篇之末佚文下。

國史明乎得失之迹，傷人倫之廢，哀刑政之苛，吟詠情性，以風其上，達於事變，而懷其舊俗者也。

〔二〕敏案：「輯録」者，蓋元董鼎詩朱氏傳輯録纂注（以董氏別有書蔡氏傳輯録纂注推之，董氏當撰此書）。

【佚文】（七）「世傳以爲言其義者子夏也。觀其文辭，自秦、漢以來諸儒，蓋莫能與於此。然傳以爲子夏，臣竊疑之。詩上及於文王、高宗、成湯，如江有汜之爲『美媵』，那之爲『祀成湯』，殷武之爲『祀高宗』。方其作時，無義以示後世，則雖孔子亦不可得而知，況於子夏乎？」（李黄解卷一，頁二一—三；學林卷一，頁六；呂記卷一，頁十六；段解卷首，頁二四；九經疑難卷四，頁二四—二五；文獻詩考卷下，頁二；辨證卷一，頁二。）

【評】（四）宋王觀國曰：「詩序，子夏之所作，而王荆公以爲讀江有汜之詩，雖子夏無以知其『美媵』。然子夏與孔子同時，文籍未淪喪，必有所受而作也。史記孔子世家曰：古詩三千餘篇，孔子取三百五篇。歐陽文忠公崇文總目敘釋曰：『孔子删詩三千餘篇，取其三百十一篇著於經，秦、楚之際，亡其六。』然則古詩三千而取者三百，則十取其一耳，餘皆逸詩也。逸詩，書史亦多引之。」（學林卷一，頁六。）

【評】（五）宋黄櫄曰：「王、程近世大儒也，而又以爲非漢儒之所能爲。竊……以爲王、程之説與吾心合，而與大序亦合。夫大序之文，温厚純粹，有繫辭氣象。彼漢儒者，疇能及此哉？」（李黄解卷一，頁四。）

【佚文】（八）詩序是國史撰作。（詩童子問卷首，頁五二；通釋卷首，頁十三；大全詩序

頁三。)〔二〕

【評】(六)宋輔廣曰:「(謂詩序乃國史作,)是臆度懸斷,無所依據。」(詩童子問卷首,頁五二。)

【評】(七)元馬端臨曰:「韓序芣苢曰:傷夫也。漢廣曰:悦人也。序若詩人所自製,毛詩猶韓詩也,不應不同若是;況文意繁雜,其非出一人手明甚。不知介甫何以言之,殆臆論歟!」(文獻詩考卷下,頁二。)

【佚文】(九)「發於聲而長言之謂吟,形於言而永歌之謂詠。或曰教化,或曰政教,或曰刑政,何也?教化,本也;刑政,末也。至於王道衰,則其本先亡矣,故不足於教化而後言政教;不足於政教而後言刑政。苟則其末亦有所不足,此其所以可哀也。」(段解卷一,頁二十—二一。)

故變風發乎情,止乎禮義。發乎情,民之性也;止乎禮義,先王之澤也。

〔二〕前條,安石意謂詩序乃詩人自作,此條則謂國史作。余謂安石蓋謂詩人所作止於「也」字以上,其餘則國史爲「明乎得失之迹」而作。疑李黄解節引,詩童子問取其結論,是兩條本爲一條。

【佚文】（一〇）「上言變風、變雅，而此獨言變風，何也？雅雖已變，天子猶有政焉；專言變風，則通乎無雅之後也，而猶知止乎禮義，則變雅之時可知矣。」（段解卷一，頁二二；通釋卷首，頁十三；大全綱領頁十一。）

是以一國之事，繫一人之本，謂之風。

【佚文】（一一）「風之本出於人君一人之躬行，而其末見於一國之事。」（呂記卷二，頁四；段解卷一，頁二三；通釋卷首，頁十三；會通綱領頁九載輯錄引；大全綱領頁十一。）

雅者，正也；言王政之所由廢興也。政有小大，故有小雅焉，有大雅焉。

【佚文】（一二）「幽王之詩，有其惡大而列於小雅；宣王之詩，有其善小而列於大雅。蓋幽王之惡大，其小者猶如此也；宣王之善小，其大者如是而已。所謂大雅者，積小雅而成，故小雅之末，有疑於大雅。」（段解卷一，頁二四；李黄解卷一，頁三二。）「又作詩者意各有所主，若蓼蕭言『澤及四海』，而意之所主者，但止燕諸侯爾；凡此之類，皆其言及於大，而意之所主者小也。大明曰『文定厥祥，親迎于渭』，而意之所主者，乃在於天命武王；凡此之類，皆其言及於小，而意之所主者大也。」（李黄解卷一，頁三二。）

【評】（八）宋李樗曰：「二公敏案：謂王安石及蘇轍。之言，亦皆推本先儒之説。惟其説之不通，故又爲一説以通之。其説穿鑿附會，非合於自然之體。太史公序曰：『大雅言王公大人而德逮黎庶，小雅言小己之得失而其流及於上。』此其説若小異。然大雅之詩，豈是皆言王公大人而德逮黎庶乎？小雅豈是皆言小己之得失而流及其上乎？……小雅則主一事而言，大雅則泛言天下之事。」（李黄解卷一，頁三二—三三。）

是謂四始，詩之至也。

【佚文】（一三）「風也，二雅也，頌也，雖相因而成，而其序不相襲也，故謂之四始。」（通釋卷首，頁十四—十五；李黄解卷一，頁三四；北窗炙輠録卷下，頁十七；大全綱領頁十二；詩傳彙纂卷首下，頁十一。）

【評】（九）宋李樗曰：「此説未必然也。上文既言『關雎，后妃之德也，風之始也』，則是舉其四始之一事，可以見其餘矣。關雎者，風之始也，自關雎以下皆風焉。鹿鳴者，小雅之始也，自鹿鳴以下皆小雅焉。文王者，大雅之始也，自文王以下皆大雅焉。清廟者，頌之始也，自清廟以下皆頌焉。關雎而下皆謂之風，又始之於鹿鳴；鹿鳴而下皆謂之小雅，而又始於文王；文王而下皆謂之大雅，而又始之於清廟。是四始以下，皆詩之至也。」（李黄解卷一，頁三四。）

關雎、麟趾之化，王者之風，故繫之周公，南言化自北而南也。鵲巢、騶虞之德，諸侯之風也，先王之所以教，故繫之召公。

【佚文】（一四）王者必聖人，周公聖人，故繫之周公；諸侯必賢人，召公賢人，故繫之召公。（李黄解卷一，頁三八。）

【評】（一〇）宋李樗曰：「龜山破其説，以『儀禮大合樂爲歌周南、召南。儀禮之作，正在周公之世，則分二南已在周公之時。當是周公以聖人自居，乃以賢人待召公；周公豈肯爲之乎？』其説可謂當矣。文王之詩，不可以風繫也，適會周、召分陜，故以其詩繫之。」（李黄解卷一，頁三八—三九；龜山，楊時也，著詩義辨，下李樗所引楊説皆出詩義辨。）

周南、召南，正始之道，王化之基。

【佚文】（一五）「王者正始於家，終於天下。」（吕記卷二，頁五。）

【佚文】（一六）「於風言始，則知雅、頌之爲終；於風言王化之基，則知雅爲王政之興，而頌爲王功之成也。」（段解卷一，頁三一。）

是以關雎樂得淑女以配君子，愛（一本作「憂」）在進賢，不淫其色；哀窈窕，思賢才，而無傷善之心焉，是關雎之義也。

【佚文】（一七）「先言樂後言哀思者，惟其以得淑女爲樂，故其求之而不得則哀思也。」（段解卷一，頁三三。）

詩大序通義。

【評】（一一）宋唐仲友曰：「詩……王安石訓其義，子雱訓其辭，雖知本詩序，至於比興，穿鑿苛碎。學者由此拘牽，小文勝而大義隱。」（九經發題頁四。）

【評】（一二）元梁益曰：「……惟宋歐陽公、王荆公諸先生出，卓然有見，高視千古之上，舍序舍傳而研究經旨，理明義精，犁然有當。」（詩傳旁通卷十五，頁三。）

周南

關雎

悠哉悠哉！輾轉反側。

【佚文】（一八）「悠者，思之長也。」（呂記卷二，頁八；段解卷一，頁三六；詩緝卷一，頁十七；詩傳彙纂卷一，頁八。）

葛覃

葛之覃兮，施于中谷。

【佚文】（一九）「女功以麻枲爲正，葛乃餘事；志於女功之餘事，則其他可知矣。」（段解卷一，頁四十。）

黄鳥于飛，集于灌木。

【佚文】（二〇）「黄鳥于飛，以喻后妃；集于灌木，以喻文王。」（李黄解卷二，頁三。）

薄汙我私，薄澣我衣。

【佚文】（二一）「治汙謂之汙，猶治亂謂之亂、治荒謂之荒。」（段解卷一，頁四二；呂記卷二，頁十一；詩傳彙纂卷一，頁十四。）

【佚文】（二二）「薄於汙澣，則苟潔而已；與好潔其衣服者異矣。」（段解卷一，頁四二。）

卷耳

采采卷耳，不盈頃筐。

【佚文】（二三）「卷耳易得之菜，頃筐易盈之器；今也采采卷耳，非一采而乃至於不盈者，以其志在進賢，不在於采卷耳也。亦猶采綠之詩曰『終朝采藍，不盈一襜。終朝采綠，不盈一匊』，謂其志在於怨曠，而不在於采藍、采綠也。」（李黄解卷二，頁九—十。）

【評】（一三）宋李樗曰：「荀子曰：『卷耳，易得也；頃筐，易盈也，然而不可以貳周行。』鄭氏及王氏皆從其説，以謂：『……』」（李黄解卷二，頁九。）

【評】（一四）宋李樗曰：「然以后妃之貴，而乃至於采卷耳，無乃儉不中禮乎？如汾沮洳曰：『彼汾一曲，言采其藚，彼其之子，美如玉；美如玉，殊異乎公族。』以公族猶且不當如此，而后妃乃至於采卷耳，則是儉不中禮也。」（李黄解卷二，頁十。）

嗟我懷人，寘彼周行。

【佚文】（二四）「於懷人言我，内之也；於周行言彼，外之也。」（李黄解卷二，頁十。）

【評】（一五）宋李樗曰：「然觀下文曰『陟彼崔嵬，我馬虺隤』，亦是以彼、我爲辭。若王氏之説，則『我馬虺隤』亦是内之；『陟彼崔嵬』，亦是外之。其説不通矣。」（李黄解卷二，頁十。）

陟彼崔嵬，我馬虺隤。

【佚文】（二五）兩句爲取喻。（李黄解卷二，頁十。）

【評】（一六）宋李樗曰：「陟彼崔嵬，我馬虺隤，此則言使臣之勤勞也。……其言馬之玄黄，其僕之病，則使臣之勞可知矣。如出車詩曰『僕夫況瘁』，則將帥之勞可知矣。王氏則以『陟彼崔嵬，我馬虺隤』爲取喻，非也。」（李黄解卷二，頁十。）

樛木

南有樛木，葛藟纍之。……南有樛木，葛藟荒之。

【佚文】（二六）「南，明方；木，仁類者。蓋南方者喻后妃之明也。」（李黄解卷二，頁十五；卷五，頁十六。）

【評】（一七）宋李樗曰：「使南方有木皆是喻其明，則漢廣之詩言『南有喬木』，何所取喻乎？」（李黄解卷二，頁十五。）

【佚文】（二七）「樛木則葛藟得以附麗，葛藟盛則木亦得以自蔽也。」（李黄解卷二，頁十五。）

【評】（一八）宋吕希哲曰：「『南有樛木，葛藟纍之』，但取其下曲則葛藟得纍之，而不取其『木亦得以自蔽』也。」（吕記卷二，頁十五引。）〔二〕

【評】（一九）宋李樗曰：「詩所言者，但言木之勾曲爾，非取喻其得以自蔽也。」（李黄解

〔二〕 此條及小雅鹿鳴篇佚文第三四三條所附評語，吕祖謙曰：「（滎陽公）兩説皆王氏義。」（吕記卷二，頁十五—十六。）謂吕滎陽（希哲）評王安石詩經新義之説者也。

卷二，頁十五。）

螽斯

螽斯羽，詵詵兮。

【佚文】（二八）「詵詵，言其生之衆。」（呂記卷二，頁十七；段解卷一，頁五十。）

螽斯羽，薨薨兮。

【佚文】（二九）「薨薨，言其飛之衆。」（呂記卷二，頁十七；段解卷一，頁五一；備考卷一，頁十；詩傳彙纂卷一，頁二一。）

螽斯羽，揖揖兮。

【佚文】（三〇）「揖揖，言其聚之衆。」（呂記卷二，頁十七；段解卷一，頁五一；詩傳彙纂卷一，頁二一。）

桃夭

桃夭，后妃之所致也。不妬忌，則男女以正，婚姻以時，國無鰥民也。（此詩小序之全文。）

【佚文】（三一）「后妃處乎重闈深密之地，而四方之廣，家人婦子服化者，正其本而已。故察於治亂之形而不見其本者，未可與論聖人之道也。」（呂記卷二，頁十七；段解卷一，頁五二；備考卷一，頁十；蒙引卷一，頁十三；詩傳彙纂卷一，頁二三。）

【佚文】（三二）「禮義明，則上下不亂，故男女以正；政事治，則財用不乏，故昏姻以時。」（李黄解卷二，頁二一。）

【評】（二〇）宋楊時曰：「不然。蓋男女以正，昏姻以時，此乃是不妬忌之所致，非緣政事之治也。后妃能躬行於上，則周南之國皆聞風而化。故周官媒氏會男女之無夫家者，此乃政事然也。越王之時，女十五而嫁，男二十而娶者，此亦政事然也。惟其出於風化，故有不待政令而人樂從之矣。」（李黄解卷二，頁二一引。）

桃之夭夭，灼灼其華。

【佚文】（三三）「夭夭，少好貌。」（段解卷一，頁五三。）

【佚文】（三四）「桃華於仲春，以記昏姻之時。」（李黄解卷二，頁二三；吕記卷二，頁十八；備考卷一，頁十一。）

【評】（二一）宋李樗曰：「若如所言，則何彼襛矣之詩曰『華如桃李』，豈是直言桃李之盛時乎？……王氏之説非矣。」（李黄解卷二，頁二三。）

之子于歸，宜其室家。……之子于歸，宜其家室。

【佚文】（三五）「宜其室家，先女而後男，男下女也；宜其家室，先男而後女，女下男也：夫婦正也。」（李黄解卷二，頁二三。）

【評】（二二）宋李樗曰：「之子于歸，則室家皆得其宜也。家室亦室家也。王氏謂：『……』此非也。」（李黄解卷二，頁二二。）

兔罝

兔罝，后妃之化也。關雎之化行，則莫不好德，賢人衆多也。此詩小序之全文。

【佚文】（三六）「莫不好德，賢人衆多；雖不賢不害好德，所謂賢，則賢於人者也。」（李黄解卷二，頁二四。）

【評】（二三）宋李樗曰：「則是莫不好德，謂人皆好德也。賢人衆多，則是有賢者有不賢者。非也，豈有好德之人而不爲賢邪？」（李黄解卷二，頁二四。）

肅肅兔罝，施于中林。

【佚文】（三七）「中林，人莫之聞見也。欲觀好德之實，其在于隱處乎？」（段解卷一，頁五六；詩傳彙纂卷一，頁二五。）

芣苢

采采芣苢，薄言采之。

【佚文】（三八）「采采非一采，猶言薄言采之者，采之無斁也。」（李黄解卷二，頁二八。）

【評】（二四）宋李樗曰：「然詩言『薄言追之，薄言震之』，如『薄澣我衣，薄汙我私』，澣者用功淺，謂之薄可也；煩撋之功多，則何以薄言之乎？如『薄言旋歸』，歸豈有厚薄邪？」（李黄解卷二，頁二八。）

漢廣

漢廣，德廣所及也。文王之道，被于南國，美化行乎江、漢之域，無思犯禮，求而不可得也。此詩小序之全文。

【佚文】（三九）「漢廣言文王之德，汝墳言文王之化。前此未嘗言文王，而於此言之者，歸成焉耳。蓋陰作成物而陽以成歲爲名，天之道也。」（段解卷一，頁五八。）

【佚文】（四〇）「化民而至於男女無思犯禮，則其誥教之所能令，刑誅之所能禁者，蓋可知矣。然則化人者不能感通其精神，變易其志慮，未可以言至也。」（段解卷一，頁五八。）

汝墳

汝墳，道化行也。文王之化，行乎汝墳之國，婦人能閔其君子，猶勉之以正也。此詩小序之全文。

【佚文】（四一）「庶人之妻，能勉夫以正而不知爲之者，是之謂道化，而殷其靁之詩所以未若汝墳之盛也。」（通釋卷一，頁三七；李黄解卷二，頁三七；大全詩序頁十三。）

【評】（二五）宋李樗曰：「惟王氏以爲庶人之妻，其説得之。蓋其婦人稱其夫爲君子，此其常也。今曰君子，亦猶稱良人也。播間之妾猶稱夫爲良人，則庶人之妻以夫爲君子，有何不可？」（李黄解卷二，頁三七。）

未見君子，惄如調飢。

【佚文】（四二）「調飢，飢而又飢，飢之甚也。」（李黄解卷二，頁三七；詩傳彙纂卷一，頁三二。）

王室如燬；雖則如燬，父母孔邇。

【佚文】（四三）「父母，指文王也。」（段解卷一，頁六二。）

詩汝墳三章通義。

【佚文】（四四）「前二章篤于夫婦之仁，後一章篤于君臣之義。」（通釋卷一，頁三七；大全卷一，頁三十；詩傳彙纂卷一，頁三四。）

麟之趾

麟之定，振振公姓。

【佚文】（四五）「公姓，公孫也；孫，傳姓者也。」（呂記卷二，頁二五；詩緝卷一，頁三七；毛詩要義卷一下，頁十三；六家詩名物疏卷四，頁十六；備考卷一，頁十六；詩傳彙纂卷一，頁三五。）〔二〕

〔附〕王安石周南詩次解

全文。據臺灣中華書局四部備要本臨川集卷六六，頁一—二抄録。

王者之治，始之於家；家之序，本於夫婦正；夫婦正者，在求有德之淑女，爲后妃以配君子也，故始之以關雎。夫淑女所以有德者，其在家本於女工之事也，故次以葛覃。有女功之本，而后妃之職盡矣，則當輔佐君子求賢審官；求賢審官者，非所能專有志而已，故次之以卷耳。有求賢審官之志，以助治其外，則於其内治也，其能有嫉妬而不逮下乎？故次之以樛木〔三〕。無嫉妬

〔二〕此條，詩傳彙纂所引，少上「也」字，又以爲王志長説。案：志長，明崇禎間人。此非其説；不然，則志長用宋人説，而詩傳彙纂作者未尋厥初也。

〔三〕「以」，原無，據龍舒本補。

而逮下，則子孫衆多，故次之以螽斯。子孫衆多，由其不妬忌，則致國之婦人亦化其上；則男女正，婚姻時，國無鰥民也，故次之以桃夭。國無鰥民，然後好德賢人衆多，故次之以兔罝。好德賢人衆多，是以室家和平，而婦人樂有子，則后妃之美具矣，故次之以芣苢。后妃至於國之婦人樂有子者，由文王之化行，使南國江、漢之人無思犯禮，此德之廣也，故次之以漢廣。德之所及者廣，則化行乎汝墳之國；能使婦人閔其君子，而勉之以正，故次之以汝墳。婦人能勉君子以正，則天下無犯非禮；雖衰世公子皆能信厚，此關雎之應也，故次之以麟之趾焉。

召南

△鵲巢

采蘩

于以采蘩，于沼于沚。

【佚文】（四六）「荇之爲物，其下出乎水，其上出乎水，由法度之中而法度之所不能制，以喻后妃也。蘋之爲物，能出乎水上，而不能出乎水下；藻之爲物，能出乎水下，而不能出乎水上：制於法度而不該其本末，以喻大夫之妻也。至於蘋，敏案：「蘩」之誤，參見下李氏評。則非制乎水而有制節之道，以喻夫人也。于沼、于沚、于澗之中，則可以爲『河洲』之類，而皆未及乎『河洲』之大。」（李黄解卷三，頁五。）

【評】（二六）宋李樗曰：「（王氏）蓋謂夫人之詩則言采蘩于沼沚之中，后妃之詩則言采荇于河之洲，必有高下之辨。是數者皆穿鑿之學也。……采荇、采蘋、采蘩之類，皆言祭祀之物；于沼、于沚、于澗之中、在河之洲，亦不過指物之所在耳，初無他義也。而王氏有荇蘋、蘩藻、沼沚、澗洲之別，是其穿鑿而無異於宰予也。敏案：謂穿鑿如宰予對哀公問社然。」（李黄解卷三，頁五。）

草蟲

草蟲，大夫妻能以禮自防也。此詩小序之全文。

【佚文】（四七）「夫婦之際，或至於敝而不終者，無禮以自防故也。」（呂記卷三，頁四；段解卷二，頁六。；備考卷二，頁四。；詩傳彙纂詩序上，頁九。）

采蘋

于以采蘋，南澗之濱。；于以采藻，于彼行潦。

【佚文】（四八）「采蘋必於南澗之濱，采藻必於行潦，言其所薦有常物，所采有常處也。」（呂記卷三，頁六。；段解卷二，頁八。；通釋卷一，頁四七。；會通卷一，頁四六載輯録引。；大全卷一，頁四一。；詩傳彙纂卷二，頁九。）

于以盛之，維筐及筥。；于以湘之，維錡及釜。

【佚文】（四九）「（筐、筥、錡、釜。）言其所用有常器也。」（呂記卷三，頁六。；段解卷二，頁九。；通釋卷一，頁四八。；大全卷一，頁四一。；詩傳彙纂卷二，頁九。）

于以奠之，宗室牖下。

【佚文】（五〇）「宗室牖下，言其所奠有常地也。自所薦之物、所采之處、所用之器、所奠之地皆有常而不敢變，此所謂能循法度。」（呂記卷三，頁七；段解卷二，頁九；詩緝卷二，頁七；通釋卷一，頁四九；大全詩序頁十四—十五；詩傳彙纂詩序上，頁九。）

【評】（二七）宋嚴粲曰：「王氏謂：『……。』此猶未盡詩之意。蓋法度者，儀物也；能循者，敬也。非敬則儀物之常何足爲美乎？」（詩緝卷二，頁七。）

誰其尸之？有齊季女。

【佚文】（五一）季女，女既嫁者。（李黃解卷三，頁十一。）

【評】（二八）宋李樗曰：「既嫁爲大夫之妻，安得稱季女？則知季女乃未嫁之女也。然祭禮主婦設羹，豈有齊季女而主祭設羹乎？……詩人言婦人教成之祭，主於此祭者何人也？乃有齊敬之季女也。教成之祭，設此祭也。惟其未嫁之時如此，則其既嫁乃能循法度也。」（李黃解卷三，頁十一—十二。）

甘棠

甘棠，美召伯也。召伯之教，明於南國。此詩小序之全文。

【佚文】（五二）「愛之篤，思之至，以其教明也。」（通釋卷一，頁五一；大全詩序頁十五。）

蔽芾甘棠，勿翦勿拜。

【佚文】（五三）「拜，謂屈之而已。」（呂記卷三，頁八；段解卷二，頁十二；備考卷二，頁七。）

行露

厭浥行露，豈不夙夜，謂行多露？

【佚文】（五四）「露之爲物，犯之則濡，而天之所以成物也；禮之爲物，犯之則污，亦人之所以成物也，故詩人以露比禮。行多露，則人雖有夙夜之心，而莫敢犯者，爲其濡故也。國多禮，則人雖有昏姻之心，而莫肯犯者，爲其污故也。行於露中，則濡固然矣。行於禮，安有所爲污邪？犯非禮，則污矣。」（李黄解卷三，頁十七。）

誰謂雀無角？何以穿我屋？……誰謂鼠無牙？何以穿我墉？

【佚文】（五五）「雀穿屋以角而雀實無角，而誣易見；鼠穿墉以牙而鼠有牙，其誣難知。」（李黃解卷三，頁十七—十八；孫公談圃卷中，頁五。）

【評】（二九）宋孫升曰：「……然荆公亦有所失，如……詩『誰謂鼠無牙』，荆公謂『鼠實無牙』。不知鼠實有牙。昔曾有人……捕一鼠與之較，公曰：然。」（孫公談圃卷中，頁五。）

【評】（三〇）宋李樗曰：「此説不然。龜山以爲鼠無牡齒；『誰謂鼠無牙』，謂無牡齒耳。説文曰：『牙，牡齒也。』則知龜山爲信。」（李黃解卷三，頁十八。）

誰謂女無家？何以速我訟？

【佚文】（五六）「訟者，言之於公。」（考古質疑卷三，頁十六；參見尚書新義第二四條之脚注。）

羔羊

羔羊……召南之國，化文王之政，在位皆節儉正直，德如羔羊也。此詩小序文。

【佚文】（五七）「所謂文王之政者，非獨躬行之教，則亦有慶賞刑威存焉。」（李黃解卷三，頁二一。）

【評】（三一）宋李樗曰：「王氏之説，以周南爲聖人之風，召南爲諸侯之風，故其説經與周南而下召南。觀孔子之言曰『政者正也，子率以正，孰敢不正』，則其所謂政者，不務躬行之教不可也。又嘗曰『爲政以德』，爲政必本於德，則政專在慶賞刑威不可也。」（李黄解卷三，頁二一。）

羔羊之縫，素絲五緎。委蛇委蛇，自公退食。

【佚文】（五八）「朝夕往來，出公門入私門，出私門入公門而已，終無私交之行也。」（吕記卷三，頁十一；段解卷二，頁十八；備考卷二，頁十；詩經世本古義卷八，頁十五。）

殷其靁

殷其靁，在南山之陽。

【佚文】（五九）雷喻號令。「『在南山之陽』，謂宣明君之號令。」（李黄解卷三，頁二六。）

【評】（三二）宋李樗曰：「王氏以謂『在南山之陽』，謂（宣）明君之號令。則在南山之足，則明而晦矣。此其説可以攻王氏之膏肓也。上既言『殷其靁，在南山之陽』，既而在山之側，既而又在南山之下，此言雷之在此復在彼，以見召南之大夫遠行從政，在彼又在此，以見勤於王事也。」（李黄解卷三，頁二二六。）

何斯違斯，莫敢或遑！

【佚文】（六〇）「上『斯』爲君子，下『斯』爲此。」（李黄解卷三，頁二二六。）

【評】（三三）宋李樗曰：「不如鄭氏皆爲『此』也。言何以爲在此，今又去此也。以見不遑暇處之意。」（李黄解卷三，頁二二六。）

詩殷其靁三章通義。

【佚文】（六一）「此詩未若汝墳之盛，故繫之召南。」（李黄解卷三，頁二二六。）

【評】（三四）宋李樗曰：「王氏之説，多生分別。謂周南，周公也，故其詩乃聖人之事；召南，召公也，故其詩乃賢人之事。遂以摽有梅不若桃夭，小星之詩不若樛木，殷其靁之詩不若汝墳者，皆分別錙銖之輕重，豈知詩人之意哉？夫汝墳之勉以正，殷其靁之勸以義，蓋其義同，其辭則異耳。」（李黄解卷三，頁二二六—二二七。）

摽有梅

摽有梅，其實七兮。求我庶士，迨其吉兮。

【佚文】（六二）「梅實於仲春之時，則宜嫁娶；今梅實摽落，已失婚姻之時也。」（李黄解卷三，頁二一九。）

【評】（三五）宋李樗曰：「此詩言男女及時，則以梅落爲言，則是以梅爲戒也。……王氏……（之）説與毛、鄭不甚相遠，是皆不詳考之於詩，故其説至於此也。」（李黄解卷三，頁二一九。）

【評】（三六）宋黄櫄曰：「桃夭以桃爲喻，摽有梅以梅爲喻，皆取其及時之詩耳。王氏曲爲之説，且謂：『……』果如是説，則豈男女得以及時之義乎？」（李黄解卷三，頁二一九。）

求我庶士，迨其今兮。

【佚文】（六三）「不暇吉日之擇也，迨今可以成昏矣。」（吕記卷三，頁十三；通釋卷一，頁五七；大全卷一，頁五十。）

求我庶士，迨其謂之。

【佚文】（六四）「謂者，以言趣之也。」（呂記卷三，頁十四。）

小星

嘒彼小星，三五在東。肅肅宵征，夙夜在公。……嘒彼小星，維參與昴。肅肅宵征，抱衾與裯。

【佚文】（六五）「小明敏案：安石以「小明」釋「嘒」。小星，無名之小星也。」（李黄解卷三，頁三二一。）

【佚文】（六六）「三五，陽星也。夙夜在公，陽事也，故以陽星況之。參昴，陰星也。抱衾與裯，陰事也，故以陰星況之。」（李黄解卷三，頁三二一。）

【評】（三七）宋李樗曰：「按：詩『肅肅宵征，夙夜在公』，亦是陰事，安得以爲陽事？王氏之鑿，類多如此。」（李黄解卷三，頁三二一。）

江有汜

江有汜。……江有渚。……江有沱。

【佚文】（六七）「汜之别甚於渚，渚之别甚於沱，遂以喻夫人專寵益甚。」（李黄解卷三，頁三四。）

【評】（三八）宋李樗曰：「詩人本意不如此。詩人之意，但以謂江則有汜、有渚、有沱，夫人則有媵；今夫人固當有媵也。」（李黄解卷三，頁三四。）

野有死麕

野有死麕，白茅包之。

【佚文】（六八）「昏禮，贄不用死；今用死，則非禮之正也，然猶不爲無禮。」（李黄解卷三，頁三七。）

【評】（三九）宋李樗曰：「其説與下文不相貫。」（李黄解卷三，頁三七。）〔一〕

【佚文】（六九）「野有死麕，白茅包之者，禮之薄也；而猶愈於無禮。」（吕記卷三，頁十七；

〔一〕下文，謂安石之説，即下佚文第六九條，云白茅包死麕爲禮之薄，似與此條「非禮之正」云云牴牾，故李樗謂其上下不相貫也。

段解卷二，頁二八；詩説卷一，頁二五；詩傳彙纂卷二，頁二五。）

【評】（四〇）宋劉克曰：「……故王氏謂白茅爲禮之薄，豈理也哉？既以死物爲可惡，曷使尨之吠乎？囿於敍詩之辭，不求詩旨焉爾。古者不以死爲惡也：帝舜以一死爲贄見之禮者雉也，禮以狐死正丘首爲仁，皆以『死』起義。據此，詩麕、鹿亦乾豆之物，上殺以祀上帝宗廟。鹿修以祀天，豈非白茅之所包乎？大過之初六曰『藉用白茅』，孔子曰『茅之爲物，薄而用可重也』，又曰『慎斯術也』。以往聖人之言，豈自相背戾乎？由是推之，此詩兩章以女與死麕、死鹿並，以非以死物爲可惡矣。」（詩説卷一，頁二五—二六。）

有女懷春，吉士誘之。

【佚文】（七〇）「不能無懷也。然『吉士誘之』豈是美辭哉？所以責之之辭也。言有女懷春而吉士可以誘之乎？吉士猶善人也；吉士乃誘人之女，何足爲吉士哉？乃痛責之。」（李黄解卷三，頁三七。）

林有樸樕。

【佚文】（七一）林有樸樕爲一意，野有死麕、自茅包之爲一意。「林之有樸樕，雖小而可免於陵踐。」（李黄解卷三，頁三七。）

【評】（四一）宋李樗曰：「夫『白茅純束』皆是連於『林有樸樕』之文，不可但以爲連『野有死麕』之文。」（李黄解卷三，頁三七。）

何彼襛矣

平王之孫，齊侯之子。

【佚文】（七二）「所謂平王者，猶格王、寧王而已；所謂齊侯者，猶康侯、寧侯而已。」（詩傳彙纂卷二，頁二八。）

△騶虞

詩周南、召南通義。

【評】（四二）宋劉克曰：「介甫之辨二南，似專以詩序爲斷，而以詩辭證之。此却止爲見理未明，徇詩序而不知詩意耳。若詳味詩意得明，則詩序可略矣。詩意本也，詩序末也，狥末而棄本，可乎？但觀召南詩序，便似與詩意相遠。若周南之序，與詩意背繆特甚，但作爲文辭以夸之耳，害於詩之大者也。」（詩説「總説」頁八。）

詩經新義　卷二　國風

邶風

柏舟

汎彼柏舟，亦汎其流。

【佚文】（七三）「柏者，天下之良材也，而不宜以爲舟。柏而以爲舟，亦汎其流，然非柏之所宜也。」（李黄解卷四，頁十；卷六，頁十四。）

【評】（四三）宋李樗曰：「……觀詩之意，則毛説爲長；柏者宜爲舟也。宜爲舟則可以載物，今乃不用，則汎汎然虛流，爲水中物爾。」（李黄解卷四，頁十；另一評見鄘風柏舟，佚文第一一五條下。）

憂心悄悄，愠于羣小；覯閔既多，受侮不少。

【佚文】（七四）「國亂而君昏，則小人衆而君子獨，君子憂而小人樂。君子之憂者，憂其國而已。憂其國則與小人異趣，其爲小人所愠，固其理也，故曰『憂心悄悄，愠于羣小』。小人得志，則爲讒誣以病君子，君子既病矣，則又從而侮之，故曰『覯閔既多，受侮不少』。其曰『既多不少』者，以著小人之衆也。」（呂記卷四，頁三—四；段解卷三，頁五；備考卷三，頁四；詩傳彙纂卷三，頁五—六。）

【評】（四四）宋朱熹曰：「觀此（敏案：謂安石此條所説。）可以曲盡小人之情態。」（段解卷三，頁五引。）

緑衣

緑兮絲兮，女所治兮。

【佚文】（七五）「絲本白也，既緑則不可復黄矣，猶之皆女子也，既妾則不可以復嫡。」（李黄解卷四，頁十五。）

【評】（四五）宋李樗曰：「王氏之説，固勝於毛氏，又不如黄魯直以爲均是絲也，既緑則不可尚黄；均是女也，既妾則不可復嫡。謂『尚黄』，與上文合。」（李黄解卷四，頁十五。）

燕燕

燕燕于飛，差池其羽。……燕燕于飛，下上其音。

【佚文】（七六）「燕方春時，以其匹至，成巢而生之，失時而去[一]。其羽相與差池，其鳴一上而一下，故莊姜感所見以興焉。」（呂記卷四，頁六；李黃解卷四，頁十八、十九；段解卷三，頁八；通釋卷二，頁十二；大全卷二，頁九；詩傳彙纂卷三，頁十。）

【評】（四六）宋李樗曰：「……王氏以謂『燕方春時，以其匹至，成巢而生之』，皆是求之過也。」（李黃解卷四，頁十八。）

【評】（四七）宋黄櫄曰：「王氏謂『燕方春時，以其匹至，成巢而生子[二]，失時而去』，此說近之。」（李黃解卷四，頁十九。）

[一]「成巢而生之失時而去」九字，據李黃解增入。

[二]「子」，疑當作「之」。

日月

日居月諸，照臨下土。……日居月諸，下土是冒。……日居月諸，出自東方。

【佚文】（七七）「照臨下土，爲日之與月相繼而生明，以照臨下土。下土是冒，爲月之明雖有時而蔽虧，不足以臨照，然尚與日中天而冒下土。出自東方，謂月雖不得中天而冒下土，然尚與日代出於東方。」（李黄解卷四，頁二一。）

【評】（四八）宋李樗曰：「日乎月乎，照臨下土，言日月之代明也。……下土是冒，方是照臨下土之意。出自東方，言日與月迭出於東方也。……王氏……妄爲之説。」（李黄解卷四，頁二十—二一。）

乃如之人兮，逝不古處。

【佚文】（七八）「不以古夫婦之道處我。」（呂記卷四，頁九；段解卷三，頁十一；通釋卷二，頁十四；會通卷二，頁十載輯録引；大全卷二，頁十二。）

父兮母兮，畜我不卒。

【佚文】（七九）「人憂患疾痛極，則未嘗不呼其父母者。」（呂記卷四，頁九；段解卷三，頁十一；備考卷三，頁九。）

終風

終風且曀，不日有曀。

【佚文】（八〇）「曀則不見日矣。」（呂記卷四，頁十一；段解卷三，頁十三；備考卷三，頁十。）

【佚文】（八一）「不日有曀者，言不旋日而又曀也。」（呂記卷四，頁十一；段解卷三，頁十三；備考卷三，頁十。）

願言則嚏。……願言則懷。

【佚文】（八二）「思往而從之則跲，思不往而從之則懷。」（李黃解卷四，頁二三。）

擊鼓

死生契闊，與子成說。

【佚文】（八三）契，合；闊，離也。死生患難相救。（李黃解卷四，頁二一七。）

【評】（四九）宋李樗曰：「契闊……王氏以爲離合。……若從王氏之説，則下文殊不相貫。王氏之意，則以死生患難相救，而又以闊爲離，是又有時而離也，安能同其患難乎？鄭氏以謂：與其部伍死也生也，相與處勤苦之中。而王氏從其説。」（李黃解卷四，頁二一七。）

凱風

凱風自南，吹彼棘心。棘心夭夭，母氏劬勞。

【佚文】（八四）「棘心至於夭夭，則風之爲力多矣；此母氏劬勞之譬也。」（呂記卷四，頁十五；段解卷三，頁十七；詩傳彙纂卷三，頁二二一。）

雄雉

雄雉……軍旅數起，大夫久役，男女怨曠，國人患之，而作是詩。此詩小序文。

【佚文】（八五）「雉善鬬，雖飛不分域，而其交也有時。言『軍旅數起，大夫久役，男女怨曠』，曾雉之不如也。」（李黄解卷五，頁一一；辨證卷二，頁九。）

展矣君子，實勞我心。

【佚文】（八六）「（二句，乃）男女怨曠之辭。曠於外者君子也，勞於内者女也。」（李黄解卷五，頁一二。）

【評】（五〇）宋李樗曰：「此說與上下不相合。（下文）『瞻彼日月，悠悠我思』，大夫久役不得歸，悠悠然我思之長也。……此詩所以思君子而不得之辭也。」（李黄解卷五，頁一二—一三。）

匏有苦葉

匏有苦葉，濟有深涉。

【佚文】（八七）「匏之葉，有可食之道，其不可者苦也；濟之涉，有可揭厲之道，其不可者深也；男女有相與之道，其不可者非其匹也。」（李黄解卷五，頁四。）

【評】（五一）宋李樗曰：「當如王氏之説，則兩句分爲兩意。」（李黄解卷五，頁四。）

濟盈不濡軌，雉鳴求其牡。

【佚文】（八八）「濟盈不濡軌，以言其淫；雉鳴求其牡，以言其亂。」（李黄解卷五，頁五。）

士如歸妻，待冰未泮。

【佚文】（八九）「古之於婚姻，其求之不暴，而節之以禮，雖庶士亦然，而況於人君乎？」（吕記卷四，頁十九—二十；段解卷三，頁二三；備考卷三，頁十六。）

招招舟子，人涉卬否。

【佚文】（九〇）「徒涉而已，猶須其友而後往，而況於夫婦乎？」（李黄解卷五，頁六。）

△谷風

式微

式微式微！胡不歸？微君之故，胡爲乎中露！

【佚文】（九一）「中露，露中也。露中，言有霑濡之辱而無所芘覆。」（呂記卷四，頁二六；李黃解卷五，頁十四；詩緝卷四，頁七。）

式微式微！胡不歸？微君之躬，胡爲乎泥中！

【佚文】（九二）「泥中，言有陷溺之難而不見拯救也。」（呂記卷四，頁二六；李黃解卷五，頁十四；詩緝卷四，頁七；備考卷三，頁二十。）

【佚文】（九二之一）中露、泥中，非衛邑。（慈湖詩傳卷三，頁十八。敏案：殆即取上二條佚文所論，斷安石謂中露、泥中非衛邑也。）

【評】（五二）宋楊簡曰：「毛傳謂中露、中泥皆衛邑，未安。鄭箋、孔疏亦無所考證，王氏亦不以爲衛邑，但其説亦鑿。」（慈湖詩傳卷三，頁十八。）

旄丘

旄丘之葛兮，何誕之節兮？

【佚文】（九三）「（旄丘，）前高後低，譬衛之於黎，有始而無終也。」（李黃解卷五，頁十六。）

【評】（五三）宋李樗曰：「王氏好逐句生義，如『南有樛木』則曰『南，明方也』。……（此）詩人之意但云旄丘之地有此葛，其意取譬於葛，非取於旄丘。葛節本延蔓相屬，今則胡爲闊誕其節？諸侯本患難相救，今則胡爲不同患難也？」（李黃解卷五，頁十六—十七。）

叔兮伯兮，何多日也？

【佚文】（九四）「并責其君臣。叔伯，言其臣也。」（李黃解卷五，頁十七。）

狐裘蒙戎，匪車不東。

【佚文】（九五）「狐裘，以居而息民。蓋狐，疑而不果之物，其義利以止，不利以有爲。衛不果於救黎，故以狐裘刺之。」（李黃解卷五，頁十七。）

瑣兮尾兮，流離之子。

【佚文】（九六）「瑣，細也；尾，末也。黎侯之臣子流離失職，故瑣尾也。」（呂記卷四，頁二八；李黄解卷五，頁十八；慈湖詩傳卷三，頁十九；段解卷三，頁三二；詩緝卷四，頁十；備考卷三，頁二一；詩傳彙纂卷三，頁三九。）

【評】（五四）宋李樗曰：「王氏之説爲優。……蓋詩人之意，謂黎侯窮困於此，瑣細而尾末矣，流離而失職矣，而衛之諸臣不能救之。蓋責之深也。」（李黄解卷五，頁十八。）

叔兮伯兮，褎如充耳。

【佚文】（九七）「徒盛其服，而不能聽其告愬。」（李黄解卷五，頁十八。）

簡兮

簡兮簡兮，方將萬舞。

【佚文】（九八）干羽爲萬舞。（李黄解卷五，頁二一。）

【評】（五五）宋李樗曰：「（王氏説）非也。鄭氏云：『萬舞者，干舞也。』……按春秋左傳云：『萬入去籥之别。』公羊曰：『萬者何？干舞也。籥者何？籥舞也。』見宣八年。何休釋之曰：『干，楯也；萬，舞名也。』故知萬舞者，指干舞而言也。」（李黄解卷五，頁二一一。）

日之方中，在前上處。

【佚文】（九九）「日之方中，至明而易見之時也；在前上處者，至近而易察之地也。於時不能察而用之，此其所以刺之也。」（李黄解卷五，頁二一一—二一二；吕記卷四，頁二一九；攻媿集卷六七，頁四「易察之地」下作「君猶不能見，況幽遠者乎」？樓氏説亦見慈湖詩傳卷三，頁二十「日之方中，在前上處」下原注引，唯多誤字；詩童子問卷一，頁二一七；備考卷三，頁二一二。）

【評】（五六）宋李樗曰：「此説甚善。……今也居日中易見之時，在前列易察之地，而衛君猶不見察，況在側微之間而望君之見察乎？」（李黄解卷五，頁二一二。）

【評】（五七）宋樓鑰曰：「前輩敏案：謂王安石。曾云：『……』此意甚切！」（攻媿集卷六七，頁四答楊敬仲論詩解；亦見慈湖詩傳卷三，頁二十「日之方中，在前上處」下原注。）

碩人俁俁，公庭萬舞。有力如虎，執轡如組。

【佚文】（一〇〇）「羔裘之詩曰『羔裘豹飾，孔武有力』，所謂有力者，非賁、育之謂，若羔裘所稱。」（李黃解卷五，頁二二一。）

【評】（五八）宋李樗曰：「此説是也。……蓋古人多於斷章取義，不當拘此詩之言，蓋言其賢人才力如此，非謂猛暴如虎者也。若『闞如虓虎』，亦言其力也，豈是果若虎乎？如股肱之寄在忠力，是乃此詩所謂力也。」（李黃解卷五，頁二二一—二二二。）

【佚文】（一〇一）「（執轡如組者，）此言藝也。」（李黃解卷五，頁二二二。）

云誰之思？西方美人。

【佚文】（一〇二）「衛在王室之東。」（段解卷三，頁三六。）

泉水

出宿于泲，飲餞于禰。女子有行，遠父母兄弟。……出宿于干，飲餞于言。

【佚文】（一〇三）「泲、禰，蓋父母之國地名；干與言，嫁之國也[一]。欲歸則又思嫁時，出宿

[一]「干與言嫁之國也」七字，據李黃解補。

飲餞，相與訣而之夫家。」（吕記卷四，頁三二；李黄解卷五，頁二六；段解卷三，頁三八；詩緝卷四，頁十四；詩傳彙纂卷三，頁四四。）

【評】（五九）宋李樗曰：「四地皆無所經據。然始嫁時别於此而之夫家，猶可説也，下文『女子有行，遠父母兄弟』，殊不相屬，不若且從毛、鄭之説。……」（李黄解卷五，頁二六。）

【評】（六〇）宋嚴粲曰：「今考衛成公後遷東郡、濮陽，泲屬東郡，則亦衛地也。禰無所見，與泲並言，亦衛邑可知。箋以泲、禰皆爲所嫁國，適衛之道所經，今不從。不若王氏、朱氏爲長。」（詩緝卷四，頁十五。）

北門

終窶且貧。

【佚文】（一〇四）「分貝爲貧。」（考古質疑卷三，頁十六。）

詩北門三章通義。

【佚文】（一〇五）「人臣事是君爲容悦者，其北門大夫之謂乎？若有道之士，道合則從，不合則去。」（李黄解卷六，頁三。）

【評】（六一）宋李樗曰：「其説不合詩人之意，龜山已言其非矣，兹所以不復云。」（李黄解卷六，頁三。）

北風

北風其涼，雨雪其雱。……北風其喈，雨雪其霏。

【佚文】（一〇六）「北風之寒也，而以爲涼；北風之厲也，而以爲喈：此以言其爲威。雨雪之散也，而以爲雱；雨雪之集也，而以爲霏：此以言其爲虐。」（臨川集卷四三，頁四；李黄解卷六，頁五。）〔一〕

惠而好我，攜手同行。……惠而好我，攜手同車。

【佚文】（一〇七）「乘車則非賤者也。攜手同行，則賤者去也；攜手同車，則貴者去之矣。言國人

〔一〕此條佚文四十八字，用臨川集安石後改本；舊本爲六十三字，亦見臨川集同卷頁，兹不據。下倣此。

無貴賤，皆憚其威虐，莫不舍之而適他國也。」（李黄解卷六，頁五；詩傳彙纂卷三，頁五十。）

其虚其邪！既亟只且。

【佚文】（一〇八）虚、邪皆讀如字。「其虚者，不以忮害物；邪者，不以正格人。二者雖君子、小人之道不同，然宜皆不爲威虐者也。」（李黄解卷六，頁五。）

莫赤匪狐，莫黑匪烏。

【佚文】（一〇九）「狐赤、烏黑，莫能别也。」（李黄解卷六，頁六。）

静女

静女，刺時也。衛君無道，夫人無德。此詩小序之全文。

【佚文】（一一〇之一）毛、鄭、王、張皆以爲美詩。（李黄解卷六，頁七。）

静女其姝，俟我於城隅。

【佚文】（一一〇）「俟我於城隅，言静女之俟我以禮也。」（西溪叢語卷下，頁一；李黄解卷六，頁七。）

静女其孌，貽我彤管。

【佚文】（一一一）「其美外發，其和中出，其節不可亂者，彤管也。貽我彤管，言静女之貽我以樂也。」（西溪叢語卷下，頁十。）

【評】（六二）宋姚寬曰：「徐安道注音辯云：『彤，赤漆也；管謂笙簫之屬。』按：静女詩『貽我彤管，彤管有煒』注云：『煒，赤貌；彤管以赤心正人。』箋云：『彤管，赤管也。』疏：『必以赤者，欲使女史以赤心正人，謂赤心事夫人，正妃妾之次序也。』毛注[一]：『古者后夫人必有女史彤管之法，史不記過，其罪殺之。』後漢皇后紀序云[二]：『頒官分務，各有典司，女史彤管，記功書過。』左氏傳定公九年：『静女之三章，取彤管焉。』杜預云：『詩邶風也。言静女三章之詩雖説美女，義在彤管。彤管，赤筆，女史記事規誨之所執。』以此攷之，不聞

[一]「毛」，原作「鄭」。按毛詩注疏，此下引文爲毛傳，據改。

[二]「紀」，原作「妃」，據後漢書卷十改。

謂之樂也。」（西溪叢語卷下，頁十。）

新臺

新臺有泚，河水瀰瀰。

【佚文】（一一二）「泚爲清，瀰爲盛；言爲清潔之臺而盈其淫污之行。」（李黄解卷六，頁九。）

【評】（六三）宋李樗曰：「（王氏、毛氏）二説皆非。原詩人之意，蓋以記其作新臺於河上，而水瀰瀰泚泚而已。新臺臨河，今澶州尚存遺地。」（李黄解卷六，頁九。）

燕婉之求，籧篨不鮮。……燕婉之求，得此戚施。

【佚文】（一一三）「籧篨，不能俯者，所以刺宣公之無見於下。戚施，不能仰者，又以言齊女之無見於上，是以亂人倫而不恥也。」（李黄解卷六，頁十。）

二子乘舟

願言思子，不瑕有害。

【佚文】（一一四）「死非其所，不得爲無瑕。陷父於不義，不得爲無害。雖然，其心豈有他哉？故詩人怨之曰：『不瑕有害。』唯其能不瑕有害也，是以怨之云爾。」（呂記卷四，頁一；段解卷三，頁四六；詩緝卷四，頁二五。）

詩經新義　卷三　國風

鄘風

柏舟

汎彼柏舟，在彼中河。

【佚文】（一一五）「柏非不可以爲舟，然而爲舟者，非柏之所宜。以譬，則女非不可以再嫁，而再嫁非女之所宜。」（李黄解卷六，頁十四。）

【評】（六四）宋李樗曰：「王氏之説，多以柏爲不宜舟，如前柏舟亦曰：『……』……前之柏舟，則其意在於汎汎其流，言柏舟不可以載物，而徒汎其流，則其誣一也。此柏舟，則其意在於從中河也。共姜自誓，若柏舟之爲物，當常在中河；如婦人之義，當常在夫家。若捨之而之它，則不可。」（李黄解卷六，頁十四—十五。）

之死矢靡慝。

【佚文】（一一六）「以再嫁爲慝，則其絶之甚矣。」（吕記卷五，頁二；段解卷四，頁二；詩緝卷五，頁三；備考卷四，頁二）

牆有茨

牆有茨，衛人刺其上也。公子頑通乎君母，國人疾之，而不可道也。此詩小序之全文。

【佚文】（一一七）「當是時，惠公幼，故刺其上也。」（李黄解卷六，頁十七）

【評】（六五）宋楊時曰：「衛人化其上，故淫風大行。公子頑之惡，國人雖疾之而不可道。序言『刺其上』者，蓋推本而言之，非謂惠公之幼也。」（李黄解卷六，頁十七引。）

牆有茨，不可埽也。中冓之言，不可道也。

【佚文】（一一八）「牆所以限制内外，有避嫌之道，故以況君。牆，茨爲之穢，故以況公子頑。」（李黄解卷六，頁十七。）

【評】（六六）宋李樗曰：「毛氏謂『牆所以防非常，茨……欲埽去之反傷牆』。……王氏

（之説）……是亦毛氏之意，不可取也。……」（李黄解卷六，頁十七。）

君子偕老

玼兮玼兮，其之翟也。

【佚文】（一一九）「『玼兮玼兮，其之翟也』者，服之盛、質宜之也。」（臨川集卷四三，頁四。）

瑳兮瑳兮，其之展也。蒙彼縐絺，是紲袢也。

【佚文】（一二〇）「『瑳兮瑳兮，其之展也，蒙彼縐絺，是紲袢也』者，服之盛、文宜之也。」（臨川集卷四三，頁四。）

【佚文】（一二一）「暑服則加紲袢焉，所以自斂飭也。音如絆繫之絆，説文同。」（吕記卷五，頁六；李黄解卷六，頁二一；慈湖詩傳卷四，頁六；段解卷四，頁七；備考卷四，頁九；詩傳彙纂卷四，頁六。）

子之清揚，揚且之顔也。展如之人兮，邦之媛也。

【佚文】（一二二）揚且之顔，治容也。展，有誠信之道焉。（李黄解卷六，頁二一一。）

【評】（六七）宋李樗曰：「王氏既以上文爲治容，又以下文爲有誠信，其文殊不相貫。故知展如之人兮，蓋言其服飾之盛，容貌之美，信如此之人，然後可以爲邦之媛也。」（李黄解卷六，頁二一一——二一二。）

桑中

期我乎桑中，要我乎上宫。

【佚文】（一二三）「上宫，城中之宅也。方桑之時，民宜在田，不宜在城中之宅。」（李黄解卷六，頁二一四。）

云誰之思？美孟姜矣。……云誰之思？美孟弋矣。……云誰之思？美孟庸矣。

【佚文】（一二四）孟姜爲公室，弋、庸爲世族。「其稱『姜』與『弋』、『庸』皆曰『孟』者，孟則長矣，而猶犯禮，則季稚可知。」（李黄解卷六，頁二一四。）

定之方中

△鶉之奔奔

定之方中，作于楚宫。揆之以日，作于楚室。

【佚文】（一二五）「方其庀徒而作宫，則占營室之中。及辯内外之位而作室，則揆之以日。占營室之中者，序所謂『得其時』；揆之以日景者，序所謂『得其制』。」（李黄解卷七，頁二一；段解卷四，頁十五。）

【佚文】（一二六）「作楚宫、楚室者，總門、序、堂、室謂之宫，宫之中有室。」（李黄解卷七，頁二一。）

【評】（六八）宋李樗曰：「若從王、鄭，分宫、室爲二，則是楚宫而占定星之中，至於作楚室，獨不然乎？作于楚室，揆之以日，而作于楚宫，獨不然乎？無是理也。曰宫、曰室，但其文異，其實一也。」（李黄解卷七，頁二一。）

升彼虛矣，以望楚矣。

【佚文】（一二七）「虛者，若左氏所謂『有莘之虛』是也。」（呂記卷五，頁十二；段解卷四，頁十六。）

卜云其吉，終然允臧。

【佚文】（一二八）「卜言吉，於是遂建城市而營宫室也。終然允臧者，言今信善如卜所言也。」（呂記卷五，頁十二；段解卷四，頁十七；詩緝卷五，頁十五；通釋卷三，頁十九；大全卷三，頁十三；備考卷四，頁九；詩傳彙纂卷四，頁十四。）

説于桑田。

【佚文】（一二九）「説于桑田者，『者』當作『則』。」（臨川集卷四三，頁四。）

匪直也人，秉心塞淵，騋牝三千。

【佚文】（一三〇）「言國君之富者，宜以馬也。」（呂記卷五，頁十三；段解卷四，頁十八。）

詩定之方中第二、第三章通義。

【佚文】（一三一）「上章既言城市宮室，於是言其政事。蓋人君先辨方正位，體國經野，然後可以施政事云。」（通釋卷三，頁十九—二十；大全卷三，頁十四；詩傳彙纂卷四，頁十五。）

蝃蝀

乃如之人也，懷昏姻也；大無信也，不知命也。

【佚文】（一三二）「男女之欲，性也，有命焉，君子不謂之性也。今也從性所欲，而不知命有所制，此之謂不知命。」（李黄解卷七，頁八；吕記卷五，頁十五；段解卷四，頁二一；通釋卷三，頁二三；大全卷三，頁十八；詩傳彙纂卷四，頁十九。）

【評】（六九）宋李樗曰：「王氏以爲『女不知命』，據詩人以爲不知命。其説不然，人苟知事之有命也，則不義安得而待之矣。」（李黄解卷七，頁八。）

相鼠

相鼠有皮，人而無儀。……相鼠有齒，人而無止。……相鼠有體，人而無禮。

【佚文】（一三三）鼠猶有皮毛以成體，人反無儀容以飭其身，曾鼠之不若也。「皮以被其外，齒以養其內，體者內外之所以立。」（李黃解卷七，頁十。）

【評】（七〇）宋李樗曰：「王氏……不合三章分別之，言：『……』此則鑿也。凡此三章，例皆言何不疾死也。」（李黃解卷七，頁十。）

干旄

干旄，美好善也。衛文公臣子多好善，賢者樂告以善道也。此詩小序之全文。

【佚文】（一三四）「以素絲組馬以好賢者，臣子之好善也。人君之好善，則非特如此，必與之食天祿、共天位焉。柏舟之仁人，見慍於羣小，以至於覯閔受侮者，以頃公故也。然則文公之臣子好善如此，亦以文公故也，故曰『一國之事，繫一人之本，謂之風』。」（呂記卷五，頁十六——十七；段解卷四，頁二二；備考卷四，頁十二；詩傳彙纂卷四，頁二二。）

孑孑干旄。

【佚文】（一三五）「卿建旃，士建物，卿士設旄，旟則鄉黨之官所建〔二〕，旌則士之所未命，而無物者建之。」（李黄解卷七，頁十一；臨川集卷四三，頁四。）

【評】（七二）宋李樗曰：「然攷之九旗，皆注毛於干首，亦不必如是之分別也。案：爾雅『載旄於干頭』，注：旄首曰旌。則旄、旌一也，安得爲卿大夫則建之，士則不建之？」（李黄解卷七，頁十一——十二。）

素絲紕之，良馬四之。

【佚文】（一三六）「素絲爲組，所以帶馬；良馬所以好賢者也。」（呂記卷五，頁十七；慈湖詩傳卷四，頁十五；段解卷四，頁二三。）

素絲組之，良馬五之。

【佚文】（一三七）「紕之以爲組。」（呂記卷五，頁十八；段解卷四，頁二四。）

〔二〕「官」，李黄解作「士」，涉上下文三「士」字而誤，據臨川集卷四三乞改詩義誤字劄子改。

素絲祝之，良馬六之。

【佚文】（一三八）「組成而祝之，故初言紕，中言組，終言祝。祝，斷也。」（吕記卷五，頁十八；段解卷四，頁二一四—二一五；詩傳彙纂卷四，頁二二一。）

載馳

視爾不臧，我思不閟。

【佚文】（一三九）「我思之歸於道爲不閟；不閟者，言於道通也。」（李黄解卷七，頁十五。）

【評】（七二）宋李樗曰：「不閟者，言我思常在目前也。王氏云：『……』非也。」（李黄解卷七，頁十五。）

詩載馳第二章通義。

【佚文】（一四〇）「宗國顛覆，變之大者，人情之至痛也。夫人致其思如此，然後盡于人心。夫人致其思，大夫致其義，非先王之澤，孰能使人如此？」（通釋卷三，頁二一八；大全卷三，頁二二一；詩傳彙纂卷四，頁二二四。）

陟彼阿丘，言采其蝱。

【佚文】（一四一）「陟偏高之丘，以采蝱故也。采蝱者，將以除結濾之疾。譬之欲歸唁，非平夷之行也，亦將以解腹心之至憂故也。」（李黄解卷七，頁十六；吕記卷五，頁二十；段解卷四，頁二七；備考卷四，頁十四。）

百爾所思，不如我所之。

【佚文】（一四二）「百爾所思，不如我所之者，終欲歸唁之辭。」（吕記卷五，頁二一；段解卷四，頁二八；詩傳彙纂卷四，頁二五。）

衛風

淇奥

瞻彼淇奥，緑竹猗猗。

【佚文】（一四三）緑竹爲竹。「瞻彼淇奥，爲德之清潤深閟。緑竹猗猗，爲竹之虚節清和。」

（李黃解卷七，頁十八、十九；緗素雜記卷五，頁六。）

【評】（七三）清紀昀曰：「……今觀其書，頗引新經義及字説，而尊安石爲舒王。解詩『緑竹』一條，於安石之説，尤委曲回護，誠爲王氏之學者。」（四庫全書總目提要卷一一八，頁十五靖康緗素雜記下。）

有匪君子。

【佚文】（一四四）「考工記曰：『且其匪色，必似鳴矣。』匪者，有文章之謂也。」（呂記卷六，頁一；慈湖詩傳卷五，頁一；詩傳彙纂卷四，頁二七。）

瞻彼淇奧，緑竹猗猗。……瞻彼淇奧，緑竹青青。……瞻彼淇奧，緑竹如簀。

【佚文】（一四五）「緑竹猗猗者，言其少長未剛之時；青青，爲方剛之時；如簀，爲盛之至。」（李黃解卷七，頁十九。）

【評】（七四）宋李樗曰：「上章言猗猗，二章言青青，下章言簀者，盛也。王氏則以『……』此乃曲説也。」（李黃解卷七，頁十九。）

有匪君子，充耳琇瑩。……有匪君子，如金如錫，如圭如璧。

【佚文】（一四六）「充耳琇瑩，以言武公有其德而稱此服；如金如錫，如圭如璧，言其成德之貌。夫盛德之至，有剛有柔，而其化無方；或鋭或圓，而其成不易。其化無方，則所以爲道也；其成不易，則所以爲義也。」（李黄解卷七，頁二十。）

【評】（七五）宋李樗曰：「此蓋王氏隨字生義，隨句生意，非詩人之本意。」（李黄解卷七，頁二十。）

猗重較兮〔一〕。

【佚文】（一四七）「猗，倚也。重較者，所以爲慎固也。」（緗素雜記卷六，頁一；卷三，頁七。）

【評】（七六）宋黄朝英曰：「（蔡）元度確論云：『……猗重較兮……中有所倚而生嘆也。』……以猗爲嘆辭，恐于義未安，蓋亦不詳考舒王經義，而誤爲之説也。（舒王）淇澳義云：『……』猗自訓倚，而以爲中有所倚而生嘆，豈其誤歟！」（緗素雜記卷六，頁一。）

〔一〕　淇奥末章「倚重較兮」，唐石經、小字本、相臺本、閩本、明監本、毛本「倚」皆作「猗」（皆見阮元毛詩注疏校勘記），安石所據本亦作「猗」。

碩人之寬……永矢弗諼。……碩人之薖……永矢弗過。……碩人之軸……永矢弗告。

【佚文】（一四八）碩人自誓不忘君之惡，自誓不復入君之朝，自誓不復告君以善道。（李黄解卷七，頁二二四；參密齋筆記卷一，頁九載鄭俠引。）

【評】（七七）宋謝采伯曰：「鄭介夫俠聞子姪用王氏學講考槃之義，曰：『非也。忿戾若此，何以爲碩人？弗諼者，弗忘君也。弗過者，弗以君爲過也；弗告者，弗以告他人也。』」（密齋筆記卷一，頁九。）

【評】（七八）宋李樗曰：「信如鄭氏之説〔一〕，則是所謂碩人者，乃躁急之人，安得所謂『碩人之寬』之義哉？且君臣猶父子也，雖不見用，可以怨望而爲誓若此哉？王氏亦從此説。敏案：謂從鄭箋。歐陽、程氏、楊龜山破其説。……程氏、楊氏之説爲善……以『永矢弗諼』爲自陳不能忘其君，以『永矢弗過』爲自陳其不得過君之朝，以『永矢弗告』爲自陳不得告君以

〔一〕「鄭」，原作「毛」。按考槃「永矢弗諼」鄭箋云：「長自誓以不忘君之惡。」知此義當爲鄭氏之説，據改。

善。矢如『皋陶矢厥謨』之『矢』同。此説是也。」（李黄解卷七，頁二四。）〔二〕

碩人

碩人其頎……齊侯之子，衛侯之妻，東宫之妹，邢侯之姨，譚公維私。

【佚文】（一四九）「言族類之貴。」（吕記卷六，頁五。）

手如柔荑，膚如凝脂，領如蝤蠐，齒如瓠犀，螓首蛾眉。巧笑倩兮，美目盼兮。

【佚文】（一五〇）「言容色之美。」（吕記卷六，頁六。）

碩人敖敖，説于農郊。

【佚文】（一五一）「『説』當作『駕説』之『説』。先儒謂『説』當作『襚』，誤矣。」（李黄解卷七，

〔二〕「永矢弗諼」至「之矢同」，考之二程全書伊川經説卷三，頁六—七，非程伊川説此詩之原文；而散見於吕記卷六，頁四所引者，大致爲龜山此文。其因破安石新義而作，顯然。

頁二八。）

大夫夙退，無使君勞。

【佚文】（一五二）「國人所樂得以配君也。夫以莊姜容貌之飾、車服之盛、顔色之美，宜其見答；乃不見答，此詩所以閔之也。」（李黄解卷七，頁二一七。）

河水洋洋，北流活活。

【佚文】（一五二之一）因河水與人情放縱難制，所以致嬖妾上僭而薄於夫人。（李黄解卷七，頁二一七；敏案：據李黄解，此程氏之説，而安石之説與相類。）

施罛濊濊，鱣鮪發發，葭菼揭揭。

【佚文】（一五三）「施罛譬則莊姜，鱣鮪譬則莊公，葭菼則取譬未可必信也。」（李黄解卷七，頁二一七。）

庶姜孽孽。

【佚文】（一五四）「（孽孽，）非一孽。」（李黃解卷七，頁二一七。）

【評】（七九）宋李樗曰：「據莊姜所患者，一州吁爾，安得謂之非一孽乎？此蓋言莊姜所嫁之時如此，而不見答，所以爲可閔也。」（李黃解卷七，頁二一七—二一八。）

氓

【佚文】（一五五）「兄弟不知我之見暴，故笑；知則悲傷矣。」（李黃解卷八，頁五。）

言既遂矣，至于暴矣。兄弟不知，咥其笑矣。

【佚文】（一五六）「一章、二章爲美反正。三章爲刺淫泆。四章爲華落色衰，復相棄背。五章、六章言困而自悔，喪其妃耦。」（李黃解卷八，頁二一。）

詩氓六章通義。

【評】（八〇）宋李樗曰：「據序，所謂反正即所謂自悔者，豈一章、二章既言反正，五章、六章又言自悔？是一事而分爲兩也。」（李黃解卷八，頁二一。）

竹竿

籊籊竹竿，以釣于淇。

【佚文】（一五七）「釣有男下女之道，故詩人者每以釣喻夫婦之相求。」（李黄解卷八，頁六。）

【評】（八一）宋李樗曰：「淇水者，言衛女嫁於異國，故思淇水，若泉水之詩所謂『思須與漕，我心悠悠』、載馳所謂『我行其野，芃芃其麥』之類是也。若謂『以釣于淇』而取譬夫婦，何必獨言淇水乎？」（李黄解卷八，頁六—七。）

巧笑之瑳，佩玉之儺。

【佚文】（一五七之一）「巧笑之瑳，佩玉之儺，言雖不見荅，而能自强以禮也。」（李黄解卷八，頁八。）

【評】（八二）宋李樗曰：「王氏謂：『……』王氏欲以此説强合於序，其説非也。據序，但謂思而能以禮者也，非謂能自强以禮也。」（李黄解卷八，頁八。）

淇水滺滺，檜楫松舟。

【佚文】（一五八）二句皆以喻夫婦。（李黄解卷八，頁七。）

芄蘭

芄蘭之支，童子佩觿。

【佚文】（一五九）「芄蘭之爲物，不能自立，以刺無禮。」（李黄解卷八，頁九。）

【佚文】（一六〇）「支，離矣；棻則離本遠矣。離本遠則尤柔不能自立，以刺無禮之甚。」（李黄解卷八，頁九。）

△河廣

△伯兮

有狐

有狐綏綏，在彼淇厲。

【佚文】（一六一）「岸近危曰厲。」（吕記卷六，頁二十；詩緝卷六，頁二五；黄氏日抄卷四，頁十七;備考卷四,頁二七;詩傳彙纂卷一,頁五一。)

【評】(八三)宋黃震曰:「在彼淇厲,傳謂深可厲之厲,恐不若王氏謂『岸近危曰厲』。」(黃氏日抄卷四,頁十七;此條亦見「古名儒毛詩解」中之黃震「讀詩一得」頁十三。)

心之憂矣,之子無裳。……心之憂矣,之子無帶。……心之憂矣,之子無服。

【佚文】(一六二)「無裳則憂其無裳而已,無帶則又憂無服,則所憂者衆矣。」(李黃解卷八,頁十五。)

【評】(八四)宋李樗曰:「毛氏曰:『無室家如無衣服。』此曲説也。王氏曰:『……』此説是也。蓋此詩言無裳無帶無服,但言其衣服之不備也。」(李黃解卷八,頁十五。)

木瓜

投我以木瓜,報之以瓊琚。……投我以木桃,報之以瓊瑶。……投我以木李,報之以瓊玖。

【佚文】(一六三)「木瓜、木桃、木李,以言齊桓公投我以仁之實。」「投我者彌薄,則實齊桓之德爲薄。」「報之者彌厚。」(三段文皆見李黃解卷八,頁十七。)

【評】（八五）宋李樗曰：「此蓋言人遺我以微物，必有以厚報之；況齊桓之德如此其大，則報之當如何？王氏……（之）説鑿矣。……既謂齊桓之德薄，又謂『報之者彌厚』，是豈衛人之情乎？」（李黄解卷八，頁十七。）

詩經新義　卷四　國風

王風

黍離

彼黍離離，彼稷之苗。……彼黍離離，彼稷之穗。……彼黍離離，彼稷之實。

【佚文】（一六四）「視稷而謂之黍者，憂而昏也。」（邵氏聞見後録卷五，頁三；李黄解卷八，頁二十。）

【評】（八六）宋邵博曰：「程氏解：彼黍者，我后稷之苗也。校先儒平易明白；王説固爲穿鑿云。」（邵氏聞見後録卷五，頁三。）

【評】（八七）宋李樗曰：「不必如此説。如蓼莪之詩曰『蓼蓼者莪，匪莪伊蒿』，則可以如此説。至於此詩則不可。箕子閔商之歌曰『麥秀漸漸兮，禾黍油油』，既曰麥秀，又曰禾黍，則亦與此同意。彼稷之苗、彼稷之穗、彼稷之實，以見盡爲禾黍之意。」（李黄解卷八，頁二十一—二二。）

△君子于役

君子陽陽

君子陽陽，左執簧。……君子陶陶，左執翿。

【佚文】（一六五）「左執者，言無所事也。簧，所以爲聲；翿，所以爲容。隱則無所事於容聲，故曰左執簧、左執翿。」（李黄解卷八，頁二二三；尚書全解卷二三，頁四）「簧、翿取聲容之義，不必仕於伶官也。」（李黄解卷八，頁二二三）

【評】（八八）宋李樗曰：「據詩言，左執簧，但是左手所執，非以無所事爲義。……（又）據此詩言，正是君子仕於伶官，而謂不必仕於伶官，非也。」（李黄解卷八，頁二二三—二二四。）

【評】（八九）宋林之奇曰：「王氏之説經……喜鑿，故於君子陽陽之詩曰：『……』信如此説，則簡兮之詩亦是賢者不遇而作，而曰『左手執籥』，爲其無事於聲可也。至於右手執翟，則爲有事於容乎？王氏於此則無説，以其説之不通故也。」（尚書全解卷二三，頁四。）

揚之水

揚之水，不流束薪。

【佚文】（一六六）「水之揚，足以流束薪。」（李黄解卷八，頁一二五。）

【評】（九〇）宋李樗曰：「其意則亦謂揚（之）水可以流束薪，而今乃不能。非也。據詩，但言揚之水不流束薪，安得謂水之揚足以流束薪乎？」（李黄解卷八，頁一二五。）

中谷有蓷

中谷有蓷，暵其脩矣。

【佚文】（一六七）「脩，久也；言久暵矣而又苦濕焉。」（李黄解卷九，頁一一。）

兔爰

有兔爰爰，雉離于羅。……有兔爰爰，雉離于罦。……有兔爰爰，雉離于罿。

【佚文】（一六八）「有兔爰爰，以喻背叛之諸侯。雉離于羅，以喻傷敗之王師。」（李黄解卷九，頁四。）

【佚文】（一六九）「羅、罦、罿皆網類。網，不信之器也。王不信，將以罔諸侯，而終至於自罔。」（李黄解卷九，頁四。）

【評】（九一）宋李樗曰：「此説皆非詩人之本意。……迂回曲折，求合於序。皆所不取。」（李黄解卷九，頁四。）

我生之初，尚無爲。……我生之初，尚無造。……我生之初，尚無庸。

【佚文】（一七〇）「我生之初，尚無爲、尚無造、尚無庸，非志於功名者也。非志於功名，而憂在於天下，故謂之君子。」（李黄解卷九，頁四。）

我生之後，逢此百罹。……我生之後，逢此百憂。……我生之後，逢此百凶。

【佚文】（一七一）「凶甚於憂，憂甚於罹。」（李黄解卷九，頁五。）

【評】（九二）宋李樗曰：「罹，憂也。……百憂、百凶亦是百罹之意。王氏……皆是强爲之説。據詩，三章皆是一意，但换其韻耳。」（李黄解卷九，頁四—五。）

葛藟

緜緜葛藟，在河之滸。

【佚文】（一七二）「河滸，水所盪，危地也。潤澤葛藟而生之，則所以自固，猶之王者敦敘九族而親之，亦所以自固。」（李黄解卷九，頁七。）

終遠兄弟，謂他人父。……終遠兄弟，謂他人母。……終遠兄弟，謂他人昆。

【佚文】（一七三）「謂他人父，謂他人母，謂他人昆，所謂不愛其親而愛他人。」（呂記卷七，頁十二；段解卷六，頁十四。）

△采葛

大車

大車檻檻，毳衣如菼。

【佚文】（一七四）「大車，大夫之車也。」（李黄解卷九，頁十。）

【佚文】（一七五）「此大夫也，而服毳者，以禮考之：子男之服，自毳冕而下，如侯伯之服。則子男五命，衣服以五爲節。〔一〕典命：王之三公八命，其卿六命，其大夫四命；及其出封，皆加一等。蓋八命加一等，所謂上公九命，其服以九爲節也。其未出封，則與侯伯同服矣。公與侯伯同服，則卿與子男同服矣。此詩所謂周大夫者卿也；然則司服所謂卿大夫之服，自玄冕而下者，諸侯之卿大夫也。」（段解卷六，頁十七；李黄解卷九，頁十；吕記卷七，頁十四；詩緝卷七，頁十七；通釋卷四，頁十八；會通卷四，頁十八；大全卷四，頁十七。）

【評】（九三）宋李樗曰：「王氏……泥於詩序『刺周大夫』之言也。……大車檻檻，毳衣如菼，乃古聽訟者之車服也。作此詩刺周之大夫，而詩之所陳乃是古大夫，不可執今之大夫而求合於詩序也。」（李黄解卷九，頁十。）

大車檻檻，毳衣如菼。……大車啍啍，毳衣如璊。

〔一〕「此大夫也」至「以五爲節」，吕記及各家皆未引，段解據安石詩經新義則有録。又通釋、大全及會通所引，删略尤多，而李黄解則僅取安石此文大意，束爲一句。

【佚文】（一七六）「如菼，言其衣之色；如璊，言其裳之色也。」（段解卷六，頁十八—十九，李黄解卷九，頁十一；吕記卷七，頁十四。）

丘中有麻

彼留子國，將其來食。

【佚文】（一七七）「（將其來食，）將其來而禄於朝也。」（李黄解卷九，頁十四。）

鄭風

緇衣

緇衣之宜兮，敝，予又改爲兮。

【佚文】（一七八）「緇衣，朝服也。」（吕記卷八，頁二。）

適子之館兮，還，予授子之粲兮。

【佚文】（一七九）「粲，粟治之精者。」（呂記卷八，頁二；段解卷七，頁二；詩緝卷八，頁三；詩傳彙纂卷五，頁二三。）

緇衣之蓆兮，敝，予又改作兮。

【佚文】（一八〇）蓆，多也；言予之多也。（李黄解卷九，頁十七。）

【評】（九四）宋李樗曰：「既以蓆爲予之多，又曰『敝，予又改作兮』，則上下文殊不相貫，豈有予之多而又改作邪？」（李黄解卷九，頁十七。）

將仲子

將仲子兮，無踰我里，無折我樹杞。……將仲子兮，無踰我牆，無折我樹桑。……將仲子兮，無踰我園，無折我樹檀。

【佚文】（一八一）「始曰無踰我里，中曰無踰我牆，卒曰無踰我園；以言仲子之言彌峻，而莊公拒之彌固也。始曰無折我樹杞，中曰無折我樹桑，卒曰無折我樹檀；以言莊公不制段於早，而段之彌强也。」（李黄解卷九，頁二十。）

△叔于田

大叔于田

大叔于田，刺莊公也。叔多才而好勇，不義而得衆也。此詩小序之全文。

【佚文】（一八二）「人君明義以正衆，使衆知義，而孰敢爲不義？爲不義，則衆之所棄也，安能得衆哉？」（李黄解卷九，頁二一六。）

清人

清人，刺文公也。高克好利而不顧其君，文公惡而欲遠之不能，使高克將兵而禦狄于竟，陳其師旅，翱翔河上，久而不召，衆散而歸，高克奔陳。公子素惡高克，進之不以禮，文公退之不以道，危國亡師之本，故作是詩也。此詩小序之全文。

【佚文】（一八三）「未有義而後其君者也。高克既好利，不顧其君，文公惡而欲遠之，又不能也，於是使將兵而禦狄于竟，翱翔河上，久而不召，惟以此爲去高克之上策。故公子素惡高克事其君不以禮，而文公去其臣不以道，所以致師散而將奔，是乃危國亡師之本，故作是詩也。清人在彭、在消、在軸，皆鄭地也。清，鄭之邑也；彭、消、軸，鄭郊也。清人，言當時高克將兵皆清邑之人；彭、消、軸，皆所次之地。」（李黄解卷十，頁一。）

二矛重英。

【佚文】（一八四）「英之以毛羽。」（呂記卷八，頁十一；段解卷七，頁十一；六家詩名物疏卷二十，頁八。）

左旋右抽，中軍作好。

【佚文】（一八五）「左旋者，軍之左旋而歸也。右抽者，軍之右抽而退。中軍作好者，中軍，高克所自將也；蓋其散最後，以高克所自將故也。後散者豈誠好於高克而留哉？亦作好而已。」（李黄解卷十，頁二。）

【評】（九五）宋楊時曰：「左旋右抽，當從舊説。左謂御者在左，右謂戎者在右，中謂將軍居中也。左旋謂回旋其車，右抽謂抽刃以習擊刺。高克自居軍中之容好貌。」（李黃解卷十，頁二引。）

清人在彭。……清人在消。……清人在軸。

敏案：清、彭、消、軸皆鄭地，已見小序下王安石詩經新義佚文。

羔裘

羔裘如濡，洵直且侯。彼其之子，舍命不渝。

【佚文】（一八六）「羣而不黨則宜直，致恭而有禮則宜侯；侯以順王命爲善故也。君能直己以順王命，則其臣化之、舍命不渝矣。」洵直且侯爲君，舍命不渝爲臣。（李黃解卷十，頁四。）

羔裘豹飾，孔武有力。彼其之子，邦之司直。羔裘晏兮，三英粲兮。彼其之子，邦之彥兮。

【佚文】（一八七）此詩皆分作君、臣事：孔武有力爲君，邦之司直爲臣；三英粲兮爲君，邦之彦兮爲臣。（李黄解卷十，頁四。）

遵大路

遵大路兮。

【佚文】（一八八）「言君子循道以去其君。」（李黄解卷十，頁六。）

無我魗兮，不寁好也。

【佚文】（一八九）「（二句，）國人留君子之言。故舊無大故，則不棄也；好之宜忘其醜。」（李黄解卷十，頁七。）

【評】（九六）宋李樗曰：「（王氏之説）於文勢皆不相貫，難信其説。詳觀此詩，乃是國人見君子之去，則欲留之也。」（李黄解卷十，頁七。）

△女曰雞鳴

有女同車

有女同車，刺忽也。鄭人刺忽之不昏于齊。太子忽嘗有功于齊，齊侯請妻之，齊女賢而不取，卒以無大國之助，至於見逐，故國人刺之。此詩小序之全文。

【佚文】（一九〇）「娶大國賢女，以其有助，則無國家之難矣。忽不務此而辭之，以爲廉，終至於公子互爭而兵革不息〔一〕，國人皆不得保其室家也。」（李黄解卷十，頁十二；臨川集卷四三，頁五；辨證卷二，頁七四。）

有女同車。

【佚文】（一九一）「忽之小廉，適足以致大亂也，此詩所以刺之也。」（李黄解卷十，頁十一。）

彼美孟姜。

〔一〕臨川集卷四三乞改詩義劄子，乞將本篇「公子五争」改爲「公子五爭」。敏案：「争」，李黄解引作「爭」，合安石新改本；而「五」，則引作「互」。又案：考之史傳，時鄭諸公子争位，非「五」次，故「五」當爲「互」，形近而誤。

【佚文】（一九二）下文敏案：謂「有女同車」下之文。乃是孟姜。（李黄解卷十，頁十一。）

有女同車……佩玉瓊琚。彼美孟姜，洵美且都。有女同行……佩玉將將。彼美孟姜，德音不忘。

【佚文】（一九三）「古之人於玉比德焉：於瓊琚，言德之容；於將將，言德之音；言所宜各以其類也。」（呂記卷八，頁十七；段解卷七，頁十九；通釋卷四，頁三七；大全卷四，頁三四；備考卷五，頁二一六；蒙引卷四，頁八；詩傳彙纂卷五，頁三七。）

△山有扶蘇

△擇兮

狡童

彼狡童兮，不與我言兮……使我不能餐兮。彼狡童兮，不與我食兮……使我不能息兮。

【佚文】（一九四）「不與我言，是不與我治天職也。不與我食，是不與我食天禄也。弗與治天職、食天禄，所謂賢人者亦可以已矣，而至於不能食、息者何哉？忽猶足與爲善也。」（李黄解卷十，頁十六；辨證卷二，頁八一。）

【評】（九七）宋李樗曰：「此説非也。鄭忽豈足與爲善哉？既以爲狡童，則其不足與爲善也明矣。……蓋民言鄭忽不與賢人圖事，我是以憂其滅亡而不能餐、息也。」（李黄解卷十，頁十六。）

褰裳

子惠思我，褰裳涉溱。

【佚文】（一九五）大國惠然念我鄭國，欲來爲我正亂，褰其衣裳，涉溱水而至，其道非遠；言甚易而弗肯來爾。（李黄解卷十，頁十七。）

子不我思，豈無他人？……子不我思，豈無他士？

【佚文】（一九六）「『子不我思，豈無他人？』蓋望乎大國之君大夫；既不可望，則又思其微者，故又曰『子不我思，豈無他士？』」（李黄解卷十，頁十七。）

丰

叔兮伯兮，駕予與行。……叔兮伯兮，駕予與歸。

【佚文】（一九七）「叔兮伯兮，駕予與行、駕予與歸者，謂壻親迎之，叔伯以女悔而不隨，故但相與駕而行以歸也。」（李黄解卷十，頁十九。）

【評】（九八）宋李樗曰：「孔氏謂：（女）呼迎者之字云：『叔兮伯兮！若復駕車而來，我則與之行矣！』此説是也。王氏……論叔伯既已失詩人之意，而其論駕予與行、駕予與歸之義，又非詩人之意。不可從也。」（李黄解卷十，頁十九。）

東門之墠

東門之墠，茹藘在阪。

【佚文】（一九八）「東門之墠，言以禮則平易；茹藘在阪，言以道則阪險。」（李黄解卷十，頁二一。）

△風雨

子衿

子衿，刺學校廢也；亂世則學校不脩焉。此詩小序之全文。

【佚文】（一九九）「世之亂生於上之人不學，莫知反本以救之。顧顛沛於末流以紓目前之患，而以學爲不切於世務，此學校所以廢也。」（呂記卷八，頁二一五；段解卷七，頁二一七；備考卷五，頁三四。）

縱我不往，子寧不嗣音？

【佚文】（二〇〇）「（嗣音，）嗣弦歌之聲。三年不爲樂，樂必崩，故嗣音不可忘也。」（李黃解卷十，頁二四；辨證卷二，頁九十。）

青青子衿，悠悠我心。……青青子佩，悠悠我思。

【佚文】（二〇一）「衿在上，佩在下。青青子佩者，則又思其次也。嗣音不可見矣，子寧不來，則又望其次也。」（李黄解卷十，頁二一四。）

挑兮達兮，在城闕兮。一日不見，如三月兮。

【佚文】（二〇二）挑讀爲佻，達讀爲撻。（李黄解卷十，頁二一四。）

【佚文】（二〇三）「在城闕者，學校廢於鄉黨也。」（李黄解卷十，頁二一四。）

【佚文】（二〇四）一日不見，如三月兮，言禮樂不可一日而廢也。（李黄解卷十，頁二一四。）

詩子衿三章通義。

【佚文】（二〇五）「人之行莫大於孝，此乃人道，未至於天道。」（李黄解卷十，頁二一五。）

【評】（九九）宋李樗曰：「學校者，教化之本原也。王氏解此詩，其義最詳，自三代之學以下數百言；其學者致爪掌之力而固執之，龜山力辨之矣。……夫子衿之所刺，蓋傷人倫之廢。其（王安石）於人道、天道分而爲二，盡子道則人倫之道盡矣，盡人道不能盡天道，則天道果何物哉？學者雖多，徒亦贅矣。」（李黄解卷十，頁二一五—二一六。）

△揚之水

△出其東門

野有蔓草

野有蔓草，零露漙兮。

【佚文】（二〇六）草之所以能延蔓者，被盛露也；民之所以能蕃息者，蒙君澤也。（李黃解卷十一，頁二〇）

【評】（一〇〇）宋李樗曰：「此……徒見序言『君之澤不下流』，以爲此説。則上文曰『野有蔓草，零露漙兮』；下文曰『有美一人，清揚婉兮』，則其文勢不相貫。以詩中之文而觀之，恐詩人之意不如此也。」（李黃解卷十一，頁三〇）

溱洧

溱洧，刺亂也。兵革不息，男女相棄，淫風大行，莫之能救焉。此詩小序之全文。

【佚文】（二〇七）「羞惡之心，莫不有之，而其爲至於如此者，豈其人性之固然哉？兵革不息，男女相棄而無所從歸也，是以至於如此。然則民之失性也，爲可哀；君之失道也，爲可刺。」（呂記卷八，頁三十；段解卷七，頁三二；詩緝卷八，頁四十—四一；詩傳彙纂詩序上，頁三六。）

詩經新義　卷五　國風

齊風

雞鳴

蟲飛薨薨，甘與子同夢；會且歸矣，無庶予子憎。

【佚文】（二〇八）「蟲飛薨薨，甘與子同夢，情也。會且歸矣，無庶予子憎，義也。」（呂記卷九，頁二；段解卷八，頁三；通釋卷五，頁三；大全卷五，頁三；詩傳彙纂卷六，頁三。）

還

子之還兮，遭我乎峱之間兮。……並驅從兩肩兮。

【佚文】（二〇九）「並驅則遭我，又非一人而已。前漢地理志引詩云：『子之營兮，遭我乎嶩之間兮。』顏師古注云：『毛詩作還，齊詩作營。』『嶩，山名也，字或作峱，亦作嶩，音皆乃高反。』」（呂記卷九，頁三；段解卷八，頁四；備考卷六，頁三。）

子之還兮，遭我乎峱之間兮。……子之茂兮，遭我乎峱之道兮。……子之昌兮，遭我乎峱之陽兮。

【佚文】（二一〇）「峱之間，禽獸所在。峱之道，則人所往來，禽獸宜少。以峱之陽，則出於峱間遠矣，禽獸宜甚少也。」（李黄解卷十一，頁八。）

著

詩著三章通義。

【佚文】（二一一）「仁以親之，義以帥之，信以成之：夫道也。以充耳之素配義，以充耳之青配仁，以充耳之黄配信。」（李黄解卷十一，頁十一。）

△東方之日

東方未明

東方未明，刺無節也。朝廷興居無節，號令不時，挈壺氏不能掌其職焉。此詩小序之全文。

【佚文】（二一二）「日月之行，有冬有夏，而晝夜之晷，有短有長，先王由是分十有二時於一晝一夜之間，以漏箭準十二時而爲百刻，寅申巳亥子午卯酉之八時，每時各占八刻，則合而爲六十四刻。辰戌丑未之四時，每時各占九刻，則合而爲三十六刻。以百刻定長短而分晝夜，於是立挈壺氏之職。以壺盛水而爲漏水，以正十二時之刻。早暮之期，於此正矣。後世挈壺氏不能掌其職，『不能辰夜，不夙則莫』，此詩人所以刺也。」（六經天文編頁七二—七三。）

折柳樊圃，狂夫瞿瞿。

【佚文】（二一三）「折柳樊圃，則其於限禁也，不足賴矣；狂夫瞿瞿，則其於守視也，不足任矣。」（李黄解卷十一，頁十五—十六。）

南山

魯道有蕩，齊子由歸。

【佚文】（二一四之一）「謂文姜曰齊子者，以爲此齊之子也，而淫於齊。」（呂記卷九，頁九；段解卷八，頁十。）

葛屨五兩，冠緌雙止。

【佚文】（二一四）「（二句，）言匹之尤不當也。」（李黄解卷十一，頁十七。）

△甫田

△盧令

敝笱

齊子歸止，其從如水。

【佚文】（二一五）「從」當爲「泛」。（李黃解卷十一，頁二三。）

△載驅

猗嗟

巧趨蹌兮，射則臧兮。

【佚文】（二一六）「趨，蹌之巧也。」（呂記卷九，頁十七；段解卷八，頁十八。）

儀既成兮，終日射侯，不出正兮。

【佚文】（二一七）「儀既成兮，言其威儀之備也。」（呂記卷九，頁十八；段解卷八，頁十九；詩緝卷九，頁二一。）

射則貫兮。四矢反兮，以禦亂兮。

【佚文】（二一八）「貫而中革。」（呂記卷九，頁十九；段解卷八，頁十九。）

魏風

葛屨

糾糾葛屨，可以履霜。

【佚文】（二一一九）「糾糾者，糾之又糾，而不棄也。」（李黄解卷十二，頁一。）

汾沮洳

彼其之子，美無度；……殊異乎公路。……彼其之子，美如英；……殊異乎公行。

【佚文】（二一二〇）公路，道也。公行，人君之行也。（李黄解卷十二，頁四。）

彼汾沮洳。……彼汾一方。……彼汾一曲。

【佚文】（二一二一）「沮洳則以託言其卑，一方則以託言其遠，一曲則以託言其不正。」（李黄解卷十二，頁四。）

園有桃

園有桃，其實之殽。……園有棘，其實之食。

【佚文】（二二二）「資園桃以爲殽，賴園棘以爲食，非特儉嗇而已，又不能用其民。」（李黃解卷十二，頁六。）

【評】（一〇一）宋李樗曰：「歐曰：『桃非終歲常食之物，於理不通。』以歐氏觀之，則知王、鄭之説爲不足取矣。」（李黃解卷十二，頁六。）

不我知者，謂我士也驕。

【佚文】（二二三）「儉而非之，則疑於驕。」（李黃解卷十二，頁六；呂記卷十，頁六；段解卷九，頁六；詩傳彙纂卷六，頁二六。）

陟岵

母曰：「嗟！予季行役，夙夜無寐。」

【佚文】（二二四）「尤憐愛少子者，婦人之情也。」（呂記卷十，頁七；段解卷十，頁八；詩緝卷十，頁八；備考卷六，頁十八。）

陟彼岵兮，瞻望父兮。……陟彼屺兮，瞻望母兮。……陟彼岡兮，瞻望兄兮。

【佚文】（二二五）「初曰陟彼岵兮，以草木蔽障，害於瞻望父兄也，故中曰陟彼屺兮；以屺瞻望有所不見也，卒曰陟岡。今且從爾雅之説。蓋所思漸極，則所登漸高，期於瞻望可及也。」（李黄解卷十二，頁九。）

十畝之間

十畝之間，刺時也。言其國削小，民無所居焉。此詩小序之全文。

【佚文】（二二六）「先王建萬國，親諸侯，使小事大，大比小。有相侵者，方伯連帥治而正之，是以諸侯不失其分地，而庶民保其常産。周道衰，彊陵弱，衆蹙寡，天子方伯連率無以制之。有國者亦多不知所以守其封疆。此詩所爲作也。」（呂記卷十，頁八；段解卷九，頁九。）

十畝之間兮，桑者閑閑兮。……十畝之外兮，桑者泄泄兮。

【佚文】（二二七）閑閑，暇而不遽也。泄泄，舒而不迫也。（李黄解卷十二，頁十一。）

△伐檀

△碩鼠

詩經新義　卷六　國風

唐風

△蟋蟀

山有樞

詩山有樞三章通義。

【佚文】（二二八）「山隰有樞、榆、栲、杻、漆、栗，以自庇飾爲美者，而人所資賴。今也有衣裳弗能曳婁，有車馬弗能馳驅，有朝廷弗能洒埽，有鍾鼓弗能鼓考，有酒食弗能爲樂，曾山隰之不如也。」（李黄解卷十二，頁二二一。）

【佚文】（二二九）「樞、榆、栲、杻，宮室器械之材，而漆則可以飾器械，栗則可食也。曳婁其衣裳，驅馳其車馬，洒埽其廷内，考擊其鐘鼓，則所以修其政，故以樞、榆、栲、杻刺之。」（李黄解卷十二，頁二一一。）

揚之水

揚之水，白石鑿鑿。

【佚文】（二三〇）水以喻昭公，石以喻桓叔。言昭公微弱不能制桓叔，使之得時以成其彊盛，亦猶水之揚不能流白石，祇以益其鑿鑿耳。（李黄解卷十二，頁二一四。）

素衣朱襮，從子于沃。……素衣朱繡，從子于鵠。

【佚文】（二三一）朱襮朱繡，爲大夫之僭禮；亂生於衣服之間。（李黄解卷十二，頁二一四。）

【評】（一〇二）宋李樗曰：「其説爲桓叔僭爲此服，既是以桓叔爲僭，則下文『從子于沃』不相貫。沃即曲沃，桓叔所封也。」（李黄解卷十二，頁二一四—二一五。）

椒聊

椒聊之實，蕃衍盈升。

【佚文】（二二三二）「（聊，）薄略之辭。」（李黄解卷十三，頁一。）

【佚文】（二二三三）「（二句，）至治馨香。能修其政，則馨香上達。」（李黄解卷十三，頁二。）

綢繆

綢繆束薪，三星在天。

【佚文】（二二三四）男女合婚，猶薪芻之束，必綢繆固之，而後可以望其合也。（李黄解卷十三，頁四。）

今夕何夕？見此良人。

【佚文】（二二三五）「見此良人，言女子之失時者也。」（吕記卷十一，頁十；詩緝卷十一，頁十四；詩傳彙纂卷七，頁九。）

今夕何夕？見此邂逅。

【佚文】（二三六）「今夕何夕，見此邂逅，以失時也，故思不期而會焉。」（呂記卷十一，頁十；李黄解卷十三，頁六；備考卷七，頁八。）

今夕何夕？見此粲者。

【佚文】（二三七）「見此粲者，言男子之失時也。」（呂記卷十一，頁十；詩緝卷十一，頁十五；詩傳彙纂卷七，頁十。）

子兮子兮！如此粲者何？

【佚文】（二三八）「亂甚矣，雖貴者亦不得以時娶。」（李黄解卷十三，頁六。）

杕杜

有杕之杜，其葉湑湑。

【佚文】（二三九）「湑湑，潤澤也。」（呂記卷十一，頁十一；詩緝卷十一，頁十六；詩經世本古義卷二四之上，頁一一—一二。）

【佚文】（二四〇）「杜之實不足食而又特生，然其葉湑湑然，則亦能庇其本根。君不能親其宗族，骨肉離散，曾杕杜之不如也。」（李黄解卷十三，頁七—八。）

【評】（一〇三）宋李樗曰：「王氏説蓋本於左傳：宋昭公欲去羣公子，樂豫曰：『公族，公室之枝葉也。葛藟猶能庇其根本〔二〕，故君子以爲比，況國君乎？』見文七年。王説蓋本於此。」（李黄解卷十三，頁八。）

獨行踽踽。豈無他人？不如我同父。

【佚文】（二四一）「言既無同父，雖有他人，猶獨行也。」（李黄解卷十三，頁八。）

獨行睘睘。豈無他人？不如我同姓。

【佚文】（二四二）「同姓雖非同父，猶愈於他人耳。」（詩緝卷十一，頁十七；詩經世本古義卷二四之上，頁二一。）

〔二〕「根本」，左傳文公七年作「本根」。

羔裘

羔裘豹祛。……羔裘豹褎。

【佚文】（二四三）「羔裘，在位之服也。祛，在手操執以從事，指麾以使人也。羔裘而豹祛，則其在位操事，使人以猛而已，非恤其民者也。褎，祛之末而已。羔裘而豹褎，則其猛又甚矣。」（李黄解卷十三，頁十。）

自我人居居。……自我人究究。

【佚文】（二四四）「居居者，固而不知變。究究者，窮而不能通。」（李黄解卷十三，頁十。）

鴇羽

肅肅鴇羽。

【佚文】（二四五）「肅肅，疾也。」（吕記卷十一，頁十四。）

詩鴇羽三章通義。

【佚文】（二四六）此詩始曰鴇羽，中曰鴇翼，卒曰鴇行；始曰稷黍，中曰黍稷，卒曰稻粱；始曰何怙，中曰何食，卒曰何嘗；始曰有所，中曰有極，卒曰有常：中甚於始，終甚於中。（李黄解卷十三，頁十四。）

【佚文】（二四七）「木欲静而風不停，子欲養而親不待，此皆孝子之心。其愛親也勤，思親也篤，故汲汲於愛日以事親，惟恐失之。故願爲人兄，不願爲人弟，其愛日也如此。今以征役之故，不特廢其温清定省之禮，又且無以爲卒歲奉養之備，其情豈不傷哉！此詩如北山、蓼莪、陟岵，皆孝子不得奉養父母，故其詩哀以思也。當征伐之時，其心猶不忘，苟在父母之側，其事親爲何如？」（李黄解卷十三，頁十四—十五。）

無衣

豈曰無衣七兮？

【佚文】（二四八）「周禮司服所謂『侯伯之服，自鷩冕而下，如公之服』，即典命所謂『侯伯七

命』，衣服以『七』爲節也。」（通釋卷六，頁十六—十七；大全卷六，頁十四。）〔二〕

豈曰無衣六兮？

【佚文】（二四九）「七者侯伯之服也，六者子男之服也。子男之服，以『五』爲節，而曰『六』者，天子之卿六命，與子男同服故也。」（呂記卷十一，頁十六；李黄解卷十三，頁十六；通釋卷六，頁十八；會通卷六，頁十五—十六載輯録引；大全卷六，頁十六。）

【評】（一〇四）宋李樗曰：「據周官典命云：『子男五命，其國家宮室車旗衣服禮儀，皆以五爲節。』秋官大行人云：『諸公、諸子、諸男，冕服五章。』安得以『六』爲子男之服乎？」（李黄解卷十三，頁十六。）

不如子之衣，安且吉兮。……不知子之衣，安且燠兮。

【佚文】（二五〇）「天下無道，小大强弱相攘奪久矣，非復知有王命也。武公知請命乎天子

〔二〕通釋此條原誤作「王介甫曰」，據大全（引作「臨川王氏曰」），參李黄解（卷十三，頁十六：約此條爲一句，云：「王氏曰：『七者侯伯之服也。』」）正。

之使，則所謂彼善於此。此詩所以美之也。此之謂與人爲善，不與人爲善而盡義以絶之，則人之爲善者將寡矣。」（李黄解卷十三，頁十七。）

有杕之杜

有杕之杜，生于道左。彼君子兮，噬肯適我。中心好之，曷飲食之？有杕之杜，生于道周。彼君子兮，噬肯來遊。中心好之，曷飲食之？

【佚文】（二五一）「杜之實，不足食也，而又特生，則其能庇人也寡矣。然尚以生于道左、生于道周，其去人所往來之道不遠也，君子逮肯適然而來遊。」（李黄解卷十三，頁十九。）

【評】（一〇五）宋李樗曰：「然詩人言『彼君子兮』，蓋指言晉之賢者，非謂君子適我而來遊於杕杜之下也。若如王氏之説，則休息杕杜之下，人人皆可也，何必獨言君子哉？……以『彼君子兮，噬肯適我』連上文杕杜……則『中心好之，曷飲食之』，其文不相貫。」（李黄解卷十三，頁十九—二十。）

【佚文】（二五二）「愛之也仁，而其敬之也有禮；仁而有禮，此君子所以適我而來遊，以獲其助也。然則武公之見刺，必以不仁也，必以無禮也。道左者蓋以況仁，道周者蓋以況禮。」（李黄解卷十三，頁二十。）

【評】（一〇六）宋李樗曰：「詩言道左、道周，王氏以謂仁與禮。如此則何之而不可爲也？其穿鑿至於如此。楊龜山攻其説，以謂：『道周非可以況仁，道左非可以況禮；使道周、道左可以況仁、況禮，猶不可以爲説，況不可乎？』」（李黄解卷十三，頁二十—二一。）

葛生

予美亡此，誰與獨息！……予美亡此，誰與獨旦！

【佚文】（二五三）「以息對旦，則知旦者作也；以旦對息，則知息者夜也。」（李黄解卷十三，頁二三。）

采苓

采苓采苓，首陽之巔。人之爲言，苟亦無信。舍旃舍旃，苟亦無然。人之爲言，胡得焉！

【佚文】（二五四）「人爲之謂僞。」（考古質疑卷三，頁十六。）

【佚文】（二五五）言我采此苓於首陽之巔，然今之采者，未必皆於首陽，而人必信之，以其事相似；雖相似而實非。以興天下之事亦有相似而實非者，君何得聞人之讒而輒信之乎？「人之爲言」至「胡得焉」，連上采苓云云爲説。（李黄解卷十三，頁二二五。）

【評】（一〇七）宋李樗曰：「自『人之爲言』以下，皆是教獻公止讒之法，不當連上文爲説也。」（李黄解卷十三，頁二二五。）

【佚文】（二五六）「（「人之爲言」至「胡得焉」，）人之造言，不可以苟聽，亦不可以苟舍。」（李黄解卷十三，頁二二六。）

【評】（一〇八）宋李樗曰：「此則王氏之心術也。蓋此當從歐、程之説，以謂：戒獻公以爲聞人之言，且勿聽信，置之且勿以爲然。更考其言，何所得焉。蓋當深察其虚實也。」（李黄解卷十三，頁二二六。）

秦風

車鄰

有車鄰鄰，有馬白顛。

【佚文】（二五七）「白顛，蓋仲之名馬——騂騮、盜驪、赤兔、的盧之稱。」（呂記卷十二，頁二；段解卷十一，頁三；會通卷六，頁二三；詩傳彙纂卷七，頁二二。）

駟驖

駟驖孔阜，六轡在手。

【佚文】（二五八）「駟驖，言純駟也。」（呂記卷十二，頁四；備考卷八，頁四。）

遊于北園，四馬既閑。輶車鸞鑣，載獫歇驕。

【佚文】（二五九）「（歇驕，）字不從犬也。田畢而遊園，載獫於輶車，以歇其驕逸。」（會通卷六，頁二六載輯録引。）[一]

【佚文】（二六〇）「襄公田狩之事、園囿之樂，於是乎始。」（李黄解卷十四，頁四；臨川集卷四三，頁五。）

[一] 此條以歇驕爲「載獫於輶，以歇其驕逸」，與下條以「歇驕」爲田犬（從毛傳、鄭箋）不同。

【評】（一〇九）宋李樗曰：「王氏謂襄公田狩之事、園囿之樂，非也。此詩與山有樞之詩美刺雖不同，其實同也。山有樞之詩以刺昭公，是刺詩也。此詩以美秦仲，是美詩也。山有樞之詩，大概以昭公有衣裳車馬鐘鼓而不能自樂也，則失其爲君之道，所以刺之也。秦仲始大，有車馬禮樂侍御之好，襄公有田狩之事、園囿之樂，如此則可以爲君，故詩人美之。不然則春秋之狩于郎、蒐于紅，皆一一而譏之，而詩人美之，果爲何邪？觀詩者當自默喻矣！」（李黄解卷十四，頁四—五。）

小戎

文茵暢轂。

【佚文】（二六一）「老子曰：『三十輻共一轂。』輪之心爲轂，轂中横截者謂之軸。考工記云：轂也者，以爲利轉也。輻也者，以爲直指也。」（詩經世本古義卷十八之上，頁五九。）

交韔二弓。

【佚文】（二六二）「韔必二弓，如有副馬，以備壞也。」（呂記卷十二，頁九；備考卷八，頁九；

蒹葭

蒹葭蒼蒼，白露爲霜。

【佚文】（二六三）「仁，露；義，霜也，而禮節斯二者。襄公爲國而不能用禮，將無以成物，故刺之曰『蒹葭蒼蒼，白露爲霜』。」（李黃解卷十四，頁十四。）

【佚文】（二六四）「降而爲水，升而爲露，凝而爲霜，其本一也。其升也、降也、凝也，有度數存焉，謂之時，此天道也。畜而爲德，散而爲仁，斂而爲義，其本一也。其畜也、斂也、散也，有度數存焉，謂之禮，此人道也。」（李黃解卷十四，頁十四。）

【評】（二一〇）宋李樗曰：「王氏乃曰：『仁，露；義，霜也。……』固已迂矣，而又謂：『降而爲水……』其言破碎，一至於是，楊龜山已辨之矣。更不復云。」（李黃解卷十四，頁十四。）

所謂伊人，在水一方。

【評】（一一一）宋李樗曰：「王氏之説，尤爲苛細暗昧，爲難通。」（李黄解卷十四，頁十五。）

蒹葭淒淒，白露未晞。……蒹葭采采，白露未已。

【佚文】（二六五）「淒淒爲成材，故於淒淒曰未晞；於采采曰未已，言成物之易而速，有如此者。」（李黄解卷十四，頁十四。）

△終南

黄鳥

交交黄鳥，止于棘。誰從穆公？子車奄息。……交交黄鳥，止于桑。誰從穆公？子車仲行。……交交黄鳥，止于楚。誰從穆公？子車鍼虎。

【佚文】（二六六）「黄鳥聲音顔色之美可愛，而又有仁心，故以況三良。」（李黄解卷十四，頁二一。）

【佚文】（二六七）「始曰止于棘，中曰止于桑，終曰止于楚，則與『出自幽谷，遷于喬木』者異矣。以哀三良所止不能進趨高義，而終於死非其所也。」（李黄解卷十四，頁二一。）

【評】（一一二二）宋李樗曰：「夫黄鳥又安知有仁心，楊龜山已辨之矣。又……據詩之上章，言三良不得其所，不如黄鳥之止于棘爲得其所也；止于桑、楚皆是此意，便於押韻耳，非有先後優劣之辨也。」（李黄解卷十四，頁二一一。）

維此奄息，百夫之特。

【佚文】（二一六八）「百夫之特，則特出於百夫。」（吕記卷十二，頁十四；段解卷十一，頁十七；詩緝卷十二，頁十九；備考卷八，頁十；蒙引卷六，頁四；詩傳彙纂卷七，頁三三。）

維此鍼虎，百夫之禦。

【佚文】（二一六九）「百夫之禦，則能禦百夫者也。」（吕記卷十二，頁十四；段解卷十一，頁十八；備考卷八，頁十一；詩傳彙纂卷七，頁三四。）

晨風

山有苞棣。

【佚文】(二七〇)「(棣,)其實可食。」(李黃解卷十四,頁二一四。)

【評】(一一三)宋李樗曰:「(棣,)徐氏安道又謂棠棣。徒見王氏謂『其實可食』,遂以爲棠棣。然經文但言苞棣,不言唐棣,不可指名其名也。」(李黃解卷十四,頁二一四。)

鴥彼晨風,鬱彼北林。……山有苞櫟,隰有六駮。……山有苞棣,隰有樹檖。

【佚文】(二七一)「北林之有晨風,如人君之能黜除小人。山有苞櫟、山有苞棣,謂能庇其國家。隰有六駮、隰有樹檖,謂能養其人民。」(李黃解卷十四,頁二一四。)

【評】(一一四)宋李樗曰:「此四者(敏案:謂苞櫟、苞棣、六駮、樹檖),皆是木之材,而王氏取喻其人之如何,詩人本無此意,不可以爲説也。」(李黃解卷十四,頁二一四。)

無衣

王于興師,脩我戈矛。

【佚文】(二七二)「(王于興師者,言秦康公)阻王命以厲民。」(李黃解卷十四,頁二一六。)

渭陽

詩渭陽兩章通義。

【佚文】（二七三）「至渭陽者，送之遠也。悠悠我思者，思之長也。路車乘黄、瓊瑰玉佩者，贈之厚也。」（呂記卷十二，頁十九；朱傳卷六，頁二四；段解卷十一，頁二四—二五；備考卷八，頁十四—十五。）

權輿

於我乎夏屋渠渠。

【佚文】（二七四）渠渠，大具也。（李黄解卷十五，頁三。）

詩經新義　卷七　國風

陳風

宛丘

坎其擊鼓，宛丘之下。無冬無夏，值其鷺羽。

【佚文】（二七五）值，遭也。「曰值者，百姓厭苦之言。」（李黄解卷十五，頁六。）

【評】（一一五）宋李樗曰（宋黄櫄説同）：「夫以值爲遭，其詁訓明白，勝於以爲『持』、以爲『立』。然詩人言之『無冬無夏』，但言常然也。如王氏説，則又謂百姓遭此鷺羽一節，不如以爲『持』、『立』，其説不迂曲也。」（李黄解卷十五，頁六—七。）

△東門之枌

衡門

衡門之下，可以棲遲。

【佚文】（二七六）「二户相合而爲門。」（考古質疑卷三，頁十六。）

△東門之池

△東門之楊

墓門

有鴞萃止。

【佚文】（二七七）「食甚而甘。」（臨川集卷四三，頁五。）

防有鵲巢

防有鵲巢。

【佚文】（二七八）防，止水之「防」。（李黄解卷十五，頁二二二。）〔一〕

卬有旨苕。

【佚文】（二七九）苕，以謂埽除不祥。「苕即陵霄花，緣樹而生，其花可愛，故曰旨苕。」（李黄解卷十五，頁二二二。）〔二〕

詩防有鵲巢四章通義。

【佚文】（二八〇）本詩分爲四章：「防有鵲巢，邛有旨苕」，第一章；「誰侜予美，心焉忉忉」，第二章；「中唐有甓，邛有旨鷊」，第三章；餘爲第四章。（李黄解卷十五，頁二二三。）

〔一〕防：周禮地官稻人：「以瀦畜水，以防止水。」鄭玄注：「偃豬者，畜流水之陂也。防，豬旁隄也。」是説防爲堤防，安石據以釋詩義。

〔二〕苕：周禮夏官戎右鄭玄注：「茢，苕帚，所以掃不祥。」此安石「苕謂埽除不祥」所據。

【評】（二一六）宋李樗曰：「王氏則以四章分而爲四，每句各有一説，逐句各生文義。則其辭牽强，固已勞矣。……」（李黄解卷五，頁二一三。）

月出

月出，刺好色也；在位不好德，而説美色焉。此詩小序之全文。

【佚文】（二八一）「詩所言者，説美色而已。然序知其不好德者，子夏曰『賢賢易色』，蓋説色如此喪其志矣，未有能好德者也。」（呂記卷十三，頁十二；段解卷十二，頁十二；詩傳彙纂詩序上，頁五一。）

月出皎兮，佼人僚兮。

【佚文】（二八二）「女，陰物也。而晦時月出之皎也，則非時之晦矣；而又佼僚者，不得相悦。」（李黄解卷十五，頁二二五。）

舒窈糾兮，勞心悄兮。

【佚文】（二八三）「悄，言不說而靜默。」（呂記卷十三，頁十二；段解卷十二，頁十二；詩傳彙纂卷八，頁十二。）

舒懮受兮，勞心慅兮。

【佚文】（二八四）「慅，言不安而騷動。」（呂記卷十三，頁十二；慈湖詩傳卷九，頁二三；段解卷十二，頁十二；詩緝卷十三，頁十三；通釋卷七，頁十；大全卷七，頁九；備考卷九，頁九；蒙引卷六，頁十六；詩傳彙纂卷八，頁十二。）

舒夭紹兮，勞心慘兮。

【佚文】（二八五）「慘，言不舒而幽愁。」（呂記卷十三，頁十三；段解卷十二，頁十三；詩緝卷十三，頁十三；通釋卷七，頁十；大全卷七，頁九；備考卷九，頁九；蒙引卷六，頁十六；詩傳彙纂卷八，頁十二。）

株林

胡爲乎株林？從夏南。……駕我乘馬，説于株野。乘我乘駒，朝食于株。

【佚文】（二八六）「株林，邑也。邑外曰郊，郊外曰牧，牧外曰野，野外曰林。」（李黄解卷十六，頁一；詩經世本古義卷二六，頁五。）

【評】（一一七）宋李樗曰：「據詩中曰『株林』，又曰『株野』，又曰『株』，王氏之言是也。」（李黄解卷十六，頁一。）

【評】（一一八）明何楷曰：「按：邑外曰郊，郊外曰牧，牧外曰野，野外曰林。據詩中曰『株林』，又曰『株野』，又曰『株』，王氏之言是也。郡國志陳縣注云：陳有株邑，蓋朱襄之地，郡縣志云：宋州柘城縣，本陳之株邑，在寧遠縣南七十里。寰宇記云：陳州南頓縣西南三十里有夏亭城，城北五里有株林。」（詩經世本古義卷二六，頁五。）

澤陂

澤陂，刺時也。言靈公君臣淫於其國，男女相説，憂思感傷焉。此詩小序之全文。

【佚文】（二八七）「東門之枌，宛丘之應也。澤陂，株林之應也。……苟以至誠爲之，則未必無應；苟無其應，則誠之未至爾。」（李黄解卷十六，頁四；吕記卷十三，頁十四；段解卷十二，頁十四；詩緝卷十三，頁十五；蒙引卷六，頁十八；詩傳彙纂卷八，頁四、十五。）

【評】（二一九）宋李樗曰：「王氏曰：『東門之枌至株林之應也。』此説是也。至於言『苟以至誠爲之至未至爾。』此不知道者之言也。人之爲善，有安而行之，有利而行之。人之至誠，則能爲善，爲惡則安得謂之誠不誠？人固有詐善者也，不聞有詐惡者也。楊龜山曰：『惟天下至誠爲能化，非聖人不足以與此，未有至誠而爲惡者；爲惡者則失性矣，尚何至誠之有？』此實至當之論。」（李黄解卷十六，頁四。）

彼澤之陂。

【佚文】（二八八）澤以喻君，陂以喻臣。（李黄解卷十六，頁三。）

檜風

△羔裘

素冠

庶見素冠兮。……庶見素衣兮。……庶見素韠兮。

【佚文】（二八九）素冠、素衣、素韠，皆既祥之服。（李黄解卷十六，頁八。）

隰有萇楚

隰有萇楚，猗儺其枝。夭之沃沃，樂子之無知。

【佚文】（二九〇）沃沃，鮮明也。（李黄解卷十六，頁十一。）

【佚文】（二九一）「含陰陽之性，豈可以無『知』？」（李黄解卷十六，頁十二。）

【評】（一二〇）宋李樗曰：「『知』者，鄭氏以爲『匹』……王氏雖不以爲『匹』，而……以

『知』爲『知識』之『知』，其説亦不盡。禮記曰：『人生而静，天之性也；感物而動，性之情也〔一〕。物至知，知而後好惡形焉。好惡無節於内，知誘於外，不能反躬，天理滅矣。』注曰：『知猶欲也。』則此『知』字與此同。言樂其子之無情欲也。」（李黄解卷十六，頁十二。）

匪風

匪風發兮，匪車偈兮。……匪風飄兮，匪車嘌兮。

【佚文】（二九二）「上之所以動而化之，非其道，故曰匪風發兮、匪風飄兮。下之所以載而行之，非其道，故曰匪車偈兮、匪車嘌兮。」（李黄解卷十六，頁十三；辨證卷三，頁四三。）

【評】（一二一）宋李樗曰：「其謂風以喻上之動而化，車以喻下之載而行，固與毛氏異；然謂『非其道』，則亦毛氏之曲説。程氏……（之）説與王氏無以異，是强以上下而分别之，則其取譬爲勞，而不甚簡勁。」（李黄解卷十六，頁十三—十四。）

〔一〕「性」，禮記樂記作「欲」。

曹風

蜉蝣

蜉蝣之羽，衣裳楚楚。

【佚文】（二九三）「曹公之有小人，如蜉蝣之有羽翼，然不足恃以長也。」（李黄解卷十六，頁十八。）

蜉蝣掘閲，麻衣如雪。

【佚文】（二九四）「蜉蝣掘地以自閲，言小而迫也。」（李黄解卷十六，頁十八；辨證卷三，頁四六。）

候人

彼候人兮，何戈與祋。彼其之子，三百赤芾。

【佚文】（二九五）「君子何戈與祋，共其賤役，小人則赤芾而爲卿大夫，以見其（曹共公）遠君

子近小人也。」(李黄解卷十六,頁二一一。)〔二〕

鳲鳩

鳲鳩在桑,其子七兮。

【佚文】(二九六)鳲鳩在桑而已,其子則不可常也。(李黄解卷十六,頁二二六。)

下泉

洌彼下泉,浸彼苞稂。

【佚文】(二九七)「苞,叢生也。」(吕記卷十五,頁八;段解卷十四,頁八;詩緝卷十五,頁八。)

〔二〕　此條,李樗謂是歐陽、王氏之説。考歐陽脩詩本義(卷五,頁四—五。)解候人,非其本文;則是李氏引安石新經義之文矣。

詩經新義　卷八　國風

豳風

七月

七月流火，九月授衣。一之日觱發，二之日栗烈。

【佚文】（二九八）「彼曰七月、九月，此曰一之日、二之日，何也？陽生矣，則言日；陰生矣，則言月：與易臨『至于八月有凶』、復『七日來復』同意。然則四月正陽也，秀葽言『月』何也？秀葽以言陰生也。陰始于四月，生于五月，而于四月言陰生者〔二〕，氣之先至者也。周正建子，而此所言皆夏時者，夏時稼人所見，所謂『人正』也。授民時則用人正，固其理也。」（桐江集卷二，總頁一四六；緗素雜記卷五，頁二；段解卷十五，頁五；六經天文編卷上，頁七

〔二〕「生」，據緗素雜記補。

六；困學紀聞卷一，頁四三；會通卷八，頁八載輯録引；通釋卷八，頁八；大全卷八，頁八；詩經世本古義卷一，頁二五；詩傳彙纂卷九，頁七；宋元學案補遺卷九八，頁四十。）〔一〕

【評】（一二二）元方回曰：「王荆公詩説，極有佳者，其説七月之詩曰：『……』此説謂得之王厚齋，極喜之！」（桐江集卷二，總頁一四五、一四七。）

【評】（一二三）清何焯曰：「此説精審有味。朱子謂變月言日者，是月之日也。則詩人何必屢變其辭哉？」（困學紀聞卷一，頁四三翁注引。）

【佚文】（二九九）「風而寒，尚非其至也；無風而寒，於是爲至。」（呂記卷十六，頁四；攻媿集卷六七，總頁六一〇；段解卷十五，頁五；通釋卷八，頁三；大全卷八，頁三；詩傳彙纂卷九，頁三〇。）

同我婦子，饁彼南畝。

【佚文】（三〇〇）「畝大抵以南爲正，故每曰南畝。」（詩緝卷十六，頁四。）

〔一〕通釋及大全「先至者也」之後，尚有「萋感」等共十四字，別輯於「四月秀萋，五月鳴蜩」下，意其原爲兩條，通釋合併爲一，以釋「秀萋」章首二句。

七月流火，九月授衣。春日載陽，有鳴倉庚。女執懿筐，遵彼微行，爰求柔桑。

【佚文】（三〇一）「微行，女子之行宜隱屏也。」（段解卷十五，頁七。）

【佚文】（三〇二）「以九月授衣也，故春日載陽，則求桑而蠶。」（呂記卷十六，頁六；段解卷十五，頁八；通釋卷八，頁五；大全卷八，頁五；詩傳彙纂卷九，頁五。）

女心傷悲：殆及公子同歸？

【佚文】（三〇三）「女子傷悲，則以將嫁，思離親也。」（李黄解卷十七，頁十。）

【佚文】（三〇四）「公子歸以其時，而國人之女亦以時而嫁，以見先公幼吾幼以及人之幼也。」（段解卷十五，頁八。）

蠶月條桑。

【佚文】（三〇五）「蠶月者非一月，故不指言某月也。蠶，女事也，故稱月焉。」（臨川集卷四三，頁五；呂記卷十六，頁八；通釋卷八，頁六；會通卷八，頁六；大全卷八，頁六；詩傳彙纂卷九，頁五。）

取彼斧斨，以伐遠揚，猗彼女桑。

【佚文】（三〇六）「承其女桑而猗之〔一〕，然後遠揚可得而伐也。」（臨川集卷四三，頁五；緗素雜記卷六，頁一載蔡卞確論引。）

七月鳴鵙，八月載績。

【佚文】（三〇七）「蠶生于陽氣之淑時，故以倉庚爲候。麻成于陰德之慝時，故以鵙爲候。」（會通卷八，頁七載輯録引；通釋卷八，頁七；大全卷八，頁七。）

載玄載黄，我朱孔陽。

【佚文】（三〇八）「周官染人『秋染夏』，夏五色也。蓋於是時也，五色皆可以染，故『載玄載黄，我朱孔陽，爲公子裳』也。」（呂記卷十六，頁八；段解卷十五，頁十；詩傳彙纂卷九，頁六。）

【佚文】（三〇九）「染以朱，孔陽爲難；言『我朱孔陽』，則玄黄不足道也。」（呂記卷十六，頁

〔一〕「其」，緗素雜記引作「彼」。

九；段解卷十五，頁十一。）

四月秀萋，五月鳴蜩。八月其穫，十月隕蘀。一之日于貉，取彼狐貍，爲公子裘。

【佚文】（三二〇）「……萋感陰氣而先秀，蜩感陰氣而先鳴。」（通釋卷八，頁八；大全卷八，頁八；參看第二九八條佚文及其註。）

【佚文】（三二一）秀萋、鳴蜩爲穫候；（李黃解卷十七，頁十四）「隕蘀則鳥獸氄毛，於是乎可以取皮，故以隕蘀爲取貉、狐貍之候也。」（呂記卷十六，頁十；李黃解卷十七，頁十四；段解卷十五，頁十二。）

【評】（一二四）宋李樗曰：「此說亦非。蓋上章既言蠶事，又言麻事，故此又言『一之日于貉，取彼狐狸，爲公子裘』：皆是所以禦寒之具也；不應於其中而閒以『于貉』，爲取狐狸之候也。」（李黃解卷十七，頁十四。）

二之日其同，載纘武功。

【佚文】（三二二）「唯田國人竭作，故曰同。」（呂記卷十六，頁十；段解卷十五，頁十二；通釋卷八，頁八。）

五月斯螽動股，六月莎雞振羽。七月在野，八月在宇，九月在户，十月蟋蟀入我牀下。

【佚文】（三一三）「陰陽往來不窮，而與之出入作息者，天地萬物性命之理，非特人事也。」（段解卷十五，頁十五；詩傳彙纂卷九，頁九。）

嗟我婦子，曰爲改歲，入此室處。

【佚文】（三一四）「嗟者，憫憐之辭。」（呂記卷十六，頁十二。）

八月剥棗。

【評】（一二五）宋洪邁曰：「注書至難……不能無失。王荆公詩新經『八月剥棗』解云：『剥者，剥其皮而進之，所以養老也。』毛公本注云：『剥，擊也。』陸德明音普卜反。公皆不用。後從蔣山郊步至民家，問其翁安在？曰：『去撲棗。』始悟前非。既具奏乞除去十三字，故今本無之。」（容齋續筆卷十五，總頁一四三。）〔二〕

〔二〕　臨川集卷四三，頁六乞改三經義誤字劄子第二道，乞删去此十三字。它如攻媿集卷六七，總頁六〇八答楊敬仲論詩解；桐江集卷二，總頁一四七讀王荆公詩説跋；詩經世本古義卷一，頁三四皆述此事，而後人亦多樂道之。

【評】（一二六）清陸心源曰：「荆公聞野老言，改『八月剥棗』之説，則其説詩亦非任情者。」（王荆公年譜考略節要附存卷一，總頁三七九引。）

爲此春酒，以介眉壽。

【佚文】（三一五）「眉壽衰矣，養氣體焉，以助之也。」（呂記卷十六，頁十四；李黄解卷十七，頁十七；段解卷十五，頁十七；詩緝卷十六，頁十四；通釋卷八，頁十一；大全卷八，頁十二；詩經世本古義卷一，頁三四。）

九月叔苴。采荼薪樗，食我農夫。

【佚文】（三一六）「荼則苦菜，非若葵之滑甘，故以食農夫而已。」（段解卷十五，頁十六；詩傳彙纂卷九，頁十。）

【佚文】（三一七）「以樗不材，故薪之也；然則材木在所養，亦可知也。」（段解卷十五，頁十六；詩傳彙纂卷九，頁十。）〔二〕

〔二〕 此及上條，段解分作二條，詩傳彙纂合爲一條，兹從舊分。

九月築場圃，十月納禾稼。

【佚文】（三一八）「築場圃者，以無曠土，故築場於圃地，此之謂地無遺利。方其爲圃，則種果蓏之屬；及其納禾稼，然後爲場焉，豈非地無遺利乎？」（李黄解卷十七，頁十八—十九；段解卷十五，頁十七；詩傳彙纂卷九，頁十一。）

我稼既同，上入執宫功。晝爾于茅，宵爾索綯；亟其乘屋，其始播百穀。

【佚文】（三一九）「（既同，）言所納之備也。」（通釋卷八，頁十三；吕記卷十六，頁十五；段解卷十五，頁十八；大全卷八，頁十四；備考卷十，頁八；詩傳彙纂卷九，頁十一。）

【佚文】（三二〇）「上入執宫功，城中之宅也。中田有廬，田中之廬也。出而作於田，入而休於室，皆授之以時。」（通釋卷八，頁十三；會通卷八，頁十三載輯録引；大全卷八，頁十四；詩傳彙纂卷九，頁十一。）

【佚文】（三二一）「冬可以休矣，而乘屋；其乘屋也又亟：此之謂人無遺力。稼穡既同，則上入執宫功之事，而又『晝則于茅，夜則索綯』，以亟其乘屋，非人無遺力乎？」（李黄解卷十

七，頁十九；通釋卷八，頁十三；大全卷八，頁十五。）〔二〕

【佚文】（三二二）「（始播百穀，）如易所謂『終則有始』者也。」（呂記卷十六，頁十六；段解卷十五，頁十九；通釋卷八，頁十四；大全卷八，頁十五；詩經世本古義卷一，頁三七。）

二之日鑿冰沖沖，三之日納于凌陰。

【佚文】（三二三）「沖沖，和之至也。鑿冰非特備暑，亦所以達陽氣；氣達則沖沖矣。」（段解卷十五，頁二十；李黄解卷十七，頁十九。）

四之日其蚤，獻羔祭韭。

【佚文】（三二四）「羔也、韭也，必以蚤者，謹時也。」（李黄解卷十七，頁二十。）

朋酒斯饗，曰殺羔羊。躋彼公堂，稱彼兕觥：「萬壽無疆。」

【佚文】（三二五）「於是乎可以飲酒燕樂，是謂燕饗之節。」（段解卷十五，頁二一；詩傳彙纂

〔二〕通釋引王介甫曰有「宵可以息矣，而索綯；冬可以息矣，而乘屋」，後二句，蓋小變本條「冬可以休矣」云云；前二句，蓋據「夜則索綯」，而又參酌此條後二句添，而大全因之。

卷九，頁十三。）

【佚文】（三三二六）「公堂，人君之堂也。」（呂記卷十六，頁十七；段解卷十五，頁二一；詩緝卷十六，頁十七；備考卷十，頁九；辨證卷三，頁八四。）

【佚文】（三三二七）「兕觵罰爵，用於既酬之後，亦所以爲樂也。」（段解卷十五，頁二一。）

詩七月八章通義。

【佚文】（三三二八）「仰觀日星霜露之變，俯察蟲魚草木之化，以知天時，以授民事。女服事乎內，男服事乎外。治自內而外，化自上而下。上以誠愛下，下以忠報上。父父子子，夫夫婦婦，養老而慈幼，食力而助弱。不作無益也，備豫乎桑田之事而已；非特備豫乎桑田之事而已也，苟可以除患者，皆備豫焉。不貴異物也，致美乎桑田之器而已；非特致美乎桑田之器而已也，苟可以成禮者，皆致美焉。人無遺力矣，故事不足治也。地無遺利矣，故物不可勝用也。女不淫而仁也，又有禮焉；士不惰而武也，又有義焉。非道之以政、齊之以刑所能致也，風化而已〔二〕。其祭祀也時，其燕享也節。夫然，故天不能災，人不能難，上下內外和睦，而以

〔二〕「非道之以政」至「風化而已」十七字，據通釋增入。

逸樂終焉。此七月之義也。」（桐江集卷二，總頁一四五—一四六；呂記卷十六，頁三；朱傳卷八，頁八；段解卷十五，頁三、四、十六；詩緝卷十六，頁三；通釋卷八，頁十七；大全卷八，頁十八—十九；備考卷十，頁三；詩經世本古義卷一，頁四一；詩傳彙纂卷九，頁十；宋元學案補遺卷九八，頁三九—四十；又會通圖説上，頁十三豳公七月總義圖及明刻本大全前附豳公七月風化之圖，皆據朱傳總論七月之義布圖。）

【評】（一二七）元方回曰：「王荆公詩説，極有佳者，其説七月之詩曰：『仰觀至之義也。』回謂此一段文勢鏗鏘瀏亮。……荆公説七月之詩，論先王之治，如指諸掌。」（桐江集卷二，總頁一四五—一四七。）

鴟鴞

予所蓄租。

【佚文】（三二九）「（租，）與租賦之租同。」（呂記卷十六，頁二一；慈湖詩傳卷十，頁十八；段解卷十五，頁二五；備考卷十，頁十三。）

予口卒瘏。

【佚文】（三三〇）「卒，盡也。」（呂記卷十六，頁二一一；段解卷十五，頁二一五；詩緝卷十六，頁二十。）

曰予未有室家。

【佚文】（三三一）周公之時，未得爲有室家。「文、武之受命矣，而未有室家者，天下未集，則亦不得言有室家也。」（李黄解卷十八，頁四。）

東山

制彼裳衣，勿士行枚。

【佚文】（三三二）「止使人毋爲謂之勿。」（呂記卷十六，頁二二一；段解卷十五，頁二一八；會通卷八，頁二二二。）

敦彼獨宿，亦在車下。

【佚文】（三三三）「古之所以用車戰者，謂其車戰則將卒有所蔽倚。止則爲營衛，與塹柵無以異。兵械衣服之屬，皆可以載其中。」（呂記卷十六，頁二三；段解卷十五，頁二八；通釋卷八，頁二五；會通卷八，頁二三載輯録引；大全卷八，頁二六；詩傳彙纂卷九，頁二一。）

町畽鹿場，熠燿宵行。

【佚文】（三三四）「町畽鹿場者，町畦村畽之中無人焉，故鹿以爲場也。」（呂記卷十六，頁二四；段解卷十五，頁三十。）

鸛鳴于垤，婦歎于室。

【佚文】（三三五）「垤是丘垤也。」（呂記卷十六，頁二五；攻媿集卷六七，總頁六一一載胡珵蒼梧雜志引；段解卷十五，頁三一；詩緝卷十六，頁二五。）

【評】（一二八）宋樓鑰曰：「……于垤之義，惟胡德煇珵蒼梧雜志言之最明，云：『新經釋「鸛鳴于垤」〔一〕，謂垤爲丘垤，非螘塚。蓋荆公未嘗到山東，螘塚有極高大者，如塚墓然。每

〔一〕「新經釋」，慈湖詩傳卷十，頁二二原注載蒼梧雜志引作「新繹經傳」，誤。

天將雨，則鸛集蝗垤而鳴。蝗知雨，鸛喜雨，以其類也。』方説得『于垤』字分曉。……以是知丘是自然高處，垤乃蝗塚。」（攻媿集卷六七，總頁六一一。）

洒埽穹窒，我征聿至。

【佚文】（三三六）「聿，隨也。」（呂記卷十六，頁二一六。）

破斧

周公東征，四國是遒。

【佚文】（三三七）「遒，聚也；聚而歸周也。」（段解卷十五，頁三四。）

伐柯

伐柯如何？匪斧不克。取妻如何？匪媒不得。

【佚文】（三三八）「以仁致剛者，柯也；以順致其正者，媒也。周公之事，如此而已。致其仁而後柯可伐，通其志而後妻可取。」（李黄解卷十八，頁十七。）

伐柯伐柯，其則不遠。

【佚文】（三三九）則，由恕及人。（李黄解卷十八，頁十七。）

九罭

公歸無所，於女信處。……公歸不復，於女信宿。……無以我公歸兮，無使我心悲兮。

【佚文】（三四〇）「周公之道，可謂『在彼無惡，在此無斁』矣。然而朝廷不知，此大夫所以刺之也。」（李黄解卷十八，頁二十。）

【評】（一二九）宋李樗曰：「此實名言也。蓋以周公居於東，而西人乃欲其歸。西人既欲其歸，使周公留滯於東方而不歸，則是成王未悟；成王未悟，則是天下之事未可知也。……」（李黄解卷十八，頁二十。）

狼跋

公孫碩膚，赤舄几几。

【佚文】（三四一）「几，人所凴以爲安，故几几，安也。」（呂記卷十六，頁三三；段解卷十五，頁四十；詩緝卷十六，頁三二；通釋卷八，頁三六；會通卷八，頁三三載輯録引；大全卷八，頁三七；備考卷十，頁二一；詩傳彙纂卷九，頁三二。）〔一〕

詩豳風通義。

【佚文】（三四二）「豳之詩自有雅頌，今皆亡矣。」（朱子語類卷八一，頁十三；朱傳卷八，頁二十；詩傳遺説卷四，頁二二；詩童子問卷首，頁七十；黄氏日抄卷四，頁三七；會通卷十九，頁四五；朱子五經語類卷五一，頁十。）

【評】（一三〇）宋朱熹曰：「籥章：龡豳詩以逆暑迎寒。……又曰：祈年于田祖，則龡豳雅以樂田畯；祭蜡，則龡豳頌以息老物。則考之於詩，未見其篇章之所在，故鄭氏三分七

〔一〕此條大全作鄭氏曰，誤，今正。

月之詩以當之。……然一篇之詩，首尾相應，乃剟取其一節而偏用之，恐無此理。故王氏不取而但謂本有是詩而亡之，其説近是。或者又疑但以七月全篇隨事而變其音節：或以爲風，或以爲雅，或以爲頌。則於理爲通。……如又不然，則雅、頌之中凡爲農事而作者，皆可冠以豳號。」（朱傳卷八，頁十九—二十。）

【評】（一三一）宋真德秀曰：「籥章之豳雅、豳頌，恐大田、良耜諸篇當之。不然即是別有此詩而亡之，如王氏之説。又不然，即是以此七月一篇吹成三調，詞同而音異耳。」（西山讀書記卷二三，頁三四。）

【評】（一三二）宋輔廣曰：「豳雅、頌之説，鄭氏固膠。今當從或者之説，而先生之説與王氏之説相近。若大田、良耜諸篇，或以音節不同而居雅、頌之中，則固可從矣。」（詩童子問卷三，頁二二一。）

【評】（一三三）宋黄震曰：「介甫謂豳詩別自有雅、頌。則豳乃先公方自奮於戎狄之地，此時安得有所謂天子之雅、頌耶？惟……謂吹豳之聲可雅可頌爲得之。」（黄氏日抄卷四，頁三七。）

〔附〕王安石國風解

全文。據羅振玉臨川集拾遺卷一頁二四—二六抄收，民國七年上海聚珍倣宋書局排印本。

周南、召南者，文王之詩。曰：言文王之化被民深，則詩人歌者其志遠，以見聖人之風，而屬之周公，故爲周南也；言文王之教化人淺，則詩人歌者其志近，以見賢人之風，而屬之召公，故爲召南也。然其詩則文王，其事則后妃夫人，不言美。而甘棠美召伯、江有汜美媵、何彼穠矣美王姬，而皆言美者，蓋召伯也、媵也、王姬也，各主於一人而美之也。若后妃夫人，則皆文王教化之所致，其美不足以爲言也。故先以周南而召南次之也。邶、鄘、衛皆衛詩，三國本商紂之地，而武王伐紂，裂其地以封紂子武庚並管、蔡者；及其叛，而周公誅之，乃以餘民封康叔。而後之刺美其君者，三國之人咸有所賦，是以分邶、鄘、衛焉。故邶、鄘之詩序必曰衛者，以別其衛詩爾。至於衛，則無所言衛矣。有凱風、定之方中、干旄、淇澳、木瓜，以美文公、桓公、武公，而凱風、木瓜雖非其君，然國之淫風流行，而有盡孝道以慰其母心之子；國爲狄人所滅，而有救而封之之齊桓公；則所以美之者，其君亦與焉。故次召南也。王者，周也；自平王東遷，其後政不足以及天下，而止於一國，於是爲風而不雅矣。不言周者，蓋平、桓、莊王，德之不脩，政之不講，非周之罪也。故次衛也。鄭有緇衣、武公之美，而次於王後者，蓋王之皆刺，而不能加於多美之諸侯者，天下之公義也。若諸侯之少美矣，雖王之皆刺，而不足以勝之，豈非君與臣善惡不相遠，則君得以先其臣，而理所可也。故次王也。齊皆刺也；然有木瓜美桓公，繫於衛詩之末。故次鄭也。魏皆刺也；而無所主名，言爲魏之君者，皆甚惡爾。夫序詩者，豈以一端而已，皆美而無所主名則先之，好其善之盛也，周南是也。皆刺而無所主名則先之，醜其惡之極也，魏是也。故次齊也。唐本晉詩；而美武公者，無衣也。然武公始并晉國，而大夫爲之請命于天子之使，而作是詩也。夫不請命于天子，雖云美而君子所不與，猶若武公無美焉爾。或曰：「魯之有頌，亦請命于周，乃列於周、商之間，而於此詘晉何也？」曰：「魯請於天子，而史克作頌，與夫請天子之使而爲之者異矣。」弟賢于無美者也。故次魏也。秦之車鄰美秦仲，駟驖、小戎美襄公，雖賢於唐，然本西垂，秦仲始大，至於襄公方列於諸侯。故次唐也。陳皆刺也；而所刺主於幽公、僖公之徒，言其餘君或不至於是。然刺詩多矣，故次秦也。檜皆刺也；而無所主名，猶魏也。故次陳也。曹皆刺也，然所刺止於昭公、共公，猶陳也。故次檜也。豳七月，周公攝政之詩也。所美見於東山、破斧、伐柯、九罭、狼跋也。其七月陳王業，鴟鴞以遺王者，皆公所自爲，故不言美也。然名之以雅，則公非王也；次之以周南，則公非諸侯。因其陳王業，先公之所由，乃以屬於豳也。不屬於周者，周，王國也；周公何所繫焉？所以居小雅之前，而處變風之後。故次豳也。或曰：「國風之次，學士大夫辨之多矣，然世儒猶以爲惑；今子獨刺美序之，何也？」

曰：「昔者聖人之於詩，既取其合於禮義之言以爲經，又以序天子諸侯之善惡，而垂萬世之法。其視天子諸侯，位雖有殊，語其善惡，則同而已矣。故余言之甚詳，而十有五國之序，不無微意也。」嗚呼！惟其序善惡以示萬世，不以尊卑小大之爲後先，而取禮之言以爲經，此所以亂臣賊子知懼，而天下勸焉。

敏案：右安石國風解一文，羅振玉得之日本，羅氏臨川集拾遺序曰（序載原書卷首）：「宣統紀元，再游海東，觀書於宮内省之圖書寮，見宋槧本王文公集。每半葉十行，行十七字，『構』字下注『御名』。蓋刊于南渡之初，彫刻至佳，宋槧之最精善者，尚存七十卷，而佚其末。典書官爲予言：『曾以它善本與此比勘，它本往往有佚篇。』時以行程匆遽，不及詳究。惟覺其類次先文後詩，與明代復刻紹興中桐廬本先詩後文者大異。爰記其目次『曰書，卷一至卷八。曰宣詔，九卷。曰制誥，卷十至卷十四。曰表，卷十五至卷二十一。曰啓，卷二十二至卷二十四。曰傳，卷二十五。曰雜著，卷二十六至卷三十三。曰記，卷三十四、三十五。曰序，卷三十六。曰古詩，卷三十七至卷五十一。曰律詩，卷五十二至卷七十。』於小册中而歸。亡友合肥蒯禮卿京卿，篤好荆公集，求宋槧本不可得。歸以告之，並示所記目次，禮卿大喜，而恨不得寓目。讓予曰：『君盍再作十日留，詳校其目，寫其佚篇以歸，不猶賢于僅記目次乎？』相與憮然！乃未幾而禮卿物化。及歲辛亥，避地扶桑，度門戢影，惟以校勘古籍消遣歲時。今年春，念及斯集，計惟東友島田氏翰曾校書祕省，彼或校録；而數年前已以事自裁，墓草宿矣。彼固有增訂本古文舊書考，在武進董氏許，中或載此書，又疑佚文未必備録，姑移書假之。比至展觀，則諸佚篇咸在焉，爲之喜出望外。長夏苦雨，取歸安陸氏所録荆公佚詩佚文載入羣書校補者，合以宋槧本所載不見桐廬本臨川集者，依其類次輯爲一卷，命兒子福葆録之。既成，顔之曰『臨川集拾遺』，將寄滬上校印，以償十年未竟之志，以慰禮卿、島田於地下，並弁語簡首，以告讀是書者，俾知此編成之之難有如是也。」兹據以輯收。

詩經新義　卷九　小雅

鹿鳴之什

鹿鳴

呦呦鹿鳴，食野之苹。

【佚文】（三四三）苹，水草也。鹿鳴而食野之苹，以喻當時之君飲食。（李黄解卷十九，頁三；辨證卷四，頁三。）

【評】（一三四）宋呂希哲曰：「呦呦鹿鳴，食野之苹，但取其食則相呼，非取其羣居則環其角外向也。」（呂記卷二，頁十五引；參國風周南樛木，佚文第二七條評及註文。）

人之好我，示我周行。

【佚文】（三四四）「周爲忠信之周；行，道也。言示之忠信之道。」（李黄解卷十九，頁四；辨證卷四，頁六。）

【評】（一三五）宋李樗曰：「王氏之意，謂序云『得盡其心』，故爲此説。然序所謂『盡其心』，詩中未必有此意。如葛覃之詩曰躬儉節用，則可以化天下以婦道，亦猶此詩。能待臣下如此，則羣臣不得不盡其心也。」（李黄解卷十九，頁四。）

四牡

翩翩者雛，載飛載下，集于苞栩。

【佚文】（三四五）三句，況臣之一於事其君也。（李黄解卷十九，頁十；辨證卷四，頁九。）

【評】（一三六）宋李樗曰：「雛……陳鵉以爲一宿之鳥。……雛之翩翩然，或飛或下，集於苞栩之上，亦猶使臣或行或止，皆從王事。……王氏（之説）……泥於陳氏『一宿之鳥』也。」（李黄解卷十九，頁十。）

豈不懷歸？是用作歌，將母來諗。

【佚文】（三四六）「母恃子以養甚於父。」（呂記卷十七，頁九；段解卷十六，頁十；備考卷十一，頁六。）

皇皇者華

駪駪征夫，每懷靡及。

【佚文】（三四七）「（每懷靡及者，）每以無所及事爲懷。」（李黄解卷十九，頁十四。）

常棣

常棣之華，鄂不韡韡。凡今之人，莫如兄弟。

【佚文】（三四八）「不韡韡，甚言其韡韡。」（李黄解卷十九，頁十八。）

【評】（一三七）宋李樗曰：「然詩人言『不韡韡』，不應以爲『韡韡』。楊龜山爲國子祭酒，嘗論此詩，以爲：周公閔管、蔡之失道，言『常棣之華，鄂不韡韡』者，蓋言常棣上承而下覆。華則覆蕚，蕚則承華，以喻兄弟之和睦，當如此也。今也管、蔡失道，不能親睦和協，如常棣之鄂至於不韡。……」（李黄解卷十九，頁十八。）

【佚文】（三四九）「華鄂之相恃，不可須臾離者，以天屬故也。兄弟天屬也，其相承覆相恃而不可離此如。」（呂記卷十七，頁十四；段解卷十六，頁十五；詩傳彙纂卷十，頁十二。）

【佚文】（三五〇）「不得保其常居，而裒於原隰之中，此與人同患難之時也。當是時，人各顧其親，則非兄弟孰肯以相求哉！」（呂記卷十七，頁十五；段解卷十六，頁十六；詩緝卷十七，頁十一。）

死喪之威，兄弟孔懷。原隰裒矣，兄弟求矣。

【佚文】（三五一）「文、武以來，宴兄弟亦必有詩，然鹿鳴、四牡等篇，詞多和平。惟常棣一篇，詞多激切，意若有所懲創，則周公因管、蔡之事，其後更爲此詩無疑。」（通釋卷九，頁十五載胡一桂引；會通卷九，頁十五載輯録引胡氏引；大全卷九，頁十五載胡一桂引。）

脊令在原，兄弟急難。每有良朋，況也永歎。

【佚文】（三五二）「古者朋友之喪則視兄弟，視兄弟則急難寇讎何爲而不豫？曰：莫不有君而爲之臣，莫不有父而爲之子，莫不有師而爲之弟子，莫不有兄弟而爲之兄弟，則吾急難寇讎之所當致力也博矣。又推而致之朋友，則吾有所不暇，而無禮以節之，則吾之憂無窮而人之責無已。蓋古之道如此。而後世之士，猶有以恩望朋友而至於離絶者矣。然則世之致力於朋友者非歟？曰：勢足以振之，力足以周之，而無傷於義，則鄰里鄉黨不可以不勉也，而況於朋友乎？」（吕記卷十七，頁十六；段解卷十六，頁十六—十七；詩傳彙纂卷十，頁十四。）

兄弟鬩于牆，外禦其務。每有良朋，烝也無戎。

【佚文】（三五三）「很于内，非令兄弟也，然及其禦侮，則雖每有良朋，曾不如不令兄弟之爲可恃也。」（吕記卷十七，頁十七；段解卷十六，頁十八；通釋卷九，頁十七；大全卷九，頁十七；詩傳彙纂卷十，頁十四。）

喪亂既平，既安且寧。雖有兄弟，不如友生。

【佚文】（三五四）「友生，約我以禮義者也。雖有兄弟，不如友生，有禮義然後無失其愛兄弟之常心。友生約其外，妻子調其内，則兄弟加親矣。故曰『妻子好合，如鼓瑟琴：兄弟既翕，和樂且湛』。」（吕記卷十七，頁十九；段解卷十六，頁十九；蒙引卷八，頁十一。）

【評】（一三八）宋吕祖謙曰：「王氏之説，雖非經旨，亦學者所當知也。」（吕記卷十七，頁十九。）

兄弟既具，和樂且孺。

【佚文】（三五五）「兄弟無故，則既具矣。」（呂記卷十七，頁十九；段解卷十六，頁二十；詩傳彙纂卷十，頁十五。）

伐木

伐木丁丁，鳥鳴嚶嚶。出自幽谷，遷于喬木。嚶其鳴矣，求其友聲。

【佚文】（三五六）「鶯猶尋舊友。」（緗素雜記卷五，頁七。）

伐木丁丁，鳥鳴嚶嚶。……伐木許許，釃酒有藇。既有肥羜，以速諸父。……於粲洒埽，陳饋八簋。

【佚文】（三五七）「八簋，天子之禮也；伐木，庶人之事也，然未始不須友以成也。」（李黄解卷十九，頁二一三。）

【評】（一三九）宋李樗曰：「序所謂『自天子至於庶人』，蓋連下文而云，謂天子既須友以成，庶人亦須友以成。蓋庶人之所爲，在天子卒之爾。庶人之求友，當於卒章而求之，不可引伐木爲説。既以伐木爲庶人之事，又以嚶嚶爲鳥之求友，則其理不相貫。」（李黄解卷十九，頁二一三。）

【佚文】（三五八）「以庶人之窶，而伐木之友然猶釃酒有藇以待之；又況於既有肥羜，以速諸父乎？」（李黄解卷十九，頁二一四。）

【評】（一四〇）宋李樗曰：「如王氏之意，且以伐木之事爲庶人之求友，以肥羜爲天子之求友。上下既無分別，不可如此說。」（李黄解卷十九，頁二一四。）

既有肥羜，以速諸父。……既有肥牡，以速諸舅。……籩豆有踐，兄弟無遠。

【佚文】（三五九）「於諸父曰肥羜而已，於諸舅乃曰八簋、肥牡，於兄弟乃曰籩豆有踐者，言以至誠加焉，每有隆而無殺也。」（段解卷十六，頁二一六。）

天保

天保定爾，亦孔之固。俾爾單厚，何福不除？俾爾多益，以莫不庶。

【佚文】（三六〇）「單，厚也；厚，厚下之至也。」（李黄解卷二十，頁二二。）

【評】（一四一）宋李樗曰：「鄭氏以爲厚天下之民，王氏以爲厚下。據此章，方言人君之受福，未及論民之福也。厚，但言其受福之厚也。」（李黄解卷二十，頁二一。）

【佚文】（三六一）「（除，）除舊寘新也。此言天下之保定我君，其位甚固；俾之單厚，凡有所福，無不與之。又與之以福禄；俾爾多益，以莫不庶，以見其受福之多也。」（李黄解卷二十，頁二一。）

【佚文】（三六二）「君恩至重，臣雖有犬馬之勞，不足以上答，唯稱其福禄以報之，此出於驩心而不强以爲者也。」（呂記卷十七，頁二七；段解卷十六，頁二九；通釋卷九，頁二六；大全卷九，頁二五；詩傳彙纂卷十，頁二十。）

天保定爾，俾爾戩穀。罄無不宜，受天百禄。

【佚文】（三六三）何福不除，爲人君之福；以莫不庶，爲人君之禄。罄無不宜，爲人臣之福；受天百禄，爲人臣之禄。（李黄解卷二十，頁二二；辨證卷四，頁十九。）

吉蠲爲饎，是用孝享。

【佚文】（三六四）「吉言諏日擇士之善，蠲言齋戒滌濯之絜。」（呂記卷十七，頁二八；段解卷十六，頁三十；六家詩名物疏卷三三，頁二、三；備考卷十一，頁十五。）

禴祠烝嘗，于公先王。

【佚文】（三六五）「禴，於文或從勺。」（呂記卷十七，頁二八；段解卷十六，頁三十。）

【佚文】（三六六）「先禴後祠，禴厚而祠薄。先烝而後嘗，烝厚而嘗薄。」（李黄解卷二十，頁三。）

【評】（一四二）宋李樗曰：「此非也。趙伯循云：按周禮記四時之祭名云：春祠、夏禴、秋嘗、冬烝，公羊所記亦同。而此詩乃曰禴祠烝嘗，其文與周禮異，協韻故爾。其實祠禴嘗烝，不以厚薄爲先後之序也。」（李黄解卷二十，頁三一四。）

神之弔矣，詒爾多福。民之質矣，日用飲食。

【佚文】（三六七）「神無所出其靈響也，詒爾多福而已。民無所施其智巧也〔二〕，日用飲食而已。以見民之和平，無有詐欺矣。」（李黄解卷二十，頁四；呂記卷十七，頁二九；段解卷十六，頁三一；通釋卷九，頁二九；大全卷九，頁二八；蒙引卷八，頁十八；詩傳彙纂卷十，頁二三。）

〔二〕「也」字，據呂記補。

羣黎百姓，徧爲爾德。如月之恒，如日之升。如南山之壽，不騫不崩。如松柏之茂，無不爾或承。

【佚文】（三六八）「如月之恒久，如日之升，如南山不虧而不壞，如松柏之茂盛，皆悠久之狀也。以言人君之福興而未艾也。」（李黄解卷二十，頁四。）

【佚文】（三六九）「松柏之茂盛，無不承其庇覆；蓋人君受福，普天之下無不受其賜也。」（李黄解卷二十，頁四。）

采薇

采薇采薇，薇亦作止。曰歸曰歸，歲亦莫止。

【佚文】（三七〇）「（薇亦作止，）戍役之久，且又采薇食之而已。」（李黄解卷二十，頁八；辨證卷四，頁二二。）

【佚文】（三七一）「戍者自計歸期，則歲暮矣。」（吕記卷十七，頁三一；李黄解卷二十，頁八；段解卷十六，頁三四。）

【評】（一四三）上兩條，宋李樗曰：「王氏以爲『歲暮之時』。……然不必指時以爲説。

『薇亦作止』，是始遣戍役之時薇始生也，其後薇始長而柔，又其後薇始壯而剛，以見天時之變如此。亦猶『昔我往矣，楊柳依依，今我來思，雨雪載塗』，亦言天時之變爾。」（李黄解卷二十，頁八。）

靡室靡家，玁狁之故。

【佚文】（三七二）「男本有室而女有家。今男靡得以室爲室，女不得以家爲家。」（吕記卷十七，頁三一；段解卷十六，頁三四。）

采薇采薇，薇亦剛止。

【佚文】（三七三）「剛止者，亦如柔止，感時物之變也。」（段解卷十六，頁三五；吕記卷十七，頁三二，「剛」作「陽」，字誤。）

曰歸曰歸，歲亦陽止。

【佚文】（三七四）十月陽用事。（李黄解卷二十，頁九；辨證卷四，頁二四。）

王事靡盬，不遑啓處。

【佚文】（三七五）「啓則居之也，處則方之也。不遑居者，以言從戍役之事而不遑居也。不遑處者，以言居戍役之地而不遑處也。」（李黃解卷二十，頁九。）

彼爾維何？維常之華。彼路斯何？君子之車。

【佚文】（三七六）「常之華，上承下覆，甚相親比。猶之路車，將帥乘之，以庇其下；師徒恃之，以載其上。上載下庇，甚相親比。」（李黃解卷二十，頁九。）

【佚文】（三七七）「路，戎路也。」（呂記卷十七，頁三三；段解卷十六，頁三六；詩緝卷十七，頁二六。）

戎車既駕，四牡業業。豈敢定居？一月三捷。

【佚文】（三七八）「豈敢定居，一月三捷，此言憂勤之至，而冀其功之速成也。」（呂記卷十七，頁三三；段解卷十六，頁三六；詩傳彙纂卷十，頁二六。）

行道遲遲，載渴載飢。我心傷悲，莫知我哀！

【佚文】（三七九）「人情所患，莫切于行役之勞、飢渴之害，故中心傷悲而莫有知其哀者，則幾于不得其所而無所告訴。今歌詩遣之，述其勤苦，則人不知其哀而上知之。此君子能盡人之情，故人忘其死也。」（通釋卷九，頁三七載胡一桂引；大全卷九，頁三六載胡一桂引。）

出車

出車，勞還率也。此詩小序之全文。

【佚文】（三八〇）「遣戍役同詩者，出時用兵則均服同食，一衆心也。勞還役異詩者，入而振旅則反尊卑、辨貴賤，定衆志也。」（呂記卷十七，頁三五；朱傳卷九，頁二二；段解卷十六，頁三九—四十。）

我出我車，于彼牧矣。

【佚文】（三八一）「出車于牧，就馬故也。」（李黄解卷二十，頁十二。）

【佚文】（三八二）「古者兵隱於民，而馬則牧于野。兵車之出，則以車而就牧地也。」（呂記卷十七，頁三六；段解卷十六，頁四十。）

【評】（一四四）宋李樗曰：「荀子大略篇曰：『天子召諸侯，諸侯輦輿就馬，禮也。』遂舉此詩云：『我出我車（輿），于彼牧矣。自天子所，謂我來矣。』荀子之意，則以出車爲諸侯赴天子之召。然按此詩乃南仲出車，非是諸侯之赴召也。……王氏……『就馬故也』，蓋本荀子之説，然未必得詩人之意。蘇氏（轍）曰：『其將北伐也，出車于郊，牧即郊也。』……此説爲簡勁。」（李黄解卷二十，頁十二。）

自天子所，謂我來矣。

【佚文】（三八三）「天子，紂也。」（吕記卷十七，頁三六；段解卷十六，頁四十；詩緝卷十七，頁二一八。）

彼旟旐斯，胡不旆旆？

【佚文】（三八四）「未有事，故不旆也。」（吕記卷十七，頁三七；李黄解卷二十，頁十三；段解卷十六，頁四一。）

【評】（一四五）宋李樗曰：「此……非詩人之意也。此蓋南仲出征之日，下令軍中曰：彼旟旐何不旆旆乎？以見其車旗之盛也。」（李黄解卷二十，頁十三。）

出車彭彭，旂旐央央。

【佚文】（三八五）「彭彭然，張其車乘。央央然，旆其旂旐。」（呂記卷十七，頁三七；段解卷十六，頁四三。）

赫赫南仲，玁狁于襄。

【佚文】（三八六）「襄之言勝也。」（李黄解卷二十，頁十四。）

【評】（一四六）宋李樗曰：「以襄爲勝，無所經見，牆有茨之詩曰『不可襄也』，則襄是除也。」（李黄解卷二十，頁十四。）

自天子所。……王事多難。……王命南仲。……天子命我。……王事多難。

【佚文】（三八七）「軍旅之事，仰得天俯得人，然後動，此其所以或稱王或稱天子也。」（李黄解卷二十，頁十五。）

昔我往矣，黍稷方華。今我來思，雨雪載塗。王事多難，不遑啓居。

【佚文】（三八八）「黍稷方華，季夏時也。雨雪載塗，春凍始釋時也。玁狁在北，昆夷在西，是謂多難。故下章序伐西戎之功。」（通釋卷九，頁四一載胡一桂引；大全卷九，頁四十載胡一桂引。）

杕杜

陟彼北山，言采其杞。

【佚文】（三八九）「陟山之高，而以采杞故也；采杞則以杞爲可食故也。」（李黄解卷二十，頁十七。）

【評】（一四七）宋李樗曰：「此説迂曲甚矣。……此二句正猶草蟲之詩，言『陟彼北山，言采其薇』、『言采其蕨』，皆以見時物之變，感其君子久出，思得以見之，非有他義也。」（李黄解卷二十，頁十七。）

征夫不遠。匪載匪來，憂心孔疚。

【佚文】（三九〇）「庶幾其歸，且至不遠矣。既而匪載匪來，所以憂心孔疚也。」（吕記卷十七，頁四三；段解卷十六，頁四八。）

期逝不至，而多爲恤。

【佚文】（三九一）「而多爲恤飢渴歟？疾病歟？死傷歟？是何期逝不至也。」（通釋卷九，頁四五載胡一桂引；會通卷九，頁四十載輯録引；大全卷九，頁四四載胡一桂引。）

卜筮偕止，會言近止，征夫邇止。

【佚文】（三九二）「會卜筮之言皆言近矣，則庶幾征夫之歸近矣。」（呂記卷十七，頁四三；慈湖詩傳卷十一，頁十五；段解卷十六，頁四八；備考卷十一，頁二四。）

詩杕杜四章通義。

【佚文】（三九三）「上之人能知其下中心委曲之情，而形于歌詠，則下悦之，出車、杕杜是也。上之人不能知，而其下自陳勞苦之狀、悲傷之情，則怨也，揚之水、鴇羽是也。」（通釋卷九，頁四六載胡一桂引；會通卷九，頁四二載胡一桂引；大全卷九，頁四五載胡一桂引；蒙引卷八，頁二九。）

魚麗

物其有矣，維其時矣。

【佚文】（三九四）「若季冬薦魚，春獻鮪之類是也。」（呂記卷十七，頁四六；段解卷十六，頁五二；詩傳彙纂卷十，頁三八。）

〔南陔〕、〔白華〕、〔華黍〕

詩經新義　卷十　小雅

南有嘉魚之什

南有嘉魚

南有嘉魚，烝然罩罩。

【佚文】（三九五）「嘉魚，以言民之賢者，有養人之嘉祉。」（李黄解卷二十，頁二一三。）

【評】（一四八）宋李樗曰：「王氏……亦是以嘉魚爲魚之善者。按左太沖蜀都賦：嘉魚出於丙穴。先儒曰：丙穴在漢中沔陽縣。嘉乃是魚名也，故陸農師曰：嘉魚鯉質鱒鯽，肌肉甚美，食乳泉，出於丙穴。則知嘉魚者乃是魚之一種也。」（李黄解卷二十，頁二一三。）

君子有酒，嘉賓式燕以樂。

【佚文】（三九六）「君子有酒，而嘉賓式宴以樂，此所謂樂與賢者共之也。」（呂記卷十八，頁三，段解卷十七，頁二〇。）

南山有臺

南山有臺，北山有萊。……南山有桑，北山有楊。……南山有栲，北山有杻。……南山有枸，北山有楰。

【佚文】（三九七）「臺爲賤者所衣，萊爲賤者所食，桑可以衣，楊可以爲宫室器械之材，樗可以爲車之巾，杻可以爲弓弩之幹，枸有美食，楰有文理而又高大、中宫室器械之材。」（李黄解卷二十，頁二一七。）

〔由庚〕、〔崇丘〕、〔由儀〕

蓼蕭

蓼彼蕭斯，零露湑兮。

【佚文】（三九八）「蕭香能上達，譬諸侯以德善自通於天子。」（李黄解卷二一，頁一。）

宜兄宜弟，令德壽豈。

【佚文】（三九九）「諸侯得以外交兄弟之國，無所不宜。」（李黄解卷二一，頁二。）

【評】（一四九）宋李樗曰：「兄弟，同姓之諸侯也。天子既以恩意接之，則可以宜其同姓之諸侯，亦如所謂『宜其家人』也。王氏言……非也。」（李黄解卷二一，頁二。）

既見君子，鞗革沖沖。

【佚文】（四〇〇）「沖沖，雝雝有禮節故也。」（段解卷十七，頁十。）

和鸞雝雝，萬福攸同。

【佚文】（四〇一）「乘馬路車，天子所以好諸侯也。有車馬則有鞗革和鸞矣。上下相遇以德而成以禮，則萬福所同也。」（吕記卷十八，頁九；李黄解卷二一，頁三；段解卷十七，頁十；詩經世本古義卷十之中，頁八十；讀詩略記卷三，頁二一一。）

△湛露

彤弓

彤弓弨兮，受言藏之。

【佚文】（四〇二）「受言藏之者，工成而獻王；王受而藏之，以待賜也。」（呂記卷十九，頁二；李黃解卷二一，頁七；慈湖詩傳卷十一，頁二四；段解卷十七，頁十五；備考卷十二，頁十。）

【評】（一五〇）宋李樗曰：「此兩説：一則以爲諸侯藏之，一則以爲王藏之。然此詩乃是天子賜有功諸侯，則當以爲諸侯藏之也。」（李黃解卷二一，頁七。）

彤弓弨兮，受言載之。

【佚文】（四〇三）「其藏弓也，載以抗之，橐以韜之，則以言其藏之無敵不弔也。」（呂記卷十九，頁三；段解卷十七，頁十六；備考卷十二，頁十。）

鐘鼓既設，一朝右之。

【佚文】（四〇四）「其享也，尊而右之也。」（李黄解卷二一，頁八；吕記卷十九，頁三；段解卷十七，頁十六；通釋卷十，頁二；大全卷十，頁二；詩傳彙纂卷十一，頁二。）

鐘鼓既設，一朝醻之。

【佚文】（四〇五）「醻之者，既獻矣，又醻之也。主既獻，賓既酢，則報施足矣。於是有醻焉，則所以爲厚也。」（吕記卷十九，頁四；段解卷十七，頁十七；詩傳彙纂卷十一，頁二。）

菁菁者莪

既見君子，樂且有儀。

【佚文】（四〇六）「君子之長育人材也有道，其可以接耳目者，禮樂而已。禮，履此者也；履此，故動容周旋中禮。樂，樂此者也；樂此，故不知手之舞之足之蹈之也。舞之蹈之，所謂樂也；動容周旋中禮，所謂有儀也。故曰『既見君子，樂且有儀』。」（李黄解卷二一，頁九；辨證卷四，頁七十。）

菁菁者莪，在彼中陵。既見君子，錫我百朋。

【佚文】（四〇七）「彼厚之以禄，則士之才成矣。樂其成吾才而又能用我也，豈特爲厚禄乎哉！」（呂記卷十九，頁五；段解卷十七，頁十九；辨證卷四，頁七十；詩傳彙纂卷十一，頁四。）

【佚文】（四〇八）「材成然後官其材、禄其功，乃所以長育之也。阿，大陵也。始曰中阿矣，今曰中陵者，長育人材之道：以樂且有儀爲大，錫我百朋爲小；以樂且有儀爲先，以錫我百朋爲後。」（李黄解卷二一，頁十。）

【評】（一五一）宋李樗曰：「此説（「長育之也」以上）固無害，而繼之（「阿，大陵也」以下）……則鑿矣。黄魯直大雅記云：『竊以爲不特讀子美之詩如此，王氏之於詩，以爲陵有小大前後之序，則古人之詩無乃委地乎？此不可不戒也。』」（李黄解卷二一，頁十，其引黄庭堅大雅堂記文與原文不盡同，原文在豫章集卷十七，總頁一八〇，見下「詩經新義總評」第一條。）

六月

采薇廢，則征伐缺矣。此詩小序文。

【佚文】（四〇九）「采薇之師，不得已而後起；序其情而閔其勞，所謂説以使民犯難者也。征伐之義，如斯而已。」（呂記卷十九，頁七。）

【佚文】（四一〇）「征伐之功力在將帥而已，而將帥之所恃者師衆也。」（呂記卷十九，頁七。）出車廢，則功力缺矣。杕杜廢，則師衆缺矣。此詩小序文。由庚廢，則陰陽失其道理矣。南有嘉魚廢，則賢者不安，下不得其所矣。崇丘廢，則萬物不遂矣。南山有臺廢，則爲國之基隊矣。此詩小序文。

【佚文】（四一一）「序詩者進由庚於南有嘉魚之前，而退南山有臺於崇丘之後何也？蓋其説以爲陰陽失其道理，則是人君不能用道；人君不能用道，則賢者亦必不安，下亦必不得其所矣。萬物不遂，則是人君不能成物；人君不能成物，則必無賢者以立邦家之基矣。」（李黄解卷二一，頁十三—十四。）

【評】（一五二）宋李樗曰：「由庚之詩，本在於南山有臺之下，今乃列於南有嘉魚、南山有臺之間，而不依於序者何也？唐孔氏曰：『……』敏案：孔穎達説見南陔、白華、華黍小序疏。夫詩之見存者，其先後不可必其次第，如常棣乃周公之詩而列於伐木之前，已不可得而知，況其亡者，又安可得而知之乎？……王氏又從而爲之説曰：『……』此蓋附會其説以合此序，不足取也。設若倒其辭曰：『賢者不安，則陰陽失其道理；爲國之基墜，則萬物不遂。』亦有何不可？以此知其説蓋出於附會，不足取也。」（李黄解卷二一，頁十三—十四。）

六月棲棲，戎車既飭。

【佚文】（四一二）「棲棲然而不静。」（李黄解卷二一，頁十四。）

【佚文】（四一三）「既飭者，言其蚤正素治以待之也。」（段解卷十七，頁二四；詩傳彙纂卷十一，頁六。）

四牡騤騤，載是常服。

【佚文】（四一四）「騤騤者，馬之强而有節也。」（吕記卷十九，頁八；段解卷十七，頁二四；備考卷十三，頁三；詩傳彙纂卷十一，頁六。）

比物四驪，閑之維則。維此六月，既成我服。……王于出征，以佐天子。

【佚文】（四一五）「比物四驪、閑之維則者，既言駟牡騤騤矣，又追本其比物而閑之之事以美之也。維此六月、既成我服者，既言載是常服矣，又追本其成服之時以美之也。」（呂記卷十九，頁十；詩童子問卷四，頁十六；段解卷十七，頁二五；蒙引卷九，頁十一；詩傳彙纂卷十一，頁七。）

【評】（一五三）宋輔廣曰：「此章王氏解謂……此亦得其旨義也。然馬之有餘、教之有素，則軍實之强可知矣；六月成服、行止有度，則軍制之嚴又可知矣；以佐天子，則不止於正王畿而已。」（詩童子問卷四，頁十六。）

元戎十乘，以先啓行。

【佚文】（四一六）「軍前曰啓，後曰殿。元戎十乘，以先軍行之前者，所謂選鋒也。兵法：兵無選鋒曰北。」（呂記卷十九，頁十二；詩緝卷十八，頁二十；通釋卷十，頁九；會通卷十，頁十；大全卷十，頁九；六家詩名物疏卷四，頁十六；備考卷十三，頁四；詩經世本古義卷十七，頁三一；蒙引卷九，頁十一；詩傳彙纂卷十一，頁八。）

薄伐玁狁，至于大原。文武吉甫，萬邦爲憲。

【佚文】（四一七）「能伐敵而攘之，則吉甫之力，於是美之曰『文武吉甫，萬邦爲憲』。非文無以附衆，非武無以勝敵。能文能武，則萬邦以爲法矣。」（呂記卷十九，頁十三；段解卷十七，頁二九；詩緝卷十八，頁二一；備考卷十九，頁十三；詩傳彙纂卷十一，頁九。）

吉甫燕喜，既多受祉。來歸自鎬，我行永久。飲御諸友……侯誰在矣，張仲孝友。

【佚文】（四一八）「忠也者，移孝以爲之者也；順也者，移友而爲之者也。故言忠順之臣，必及孝友之友。」（通釋卷十，頁十一；大全卷十，頁十二；詩傳彙纂卷十一，頁十。）

【佚文】（四一九）「吉甫爲將於外，而内無忠順之臣與之同志者輔王耳目而迪其心，則妨功、害能之人至矣。妨功、害能之人至，則若吉甫者其身之不閔，何暇議勝敵哉！」（呂記卷十九，頁十五；段解卷十七，頁三十；詩緝卷十八，頁二三；備考卷十三，頁五。）

【評】（一五四）上兩條，宋輔廣曰：「此章因毛傳創爲『使文武之臣征伐與孝友之臣處内』之言，而王氏、陳氏、范氏遂因以爲説。王氏意狹，范氏意廣，而東萊先生詩記大書范説，而附注王氏，遂引酒誥太史友、内史友之文，證張仲之爲宣王之友。……然考之經文，章首言吉甫，而中間云『飲御諸友』，則張仲爲吉甫之友明矣。末言『侯誰在矣，張仲孝友』，亦但言吉甫之友張仲得與此燕耳，初不見張仲之在外在内也。……夫吉甫以天子之師出逐玁狁，有功而歸，相與宴飲，其與宴者固不一也。……而詩人乃獨舉夫孝友張仲之爲賢，則又可見吉甫之文，而不專以武功爲美矣。」（詩童子問卷四，頁十六—十七。）

采芑

薄言采芑，于彼新田。

【佚文】（四二〇）此篇「芑」與大雅文王有聲篇「豐水有芑」及生民篇「維穈維芑」之「芑」，皆穀也。（李黄解卷二一，頁十九、二十；詩集傳名物鈔卷五，頁二七；詩經世本古義卷十七，頁三八；辨證卷四，頁八十。）

【評】（一五五）宋李樗曰：「陸璣疏曰：『芑菜，似苦菜也。莖青白色，摘其葉，白汁出脃，可生食，亦可以爲蒸爲茹。』則是菜名也。爾雅曰：『芑，白苗。』郭璞曰：『今白粱粟，好穀也。』則是穀名也。王氏皆以爲穀，不知何也。徐安道亦從其説，而曰：『毛氏以「薄言采芑」爲菜，「豐水有芑」爲草，「惟穈惟芑」爲穀。要之，三物皆穀爾。』……詳觀此詩，曰『薄言采芑，于彼新田』，則田中所生，宜生穀也。然未有采之者，既謂之采，則不宜謂之穀。」（李黄解卷二一，頁十九—二十。）

【評】（一五六）清黄中松曰：「夫芑由新田、菑畞中、鄉中采之，則非草也明矣。使采芑非爲軍糧而設，則以爲菜也可。若軍行采芑而食，庶幾穀之類，堪充一飽云。」（辨證卷四，頁八十。）

【佚文】（四二一一）兩句，言周宣王養成人才。（李黄解卷二一，頁二十——二一。）

方叔涖止，其車三千。

【佚文】（四二一二）「其車三千，蓋會諸侯之師，非特鄉遂之兵而已。先儒以爲『羨卒盡起』，非也。蓋宣王承厲王之後，能會合諸侯之師，而其車有三千乘。使其微弱如厲王之世，安得復會諸侯之師如是盛乎？桓王之時伐鄭，王爲中軍；虢公林父將右軍，蔡人、衛人屬焉；周公黑肩將左軍，陳人屬焉。其合諸侯之師，但能備三軍之數，況欲得三千之車乎？故毛氏曰：『言周室之强，車服之美也。』言其强美，斯劣矣。孔氏則因其説而曰：『必言其强美者，斯劣弱矣。』老子曰：『國家昏亂有忠臣，六親不和有孝慈。』明名生於不足。詩人所以盛矜宣王强美者，斯爲宣王承亂劣弱，美而言之也。」（李黄解卷二一，頁二一——二二；吕記卷十九，頁十五——十六載朱子舊作詩説引；詩緝卷十八，頁二五；會通卷十，頁十三載輯録引朱子舊作詩説引；詩經世本古義卷十七，頁四二；讀詩略記卷三，頁二九。）

【評】（一五七）宋李樗曰：「此説爲善，蓋以厲王之時不能合諸侯之師，故顯言宣王師徒之盛，所以明前世之不然也。」（李黄解卷二一，頁二二。）

【評】（一五八）宋朱熹曰：「孔氏以爲……王氏謂會諸侯之師，此皆以文害辭、辭害意之過。詩人但極其盛而稱之耳，豈必實有此數哉！」（吕記卷十九，頁十五—十六載朱子舊作詩説引；會通卷十，頁十三載輯録引朱子舊作詩説引。）

【評】（一五九）宋嚴粲曰：「……王氏謂合諸侯之師。要之，詩人之辭不可泥名數以求之。『其車三千』，極言其兵車之盛耳。況兵有先聲後實，項羽兵四萬，號百萬，豈一一如其數哉！朱氏謂孔氏、王氏以文害辭，其説是也。」（詩緝卷十八，頁二五。）

【評】（一六〇）清黄中松曰：「竊意歌詠之詞每多誇麗，但取其盛而不免過其實者。此詩一則曰三千，再則曰三千，言之不已，而至於三，詩人決不爲此誑語以欺人耳。觀齊桓伐楚，共合八國之師；晉文城濮之戰，亦賴齊、秦之力，則宣王南征，必有諸侯之衆可知。況桓王伐鄭，而陳、蔡、衛猶從之；豈宣王之盛，遠征蠻荆，而無一諸侯應之者乎？下篇車攻東都之會諸侯，曰『會同有繹』，其莫不奉天子之聲靈而奔走皆來，則有四方之事，冢宰命師於諸侯，虎賁氏以牙璋發之，孰不奉命唯謹乎？安石之説，於事理固合也。……王氏謂兵有先聲而後實者[一]，此後世虛詐之謀，亦非王者仁義之師耳。」（辨證卷四，頁八三—八四。）

[一]「王氏」，當作「嚴氏」，嚴氏粲也。

鴥彼飛隼，其飛戾天，亦集爰止。

【佚文】（四二三）「鴥彼飛隼，其飛戾天者，言士卒之猛疾奮厲如此。亦集爰止者，言士卒之服聽號令如此。」（李黄解卷二一，頁二三。）

方叔率止，鉦人伐鼓。

【佚文】（四二四）「方叔率止，鉦人伐鼓。鉦所以退而止，鼓所以動而進。方其動而進也，鉦人亦奮而伐鼓，則士勇於進可見矣。夫鉦、鼓各自有人，今使鉦人奮而伐鼓，不幾於亂行乎？」（捫蝨新話卷一，頁八。）

【評】（一六一）宋陳善曰：「沈存中筆談説虞書『戛擊鳴球』云云，謂：『……』觀詩新義云：『……』此兩説自是一類。予嘗以其語戲作聯句云：『士勇而前，致鼓鉦之亂擊；樂和之至，令球瑟以無聲。』此亦可以一撫掌！」（捫蝨新話卷一，頁八。）

陳師鞠旅。

【佚文】（四二五）「陳欲廣，故言師；誓欲徧，故言旅。」（李黄解卷二一，頁二四。）

【評】（一六二）宋李樗曰：「（王氏之）意，以師、旅分衆寡。且如陳師、鞠旅可以分衆、寡，則班師、振旅亦可以分衆寡乎？此但便於辭耳。」（李黄解卷二一，頁二四。）

伐鼓淵淵。

【佚文】（四二六）「淵淵，深也。師衆則鼓遠，鼓遠則聲深矣。」（吕記卷十九，頁十九；段解卷十七，頁三五；詩緝卷十八，頁二七。）

蠢爾蠻荆，大邦爲讎！

【佚文】（四二七）「經或言蠻，或言荆楚。春秋之初，曰荆而已。後乃曰楚。」（吕記卷十九，頁二十；段解卷十七，頁三六；詩經世本古義卷十七，頁五十；詩傳彙纂卷十一，頁十三。）

詩采芑末章通義。

【佚文】（四二八）「前三章詳序其治兵，末章美其成功。出戰之事，略而不言。蓋以宿將董大衆，荆人自服；不俟戰而後屈也。」（詩傳彙纂卷十一，頁十四；通釋卷十，頁十七載胡一桂引；大全卷十，頁十七載胡一桂引。）

車攻

我車既攻，我馬既同。四牡龐龐，駕言徂東。

【佚文】（四二九）「我車既攻、我馬既同、四牡龐龐三者，非修政事不能致也。致此三者，然後能攘夷狄，復文、武之境土，會諸侯於東都。」（李黄解卷二一，頁二七。）

【評】（一六三）宋李樗曰：「按：詩序所謂『外攘夷狄』，蓋指上文而言。其曰『復文、武之竟土』，而後繼之以『修車馬，備器械』，蓋謂不忘武備也。非謂修車馬、備器械，以攘夷狄也。」（李黄解卷二一，頁二七。）

赤芾金舄，會同有繹。

【佚文】（四三〇）「諸侯人君宜朱芾而此赤芾者，會同故也。涖其臣庶則朱芾，君道也，故方叔服其命服則朱芾；會同於王則赤芾，臣道也，故此會同有繹則赤芾也。」（吕記卷十九，頁二三—二四；段解卷十七，頁四二；通釋卷十，頁十九；會通卷十，頁十九載輯録引；大全卷十，頁十九；蒙引卷九，頁十九；詩傳彙纂卷十一，頁十六。）

【佚文】（四三一）「繹者，言其屬連而不絶，若繹絲然也。」（吕記卷十九，頁二四；段解卷十七，頁四三；詩傳彙纂卷十一，頁十六。）

射夫既同，助我舉柴。

【佚文】（四三二）「同，所謂手仇也。」（段解卷十七，頁四三。）

四黄既駕，兩驂不猗。不失其馳，舍矢如破。

【佚文】（四三三）「猗，不正也。」（吕記卷十九，頁二五；慈湖詩傳卷十一，頁三八；段解卷十七，頁四三；詩緝卷十八，頁三四。）

【佚文】（四三四）「向曰四牡，則既言力之强。今曰四黄，則又言色之純也。兩驂不猗，言御之能正其馬也。不失其馳，言車行節而法也。舍矢如破，言矢行巧而力也。」（吕記卷十九，頁二五；段解卷十七，頁四三—四四；通釋卷十，頁二十；會通卷十，頁二十載輯録引；大全卷十，頁二一；備考卷十三，頁十一；詩傳彙纂卷十一，頁十七。）

徒御不驚，大庖不盈。

【佚文】（四三五）「武久不講，士氣惰怯，則有事而善驚，故於是言『徒御不驚』。」（吕記卷十九，頁二六。；段解卷十七，頁四四。；備考卷十三，頁十一。）

之子于征，有聞無聲。

【佚文】（四三六）聞，令聞。有聞無聲，謂有令聞而無喧譁之聲也。（李黃解卷二一，頁二一九。）

吉日

獸之所同，麀鹿麌麌。

【佚文】（四三七）麌，麕也；牡曰麌。麌麌，言牡麕衆多也。（李黃解卷二二，頁二一。）

詩經新義　卷十一　小雅

鴻鴈之什

鴻鴈

鴻鴈，美宣王也。萬民離散，不安其居，而能勞來還定安集之，至于矜寡，無不得其所焉。此詩小序之全文。

【佚文】（四三八）「宣王之民：勞者勞之，來者來之，往者還之，擾者定之，危者安之，散者集之。」（吕記卷十九，頁三十；段解卷十八，頁一；詩緝卷十九，頁一；通釋卷十，頁二六；會通卷十，頁二五—二六載輯録引；大全卷十，頁二七；蒙引卷九，頁二四；詩傳彙纂卷十一，頁二一。）

鴻鴈于飛，肅肅其羽。

【佚文】（四三九）鴻鴈以比使臣。謂宣王所遣之使臣，奔走如鴻鴈之飛。（李黄解卷二二，頁五。）

鴻鴈于飛，哀鳴嗸嗸。維此哲人，謂我劬勞；維彼愚人，謂我宣驕。

【佚文】（四四〇）「維此哲人，謂我劬勞者，以我于征、于垣爲劬勞也。維彼愚人，謂我宣驕者，以我矜怜、撫奄爲宣驕也。」（呂記卷十九，頁三二；段解卷十八，頁三。）

【佚文】（四四一）「民皆離散而不安其居，必矜之甚深，哀之甚切。不爾，則無告之民不足以自存矣。哲者所懷，有同於我，是以知吾之劬勞。愚者謂我宣驕而姑息於民而已。」（呂記卷十九，頁三二；段解卷十八，頁三。）

庭燎

夜如何其？夜未央。庭燎之光。……夜如何其？夜未艾。庭燎晣晣。……夜如何其？夜鄉晨。庭燎有煇。

【佚文】（四四二）「設庭燎者，謂將朝也。光者，燎盛也。晣晣，則其衰也。煇，則其光散矣。」（呂記卷十九，頁三三—三四；段解卷十八，頁五；會通卷十，頁二八載輯録引；通釋卷十，頁二九；大全卷十，頁二九；備考卷十三，頁十六。）

【佚文】（四四三）「未艾者，未及盡也。」（呂記卷十九，頁三四；李黄解卷二二，頁八；段解卷十八，頁五；詩緝卷十九，頁四；備考卷十三，頁十六。）

【評】（一六四）宋李樗曰：「……按左傳昭元年：『秦后子曰：何爲一世無道？國未艾也。』注曰：『絶也。』則艾爲盡意。當從王、蘇、程之説。夜未央、未艾，皆言其尚早也。」（李黄解卷二二，頁八。）

沔水

沔彼流水，其流湯湯。

【佚文】（四四四）湯湯者，言無所歸也。（李黄解卷二二，頁十一。）

鶴鳴

鶴鳴，誨宣王也。此詩小序之全文。

【佚文】（四四五）「（此詩）既誨王以修身，又誨王以致人，又誨王以尚賢、辯不肖，又誨王取於人以爲善。」（李黄解卷二二，頁十四；辨證卷四，頁九十。）

【評】（一六五）清黄中松曰：「王（安石）分修身、致人、用賢辨不肖、取於人爲善四事。……夫天下之理，不盡於四者，即四者推之，觸類旁通，理無不該，事無不備，舉天下而措之可也。若專指求賢，則所誨者一事耳，故不曰誨宣王求賢，而曰『誨宣王也』。」（辨證卷四，頁九十。）

鶴鳴于九皋，聲聞于野。

【佚文】（四四六）「易曰：『鳴鶴在陰，其子和之。』子曰：『君子居其室出其言善，則千里之外應之，況其邇者乎？』與此意同。」（段解卷十八，頁十；詩傳彙纂卷十一，頁二七。）

祈父

祈父！予，王之爪士。

【佚文】（四四七）「爪士，爪牙之士也。」（段解卷十八，頁十三。）

祈父！亶不聰。胡轉予于恤？有母之尸饔。

【佚文】（四四八）「勞役無有休息，不得奉養，而母反尸劬勞之事也。」（呂記卷二十，頁二；段解卷十八，頁十三；備考卷十四，頁二。）

白駒

皎皎白駒，食我場苗。縶之維之，以永今朝。

【佚文】（四四九）「皎皎白駒，以況其潔白之賢人。馬，臣道也；爲其未縶維也，故稱駒焉。」（李黄解卷二二，頁十八。）

皎皎白駒，賁然來思。

【佚文】（四五〇）「（賁，）讀爲『奔』字，言其來之速也。」（通釋卷十一，頁四；李黄解卷二二，頁十八；會通卷十一，頁四載輯録引朱子所引；大全卷十一，頁四載朱子引；詩傳彙纂

卷十二，頁四載朱子引。）〔二〕

爾公爾侯，逸豫無期。慎爾優游，勉爾遁思。

【佚文】（四五一）「（前二句，）言我遇賢人之紓也。」（李黄解卷二二，頁十九。）

毋金玉爾音，而有遐心。

【佚文】（四五二）「前章云『勉爾遁思』，此章曰『毋金玉爾音，而有遐心』，雖勉其遁，而又庶幾其來反也。」（吕記卷二十，頁五；段解卷十八，頁十六；備考卷十四，頁四。）

黄鳥

黄鳥，刺宣王也。此詩小序之全文。

【佚文】（四五三）此賢者不得志而去之詩。（李黄解卷二二，頁二十；詩緝卷十九，頁

〔二〕今本詩集傳、朱子語類，皆未引王氏此條説；輯録、大全、詩傳彙纂作朱子引，或據朱子舊作詩説，原書今佚。

十五。）

【評】（一六六）宋嚴粲曰：「……王氏、蘇氏以爲賢者不得志而去，不若朱氏以爲民不安其居，適異國而不見收恤。諸家以『無啄我粟』爲此邦之言，『不我肯穀，復我邦族』爲去者之言：文意斷續。朱氏以爲皆去者之言。朱義爲長。」（詩緝卷十九，頁十五。）

我行其野

我行其野，刺宣王也。此詩小序之全文。

【佚文】（四五四）「此民不安其居而適異邦，從其昏姻而不見收恤之詩也。先王之詩曰：『既有肥牡，以速諸舅。寧適不來？微我有咎。』又曰：『籩豆有踐，兄弟無遠。』其躬行仁義、道民厚矣。猶以爲未也，又建官置師，以孝、友、睦、婣、任、恤六行教民。爲其有父母也，故教以孝；爲其有兄弟也，故教以友；爲其有同姓也，故教以睦；爲其有異姓也，故教以婣；爲鄰里鄉黨相保相受也，故教以任；相賙相救也，故教以恤。以爲徒教之或不率也，故使官師以時書其德行而勸之；以爲徒勸之或不率也，於是乎有不孝、不睦、不婣、不弟、不任、不恤之刑焉。方是時也，安有如此詩所刺之民乎？」（吕記卷二十，頁七—八；李黄解卷二二，頁二二；

朱傳卷十一，頁五—六；段解卷十八，頁十九；詩緝卷十九，頁十六；備考卷十四，頁五。）

我行其野，蔽芾其樗。昏姻之故，言就爾居。爾不我畜，復我邦家。

【佚文】（四五五）「樗，惡木，尚可芘而息。今以婚姻之故言就爾居，而爾不我畜，則樗之不如也。」（呂記卷二十，頁八；李黄解卷二二，頁二二；段解卷十八，頁二十；備考卷十四，頁六。）

我行其野，言采其蓫。昏姻之故，言就爾宿。爾不我畜，言歸斯復。

【佚文】（四五六）「蓫，惡卉也，尚可采以治疾。今以昏姻之故言就爾宿，而爾不我畜，則蓫之不如也。言就爾宿，則託宿而已，非就之居也。言歸斯復，則以不見畜而去也。」（呂記卷二十，頁九；段解卷十八，頁二十；詩緝卷十九，頁十八；備考卷十四，頁六；蒙引卷十，頁二一。）

我行其野，言采其葍。不思舊姻，求爾新特。

【佚文】（四五七）「葍，野菜之惡者也，然尚可采以禦飢。昏姻之相與，固爲其窮則相收困則相恤也。今不思舊姻，而求爾新特，則又蓄之不如也。」（呂記卷二十，頁九；段解卷十八，頁二一；備考卷十四，頁六；詩傳彙纂卷十二，頁八。）

成不以富。

【佚文】（四五八）「同田爲富。」（考古質疑卷三，頁十六。）

斯干

兄及弟矣，式相好矣，無相猶矣。

【佚文】（四五九）猶，圖也。（李黄解卷二三，頁二一。）

似續妣祖，築室百堵。

【佚文】（四六〇）「似續妣祖，言其宫室内外，皆如先王之制。繼紹先王之制，而築室於百堵，言其宣王之居處可謂安矣，蓋言其百堵皆興也。夫一人之情，千萬人之情是也。人君有高臺深池之安，必思吾民得安其居焉，况夫古者宫室則欲民有棟宇？宣王之時，其考室也，築室百堵，又遣使招集流民，而百堵皆作，則斯民必有居處也。若宣王者，所謂與民同其憂樂也。」（李黄解卷二三，頁二一—二三；段解卷十八，頁二二三。）

【佚文】（四六一）「築室百堵者，言廣且多也。」（呂記卷二十，頁十一；段解卷十八，頁二二三。）

約之閣閣，椓之橐橐，風雨攸除，鳥獸攸去，君子攸芋。

【佚文】（四六二）「言上下四旁皆牢密也。」（呂記卷二十，頁十二；段解卷十八，頁二二四；備考卷十四，頁九。）

君子攸躋。

【佚文】（四六三）「君子攸躋，則又言其高也。」（呂記卷二十，頁十三；段解卷十八，頁二二五。）

殖殖其庭。

【佚文】（四六四）「殖殖其庭，言庭地之實也。」（呂記卷二十，頁十三；段解卷十八，頁二五。）

噲噲其正，噦噦其冥，君子攸寧。

【佚文】（四六五）「噲噲其正，則知噦噦其冥是偏也；噦噦其冥，則知噲噲其正是明也。」（段解卷十八，頁二五；呂記卷二十，頁十三；通釋卷十一，頁十二；大全卷十一，頁十二；詩傳彙纂卷十二，頁十一。）

大人占之。

【佚文】（四六六）「大人者，當時在位之大人。」（呂記卷二十，頁十四；李黄解卷二三，頁四；詩緝卷十九，頁二三。）

維熊維羆，男子之祥；維虺維蛇，女子之祥。

【佚文】（四六七）「熊羆强力壯毅，故爲男子之祥；虺蛇柔弱隱伏，故爲女子之祥。」（李黄解卷二三，頁四；呂記卷二十，頁十五。）

【佚文】（四六八）「人之精神與天地陰陽流通，故夢各以其類至。先王置官，觀天地之會，辨陰陽之氣，以日月星辰占六夢之吉凶」，獻吉夢，贈惡夢。知此則可以言性命之理矣。」（呂記卷二十，頁十五；詩緝卷十九，頁二三；備考卷十四，頁十一。）

乃生男子，載寢之牀，載衣之裳，載弄之璋。

【佚文】（四六九）「男子不衣之衣而衣之裳者，裳下服也」，不弄之圭而弄之璋者，璋半圭也。成人有漸故也。女子其服自幼以至長，其事自易以至難，亦有漸也。先王之教人，可謂至矣。」（呂記卷二十，頁十六。）

其泣喤喤。朱芾斯皇，室家君王。

【佚文】（四七〇）「其泣之美，亦所以爲吉祥。故羊食我之生也，聞其聲者，知其滅羊舌氏矣。」（呂記卷二十，頁十六；詩緝卷十九，頁二三；備考卷十四，頁十二。）

乃生女子。……無非無儀，唯酒食是議，無父母詒罹。

【佚文】（四七一）「女子以順爲正，無非足矣。有善則非其吉祥，可願之事也。」（呂記卷二十，頁十六；備考卷十四，頁十二。）

無羊

爾羊來思，其角濈濈；爾牛來思，其耳濕濕。

【佚文】（四七二）「濈濈，和也。羊以善觸爲患，故言其和，謂聚而不相觸也。濕濕，潤澤也。牛病則耳燥，安則潤澤也。」（朱傳卷十一，頁十；李黄解卷二三，頁八；呂記卷二十，頁十八；詩緝卷十九，頁二六一—二七；詩經世本古義卷十七，頁一〇三。）

【佚文】（四七三）「牛以耳澤爲善。」（呂記卷二十，頁十八。）

或降于阿，或飲于池。

【佚文】（四七四）「牧之地以有阿有池爲善。」（呂記卷二十，頁十九。）

爾牧來思，以薪以蒸，以雌以雄。爾羊來思，矜矜兢兢，不騫不崩。

【佚文】（四七五）「『爾牧來思』三句，言牧人有餘力則取薪蒸、搏禽獸以來歸也。（李黄解卷

二三，頁八。）〔二〕

【佚文】（四七六）「及其將歸，而又辨其雌雄者，視其多寡之數也。爾羊來思者，與夫君子于役之詩曰『牛羊下來』者類也。矜矜兢兢者，豈非山川草木之所宜，而牧之者不失其性而至於堅彊歟？不騫不崩，言羊得其性而無耗敗也。言羊而不言牛者，羊善耗敗故也。言羊不耗敗，則牛可知矣。」（呂記卷二十，頁十九—二十；詩緝卷十九，頁二七；通釋卷十一，頁十八；大全卷十一，頁十八；備考卷十四，頁十四；詩傳彙纂卷十二，頁十五。）

牧人乃夢，衆維魚矣，旐維旟矣。大人占之：衆維魚矣，實維豐年；旐維旟矣，室家溱溱。

【佚文】（四七七）「此牧成而考之之詩也，故以吉祥之事終焉。」（呂記卷二十，頁二十；詩傳彙纂卷十二，頁十六。）

〔二〕此條，李黃解謂王安石從鄭氏，茲據鄭箋。第與下條呂記所引，義似不合。姑兩存之。

詩經新義　卷十二　小雅

節南山之什

節南山

憂心如惔，不敢戲談。

【佚文】（四七八）「如惔者，内熱之謂也。」（呂記卷二十，頁二一；段解卷十九，頁二；詩緝卷二十，頁一；蒙引卷十，頁十。）

節彼南山，維石巖巖。……節彼南山，有實其猗。

【佚文】（四七九）「南山之高，草木無不生之，而維石巖巖，此剛節也。南山之卑，有草木生之，以實其傍之畝谷，此柔節也。」（李黄解卷二三，頁十四。）

【評】（一六七）宋李樗曰：「此皆鑿説也。若以草木無所生爲美事，則草有所生爲可刺矣。剛柔之節，詩人本無此意，皆是於詩人之外自生此義也。」（李黃解卷二三，頁十四。）

赫赫師尹，不平謂何？

【佚文】（四八〇）「不平謂何者，發問之辭也。」（呂記卷二十，頁二二；段解卷十九，頁二；詩傳彙纂卷十二，頁十七。）

天方薦瘥，喪亂弘多。

【佚文】（四八一）「薦瘥者，乖氣之所生。曰『方薦瘥』，則以言其薦瘥之未艾。」（呂記卷二十，頁二二；段解卷十九，頁三；備考卷十四，頁十六。）

尹氏大師，維周之氐；秉國之均，四方是維。

【佚文】（四八二）「京師以大族爲氏，朝廷以尊官爲氏，氏者安危存亡所出也。尹氏，大族也；大師，尊官也。故曰『尹氏大師，維周之氐』。」（呂記卷二十，頁二三；段解卷十九，頁三；通釋卷十一，頁二一；會通卷十一，頁二三載輯録引；大全卷十一，頁二二；備考卷十四，頁十六；詩經世本古義卷二十，頁十；蒙引卷十，頁十；詩傳彙纂卷十二，頁十八。）

不弔昊天！不宜空我師。

【佚文】（四八三）「尹氏空我師，而歸怨昊天；師尹之所爲，王實使之；而王之所爲，天實使之也。」（李黄解卷二三，頁十四—十五。）

【評】（一六八）宋楊時（辯之）曰：「天下罹此鞠訩，知其無可奈何，安之若命，不敢以尤人，故歸之天而已。」（李黄解卷二三，頁十五引。）

式夷式已，無小人殆。

【佚文】（四八四）「已，廢退也。孟子所謂『士師不能治士則已之』，與此『已』同義。」（會通卷十一，頁二四載輯録引；吕記卷二十，頁二四；段解卷十九，頁四；詩緝卷二十，頁四；通釋卷十一，頁二二；大全卷十一，頁二三；備考卷十四，頁十七；詩傳彙纂卷十二，頁十八—十九。）

誰秉國成？不自爲政，卒勞百姓。

【佚文】（四八五）「秉國成者，王之事也。」（吕記卷二十，頁二六；段解卷十九，頁六。）

詩節南山十章通義。

【佚文】（四八六）「幽、厲至無道者，而尹氏秉權，據重其勢，不在後世權奸下。然家父指斥其惡，略無一語回護，當時不聞有他也。東遷猶數百年之久，則容受直言，尚賴匡救之力歟！」（備考卷十四，頁二十。）〔一〕

正月

正月繁霜，我心憂傷。民之訛言，亦孔之將。

【佚文】（四八七）「夏之四月，謂之正月。」（緗素雜記卷五，頁二。）

【佚文】（四八八）「正月繁霜，民之訛言，亦孔之將，故我心憂傷也。蓋爲非有繁霜，但訛言爾。」（李黄解卷二三，頁二十。）

【評】（一六九）宋李樗曰：「此説亦非。……蓋以正月之陽而有繁霜，我心固已憂傷矣，今也民又訛言，其言甚大，則其心之憂愈甚矣！」（李黄解卷二三，頁二十。）

〔一〕　此條，見備考高欄外記「王氏曰」，各家均無，疑非安石詩義；或安石其他文。姑存以備考焉。

念我獨兮，憂心京京。

【佚文】（四八九）「京京，大也。」（呂記卷二十，頁二九；段解卷十九，頁九；詩緝卷二十，頁十；備考卷十四，頁二一。）

父母生我，胡俾我瘉？不自我先，不自我後。

【佚文】（四九〇）「疾痛故呼父母，而傷己適丁是時也。」（呂記卷二十，頁三十；慈湖詩傳卷十二，頁十八—十九；段解卷十九，頁十一；備考卷十四，頁二一。）

好言自口，莠言自口。

【佚文】（四九一）「莠，惡也。蓋穀謂之善，則莠惡可知也。」（呂記卷二十，頁三十；慈湖詩傳卷十二，頁十八；段解卷十九，頁十；詩緝卷二十，頁十；通釋卷十一，頁二七；會通卷十一，頁三十載輯録引；大全卷十一，頁二九；備考卷十四，頁二一；蒙引卷十，頁十六；詩傳彙纂卷十二，頁二三。）

憂心愈愈，是以有侮。

【佚文】（四九二）「愈愈，憂甚之謂也。」（呂記卷二十，頁三十；段解卷十九，頁十一—十一；備考卷十四，頁二一。）

憂心惸惸，念我無禄。……哀我人斯，于何從禄？瞻烏爰止，于誰之屋？

【佚文】（四九三）「惸惸，獨也。」（呂記卷二十，頁三一；段解卷十九，頁十一；詩緝卷二十，頁十一；備考卷十四，頁二二。）

【佚文】（四九四）「民有欲無主乃亂。天生聰明時乂，王不能乂而民無所得禄，則釋王而從禄于他。烏之爲物，唯能食已，則止其屋；民之從禄將如此矣。哀者，哀其如此；瞻者，瞻其將然也。」（呂記卷二十，頁三一；慈湖詩傳卷十二，頁十九；段解卷十九，頁十一。）

瞻彼中林，侯薪侯蒸。

【佚文】（四九五）「君之剥削於民，而至於盡，猶人之侵伐材木，以致薪蒸者也。」（呂記卷二十，頁三一；段解卷十九，頁十二。）

【佚文】（四九六）薪蒸，以喻小人。（李黄解卷二三，頁二二。）

召彼故老，訊之占夢，具曰「予聖」。誰知烏之雌雄？

【佚文】（四九七）「亂甚矣，不知與故老圖此，乃召而訊之占夢，則其迷亦甚矣。唯其迷甚，故君臣皆自謂聖，而上下同德，如烏雌雄無以相别也。」（呂記卷二十，頁三三；段解卷十九，頁十三—十四；備考卷十四，頁二三。）

謂天蓋高，不敢不局；謂地蓋厚，不敢不蹐。維號斯言，有倫有脊。

【佚文】（四九八）「人號呼而出，斯局蹐之言者非誕也；乃有倫序，有脊理。」（呂記卷二十，頁三四；慈湖詩傳卷十二，頁二十；段解卷十九，頁十四—十五；通釋卷十一，頁三十；大全卷十一，頁三二；備考卷十四，頁二四。）

哀今之人，胡爲虺蜴。

【佚文】（四九九）「當是時也，人之害人者則爲虺，畏人者則爲蜴矣。」（呂記卷二十，頁三四；段解卷十九，頁十五。）

心之憂矣，如或結之。今茲之正，胡然厲矣！

【佚文】（五〇〇）正爲邪正之正。（李黄解卷二三，頁二四；詩緝卷二十，頁十五）「厲，危也。正危則以邪勝故也。」（吕記卷二十，頁三五；李黄解卷二三，頁二四；段解卷十九，頁十六。）

魚在于沼，亦匪克樂。

【佚文】（五〇一）「魚在于沼，其爲生已蹙矣，是以匪克樂也。」（吕記卷二十，頁三七；段解卷十九，頁十八；備考卷十四，頁二六。）

潛雖伏矣，亦孔之炤。憂心慘慘，念國之爲虐。

【佚文】（五〇二）「潛雖伏矣，亦孔之炤，以譬君子雖潛伏，無所容也；蹙而困之如此。故君子憂心慘慘，念國之爲虐也。慘慘則幽愁之至也。」（吕記卷二十，頁三七—三八；段解卷十九，頁十八—十九；備考卷十四，頁二六。）

彼有旨酒，又有嘉殽；洽比其鄰，昏姻孔云。念我獨兮，憂心慇慇。

【佚文】（五〇三）「君子困蹙而小人得志，有酒食以洽比其鄰里，怡懌其昏姻，而昏姻甚稱説其爲善，則君子失志窮獨，其憂甚矣。慇慇則疾痛之至也。」（呂記卷二十，頁三九；段解卷十九，頁二十；詩緝卷二十，頁十七；通釋卷十一，頁三四；大全卷十一，頁三六；備考卷十四，頁二七。）

佌佌彼有屋，蔌蔌方有穀。民今之無禄，天夭是椓。

【佚文】（五〇四）「佌佌者有家，而蔌蔌者方且有禄未艾也；而民反無禄。」（呂記卷二十，頁三九；段解卷十九，頁二十。）

【佚文】（五〇五）「佌佌蔌蔌者，椓害之也。」（呂記卷二十，頁三九；段解卷十九，頁二十。）

十月之交

日有食之，亦孔之醜。彼月而微，此日而微。今此下民，亦孔之哀。

【佚文】（五〇六）「月有盈虧，虧則微矣。彼月而微，則固其所；此日而微，則非其常。」（呂記卷二十，頁四一；段解卷十九，頁二二；備考卷十四，頁二九；詩傳彙纂卷十二，頁三一。）

日月告凶，不用其行。四國無政，不用其良。彼月而食，則維其常；此日而食，于何不臧！

【佚文】（五〇七）「日月告凶，不用其行，則以四國無政，不用其良故也。月食非其常也，然比日食，則以陽侵陰，猶爲常也。此日而食，則爲變大矣。」（呂記卷二十，頁四二；李黄解卷二四，頁三二；段解卷十九，頁二三；通釋卷十一，頁三九；大全卷十一，頁四二。）

百川沸騰，山冢崒崩。高岸爲谷，深谷爲陵。哀今之人，胡憯莫懲！

【佚文】（五〇八）「（哀今之人，胡憯莫懲，）哀而怪之也。」（呂記卷二十，頁四三；段解卷十九，頁二四。）

皇父卿士，番維司徒，家伯維宰，仲允膳夫，聚子内史，蹶維趣馬，楀維師氏，豔妻煽方處。

【佚文】（五〇九）「求變異所生以用七子，七子所以見寵用事，則以豔妻煽方處故也。豔妻言其配王以色而已，非以德也。煽言其勢盛，若火之煽然。方處，言方處勢未變徙也。」（呂記卷二十，頁四四；慈湖詩傳卷十二，頁二五；段解卷十九，頁二五；通釋卷十一，頁四一；會通卷十一，頁四五載輯録引；大全卷十一，頁四四；備考卷十四，頁三一；詩傳彙纂卷十二，頁三三。）

【佚文】（五一〇）豔妻，褒姒也。（李黄解卷二四，頁五。）

抑此皇父，豈曰不時？胡爲我作，不即我謀？徹我牆屋，田卒汙萊。曰：「予不戕，禮則然矣。」

【佚文】（五一一）「言皇父所爲，自以爲是，故作我以徙而不即我謀。乃徹我墻屋，使我田不獲治——卑者卒汙，高者卒萊。乃曰：『予不戕女，下供上役，禮則然矣。』然則皇父豈肯自以所爲爲不時乎？」（吕記卷二十，頁四五；段解卷十九，頁二六。）

詩十月之交第五章通義。

【佚文】（五一二）「此章專言皇父專恣而害及於民也。」（通釋卷十一，頁四二；會通卷十一，頁四六載輯録引；大全卷十一，頁四五。）

皇父孔聖，作都于向。

【佚文】（五一三）「皇父甚愚而自謂甚聖，故詩人因其自聖而譏之曰『孔聖』也。作都于向，徙民而作其邑也。」（吕記卷二十，頁四五—四六；慈湖詩傳卷十二，頁二六；段解卷十九，頁二七；通釋卷十一，頁四三；會通卷十一，頁四六載輯録引；大全卷十一，頁四六；詩傳彙纂卷十二，頁三四。）

擇三有事，亶侯多藏。

【佚文】（五一四）「擇三有事，亶侯多藏，則其用人維貨其吉也。」（呂記卷二十，頁四六；段解卷十九，頁二七；詩傳彙纂卷十二，頁三四。）

不憖遺一老，俾守我王。

【佚文】（五一五）「不憖遺一老，俾守我王者，不自强留一老人以留衛王，則又不忠敬之甚也。」（呂記卷二十，頁四六；段解卷十九，頁二七。）

悠悠我里，亦孔之痗。……天命不徹。

【佚文】（五一六）「徹，通也。幽王之時，天下病矣，而我所居里則又甚病矣。」（呂記卷二十，頁四七；慈湖詩傳卷十二，頁二七；段解卷十九，頁二八；詩緝卷二十，頁二四；備考卷十四，頁三三。）

【佚文】（五一七）「此敏案：謂上條廿一字佚文之意。所謂譏小己之得失，而其流及上者也。」（呂記卷二十，頁四七；段解卷十九，頁二八。）

四方有羡，我獨居憂。民莫不逸，我獨不敢休。天命不徹，我不敢傚我友自逸。

【佚文】（五一八）「（徹，通也。）不通，則以言其窮也。其窮，命也；勉之而已，故不敢傚我友自逸也。」（呂記卷二十，頁四七；段解卷十九，頁二八、二九；詩緝卷二十，頁二四。）

【佚文】（五一九）「時蓋有潔身而去者，己獨不去，故有是言。敏案：是言，謂「我不敢傚我友自逸」。」（詩傳彙纂卷十二，頁三五載胡一桂引。）

【佚文】（五二〇）「（民莫不逸，而其人獨不敢休者，）凡民之不如也。」（呂記卷二十，頁四七；段解卷十九，頁二八。）

詩十月之交八章通義。

【佚文】（五二一）「此詩前三章言災異之變。四章言致災由於小人，而皇父小人之魁也，故五、六章專言皇父之惡。七章言小人在位，天降之災，則天變生於人妖也。八章言己之憂勞，而一篇之義終矣。」（通釋卷十一，頁四五載胡一桂引；大全卷十一，頁四八載胡一桂引；詩傳彙纂卷十二，頁三五載胡一桂引。）

雨無正

浩浩昊天，不駿其德。

【佚文】（五二二）「浩浩，廣大流通之意。元氣廣大曰昊天。」（會通卷十一，頁四八載輯録引；呂記卷二十，頁四八；段解卷十九，頁三十；詩緝卷二十，頁二六。）

周宗既滅，靡所止戾。

【佚文】（五二三）「方是時，周未滅而曰既滅者，其滅之形成故也。」（呂記卷二十，頁五十；詩説卷八，頁三十；段解卷十九，頁三一；備考卷十四，頁三五；蒙引卷十，頁二八；詩傳彙纂卷十二，頁三六。）

【評】（一七〇）宋劉克曰：「詩辭謂宗周既滅，王氏乃以爲有滅之形。夫以文、武、成、康之澤，歷春秋、戰國叛離之變，人心猶不忍去周，安有周有未變〔一〕，詩人乃謂王室之已滅哉？雖秦、隋之亂，莫敢預爲此言也。犬戎之禍，發于不虞之際，前此詩人憂國之辭何所不

〔一〕「周有」之「有」，疑當作「猶」。

至？尚可以既滅之言加之天王之尊哉？又有可證者，其曰『靡所止戾』，曰『離居』，曰『莫肯夙夜』：不宿衛也。『莫肯朝夕』，不勤王也。『庶曰式臧』，猶庶幾懲艾遷善也。如强以爲未有戎禍，辭意皆窒。說詩者見平王之詩黍離列于王風矣，遂概以爲幽、厲。曾不詩犬戎滅周後〔二〕，事變方殷。大、小雅諸詩記一時事變，可悉以爲幽、厲乎？」（詩說卷八，頁三十。）

【評】（一七一）明鍾惺、明韋調鼎曰：「既滅，如王氏說，作其道已滅，乃無礙。」（備考卷十四，頁三六。）

正大夫離居，莫知我勩。

【佚文】（五二四）「周官八職，一曰『正』，六官之長是也。」（呂記卷二十，頁四九；段解卷十九，頁三二一；詩緝卷二十，頁二六；六家詩名物疏卷三，頁一。）

凡百君子，各敬爾身。胡不相畏？不畏于天！

【佚文】（五二五）「世雖昏亂，君子不可以爲惡，自敬故也，畏人故也，畏天故也。」（呂記卷二

〔二〕「詩」，疑當作「思」。

十，頁五一；段解卷十九，頁三三二；困學紀聞卷三，總頁二五四；通釋卷十一，頁四七；大全卷十一，頁五一；備考卷十四，頁三六；詩經世本古義卷十八之下，頁四八；詩傳彙纂卷十二，頁三七。）

【評】（一七二）宋王應麟曰：「愚謂：詩云『周宗既滅』，哀痛深矣。猶以敬畏相戒，聖賢心學，守而勿失，中夏雖亡，而義理未嘗亡；世道雖壞，而人心未嘗壞。君子修身以俟命而已。」（困學紀聞卷三，總頁二五四。）

【評】（一七三）清全祖望曰：「三不足畏之説，何以與斯言相反？」（困學紀聞卷三，總頁二五四翁注引。）

曾我暬御，憯憯日瘁。凡百君子，莫肯用訊；聽言則答，譖言則退。

【佚文】（五二六）「患難如此，則凡百君子，宜任其憂責，然慘慘然日瘁，則我暬御而已。蓋王所親厚聽用，暬御而已，則患難之憂，非其暬御，誰肯任之？」（呂記卷二十，頁五一；段解卷十九，頁三三三。）

哀哉不能言！匪舌是出，維躬是瘁。哿矣能言，巧言如流，俾躬處休。

【佚文】（五二七）「忠實之人，辭不能自達，而病其躬。巧言之人，以能曲折應變，無所凝止，而俾躬處休矣。」（呂記卷二十，頁五二；段解卷十九，頁三四。）

【佚文】（五二八）「（巧言如流，俾躬處休者，）言小人佞而獲福也。」（呂記卷二十，頁五二；段解卷十九，頁三四。）

鼠思泣血，無言不疾。

【佚文】（五二九）「鼠思，憂思也。」（呂記卷二十，頁五三；段解卷十九，頁三五；詩緝卷二十，頁二九；備考卷十四，頁三七。）

小旻

旻天疾威，敷于下土。謀猶回遹，何日斯沮！

【佚文】（五三〇）「王者隆寬博愛，以得天下之心，而天下樂告以善道，則無所事於疾威。天下之善衆至，如至誠由直道以圖，天下之事有餘裕矣，則無所事於回遹。」（李黄解卷二四，頁十二。）

潝潝訿訿，亦孔之哀。

【佚文】（五三二）「潝潝，苟有所合也；訿訿，苟有所毁也。」（李黄解卷二四，頁十三。）

【評】宋李樗曰：「王氏此言，雖以字生義，然實得詩人之意。劉向曰：『衆小在位，所從邪議，潝潝相是而背君子。蓋同乎己者，則以爲是；異乎己者，則以爲非。』則王氏之言，實與之暗合。」（李黄解卷二四，頁十三。）

【佚文】（五三二）「其俗如此，亦孔之哀矣。」（吕記卷二一，頁二；段解卷十九，頁三七。）

謀之其臧，則具是違；謀之不臧，則具是依。我視謀猶，伊于胡厎！

【佚文】（五三三）「謀猶如此，則亦何所至乎？至於亂而已！」（吕記卷二一，頁二；段解卷十九，頁二七；備考卷十五，頁二。）

如匪行邁謀，是用不得于道。

【佚文】（五三四）君臣之謀事如此，與不行而坐圖遠近無異，故於道路跬步無進也。（李黄解卷二四，頁十四。）

小宛

宛彼鳴鳩，翰飛戾天。

【佚文】（五三五）鳩雖小鳥，尚有高飛及天之志，而幽王不自奮勉，致鳩不如也。（李黄解卷二四，頁十六。）

人之齊聖，飲酒温克。彼昏不知，壹醉日富。各敬爾儀，天命不又。

【佚文】（五三六）「壹醉日富，則用燕喪威儀，而臣下化之。天命將改，大福不再矣，故戒以『各敬爾儀，天命不又』，言『各』則并戒其君臣也。」（吕記卷二一，頁六；李黄解卷二四，頁十八；段解卷十九，頁四一；通釋卷十二，頁六；備考卷十五，頁五。）

【佚文】（五三七）「又，復也」；天命不再來也。汝既以酒敗，則天必罰之，而其命不再來矣。」（李黄解卷二四，頁十八。）

我日斯邁，而月斯征。夙興夜寐，毋忝爾所生。

【佚文】（五三八）「日邁月征，所謂日月逝矣，歲不我與。」（吕記卷二一，頁七；段解卷十九，頁四二。)

哀我填寡，宜岸宜獄。握粟出卜，自何能穀？

【佚文】(五三九)「方是時也，填寡不能自直，必矣。則雖出卜，自何能穀乎？」(呂記卷二一，頁八；段解卷十九，頁四三；詩傳彙纂卷十三，頁七。)

小弁

弁彼鸒斯，歸飛提提。

【佚文】(五四〇)提提，安也。(李黄解卷二五，頁二一。)

我心憂傷，惄焉如擣。

【佚文】(五四一)「惄焉如擣，言憂傷中其心如此。」(呂記卷二一，頁十一；段解卷十九，頁四五—四六。)

維桑與梓，必恭敬止。靡瞻匪父，靡依匪母。

【佚文】（五四二）「尊父，故言瞻；親母，故言依也。」（呂記卷二一，頁十一；段解卷十九，頁四六；備考卷十五，頁九。）

不屬于毛？不離于裏？

【佚文】（五四三）「離，麗也。」（呂記卷二一，頁十一；段解卷十九，頁四六。）

譬彼舟流，不知所届。心之憂矣，不遑假寐。

【佚文】（五四四）「舟流者，蕩漾而無所止也，孟子所謂若窮人無所歸也。」（呂記卷二一，頁十二；段解卷十九，頁四七；通釋卷十二，頁十二；大全卷十二，頁十二；備考卷十五，頁九；蒙引卷十一，頁十一。）

譬彼壞木，疾用無枝。心之憂矣，寧莫之知！

【佚文】（五四五）「其憂如此，王晏然莫知也。」（呂記卷二一，頁十三；段解卷十九，頁四八。）

相彼投兔，尚或先之；行有死人，尚或墐之。君子秉心，維其忍之。

【佚文】（五四六）「兔見迫逐而投人，人宜利而取之也，乃或先之，使得辟逃。行路之死人，人宜惡而違之，乃或墐之，使免暴露者，惻隱之心，人所宜有故也。」（呂記卷二一，頁十三—十四；慈湖詩傳卷十三，頁十；段解卷十九，頁四八；備考卷十五，頁十；詩傳彙纂卷十三，頁十一。）

君子信讒，如或醻之。君子不惠，不舒究之。伐木掎矣，析薪扡矣。舍彼有罪，予之佗矣。

【佚文】（五四七）「伐木析薪，非愛之也，然亦不可以無理。言王以讒故遇己無理，又伐木析薪之不如也。舍彼有罪，予之佗矣者，言以不舒究之故，舍彼有罪之讒人，而加己以非其罪，此所謂無理也。」（呂記卷二一，頁十五；段解卷十九，頁四九—五十；備考卷十五，頁十一。）

無逝我梁，無發我笱；我躬不閱，遑恤我後！

【佚文】（五四八）「毋逝我梁，毋發我笱者，太子放逐而其憂終不忘國也。我躬不閱，遑恤我後者，無如之何，自訣之辭。」（段解卷十九，頁五十—五一；呂記卷二一，頁十五—十六；慈湖詩傳卷十三，頁十一；會通卷十二，頁十五載輯録引；通釋卷十二，頁十四；大全卷十二，頁十四。）

巧言

悠悠昊天，曰父母且。無罪無辜，亂如此幠。

【佚文】（五四九）「悠悠，不疾之意。夏曰昊天。凡言昊天，則望之以其明也。天不疾於用明，則令己遇讒。」（李黄解卷二五，頁八。）

【評】（一七四）宋李樗曰：「……王則以爲天不疾於用明。王氏之言，固失之矣。……夫悠悠昊天者，只是言天遠大之意。言大夫遇讒則呼天曰：悠悠昊天，乃民之父母也，今既無罪無辜而遭此亂如是之大。」（李黄解卷二五，頁八。）

君子如怒，亂庶遄沮；君子如祉，亂庶遄已。

【佚文】（五五〇）如怒爲至誠之威，如祉爲至公之德。（李黄解卷二五，頁十。）

君子屢盟，亂是用長。

【佚文】（五五一）「歃血自明而爲盟。」（考古質疑卷三，頁十六。）

【佚文】（五五二）「不能如怒如祉，以明是非好惡，而誣罔誕謾衆至，則任賢安能勿貳？去邪安能勿疑？既貳且疑，豈免屢盟？屢盟而不知反本，此亂之所以長也。穿窬之類，伺隙抵巇，以罔善人，而君子信讒，此亂之所以暴也。」（呂記卷二一，頁十八；段解卷十九，頁五二—五三；備考卷十五，頁十三—十四。）

盜言孔甘，亂是用餤。匪其止共，維王之邛。

【佚文】（五五三）「孔甘之言，非止於共，適足以病王而已。」（李黄解卷二五，頁十一。）

奕奕寢廟，君子作之。秩秩大猷，聖人莫之。

【佚文】（五五四）「莫，定也。」（呂記卷二一，頁十九；段解卷十九，頁五三；詩緝卷二一，頁十九；備考卷十五，頁十四。）

蛇蛇碩言，出自口矣。巧言如簧，顔之厚矣！

【佚文】（五五五）「讒人言巧，其聽之可樂如笙簧然；頑不知耻，其顔厚矣。孟子曰：『爲機變之巧者，無所用耻焉。』此之謂也。」（呂記卷二一，頁二十；段解卷十九，頁五五；備考卷十五，頁十五。）

何人斯

何人斯，蘇公刺暴公也。暴公爲卿士，而譖蘇公焉，故蘇公作是詩以絶之。此詩小序之全文。

【佚文】（五五六）「暴公爲卿士而譖蘇公，不忠於其君，不義於其友，所謂『大故』也，故蘇公作是詩絶之。其絶之也，不斥暴公也，言其從行而已；不著其譖也，示以所疑而已。蓋交際之道，其絶也當如此而已。既絶矣，又告之以『及爾如貫，諒不我知』，欲出三物，要之以詛，而作爲好歌以極反側，不殆於棄言乎哉！蓋君子之遇人也，仁而不忮。暴公之譖我，則喪其本心，諒不我知故也。既絶之矣，而猶告以『壹者之來，俾我祇也』。蓋君子之處己也忠，其遇人也恕〔一〕。使其由此悔悟，更以善意從我，固我所願也。雖其不能如此，我固不爲已甚，我豈若小丈夫哉！一與人絶，則醜詆固拒，惟恐其復合也！」（呂記卷二一，頁二二；朱傳卷十二，頁

〔一〕「既絶之矣」至「遇人以恕」二十九字，據朱傳補入，按其文理當在此處。

十七；詩童子問卷五，頁七；段解卷十九，頁五六—五七；備考卷十五，頁十九；詩經世本古義卷二十，頁五六。）

【評】（一七五）宋輔廣曰：「王氏之説，深得夫仁人君子之心，讀之三復，令人惕然而有發焉。『不忠於君，不義於友』，則斁敗彝倫，故謂之『大故』，不然則猶未可絶也。」（詩童子問卷五，頁七。）

爾還而入，我心易也。

【佚文】（五五七）「入則我心平易而不之怨也。」（呂記卷二一，頁二五；詩傳彙纂卷十三，頁二十。）

及爾如貫，諒不我知。出此三物，以詛爾斯。

【佚文】（五五八）「出此三物，蓋若鄭莊公令出雞、犬、豭以詛，毛遂取雞、狗、馬之血以盟也。蓋古盟詛如此也。」（呂記卷二一，頁二六；段解卷十九，頁六十；通釋卷十二，頁二四；大全卷十二，頁二五。）

作此好歌，以極反側。

【佚文】（五五九）「作是詩將以絶之也，而曰好歌者，唯其好也，是以極求其反側。極其反側，非惡之也，有欲其悔悟之心焉爾。」（吕記卷二一，頁二七；段解卷十九，頁六一—六二；通釋卷十二，頁二五；會通卷十二，頁二六載輯録引；大全卷十二，頁二六；備考卷十五，頁十八；詩經世本古義卷二十，頁五六；詩傳彙纂卷十三，頁二一。）

巷伯

萋兮斐兮，成是貝錦。彼譖人者，亦已大甚！哆兮侈兮，成是南箕。

【佚文】（五六〇）「錦，斐也。哆、侈皆是張大之意。」（李黄解卷二五，頁十七。）

緝緝翩翩，謀欲譖人。慎爾言也，謂爾不信。

【佚文】（五六一）「不慎爾言，則聽者有時而悟，謂爾不信矣。」（吕記卷二一，頁二八—二九；慈湖詩傳卷十三，頁二一；段解卷十九，頁六三；備考卷十五，頁二十。）

捷捷幡幡，謀欲譖言。豈不爾受？既其女遷。

【佚文】（五六二）「豈不爾受，既其女遷者，上好譖則固將受汝，然好譖不已，則遇譖之禍，既遷而及汝矣。」（呂記卷二一，頁二九；朱傳卷十二，頁十八；段解卷十九，頁六四。）

驕人好好，勞人草草。

【佚文】（五六三）「驕人好好，勞人草草者，驕人譖行而得意，勞人遇譖而失度，其情狀如此也〔一〕。」（呂記卷二一，頁二九；段解卷十九，頁六四；會通卷十二，頁二九載輯録引。）

蒼天蒼天！視彼驕人，矜此勞人。

【佚文】（五六四）「蒼天蒼天！蓋以王之不明，無所告愬，而告之于天也。」（通釋卷十二，頁二九載胡一桂引；大全卷十二，頁二八載胡一桂引。）

楊園之道，猗于畝丘。

〔一〕會通引輯録曰：「王氏『狀』上有『情』字。」兹據以補。

【佚文】（五六五）「楊園下地，以況卑人；畝丘高地，以況大臣。欲陵畝丘，則必道楊園，言將躋大臣，必始於卑人也。」（呂記卷二一，頁三十；段解卷十九，頁六五；詩緝卷二一，頁三十。）〔二〕

〔二〕詩緝此章後全取安石說爲結，而未著明出處。

詩經新義　卷十三　小雅

谷風之什

谷風

習習谷風，維風及雨。將恐將懼，維予與女。

【佚文】（五六六）「相與達其道，以施於下；相與致其道，以格於上。」（李黄解卷二五，頁二十。）

習習谷風，維風及頹。將恐將懼，寘予于懷。

【佚文】（五六七）「風之扇物，則因其勢而相高；朋友相汲引，則德義相高。」（呂記卷二一，頁三二；段解卷二十，頁二；備考卷十五，頁二二；詩傳彙纂卷十三，頁二六。）

習習谷風，維山崔嵬。無草不死，無木不萎。忘我大德，思我小怨。

【佚文】（五六八）「風之於草木，長養成就之，則風之德亦大矣。然不能不終以萎死，則風有所不能免也。孰爲此者乎？天地也。天地尚然，而況人乎？」（李黄解卷二五，頁二十。）

【評】（一七六）宋李樗曰：「此説是也。蓋天地之功，猶有所不足也。今也乃忘大德，思我小怨，非所以爲朋友也。」（李黄解卷二五，頁二十一二一。）

蓼莪

蓼蓼者莪，匪莪伊蒿。

【佚文】（五六九）莪已蓼蓼長大，而我視之以爲非莪，反謂之蒿者，因在征役中，憂思不能精識其事也。（李黄解卷二六，頁一。）

哀哀父母！生我勞瘁。缾之罄矣，維罍之耻。

【佚文】（五七〇）「缾，譬則民也；罍，譬則君也。缾之罄則罍之耻，民之窮則君之羞。」（吕記卷二一，頁三五；李黄解卷二六，頁二；慈湖詩傳卷十三，頁二五；詩童子問卷五，頁九；

段解卷二十，頁六。）

【評】（一七七）宋輔廣曰：「首二章，自毛氏而下諸儒，皆誤以爲興體，故其説繚戾而不明。集傳正以爲比，其義方明白。……（第三章）王氏泥序中『民人勞苦』一句，乃以缾喻民，罍喻君，故其説尤爲繚戾睽絶。集傳以爲比體，而以缾、罍之相資比其父母與子之相依。缾之罄，則爲罍之恥；父母不得其所，則爲子之責。」（詩童子問卷五，頁九。）

鮮民之生，不如死之久矣。

【佚文】（五七一）「其禍已熾，則民鮮矣，故謂之鮮民。」（李黄解卷二六，頁二。）

出入腹我。

【佚文】（五七二）「出入腹我，雖至於壯大尚然也。」（段解卷二十，頁六。）

南山烈烈，飄風發發。

【佚文】（五七三）「南山之氣烈烈。」（呂記卷二一，頁三六；段解卷二十，頁七；詩緝卷二二，頁六。）

民莫不穀，我獨何害？

【佚文】（五七四）「民莫不穀，我獨何害，傷己獨不得終養也。」（呂記卷二一，頁三六；備考卷十五，頁二二五。）

南山律律，飄風弗弗。

【佚文】（五七五）「南山之勢律律，蓋崒嵂之謂也。」（呂記卷二一，頁三六；段解卷二十，頁七；詩緝卷二二，頁七；備考卷十五，頁二二五；詩傳彙纂卷十三，頁二九。）

大東

有饛簋飧，有捄棘匕。

【佚文】（五七六）「周之盛時，饋諸侯之賓客以飧而饛其簋，又有捄然之棘匕以載鼎實，則其盛饋可知矣，言其遇人之厚如此。」（李黃解卷二六，頁五。）

佻佻公子，行彼周行。既往既來，使我心疚。

【佚文】（五七七）「公子不宜服役，今公子行彼周之道路，則餘人可知矣。」（呂記卷二一，頁三八；段解卷二十，頁九；備考卷十五，頁二六。）

私人之子，百僚是試。

【佚文】（五七八）「私人之子，試於百僚，則是絶功臣之世，棄賢者之類，寠賤者用事而貴也。」（段解卷二十，頁十一；呂記卷二一，頁四十；備考卷十五，頁二七—二八。）

四月

四月維夏，六月徂暑。

【佚文】（五七九）「四月維夏而六月徂暑，則陽運而往矣。往者，屈也；來者，伸也。陽屈而陰信，則是由小人之道長，此其所以亂也。」（李黃解卷二六，頁九。）

【評】（一七八）宋李樗曰：「此説雖無害，然亦不必泥於君子、小人之説。蓋此詩三章頗有次第：第一章則言夏時，二章則言秋日，三章則言冬日。四月之時，陽氣方盛，至六月而暑往矣。是其萬物微衰之漸，其後遂爲冬，則其衰甚矣！以喻幽王之政暴虐愈甚也！」（李黄解卷二六，頁九。）

先祖匪人，胡寧忍予？

【佚文】（五八〇）「先祖匪人乎？亦人爾，則不宜忍其後使之遇亂也。」（呂記卷二一，頁四三；段解卷二十，頁十四。）

亂離瘼矣，爰其適歸。

【佚文】（五八一）「亂出乎上，而受患常在下，及其極也，乃適歸乎其所出矣。」（困學紀聞卷三，總頁二六五；詩經世本古義卷十六，頁二三。）

【評】（一七九）宋王應麟曰：「新經義云：『……』噫！宣、靖之際，其言驗矣。而兆亂者誰歟？言與行違，心與迹異，荆舒之謂也。」（困學紀聞卷三，總頁二六五。）

北山

北山，大夫刺幽王也。役使不均，己勞於從事，而不得養其父母焉。此詩小序之全文。

【佚文】（五八二）「經營四方，出入風議，皆大夫之事也。」（呂記卷二二，頁一；段解卷二十，頁十八；詩傳彙纂詩序下，頁十五。）

陟彼北山，言采其杞。

【佚文】（五八三）「陟彼北山，適險而之幽也。」（李黄解卷二六，頁十四。）

大夫不均，我從事獨賢。

【佚文】（五八四）「取數多謂之賢，禮記曰：某賢於某若干。與此同義。」（呂記卷二二，頁一—二；慈湖詩傳卷十四，頁二；段解卷二十，頁十九；詩經世本古義卷十八之下，頁五四；讀詩略記卷四，頁二三。）

或出入風議，或靡事不爲。

【佚文】（五八五）「出入風議，親信而優游也。」（呂記卷二二，頁三；段解卷二十，頁二一；詩緝卷二二，頁十九；備考卷十六，頁二一—二三。）

無將大車

無將大車，祇自塵兮。……無將大車，維塵冥冥。……無將大車，維塵雍兮。

【佚文】（五八六）三章皆取喻。「車，君子之所乘，而非君子之所將；將之則祇自塵而已。小人者，君子乘而節之，使退聽而已。斯可也。乃下而將之，則是將大車之類也。」（李黄解卷二六，頁十七；詩傳彙纂卷十四，頁四。）

無思百憂，祇自重兮。

【佚文】（五八七）「凡物之行，不爲物所累，則輕而速；爲物所累，則重而遲。」（呂記卷二二，頁五；段解卷二十，頁二二；備考卷十六，頁四；詩經世本古義卷十八之上，頁三；詩傳彙纂卷十四，頁四。）

【評】（一八〇）明何楷曰：「此言不思則已，一思則百端交集，徒自覺重累耳。」（詩經世本古義卷十八之上，頁三。）

小明

明明上天，照臨下土。

【佚文】（五八八）「（明明上天，照臨下土者，）幽王作民主而悖天道，無明德以察治，故世亂。」（李黃解卷二六，頁十八。）

【評】（一八一）宋李樗曰：「此説不然。所謂『明明上天，照臨下土』，言天之明無所不察。今也大夫仕於亂世，而乃勞苦，是何上天不見察邪？」（李黃解卷二六，頁十八。）

豈不懷歸？畏此罪罟。

【佚文】（五八九）「豈不懷歸，畏此罪罟者，世亂矣，欲去而畏離罪也。」（呂記卷二二，頁六；段解卷二十，頁二三。）

我征徂西，至于艽野。……昔我往矣，日月方除。

【佚文】（五九〇）「幽王之大夫，以周之九月、十月之間出使，以周二月至于艽野。日月方除者，周以夏之十一月爲正，則以夏之十月爲除。方除，則九月之間也。」（李黃解卷二六，頁十九。）

【評】（一八二）宋李樗曰：「楊龜山破其説：鄭氏謂四月陽極而陰生，故陽有除之義也，猶十月陰極而謂之陽月也。若從王氏之説，謂周以夏之十一月爲正，則十月爲除；歲莫而往，歲莫而還，不足以爲久也。當從鄭氏之説，蓋其説本於爾雅也。」（李黄解卷二六，頁十九。）

嗟爾君子，無恒安處。靖共爾位，正直是與。

【佚文】（五九一）「靖，静也。」（吕記卷二二，頁七；段解卷二十，頁二五；詩緝卷二二，頁二二；備考卷十六，頁五。）

鼓鍾

鼓鍾將將，淮水湯湯。憂心且傷。淑人君子，懷允不忘。

【佚文】（五九二）「幽王鼓鍾淮水之上，爲流連之樂，久而忘反，故人憂傷。淑人君子，懷允不忘者，傷今而思古也。」（吕記卷二二，頁九；朱傳卷十三，頁五；慈湖詩傳卷十四，頁八；段解卷二十，頁二六—二七；詩演義卷十三，頁七；大全卷十三，頁八；備考卷十六，頁七。）

【評】（一八三）宋朱熹曰：「此詩之義，有不可知者，今姑釋其訓詁名物，而略以王氏、蘇氏之説解之，未敢信其必然也。」（朱傳卷十三，頁六。）

【評】（一八四）明鍾惺、明韋調鼎曰：「王氏曰：『……』玩『久而忘反』，則爲昭王可知。」（備考卷十六，頁七。）

鼓鍾喈喈，淮水湝湝。憂心且悲。淑人君子，其德不回。

【佚文】（五九三）「湝湝，則既不溢矣。淑人君子，其德不回，亦思古也。」（呂記卷二二，頁九；段解卷二十，頁二七；備考卷十六，頁七。）

鼓鍾伐鼛，淮有三洲。憂心且妯。淑人君子，其德不猶。

【佚文】（五九四）「作樂當淮水之溢，至淮水之降，以言其久也。其流連亦甚矣。」（呂記卷二二，頁九；段解卷二十，頁二七—二八；備考卷十六，頁七—八；詩傳彙纂卷十四，頁八。）

楚茨

楚楚者茨，言抽其棘。自昔何爲？我蓺黍稷。

【佚文】（五九五）上二句，傷今也。言「楚楚者茨，則茨生衆也」。（李黄解卷二七，頁二。）

【評】（一八五）宋李樗曰：「王氏之意，以爲傷今而作，然觀楚茨一篇，乃是思古人之意，如信南山、甫田、大田，全篇盡是思古人之詩，全無一句及於刺幽王，楚茨之詩亦然也。」（李黄解卷二七，頁二。）

【佚文】（五九六）「今棘茨之所生，乃自昔我蓺黍稷之地。」（吕記卷二二，頁十二；慈湖詩傳卷十四，頁十一；段解卷二十，頁三十。）

我倉既盈，我庾維億。以爲酒食，以享以祀，以妥以侑，以介景福。

【佚文】（五九七）「及其收也，則我倉既盈；無所藏之，則露積爲庾，其數至億。其成民如此，然後可以致力於鬼神。於是以爲酒食，以享以祀，以妥以侑，以介景福也。」（吕記卷二二，頁十二；詩童子問卷五，頁十五；段解卷二十，頁三十。）

【評】（一八六）宋輔廣曰：「王氏以爲『……』者是也。然此亦甚言之，以見有餘之意耳。」（詩童子問卷五，頁十五。）

濟濟蹌蹌，絜爾牛羊，以往烝嘗。或剥或亨，或肆或將，祝祭於祊，祀事孔明。

【佚文】（五九八）「凡祭，裸鬯求諸陰，焫蕭求諸陽；索祭祀于祊，求于陰陽之間。夫遊魂爲變，無不之，無不在，求之不可一所，故祝祭于祊，而祀事所以孔明也。焫，如悅反。」（呂記卷二二，頁十四；詩童子問卷五，頁十五；段解卷二十，頁三三；六家詩名物疏卷四一，頁八。）

【佚文】（五九九）「孔明，即見所祭之謂。」（段解卷二十，頁三三。）

先祖是皇，神保是饗。孝孫有慶。報以介福，萬壽無疆。

【佚文】（六〇〇）「夫然，故先祖是皇，神保是享，而孝孫有慶矣。」（呂記卷二二，頁十四；段解卷二十，頁三三。）

執爨踖踖，爲俎孔碩。或燔或炙，君婦莫莫。爲豆孔庶，爲賓爲客。

【佚文】（六〇一）「執爨，賤者也；賤者踖踖，則貴者可知也。君婦，尊者也；尊者莫莫，則卑者可知也。」（通釋卷十三，頁十三；大全卷十三，頁十三；詩傳彙纂卷十四，頁十二。）

孝孫徂位。

【佚文】（六〇二）「位者，人之所立。」（考古質疑卷三，頁十六。）

信南山

信彼南山，維禹甸之。

【佚文】（六〇三）「言信彼者，以見幽王之時王政衰矣，不明乎得失之迹者，聞有道先王之事，則疑其不能如彼故也。」（呂記卷二二，頁二二；段解卷二十，頁四一。）

我疆我理，南東其畝。

【佚文】（六〇四）「疆者，爲之大界；理者，衡從其溝塗。」（呂記卷二二，頁二一；慈湖詩傳卷十四，頁十七；段解卷二十，頁四一；詩緝卷二二，頁三五及卷二八，頁一載董逌引；備考卷十六，頁十三；詩傳彙纂卷十八，頁二三載董逌引。）

【評】（一八七）宋嚴粲曰：「今考王氏以理爲治其溝涂，但繇詩『迺疆迺理』之下，又言『迺宣迺畝』，宣爲宣道溝洫，則理不得爲治溝涂矣。」（詩緝卷二二，頁三五。敏案：釋「宣迺畝」云「宣道溝洫」者，乃蘇轍文，詳佚文七二四條及其註。）

【佚文】（六〇五）「或南或東，各順地勢所宜。言南，以廬在其北，而鄉南故也；言東，以廬在其西，而鄉東故也。」（段解卷二十，頁四一。）

中田有廬，疆埸有瓜。

【佚文】（六〇六）「疆埸有瓜，則地無遺利矣。」（呂記卷二二，頁二四；段解卷二十，頁四四；通釋卷十三，頁二二；大全卷十三，頁二一。）

祭以清酒，從以騂牡，享于祖考。執其鸞刀，以啓其毛，取其血膋。

【佚文】（六〇七）「執其鸞刀者，以親殺也。子孫之養其祖考，當自致其力故也。」（呂記卷二二，頁二五；段解卷二十，頁四五；六家詩名物疏卷四二，頁十四。）

【評】（一八八）明馮應京曰：「按禮記：卿大夫祖而毛牛尚耳。則人君祭禮，執鸞刀者，固謂卿大夫也。考之儀禮特牲，則曰：主人立於門户，視側殺。少牢則曰：主人即位于廟門之外，司馬刲羊，司士擊豕，宗人告備乃退。則士大夫猶視殺而不親刲矣。王介甫、劉執中乃謂王執鸞刀以親殺，此何據耶？朱子云『主人親執』，蓋沿王氏之誤。國語云：天子郊禘之事，必自射其牲；諸侯宗廟之事，必自射其牛。亦不云執刀以殺也。」（六家詩名物疏卷四二，頁十四。）

詩經新義　卷十四　小雅

甫田之什

甫田

今適南畝，或耘或耔，黍稷薿薿。攸介攸止，烝我髦士。

【佚文】（六〇八）「介，助也。止，息也。」（呂記卷二二，頁二六；段解卷二一，頁二一；詩緝卷二三，頁一；備考卷十六，頁十六。）

以我齊明，與我犧羊，以社以方。我田既臧，農夫之慶。

【佚文】（六〇九）「以我齊明，内致其志也。」（李黄解卷二七，頁十三。）〔二〕

〔二〕此條，段解卷二一，頁三載季氏曰引王氏曰，「季」是「李」之誤，李即李樗，亦即毛詩李黄集解作者之一。

【評】(一八九)宋李樗曰：「則(王氏)以『齊』爲『齋』字讀仄皆反。按禮記曰：齊者，精明之志也。則齊明亦可以爲齊戒。然「齊明」二字對犧羊爲文，則當從毛氏之説，以爲實器曰齊也。蓋言以我明潔之齊與夫純色之羊以祭社稷，以祭四方，以報之也。」(李黄解卷二七，頁十三。)

琴瑟擊鼓，以御田祖。以祈甘雨，以介我黍稷，以穀我士女。

【佚文】(六一〇)「田祖者，生而爲田畯，死而爲田祖，若樂工之死而爲樂祖也。」(呂記卷二二，頁二九；段解卷二一，頁四；通釋卷十三，頁二七；詩經世本古義卷一，頁四八。)

【佚文】(六一一)「既已報成，復作樂以御田祖、祈甘雨，農事終則有始也。祈甘雨所以介黍稷，介黍稷所以穀士女，樂歲則士女多賴故也。」(段解卷二一，頁五；呂記卷二二，頁二九；詩傳彙纂卷十四，頁二三。)

曾孫來止，以其婦子，饁彼南畝。

【佚文】(六一二)「勞來日來。曾孫以婦子饁彼南畝，而勞其來。此孟子所謂省耕是也。」(李黄解卷二七，頁十三。)

【佚文】（六一三）「畝大抵以南爲正，故每曰南畝。」（呂記卷二二，頁二九；詩童子問卷五，頁十九；段解卷二一，頁五；通釋卷十三，頁二九；大全卷十三，頁二九；詩經世本古義卷一，頁二十；詩傳彙纂卷十四，頁二五；敏案：通釋、大全引，並見下大田篇，移置此下。）

【評】（一九〇）宋輔廣曰：「王氏……不知何所據而云。畝固有南北東西矣，但南乃陽明之方，故多言之。如所謂東南其畝，而不言西北，其義亦然。」（詩童子問卷五，頁十九。）

禾易長畝，終善且有。

【佚文】（六一三之一）「禾易，禾生樂易也。」（呂記卷二二，頁二九；段解卷二一，頁五。）

曾孫之稼，如茨如梁。

【佚文】（六一四）「茨者，如束茅而積之者也。」（呂記卷二二，頁三一；段解卷二一，頁七。）

大田

以我覃耜，俶載南畝，播厥百穀。既庭且碩，曾孫是若。

【佚文】（六一五）曾孫是若，言民皆順曾孫之意，謂不違農時也。（李黄解卷二七，頁十五。）

去其螟螣，及其蟊賊，無害我田穉。

【佚文】（六一六）「田穉，再生之稻也。去其害苗稼之物，而可以養再生之稻。」（呂記卷二二，頁三四；段解卷二一，頁十。）

有渰萋萋，興雨祈祈。

【佚文】（六一七）「雲欲盛，盛則雨；雨欲徐，徐則入土地也。」（李黄解卷二七，頁十六；呂記卷二二，頁三五；段解卷二一，頁十一—十二；詩緝卷二三，頁十；備考卷十六，頁二十。）

曾孫來止，以其婦子。饁彼南畝，田畯至喜。

【佚文】（六一八）「喜其趍穫事也。」（呂記卷二二，頁三六；段解卷二一，頁十三；通釋卷十三，頁三三；大全卷十三，頁三二；詩經世本古義卷一，頁五八；詩傳彙纂卷十四，頁二七。）

來方禋祀，以其騂黑，與其黍稷，以享以祀。

【佚文】（六一九）「來方禋祀，則禋祀四方而已。以享以祀，以徧於羣神。」（李黄解卷二七，頁十七。）

瞻彼洛矣

瞻彼洛矣，維水泱泱。

【佚文】（六二〇）「洛水，東都之所在也。」（吕記卷二二，頁三七；李黄解卷二七，頁十八；慈湖詩傳卷十四，頁二五；段解卷二一，頁十三；詩緝卷二三，頁十二；詩地理考卷三，頁十七；備考卷十六，頁二三。）

【佚文】（六二一）「洛水有二：其一在宗周，其一在東都。在宗周則周官職方氏所謂『河西雍州，其浸渭洛』是也。在東都則書康誥所謂『周公初基作新大邑于東國洛』是也。」（詩傳旁通卷九，頁十六。）〔一〕

【佚文】（六二二）「成王欲宅洛者，以天事言，則日東景朝多陽，日西景夕多陰，日南景短多

〔一〕此條，亦見於李黄解卷二七，頁十八，而不作「王氏曰」，蓋李樗暗用安石説原文。

暑，日北景長多寒。洛，天地之中，風雨之所會，陰陽之所和也。以人事言，則四方朝聘貢賦，道里均焉。非特如此而已，懲三監之難，毖殷頑民，遷以自近，洛距妹邦爲近，則易使之遷作王都焉，則易以鎮服也。雖然，鎬京宗廟社稷官府宮室具在，不可遷也，故於洛時會諸侯而已。何以知其如此？以詩考之，宣王時會諸侯於東都，而車攻謂之復古，『駕言徂東』，毛氏曰：東，洛邑也。」（詩地理考卷三，頁九；詩經世本古義卷十七，頁一〇九；蒙引卷九，頁二十一—二二。文亦略見安石尚書新義召誥篇，別見尚書新義。）

【評】（一九一）宋李樗曰：「（洛，）鄭氏以謂在宗周，王氏以謂在東都，此説皆通。蓋宗周者，諸侯所會之地；而東都者，宣王亦會諸侯於此，亦是諸侯所會之地。此二説所以皆通也。」（李黃解卷二七，頁十八。）

【佚文】（六二三）「泱泱，適中之水也。水善利萬物，然非適中則或爲害。」（李黃解卷二七，頁十八。）

君子至止，福禄如茨。韎韐有奭，以作六師。

【佚文】（六二四）「瞻彼洛水而思古之明王，見其地而不見其人也。先王會諸侯於東都，於是爵命諸侯。君子至止，福禄如茨者，言能爵命之厚也。韎韐有奭，以作六師者，使服韎韋之韐，而作六師，則以討有罪故也。使君子討有罪，則所謂能罰惡也。〔二〕周官：凡有兵事，韋弁服。先儒以爲左傳所謂『韎韋之跗注』，是也。」（呂記卷二二，頁三七；李黄解卷二七，頁十九；朱子語類卷八一，頁二二；詩傳遺説卷五，頁十二；慈湖詩傳卷十四，頁二六；段解卷二一，頁十四；詩緝卷二三，頁十二；備考卷十六，頁二二；朱子五經語類卷五四，頁十一。）

【評】（一九二）宋李樗曰：「惟古人以韎韐之服爲征伐之服，則此下文曰『以作六師』，而其上文曰『韎韐有奭』，則其爲征伐之服無疑矣。毛、鄭則以爲祭服，不如王氏之説爲長。」（李黄解卷二七，頁十九。）

【評】（一九三）宋朱熹曰：「（問：『韎韐有奭。韎韐，毛、鄭以爲祭服，王氏以爲戎服？』曰：）只是戎服。左傳云『韎韋之跗注』是也。」（朱子語類卷八一，頁二二；詩傳遺説卷五，頁十二；朱子五經語類卷五四，頁十一。）

君子至止，鞞琫有珌。

〔二〕李黄解多「則以討有罪故也」至「使君子至罰惡也」，共二十字。體文理，當在此處，兹據以補入。詩緝末多「跗音夫」三字，疑非安石文。

【佚文】（六二五）「鞞琫有珌者，言既爵命，又其賜予備物如此。」（呂記卷二二，頁三八；段解卷二一，頁十五。）

君子至止，福禄既同。

【佚文】（六二六）「惟能賞善則善者衆，善者衆則莫或爲惡，故『福禄既同』，亦並受其福之意。」（李黄解卷二七，頁十九。）

△裳裳者華

桑扈

交交桑扈，有鶯其羽。君子樂胥，受天之祜。

【佚文】（六二七）「君子所以相樂者，以其有粲然之文以相接；文以相接，則遠於暴亂。豈特人所善哉？天祜之矣！」（李黄解卷二七，頁二一。）

【評】（一九四）宋李樗曰：「賈誼以『胥』爲『相』，正與王氏同。……王氏之説，亦如毛氏之説，今當用之。惟君子能與臣下相樂，則天祐之矣！」（李黄解卷二七，頁二二。）

君子樂胥，萬邦之屏。

【佚文】（六二八）「屏之爲物，禦外以蔽内也。」（吕記卷二三，頁二；段解卷二一，頁十九；通釋卷十四，頁一；會通卷十四，頁一載輯録引；大全卷十四，頁一；詩傳彙纂卷十五，頁一。）

之屏之翰，百辟爲憲。不戢不難，受福不那。

【佚文】（六二九）「戢則不肆，難則不易；肆則放逸，易則傲慢；動不以禮，非所以受福。故戢而難，然後受福多也。」（吕記卷二三，頁二；段解卷二一，頁二十；通釋卷十四，頁二；大全卷十四，頁二；備考卷十七，頁二；詩傳彙纂卷十五，頁二。）

鴛鴦

鴛鴦于飛，畢之羅之。

【佚文】（六三〇）「於其飛，然後畢之羅之，則不取其卵，弋不射宿故也。」（李黄解卷二八，頁一；呂記卷二三，頁四；段解卷二一，頁二一。）

鴛鴦在梁，戢其左翼。君子萬年，宜其遐福。

【佚文】（六三一）「此詩三言『福禄』，而於『鴛鴦在梁，戢其左翼』，獨曰『遐福』者，君子之於物，取有時，用有節，所以宜其禄，而福之遐尤在乎使萬物得其性也。」（李黄解卷二八，頁二一。）

頍弁

有頍者弁，實維伊何？爾酒既旨，爾殽既嘉。豈伊異人？兄弟匪他。

【佚文】（六三二）「豈伊異人，兄弟匪他者，非異人而兄弟也。而兄弟又非有他，則宜與之宴樂矣。有他，謂若周之管、蔡然，王雖欲與之宴樂，不得也。今匪有他，而不能與之宴樂，則其咎在王矣。」（李黄解卷二八，頁三—四。）

【佚文】（六三三）「無以爲禮，君子弗非也；有以爲禮而弗用，是乃君子所非也。」（呂記卷二三，頁六；段解卷二一，頁二一四。）

蔦與女蘿，施于松柏。未見君子，憂心弈弈；既見君子，庶幾説懌。

【佚文】（六三四）「（首二句，言）萬物之性固然，而況于人乎？」（段解卷二一，頁二五。）

有頍者弁，實維何期？爾酒既旨，爾殽既時。豈伊異人？兄弟具來。

【佚文】（六三五）「今適不來，尚當速之使來，而不能以恩接之。」（段解卷二一，頁二五。）

有頍者弁，實維在首。

【佚文】（六三六）「有頍者弁，實維在首，則言弁在首而不知用禮以稱之，則刺之甚矣。」（呂記卷二三，頁七；段解卷二一，頁二六。）

死喪無日，無幾相見。樂酒今夕，君子維宴。

【佚文】（六三七）「言今夕則不謀來夕之存否。」（呂記卷二三，頁八；段解卷二一，頁二六；慎餘録卷十二，頁十五—十六。）

【評】（一九五）明李昭祥曰：「王氏曰：『……』諸説似皆工矣，獨不念涕泣而道之之義乎？既云諸公刺王，則當有忠悃勸道之意，與晉人憂昭公不同，豈有不謀來夕之事哉！

況前二章女蘿松柏，喻其相須之切，未見而憂，既見而喜，申其相愛之情，安得末章忽爲憂愁傷悼，詞之迫切如此？故朱子以爲燕飲之詩，似得之矣。」（愼餘録卷十二，頁十五—十六。）

車舝

間關車之舝兮，思孌季女逝兮。

【佚文】（六三八）「舝之在車，間以固之，關以通之，然後足以與行。賢女之配君子，貞以固之，順以通之，如舝之在車，故因興焉。」（李黄解卷二八，頁六。）

雖無旨酒，式飲庶幾；雖無嘉殽，式食庶幾；雖無德與女，式歌且舞。

【佚文】（六三九）「樂賢女如此，則厭惡褒姒甚矣。」（吕記卷二三，頁十；段解卷二一，頁二八；詩傳彙纂詩序下，頁十九。）

青蠅

營營青蠅，止于樊。……營營青蠅，止于棘。……營營青蠅，止于榛。

【佚文】（六四〇）止于樊、棘、榛者，以譬其入之有漸也。（李黄解卷二八，頁八。）

賓之初筵

鍾鼓既設，舉醻逸逸。大侯既抗，弓矢斯張。射夫既同，獻爾發功。發彼有的，以祈爾爵。

【佚文】（六四一）「大侯抗則餘侯從之矣。」（李黄解卷二八，頁十一。）

【佚文】（六四二）「先王將祭，擇士豫焉。其行同能耦，無以别也，則使射以擇之。」（段解卷二一，頁三五。）

【佚文】（六四三）「射有旌以詔之，有鼓以節之，有扑以戒之。定其位，則有物。課其功，則有筭。」（段解卷二一，頁三五。）

籥舞笙鼓，樂既和奏。烝衎烈祖，以洽百禮。百禮既至，有壬有林。錫爾純嘏，子孫其湛。其湛曰樂，各奏爾能。賓載手仇，室人入又。酌彼康爵，以奏爾時。

【佚文】（六四四）「烈，業也。」（呂記卷二三，頁十六；段解卷二一，頁三六；詩緝卷二三，頁三十。）

【佚文】（六四五）「大射禮爲將祭擇士故也。既祭矣，於是乎燕，燕則又射。先王用酒，常以祭祀。其飲也，常以射；射必有禮樂。有大禮斯有大樂以和之，有備樂斯有備禮以成之。籥舞笙鼓，樂既和奏，則所謂有備樂也。烝衎烈祖，以洽百禮，則所謂有備禮以成之也。」（呂記卷二三，頁十六—十七；李黄解卷二八，頁十；段解卷二一，頁三六—三七；通釋卷十四，頁十四；大全卷十四，頁十三—十四；蒙引卷十三，頁十；辨證卷四，頁一一三；詩傳彙纂卷十五，頁十二。）

【佚文】（六四六）「室人，主黨也。」（呂記卷二三，頁十六；慈湖詩傳卷十五，頁十三；段解卷二一，頁三六；詩緝卷二三，頁三十。）

【佚文】（六四七）「其湛曰樂，各奏爾能，則於是又射矣。賓載手仇，室人入又，則賓主皆善射矣。賓黨射則手敵，主黨入射則又手敵。」（呂記卷二三，頁十七；段解卷二一，頁三六；備考卷十七，頁十；辨證卷四，頁一一五。）

曰既醉止，威儀幡幡。舍其坐遷，屢舞僊僊。

【佚文】（六四八）「僊僊，軒舉之狀。」（呂記卷二三，頁十七；緗素雜記卷三，頁四；段解卷二一，頁三八；詩緝卷二三，頁三一；備考卷十七，頁十一。）

賓既醉止，載號載呶。亂我籩豆，屢舞僛僛。

【佚文】（六四九）「僛僛，傾側之貌。」（呂記卷二三，頁十八；段解卷二一，頁三九；詩緝卷二三，頁三二。）

詩賓之初筵第四章通義。

【佚文】（六五〇）「言人之始未嘗不治，終至於亂。」（呂記卷二三，頁十九；段解卷二一，頁三九。）

凡此飲酒，或醉或否。既立之監，或佐之史。彼醉不臧，不醉反恥。

【佚文】（六五一）「凡此飲酒，則非特幽王之朝而已。」（呂記卷二三，頁二十；段解卷二一，頁四十。）

【佚文】（六五二）「立監史，本防人之失禮儀也。不醉者正其禮儀則善也，醉者失其禮儀則不善也。今反以醉者爲善，耻彼不醉者而强之以酒。」（吕記卷二三，頁二十；段解卷二一，頁四一；備考卷十七，頁十二。）

由醉之言，俾出童羖。三爵不識，矧敢多又。

【佚文】（六五三）「人之齊聖，飲酒温克。彼小人者，三爵則已醉而無所識矣，矧敢多於三爵而又不已？宜其沉湎淫泆如是甚矣。」（吕記卷二三，頁二一。）

詩經新義　卷十五　小雅

魚藻之什

魚藻

魚藻，刺幽王也。言萬物失其性，王居鎬京，將不能以自樂，故君子思古之武王焉。此詩小序之全文。

【佚文】（六五四）「憂在天下，不爲小己之得失，故謂之君子。」（吕記卷二三，頁二三。）

采菽

君子來朝，言觀其旂。其旂淠淠，鸞聲嘒嘒。載驂載駟，君子所届。

【佚文】（六五五）「嘒嘒，言其聲之細；聲之細，則無敢馳驅故也。」（吕記卷二三，頁二六；

詩緝卷二四，頁四；通釋卷十四，頁二十；大全卷十四，頁二十；詩經世本古義卷十一，頁七；蒙引卷十三，頁十六；詩傳彙纂卷十五，頁十七。）

樂只君子，萬福攸同。

【佚文】（六五六）「萬福攸同，則所謂並受其福也。」（呂記卷二三，頁二八。）

樂只君子，天子葵之。

【佚文】（六五七）「君子所樂，樂王能以義揆之也。君子事王以義而已。苟王無義以揆之，則誕或見信，忠或見疑，以是爲非，以非爲是，則君子有憂而無樂矣。」（呂記卷二三，頁二九；備考卷十七，頁十六。）

角弓

此令兄弟，綽綽有裕。不令兄弟，交相爲瘉。

【佚文】（六五八）「此令兄弟，綽綽有裕者，交相愛故也。不令兄弟，交相爲瘉者，交相惡也。」（呂記卷二三，頁三一一；詩傳彙纂卷十五，頁二十。）

民之無良，相怨一方。

【佚文】（六五九）「民喪其良心，不參彼己之曲直，躬自薄而厚責於人也，則各相怨於一方。」（呂記卷二三，頁三一一；通釋卷十四，頁二四；會通卷十四，頁二四載輯録引；大全卷十四，頁二三；詩傳彙纂卷十五，頁二十。）

受爵不讓，至于已斯亡。

【佚文】（六六〇）「受爵不讓，專利而有之也。至于已斯亡，怨之所歸、禍之所集故也。」（呂記卷二三，頁三一一；備考卷十七，頁十七；詩傳彙纂卷十五，頁二十—二一。）

君子有徽猷，小人與屬。

【佚文】（六六一）「君子有徽猷於此，則小人與屬於彼矣。」（呂記卷二三，頁三三。）

雨雪瀌瀌，見晛曰消。

【佚文】（六六二）「其來之衆則瀌瀌。」（呂記卷二三，頁三三。）

【佚文】（六六三）「雨雪瀌瀌，見晛曰消者，譬之君子自昭明德以在民上，則民之惡德消矣。」（呂記卷二三，頁三三；備考卷十六，頁十九。）

雨雪浮浮，見晛曰流。

【佚文】（六六四）「積之高則浮浮。」（呂記卷二三，頁三四；詩緝卷二四，頁十。）

如蠻如髦，我是用憂。

【佚文】（六六五）「粲然有文以相接，驩然有恩以相愛，中國之道也。中國道盡，則如蠻如髦矣。如蠻如髦，是謂大亂，故我是用憂也。」（呂記卷二三，頁三四；通釋卷十四，頁二六；大全卷十四，頁二五；蒙引卷十三，頁二二。）

菀柳

上帝甚蹈，無自暱焉。

【佚文】（六六六）「但謂上帝甚蹈者，不敢斥言幽王之惡。」（呂記卷二三，頁三六。）

【佚文】（六六六之一）「幽王暴虐，其蹈人甚矣，則人皆欲自遠，無欲自暱也。」（呂記卷二三，頁三六。）

有菀者柳，不尚愒焉？

【佚文】（六六七）「愒，小息也。」（呂記卷二三，頁三六。）

有鳥高飛，亦傅于天。彼人之心，于何其臻？

【佚文】（六六八）「有鳥高飛，亦傅于天者，尚有所極也。彼人之心，于何其臻者，其難知甚矣。」（呂記卷二三，頁三七。）

都人士

彼都人士，臺笠緇撮。彼君子女，綢直如髮。

【佚文】（六六九）「臺笠緇撮，在野與衆皆作之服也。綢直如髮，則其德性之善也。」（呂記卷二四，頁三；通釋卷十五，頁二；會通卷十五，頁一載輯録引；大全卷十五，頁一；備考卷十八，頁二。）

彼都人士，垂帶而厲。彼君子女，卷髮如蠆。我不見兮，言從之邁。

【佚文】（六七〇）「厲，大帶也。」（呂記卷二四，頁四。）

【佚文】（六七一）「是不可得見也，得見則我從之邁也。」（呂記卷二四，頁四；備考卷十八，頁二。）

采綠

采綠，刺怨曠也。幽王之時，多怨曠者也。此詩小序之全文。

【佚文】（六七二）「明盛之朝，外無曠夫，内無怨女。今幽王之時反此，故賦采綠之詩以刺焉。」（呂記卷二四，頁五。）

終朝采綠，不盈一匊。予髮曲局，薄言歸沐。

【佚文】（六七三）「既曲局矣，則其歸沐非得已也。然而曰『薄言歸沐』，則亦局而已。此與伯兮所謂『豈無膏沐，誰適爲容』異意也。」（李黄解卷二九，頁四。）

【評】（一九六）宋李樗曰：「此説非也。此詩所謂『薄言歸沐』正與伯兮所謂『豈無膏沐，誰適爲容』同意也。伯兮之意，則以夫不在，故不爲膏沐也。此詩之意，則以夫歸而後沐也。薄者，詩之辭也，非薄略也。如芣苢之詩曰『薄言采之』、采蘩之詩曰『薄言還歸』，皆是詩之辭如此，不必曰『苟』而已。」（李黄解卷二九，頁四—五。）

黍苗

我任我輦，我車我牛。我行既集，蓋云歸哉！

【佚文】（六七四）「此章見召伯之遇役夫如此。」（通釋卷十五，頁六；呂記卷二四，頁八；大全卷十五，頁五；詩傳纂彙卷十六，頁五。）

我徒我御，我師我旅。我行既集，蓋云歸處！

【佚文】（六七五）「此章見召伯之遇征夫如此。」（通釋卷十五，頁六；呂記卷二四，頁九；大全卷十五，頁六。；詩傳彙纂卷十六，頁五。）

肅肅謝功，召伯營之。；烈烈征師，召伯成之。

【佚文】（六七六）「召伯營謝功之肅，成征師之威，定申伯之宅，平淮夷故也。」（呂記卷二四，頁九。）

原隰既平，泉流既清。召伯有成，王心則寧。

【佚文】（六七七）「原隰既平，則疆其土田故也。泉流既清，則理其溝洫故也。」（呂記卷二四，頁九。；詩傳彙纂卷十六，頁六。）

隰桑

既見君子，德音孔膠。

【佚文】（六七八）「德音孔膠者，其德音之所及，人附離之甚固也。」（呂記卷二四，頁十一；詩緝卷二四，頁二十。；備考卷十八，頁七。）

【評】（一九七）明鍾惺、明韋調鼎曰：「君子素有德音矣，今一見之，允矣名實相符，而固結不可解也。」（備考卷十八，頁七。）

心乎愛矣，遐不謂矣？中心藏之，何日忘之？

【佚文】（六七九）論語「愛之能勿勞乎？忠焉能勿誨乎」，與此「心乎愛矣，遐不謂矣」意相合。（李黃解卷二九，頁九。）

【評】（一九八）宋李樗曰：「此詩所言者，非是小人誨君子也。忠於人者則誨之，亦猶斯民之愛君子，則必有以告之也。『中心藏之，何日忘之』，此以見其思賢者無日而已也。」（李黃解卷二九，頁九。）

【佚文】（六八〇）「（中心藏之，何日忘之者，）爾雅所謂盛德至善，民之不能忘也。」（呂記卷二四，頁十一；通釋卷十五，頁八；大全卷十五，頁七。）

白華

白華菅兮，白茅束兮。之子之遠，俾我獨兮。

【佚文】(六八一)「菅譬則后也,茅譬則妾也。」(呂記卷二四,頁十三。)

鼓鍾于宫,聲聞于外。念子懆懆,視我邁邁。

【佚文】(六八二)「邁邁然遠我而不顧也。」(呂記卷二四,頁十五;詩緝卷二四,頁二二—二三;備考卷十八,頁九。)

鴛鴦在梁,戢其左翼。之子無良,二三其德。

【佚文】(六八三)「鴛鴦能好其匹,於止,得其所止。雌雄相從,不失其性也。之子無良,二三其德者,幽王無良,不一其德,鴛鴦之不如也。」(呂記卷二四,頁十六;通釋卷十五,頁十一;大全卷十五,頁十;備考卷十八,頁十;詩傳彙纂卷十六,頁十。)

緜蠻

緜蠻黄鳥,止於丘阿。道之云遠,我勞如何!

【佚文】(六八四)「道之云遠,我勞如何,則大臣。我微賤者也,我者内之也。」(呂記卷二四,頁十七；備考卷十八，頁十一。）

豈敢憚行？畏不能趨。

【佚文】（六八五）「趨，疾行也。」（呂記卷二四，頁十八；詩緝卷二四，頁二五；備考卷十八，頁十一。）

瓠葉

幡幡瓠葉，采之亨之。君子有酒，酌言嘗之。

【佚文】（六八六）「嘗其旨否，然後行獻酬之禮。」（呂記卷二四，頁十九；備考卷十八，頁十二；詩經世本古義卷十八之上，頁五四；詩傳彙纂卷十六，頁十二。）

【評】（一九九）明何楷曰：「愚案：此嘗之當謂使客嘗之。臣侍食于君，有先嘗之禮。左昭元年：趙孟、叔孫豹入于鄭，鄭伯兼享之。子皮戒趙孟，禮終，趙孟賦瓠葉，子皮遂戒穆叔，且告之。穆叔曰：趙孟欲一獻，子其從之。子皮曰：敢乎？穆叔曰：夫人所欲也，又何不敢？及享[二]，具五獻之籩豆于幕下。趙孟辭，私于子産曰：武請于冢宰矣。乃用一獻。」（詩經世本古義卷十八之上，頁五四。）

漸漸之石

漸漸之石，維其高矣。

【佚文】（六八七）「石之漸漸然，廉利足以傷物，而無化養之道焉，幽王暴戾無德之譬也。一則以喻戎狄，一則以喻幽王。」（李黄解卷二九，頁十六。）

武人東征，不皇朝矣。

【佚文】（六八八）「此『朝』與趙括母所謂『東鄉朝其羣吏』同意。」（李黄解卷二九，頁十六。）

【評】（二〇〇）宋李樗曰：「此説恐亦未盡。蓋下章言『不皇他矣』，言不暇言及於他矣，則『不皇朝矣』者，蓋亦是言不暇言及朝王也。」（李黄解卷二九，頁十六。）

〔二〕「及」，原作「乃」，據左傳昭公元年改。

有豕白蹢，烝涉波矣。

【佚文】（六八九）有豕白蹢，喻戎狄荆舒之君。（李黄解卷二九，頁十七。）

苕之華

牂羊墳首，三星在罶。

【佚文】（六九〇）「牝羊則首大，牂羊則首小。」（吕記卷二四，頁二四。）

何草不黄

何草不黄？何日不行？何人不將？經營四方。

【佚文】（六九一）「無草而不黄，則歲暮矣，人可以休息之時也。」（吕記卷二四，頁二五；備考卷十八，頁十六。）

何草不玄？何人不矜？哀我征夫，獨爲匪民。

【佚文】（六九二）「草既黄而死矣，歲暮之時，死而復生，其色既玄，則又改歲矣。」（呂記卷二四，頁二五；備考卷十八，頁十六；詩經世本古義卷十八之下，頁五八。）

有芃者狐，率彼幽草。有棧之車，行彼周道。

【佚文】（六九三）「四夷交侵中國，諸侯莫肯朝事，則周道鞠爲茂草，故以『彼幽草』況『行彼周道』也。」（李黄解卷二九，頁二十。）

【評】（二〇一）宋李樗曰：「此曲説也。天下之民皆人耳，人能以仁存心，己欲立而立人，己欲達而達人；己亦人也，人亦己也。吾之愛民，是誠何心哉？以己之心而推之，未有不愛民也。幽王視民如禽獸，詩中言『匪兕匪虎，率彼曠野。有芃者狐，率彼幽草』，則是視民如禽獸矣。求其愛民之心，果安在哉？」（李黄解卷二九，頁二十。）

詩小雅通義。

【評】（二〇二）宋邵博評，詳大雅諸篇之末一條（即佚文九〇二條後）。

詩經新義　卷十六　大雅

文王之什

文王

文王在上，於昭于天。周雖舊邦，其命維新。有周不顯，帝命不時。文王陟降，在帝左右。

【佚文】（六九四）「周受封自后稷，則其爲邦舊矣。至文王而天命之肇造區夏，則其命維新矣。不顯，則所以甚言其顯也。不時，則所以甚言其時也。唯其道之顯，是以爲帝命之時也。」（呂記卷二五，頁二；宣和博古圖卷二，頁二二；詩緝卷二五，頁二；通釋卷十六，頁三；大全卷十六，頁二；備考卷十九，頁三；詩傳彙纂卷十七，頁二。）

文王孫子，本支百世。凡周之士，不顯亦世。

【佚文】（六九五）「凡周之士，亦皆世顯，則秉文之德故也。」（呂記卷二五，頁三；詩傳彙纂卷十七，頁三。）

世之不顯，厥猶翼翼。

【佚文】（六九六）「世之顯則以厥猶翼翼也。『濟濟多士，秉文之德』，則厥猶翼翼可知矣。」（呂記卷二五，頁四。）

思皇多士，生此王國。王國克生，維周之楨。濟濟多士，文王以寧。

【佚文】（六九七）「皇，有道之君也；王，有業之君也。皇之多士，則有道之士也；王之國，則有業之國也。以有道之士佐有業之國，則其興也，莫之能禦矣。」（李黃解卷三十，頁六。）

【評】（二〇三）宋李樗曰：「此章……言文王得人之盛，以致周室之安也。……王氏之說爲甚穿鑿。……王氏之蔽，類多如此。惟多士生於王國，故可以爲國之榦，而文王亦資之以安也。」（李黃解卷三十，頁五—六。）

【佚文】（六九八）「楨，國所恃以立也。周獲天人之助矣，故能生周之楨也。」（呂記卷二五，頁四；備考卷十九，頁四；詩傳彙纂卷十七，頁四。）

穆穆文王，於緝熙敬止。

【佚文】（六九九）「穆穆，敬也，美也。」（呂記卷二五，頁五；備考卷十九，頁五。）

【佚文】（七〇〇）「緝，續也。」（呂記卷二五，頁五；備考卷十九，頁五。）

商之孫子，其麗不億。上帝既命，侯于周服。

【佚文】（七〇一）「不億，億也。亦猶所謂『不顯亦世』，言顯也。」（李黄解卷三十，頁七。）

侯服于周，天命靡常。殷士膚敏，祼將于京。厥作祼將，常服黼冔。

【佚文】（七〇二）「乃常服其商之黼冔，則周務以德服其心而已，不以力强變其服也。」（李黄解卷三十，頁八。）

【佚文】（七〇三）「商之孫子，侯服于周，則以天命靡常故也。天常命商，使有九有之師矣，今侯服于周，所謂靡常也。唯其靡常，故商之子孫，其爲士而膚美敏疾者，乃反祼將于周京，以助周祭也。」（呂記卷二五，頁六；通釋卷十六，頁七；大全卷十六，頁七；蒙引卷十四，頁六；詩傳彙纂卷十七，頁五。）

無念爾祖，聿脩厥德。永言配命，自求多福。

【佚文】（七〇四）「足乎己無待於外之謂德；以德求多福，則非有待於外也。」（呂記卷二五，頁七；通釋卷十六，頁八；大全卷十六，頁九；詩傳彙纂卷十七，頁六。）

殷之未喪師，克配上帝。宜鑒于殷，駿命不易。

【佚文】（七〇五）「天命艱難，不可保恃，如此則後王宜以殷爲監也。」（呂記卷二五，頁八。）

大明

明明在下，赫赫在上。

【佚文】（七〇六）「明明在下，王德之明也；赫赫在上，天命之赫也。」（呂記卷二五，頁十；辨證卷五，頁八；詩傳彙纂卷十七，頁九。）

天難忱斯，不易維王。天位殷適，使不挾四方。

【佚文】（七〇七）「今紂所居之尊，則天位也；所傳之正，則殷適也。使不挾四方，其不可保恃如此。」（呂記卷二五，頁十；通釋卷十六，頁十六；大全卷十六，頁十四；詩傳彙纂卷十七，頁九。）

摯仲氏任，自彼殷商，來嫁于周，曰嬪于京。乃及王季，維德之行。大任有身，生此文王。

【佚文】（七〇八）「天子所都曰京。方是時，周未有天下，其言曰『嬪于京』，則詩人追稱，且以爲是宜有天下是也。」（李黄解卷三十，頁十五。）

【佚文】（七〇九）「摯仲氏任，繫其夫而言故也。曰大任，繫其子而言故也。」（呂記卷二五，頁十；詩緝卷二五，頁十二；會通卷十六，頁十三載輯録引；詩傳彙纂卷十七，頁十。）

天監在下，有命既集。文王初載，天作之合。在洽之陽，在渭之涘。

【佚文】（七一〇）「商失其道，民既散矣。天監在下，有命既集，則唯文王爲能一天下，朝諸侯，故於文王之初載，則天爲作合。」（呂記卷二五，頁十二。）

【佚文】（七一一）「洽之陽、渭之涘，則莘國所在也。」（呂記卷二五，頁十二；詩地理考卷四，頁二一；通釋卷十六，頁十八；大全卷十六，頁十六；備考卷十九，頁九。）

大邦有子，俔天之妹。文定厥祥，親迎于渭。

【佚文】（七一二）「譬天之妹，言其生德可以繼天也。『上天之載，無聲無臭，儀刑文王，萬邦作孚』，然則非德可以繼天，孰能爲之配？大姒能爲之配，故備其禮文，往請昏焉，以定其祥。既定矣，則文王親迎于渭也。」（呂記卷二五，頁十三；通釋卷十六，頁十八；大全卷十六，頁十六；備考卷十九，頁九。）

造舟爲梁，不顯其光。

【佚文】（七一三）「造舟爲梁，天子之禮也。方是時，文王未受命也，其曰『造舟爲梁，不顯其光』，則以言文王之德，用天子之禮以顯之，然後爲宜也。使文王果用天子之禮，則是文王自稱王，不足爲文王矣。」（李黃解卷三十，頁十六。）

【評】（二〇四）宋李樗曰：「王氏之説，不足信也。鄭氏曰：『造舟，周制也；商時未有定制〔二〕。』如出車之詩曰：『設此旐矣，建彼旄矣。』周禮曰：『王載大常，諸侯載旂，軍吏載旗，郊野載旐，百官載旟。』此是天子之禮而南仲乃爾者，故唐孔氏以爲未制禮遂如此，是也。

〔二〕「商時未有定制」，據鄭箋原文，「商」作「殷」，「定」作「等」。

不然詩人追稱文王，故以天子之禮言之，亦猶追稱文王也；亦如『周王于邁，六師及之』，文王未有六師，是追稱也。」（李黄解卷三十，頁十六。）

有命自天，命此文王。于周于京，纘女維莘，長子維行。篤生武王，保右命爾，燮伐大商。

【佚文】（七一四）「言天既生此文王矣，又生武王，夫是之謂篤。中庸云：『天之生物，必因其材而篤焉。』〔一〕」（吕記卷二五，頁十三—十四；詩緝卷二五，頁十五；通釋卷十六，頁十九；大全卷十六，頁十七。）

【佚文】（七一五）「言大商，則乃所以大文、武之德，以爲商大矣，非德大則不能燮伐也。」（吕記卷二五，頁十四；詩緝卷二五，頁十五；通釋卷十六，頁十九；備考卷十九，頁十。）

殷商之旅，其會如林。矢于牧野：「維予侯興。上帝臨女，無貳爾心！」

【佚文】（七一六）「（前四句，）明文、武之興，以德不以力也。」（吕記卷二五，頁十四；備考卷十九，頁十；詩傳彙纂卷十七，頁十三。）

〔一〕「中庸云」至「篤焉」十四字，據詩緝增補。

【佚文】（七一七）「以其衆寡之力、尊卑之位，宜有貳心。」（吕記卷二五，頁十四。）

涼彼武王，肆伐大商，會朝清明。

【佚文】（七一八）「會朝清明，則以朝至牧野，會時雨止清明而伐也。此見王者行師不尚詭詐之意。」（李黄解卷三十，頁十七—十八。）

緜

緜緜瓜瓞。

【佚文】（七一九）「先歲之瓜嘗大矣，嗣歲之瓞則小，末則復大。周，帝嚳之胄也，中嘗衰小，後至於大王、文王更大，故以瓜瓞況之。緜緜則言雖弱而不絶也。」（吕記卷二五，頁十六—十七。）

民之初生，自土沮漆。

【佚文】（七二〇）「周國嘗幾亡矣，其後土漆沮而國復興，故以爲民之初生也。」（通釋卷十六，頁二二三；會通卷十六，頁二十載輯録引；大全卷十六，頁二二；詩傳彙纂卷十七，頁十六。）

周原膴膴，堇荼如飴。

【佚文】（七二一）「（謂堇荼如飴者，）以甚言周原之美。」（呂記卷二五，頁十九。）

爰始爰謀，爰契我龜。曰止曰時，築室于茲。

【佚文】（七二二）「爰始爰謀，謀之人也。爰契我龜，謀之龜也。謀之龜則又以爲吉，與人謀契也。曰止，則命其臣民止于茲也。曰時，則命其臣民以土功之時也。築室于茲，則既命以土功之時，遂築室也。」（呂記卷二五，頁十九；通釋卷十六，頁二六；會通卷十六，頁二二載輯録引；大全卷十六，頁二四；蒙引卷十四，頁十六；詩傳彙纂卷十七，頁十八。）

迺慰迺止，迺左迺右。

【佚文】（七二三）「既築室于茲矣，乃勞來其臣民而慰之，乃安集其臣民而止之。」（呂記卷二五，頁二十。）

迺疆迺理，迺宣迺畝。

【佚文】（七二四）宣，謂宣其民使出。（李黄解卷三十，頁二二一。）〔二〕

乃召司空，乃召司徒，俾立室家。

【佚文】（七二五）「乃者，繼事之辭。」（詩經世本古義卷九，頁十四—十五。）

【佚文】（七二六）「向築室則苟全而已，今人既集附，於是乃始大作以立室家。」（李黄解卷三十，頁二二一—二二三。）

【評】（二〇五）宋李樗曰：「（王氏説）非也。向之築室者，則以謂卜既吉則可以於此而築室。此言立室家，則可以爲興立室家，非是兩次興復也。」（李黄解卷三十，頁二二三。）

其繩則直，縮版以載，作廟翼翼。

【佚文】（七二七）「繩謂之縮，以板衡而繩縮故也。」（吕記卷二五，頁二十。）

〔二〕詩緝卷二二，頁三五謂安石以此「宣」爲「宣導溝洫」。案：此蘇轍之言，見潁濱詩集傳卷十五，頁九，嚴氏蓋誤。參看佚文六〇四條及評。

捄之陾陾，度之薨薨。

【佚文】（七二八）「度，傳土也。」（呂記卷二五，頁二一一；慈湖詩傳卷十六，頁十四。）

百堵皆興，鼛鼓弗勝。

【佚文】（七二九）「既作廟矣，於是營宮室；百堵皆興，則營宮室也。鼛鼓弗勝，則人自勸功；鼛鼓之節，反弗勝也。」（呂記卷二五，頁二一二。）

迺立皋門，皋門有伉。

【佚文】（七三〇）「伉，壯也。」（呂記卷二五，頁二一二。）

迺立冢土，戎醜攸行。

【佚文】（七三一）「宗廟、宮室，内事也。自内以及外，故於卒言立冢土也。」（呂記卷二五，頁二一三；通釋卷十六，頁二九；大全卷十六，頁二七；詩傳彙纂卷十七，頁二十。）

虞芮質厥成，文王蹶厥生。

【佚文】（七三二）「質厥成者，質其争訟也；『成』與周官所謂『書其刑殺之成』同。」（呂記卷二五，頁二五；備考卷十九，頁十六；詩經世本古義卷九，頁二一。）

【佚文】（七三三）「『生』與易所謂『觀我生』同義。」（呂記卷二五，頁二五；李黄解卷三十，頁二五。）

棫樸

濟濟辟王，左右奉璋。奉璋峨峨，髦士攸宜。

【佚文】（七三四）「奉璋，文事，卿大夫之職；濟難，武事，將帥之職也。」（李黄解卷三十，頁二九。）

淠彼涇舟，烝徒楫之。

【佚文】（七三五）「涇在周地，興所見也。」（呂記卷二五，頁二八；通釋卷十六，頁三四；大全卷十六，頁三三；備考卷十九，頁十八；詩傳彙纂卷十七，頁二四。）

周王壽考，遐不作人？追琢其章，金玉其相。勉勉我王，綱紀四方。

【佚文】（七三六）「文王作人，外則使有備成之文，内則使其有可貴之質。周官追師掌追衡笄，追猶治也。有金而不琢，則不成器。有其文而追琢之；無其質，則與朽木糞土等矣。故必二者備而後可也。文王之得人成就如此，文王又何爲哉？勉勉我王，以執其紀綱而已。」（李黄解卷三十，頁三十；吕記卷二五，頁二九；備考卷十九，頁十九；詩經世本古義卷九，頁七九；讀詩略記卷五，頁十二。）

濟濟辟王。……周王于邁。……勉勉我王。

【評】（二〇六）宋李樗、宋黄櫄曰：「或曰辟王，或曰我王，或曰周王，王氏皆爲之辨，必求其義而爲之説。此正分章析句之學，不足辨也。」（李黄解卷三十，頁三十。）

旱麓

瞻彼旱麓，榛楛濟濟。豈弟君子，干禄豈弟。

【佚文】（七三七）「（瞻彼旱麓，榛楛濟濟。謂）内有以致其文，外有以致其武。」（李黄解卷三一，頁一。）

瑟彼玉瓚，黄流在中。豈弟君子，福禄攸降。

【佚文】（七三八）「瑟彼玉瓚，則以譬有美而能事鬼神；黄流在中，則譬美在其中而暢乎其外。」（李黄解卷三一，頁二。）

思齊

思齊，文王所以聖也。此詩小序之全文。

【佚文】（七三九）「所以聖者，聖而不知。是詩言大姒、大任之德，而不言其所以然，則文王聖而不可知，於是乎在。」（李黄解卷三一，頁四。）

【評】（二〇七）宋李樗曰：「……此説非也。序之言所以聖者，言文王之聖有所自來：本於大王，刑於大姒，以至宗廟宫室之中，皆無所不宜。此其所以爲聖也，非聖而不可知也。」（李黄解卷三一，頁四。）

思齊大任，文王之母。思媚周姜，京室之婦。

【佚文】（七四〇）「齊者母道也，媚者婦道也。爲人母盡母道，爲人婦盡婦道者，大任也。」（通釋卷十六，頁四二；呂記卷二五，頁三五；會通卷十六，頁三五載輯録引；大全卷十六，頁四十；備考卷十九，頁二三；詩傳彙纂卷十七，頁二九。）

刑于寡妻，至于兄弟，以御于家邦。

【佚文】（七四一）刑于寡妻爲形而上者，則有「道」存焉；以御于家邦爲形而下者，則有「度數」存焉，是故謂之御也。（李黄解卷三一，頁五；辨證卷五，頁二十。）

【評】（二〇八）宋李樗曰：「此王氏好合上下，爲兩端之説也。心正而後身修，身修而後家齊，家齊而後國治。本無二道，推舉斯心而加諸彼而已。苟以度數而治其國，以道而治其家，則是本末異意，初無此理。」（李黄解卷三一，頁五。）

肆成人有德，小子有造。古之人無斁，譽髦斯士。

【佚文】（七四二）「初言大任、大姒，則化成乎内也。終言譽髦斯士，則化成乎天下矣。」（呂記卷二五，頁三八；通釋卷十六，頁四六；會通卷十六，頁三九載輯録引；大全卷十六，頁四四，詩傳彙纂卷十七，頁三二一。）

皇矣

皇矣上帝，臨下有赫。監觀四方，求民之莫。維此二國，其政不獲。

【佚文】（七四三）「（前四句，言）大哉天，乃赫然下視四方，求民之所歸矣。」（呂記卷二五，頁三九。）

【佚文】（七四四）二國，謂殷紂及崇侯。（李黃解卷三一，頁八。）

作之屏之，其菑其翳；脩之平之，其灌其栵；啓之辟之，其檉其椐；攘之剔之，其檿其柘。

【佚文】（七四五）「其始，作之屏之也，則菑翳而已。既而又就之者衆，無所容之，則其修之平之也，及於灌栵；其啓之辟之也，及於檉椐；則皆材之小者爾。至其甚衆，則無以處之也，則其攘之剔之者，及其檿柘矣。檿柘，材之美，人所恃以蠶者也，今乃攘剔以至於檿柘者，蓋以民歸之多，無所容之，不得已而及於檿柘之木也。」（李黃解卷三一，頁十。）

帝省其山，柞棫斯拔，松柏斯兑。

【佚文】（七四六）「拔者，擢其修幹之謂。兑者，悦澤外見之謂。」（吕記卷二五，頁四一；詩緝卷二六，頁八；備考卷十九，頁二八。）

帝作邦作對，自大伯王季。維此王季，因心則友。則友其兄，則篤其慶。

【佚文】（七四七）「因心則友者，言其有天性；因心則然，非學而能也。以太伯避季，則季疑於弗友，故特先言其友也。」（吕記卷二五，頁四二；詩緝卷二六，頁九；備考卷十一，頁二八。）

帝謂文王：「無然畔援，無然歆羨，誕先登于岸。」

【佚文】（七四八）「人心未嘗不正也，有所畔援，則不得其正；有所歆羨，則不得其正。無畔援、歆羨，則使之正其心也。」（通釋卷十六，頁五三；大全卷十六，頁五一。）〔二〕

【佚文】（七四九）「經以涉川譬涉難，登岸者無難之地。」（吕記卷二五，頁四四；詩緝卷二

〔二〕此條，大全作「長樂王氏曰」，疑爲「臨川王氏曰」之誤，通釋作「王氏曰」，王氏爲安石。

六，頁十一—十二；辨證卷五，頁二九。）

王赫斯怒，爰整其旅，以按徂旅。

【佚文】（七五〇）「有所畔援、歆羡，不得其欲而怒，則其怒也私而已。文王之怒，是乃與民同患，而異乎人之私怒也。」（通釋卷十六，頁五三；大全卷十六，頁五二；詩傳彙纂卷十七，頁三八。）

無飲我泉，我泉我池！

【佚文】（七五一）「池，水所聚也。」（呂記卷二五，頁四五；詩緝卷二六，頁十四。）

帝謂文王：「……不識不知，順帝之則。」

【佚文】（七五二）不識不知者，無所識無所知也。（李黄解卷三一，頁十三。）

執訊連連，攸馘安安。

【佚文】（七五三）「連連，屬而弗絶也。」（呂記卷二五，頁四八。）

是致是附，四方以無侮。

【佚文】（七五四）「致，致其至也；附，使之内附也。」（呂記卷二五，頁四九；詩緝卷二六，頁十七；備考卷十九，頁三三；詩經世本古義卷九，頁五二。）

臨衝茀茀，崇墉仡仡。

【佚文】（七五五）「仡仡，壯也。」（呂記卷二五，頁四九；慈湖詩傳卷十六，頁三四；備考卷十九，頁三三。）

靈臺

經始靈臺，經之營之。

【佚文】（七五六）「經其南北而四營之也。」。（呂記卷二五，頁五一。）

王在靈囿，麀鹿攸伏。

【佚文】（七五七）「麀鹿攸伏，則孳乳得其時。」（呂記卷二五，頁五三；詩緝卷二六，頁二十。）

於論鼓鍾，於樂辟廱。鼉鼓逢逢，矇瞍奏公。

【佚文】（七五八）「鼉鳴逢逢如鼓，故謂之鼉鼓。」（李黄解卷三一，頁十八；困學紀聞卷三，總頁二六六；辨證卷五，頁三九。）

【評】（二〇九）宋李樗曰：「鼉即鼉皮爲鼓，其聲逢逢然而和。……（王氏説）非也。觀上林賦曰『建翠羽之旗，擊鳴鼉之鼓』，則以鼉皮爲鼓可知也。」（李黄解卷三一，頁十八。）

【評】（二一〇）宋王應麟曰：「鼉鳴如鼓，新經之説也。解頤新語取之，鑿矣。」（困學紀聞卷三，總頁二六六。）

【評】（二一一）清黄中松曰：「……李迂仲……證鼉皮之可爲鼓……固爲有據。王安石經義最爲穿鑿，獨云……不直以爲鼓，而以爲如鼓，其説獨異。攷晉安海物記云：鼉宵鳴如桴鼓。續博物志云：鼉一名土龍，鱗甲黑色，能横飛不能上騰，其聲如鼓。陳暘樂書云：鼉鳴應更。故詩人託之以爲靈德之應，非實鼓也。説通亦云：攷八音之革皆以牛，無用鼉者。鼉鼓，象其聲也。合此諸説觀之，王説亦有理。」（辨證卷五，頁三八—三九。）

下武

下武維周，世有哲王。三后在天，王配于京。

【佚文】（七五九）「大王、王季、文王以文德造始于上，武王以武功續終于下，故曰『下武維周，世有哲王』。」（呂記卷二五，頁五六；備考卷十九，頁三七；詩傳彙纂卷十七，頁四七。）

王配于京，世德作求。永言配命，成王之孚。

【佚文】（七六〇）「大王肇基王迹，王季其勤王家，文王大統未集。至于武王，然後自西自東，自南自北，無思不服，然後能爲成王之孚。」（呂記卷二五，頁五七；詩傳彙纂卷十七，頁四八。）

成王之孚，下土之式。永言孝思，孝思維則。

【佚文】（七六一）「王孚成矣，則下土以爲式。武王作求，至於成王之孚、下土之式，則亦維先人之故；繼其志述其事故也。故曰『永言孝思』。」（呂記卷二五，頁五七；通釋卷十六，頁

六五；大全卷十六，頁六四；備考卷十九，頁三八。）〔二〕

文王有聲

詩文王有聲首章通義。

【佚文】（七六二）第一章兼説文、武之事。（李黄解卷三一，頁一二五。）

【評】（二一二）宋李樗曰：「此……非也。（王氏）但見序言『武王能廣文王之聲』，遂以此便爲武王之事。殊不知文王之有聲者，亦是繼述廣大其先祖之聲也，非指武王也。觀下文言『文王烝哉』，則知其爲文王明矣。」（李黄解卷三一，頁一二五。）

豐水有芑，武王豈不仕？

【佚文】（七六三）芑，穀也。（詳小雅采芑篇，佚文第四一〇條。）

【佚文】（七六四）此詩言文王，先稱「文王」、後稱「王后」；言武王，則先稱「皇王」、後稱「武

〔二〕此條，吕記引作王氏曰，通釋引同，大全當作「臨川王氏曰」，而今作「長樂王氏曰」，乃抄誤。

王」：稱謂不一，各因其字義而別。（李黄解卷三一，頁二一七。）

【評】（二一三）宋李樗曰：「王氏則以字説分别……失之鑿矣。以『王后』稱文王，言文王之時已有王業也。武王稱『皇王』者，皇，大也，言王業至此始大矣。或稱文王，又稱王后；或稱皇王，又稱武王，其辭不同者，詩人歌詠之，既稱其人如此，又稱其事業如此，以見其美之不足，故其設辭如此之異也。」（李黄解卷三一，頁二一七—二一八。）

詒厥孫謀，以燕翼子。

【佚文】（七六五）「雖詒之以謀，非翼子亦不能以燕也。」（吕記卷二五，頁六三；通釋卷十六，頁七三；大全卷十六，頁七二；詩傳彙纂卷十七，頁五五。）

詩經新義　卷十七　大雅

生民之什

生民

厥初生民，時維姜嫄。

【佚文】（七六六八）「緜所謂『民之初生』，則本其由大王而興；今此所謂『厥初生民』〔一〕，則本其由后稷而起也。」（李黄解卷三二，頁四；吕記卷二六，頁二；段解卷二四，頁二；通釋卷十七，頁二；會通卷十七，頁二載輯録引；大全卷十七，頁二；詩傳彙纂卷十八，頁二。）

【評】（二一四）宋李樗曰：「此説是也。民自后稷而生，則『生民』二字俱指庶民而言之，非以后稷爲民也。民由后稷以生，而后稷之生本於姜嫄。」（李黄解卷三二，頁四。）

〔一〕「厥初生民」四字，李黄解承上而省略，而各本引均有，今據以增補。

履帝武敏，歆攸介攸止，載震載夙，載生載育，時維后稷。

【佚文】（七六七）「武，足迹也。敏，拇也。拇謂之敏者，行能先人故也。爾雅（釋訓）云：『履帝武敏，敏，拇也。』列子曰：『后稷生乎巨跡。』蓋所謂『帝武敏』者，巨跡之拇也。姜嫄履巨跡之拇，以祀郊禖之神，助礨祭事，事成而止。則娠而生育，其所生育，是爲后稷。載夙，則言其疾而不遲也。〔二〕」（緗素雜記卷六，頁二一；李黃解卷三二，頁五；呂記卷二六，頁二一—三；段解卷二四，頁三；辨證卷五，頁四四。）

【評】（二一一五）宋黃朝英曰：「新傳云：『……』則當以『履帝武敏』爲斷句，『歆』字連下句讀之，乃爲允當。今學者皆讀爲『履帝武敏歆』，殊無義旨。不然則爾雅所引，何不連『歆』字耶？」（緗素雜記卷六，頁二一。）

誕彌厥月，先生如達。

【佚文】（七六八）「達之字从羍从辵。」（段解卷二四，頁四；呂記卷二六，頁三二。）

〔二〕「則娠而」至「不遲也」，據呂記、段解增補。

誕寘之平林，會伐平林。

【佚文】（七六九）「平林非人所往來，則又適會伐平林者，收而生之。」（呂記卷二六，頁四；段解卷二四，頁五—六。）

誕寘之寒冰，鳥覆翼之。

【佚文】（七七〇）「猶以爲適與人會而收之，未足以爲異也，則又誕寘之寒冰。」（呂記卷二六，頁四—五；段解卷二四，頁六。）

【佚文】（七七一）「寘之寒冰而鳥覆翼之，則爲異甚矣。」（呂記卷二六，頁五；段解卷二四，頁六。）

克岐克嶷，以就口食。

【佚文】（七七二）「以就口食者，言其稍長免乳以就口食也。」（呂記卷二六，頁六。）

蓺之荏菽，荏菽旆旆。

【佚文】（七七三）「（旆旆，）枝旟揚起也。」（呂記卷二六，頁五；段解卷二四，頁六；備考卷二十，頁三。）

禾役穟穟。

【佚文】（七七四）「（穟穟，）成秀也。」（呂記卷二六，頁五；段解卷二四，頁六；備考卷二十，頁三；詩傳彙纂卷十八，頁四。）

麻麥幪幪。

【佚文】（七七五）「（幪幪，）蒙密也。」（呂記卷二六，頁五；段解卷二四，頁六；備考卷二十，頁三。）

誕后稷之穡，有相之道。

【佚文】（七七六）「天降生民，固使之粒食，后稷教以農事，則有相之道。后稷之所以相天者，所以助天養育斯民也。」（李黄解卷三二，頁六。）

茀厥豐草，種之黄茂。

【佚文】（七七七）「草盛曰茀，治草亦謂之茀〔二〕，猶治亂謂之亂也。」（呂記卷二六，頁六；詩緝卷二七，頁七；通釋卷十七，頁六；大全卷十七，頁六。）

實方實苞。

【佚文】（七七八）「方者，房也，與大田所謂『既方既皁』同意，言其孚甲始生也。實苞者，茂也，如斯干所謂『如竹苞矣』之苞同〔三〕。」（李黄解卷三二，頁六—七。）

實發實秀。

【佚文】（七七九）「發者，其華發也。」（呂記卷二六，頁七；通釋卷十七，頁六。）

實堅實好。

【佚文】（七八〇）「堅者，其實堅也；好者，其形味好也。」（呂記卷二六，頁七；備考卷二十，

〔二〕「草」，呂記等引作「茀」，據通釋校改。
〔三〕「如斯干」之「如」，疑當作「與」。

頁四。）

實穎實栗。

【佚文】（七八一）「穎者，垂末也。實繁碩，故垂末也。」（呂記卷二六，頁七；備考卷二十，頁四；詩經世本古義卷十之中，頁十三。）

【佚文】（七八二）「栗，不秕也。秕音匕。」（詩緝卷二七，頁八。）

誕降嘉種。

【佚文】（七八三）「后稷既即有部家室矣，則又擇嘉種而誕降之，以教民蓺。所謂嘉種，則秬也、秠也、穈也、芑也。」（呂記卷二六，頁八；李黄解卷三二，頁七；段解卷二四，頁九；備考卷二十，頁五。）

【評】（二一六）宋李樗曰：「毛氏曰『天降嘉種』，是也。王氏（之説）……非也。此所謂『誕降嘉種』，正閟宮所謂『是生后稷，降之百福：黍稷重穋，稙穉菽麥』，乃是天降之也。所謂天降嘉種，非實是天降種也，孔氏曰：『美大后稷，以種之必獲歸功於天，非實天下之也。』此説爲得詩人之本意。」（李黄解卷三二，頁七。）

恒之秬秠，是穫是畝；恒之穈芑，是任是負。以歸肇祀。

【佚文】（七八四）芑，穀也。（詳見小雅采芑篇，佚文第四二〇條。）

【佚文】（七八五）「任者，肩任之也；負者，背負之也。」（呂記卷二六，頁八；段解卷二四，頁九；詩緝卷二七，頁十。）

【佚文】（七八六）「后稷始受國爲祭主，故曰肇祀。」（呂記卷二六，頁八—九；段解卷二四，頁十；詩緝卷二七，頁十；備考卷二十，頁五。）

誕我祀如何？……載謀載惟，取蕭祭脂，取羝以軷，載燔載烈。

【佚文】（七八七）「（取蕭祭脂者，）宗廟之祭升臭也。郊特牲曰：『蕭合黍稷，臭達牆屋，故既奠然後焫蕭合羶薌。』既取蕭祭脂矣，則又取羝羊之體以爲祀軷之祭祀。軷，行神之祭也。於是又以羝羊之體而燔之炙之，以爲尸之羞。言其祭祀如此。」（李黃解卷三二，頁九；呂記卷二六，頁十；段解卷二四，頁十一。）

釋之叟叟，烝之浮浮。……卬盛于豆，于豆于登。

【佚文】（七八八）「釋之、烝之，簠簋尊爵之實也。羝，俎實也。豆、登則實以葅醢、大羹之器也。或言其器，或言其實，互相備也。」（呂記卷二六，頁十一；段解卷二四，頁十二；通釋卷十七，頁九；大全卷十七，頁九；詩經世本古義卷十之中，頁二三。）

【佚文】（七八九）「於郊祀言豆、登，則不以多品爲貴也。」（段解卷二四，頁十二。）

其香始升，上帝居歆。胡臭亶時。后稷肇祀，庶無罪悔，以迄于今。

【佚文】（七九〇）「我今盛于豆、登，謂周室尊祖以配天之祭也。」（呂記卷二六，頁十一；李黄解卷三二，頁九；段解卷二四，頁十二；備考卷二十，頁六。）

行葦

敦彼行葦。

【佚文】（七九一）敦，厚也。（李黄解卷三二，頁十四。）

洗爵奠斝。

【佚文】（七九二）「斝非禮之正，則所以飲之無所不至。」（宣和博古圖卷十五，頁十九。）

敦弓既句，既挾四鍭；四鍭如樹。

【佚文】（七九三）「（四鍭如樹，）言其貫之力如植也。」（呂記卷二六，頁十六。）

曾孫維主，酒醴維醹。

【佚文】（七九四）「序賓以賢，人以不侮矣；而爲之主者，則曾孫也。」（段解卷二四，頁十一十九；呂記卷二六，頁十七。）

【佚文】（七九五）「醴酒，正所謂醴齊也。成而汁滓相將，如今甜酒也。以養老，故兼設甜酒。」（段解卷二四，頁十八。）

酌以大斗，以祈黃耇。

【佚文】（七九六）「以祈黃耇，則序所謂養老乞言也。」（呂記卷二六，頁十七；段解卷二四，頁十九；辨證卷五，頁四九；詩傳彙纂卷十八，頁十二。）

既醉

君子萬年，介爾昭明。

【佚文】（七九七）「昭明，明德也。」（呂記卷二六，頁十八；段解卷二四，頁二一；辨證卷五，頁五二。）

其告維何？籩豆静嘉。

【佚文】（七九八）「其設之也不譁，而爲之也至美，與『執爨踖踖，爲俎孔碩，君婦莫莫，爲豆孔庶』同意。」（呂記卷二六，頁二十；段解卷二四，頁二三；通釋卷十七，頁十八；大全卷十七，頁十八；詩傳彙纂卷十八，頁十四。）

朋友攸攝，攝以威儀。

【佚文】（七九九）「攝以威儀，則其助祭也，莫或敢慢，與『既齊既稷，既匡既敕』同意。」（段解卷二四，頁二三；呂記卷二六，頁二十；通釋卷十七，頁十八；大全卷十七，頁十八；詩傳彙纂卷十八，頁十四—十五。）

君子萬年，景命有僕。

【佚文】（八〇〇）「（僕，）屬也。」（呂記卷二六，頁二一；段解卷二四，頁二四；備考卷二十，頁十二；詩傳彙纂卷十八，頁十六。）

鳧鷖

鳧鷖在涇。……鳧鷖在沙。……鳧鷖在渚。……鳧鷖在潀。……鳧鷖在亹。

【佚文】（八〇一）在涇、在沙、在渚、在潀、在亹，各有所取喻。（李黄解卷三二，頁三二一—三三二。）

鳧鷖在亹，公尸來止，熏熏。旨酒欣欣，燔炙芬芬。公尸燕飲，無有後艱。

【佚文】（八〇二）「以道守成者，役使羣衆，泰而不爲驕；宰制萬物，費而不爲侈，孰敝敝然以愛爲事〔一〕？」（龜山集卷一，頁二二一；靖康要録卷六，總頁一一五；宋史卷四二八，頁十一

〔一〕「愛」下，靖康要録所引有「物」字。

楊時傳載時上疏引。參朱文公文集卷三十，頁八及朱子語類卷一三〇，頁二一八。）

【評】（二一七）宋楊時曰：「夫鳧鷖之五章，特曰『鳧鷖在亹，公尸來止，熏熏。旨酒欣欣，燔炙芬芬。公尸燕飲，無有後艱』，詩之所言，止謂能持盈則神祇祖考安樂之，而無有後艱耳。自古釋之者，未有『泰而不爲驕，費而不爲侈』之説也。安石獨倡爲此説，以啓人主之侈心。其後蔡京輩輕貨妄用，專以侈靡爲事，蓋祖此説耳。則安石邪説之害，豈不甚哉？」（靖康要録卷六，總頁一一五—一一六；宋史卷四二八，頁十一載時上疏，亦見龜山集卷一，頁二二略同。）

【評】（二一八）（上（宋神宗）曰：「本朝祖宗皆愛惜天物，不忍横費，如此糜費，圖作甚？漢文帝曰：『朕爲天下守財耳。』」余（王安石）曰：「人主若能以堯、舜之政澤天下之民，雖竭天下之力以充奉乘輿，不爲過當，『守財』之言，非天下之正理。」）宋楊時曰：「舜作漆器，羣臣咸諫，況竭天下之力以自奉乎？雖庸人知其不可爲也。荆公以師臣自任，爲天下儒宗，而所以導其君如此。百世而下，諛臣得以藉口爲天下禍，庸非斯言乎！」（龜山集卷六，頁二三—二四神宗日録辨。）

【評】（二一九）宋朱熹曰：「許右丞在宣、政間，見奉上極於侈靡，亦如龜山意，歸咎於王氏鳧鷖之説，因别解此詩以進云：『涇水最濁，濁者所以厚民。』當時花石綱正盛，許乃要將此等文字去攔截，不知攔得住否？」（朱子語類卷一三〇，頁二八。）

△假樂

公劉

公劉，召康公戒成王也。成王將涖政，戒以民事，美公劉之厚於民而獻是詩也。此詩小序之全文。

【佚文】（八〇三）「周之有公劉，言乎其時則甚微，言乎其事則甚勤。稱時之甚微，以戒其盈。稱事之甚勤，以懲其逸。蓋召公之志也。」（呂記卷二六，頁二六；段解卷二四，頁三一；詩緝卷二八，頁一；通釋卷十七，頁二八；會通卷十七，頁三十；大全卷十七，頁二八；備考卷二十，頁十七；蒙引卷十五，頁四；詩傳彙纂卷十八，頁二八。）

篤公劉，逝彼百泉，瞻彼溥原。迺陟南岡，乃覯于京。京師之野，于時處處，于時廬旅，于時言言，于時語語。

【佚文】（八〇四）「（上章言定民居，此章言相宇者，）先定民居而後相宇，厚於民故也。」（李黃解卷三三，頁七；段解卷二四，頁三五；通釋卷十七，頁三十；大全卷十七，頁三十；備考卷二十，頁十九。）

篤公劉，于京斯依。……乃造其曹，執豕于牢。酌之用匏。食之飲之，君之宗之。

【佚文】（八〇五）「其食也，則執豕于牢而已；其飲也，則酌之用匏而已：言其儉也。其儉如此，則亦厚於民故也。君既飲食其羣臣，羣臣遂從而君之尊之。羣臣皆愛其上，不以非薄而怨其君也。」（李黃解卷三三，頁七；通釋卷十七，頁三一；大全卷十七，頁三一。）

篤公劉……其軍三單。度其隰原，徹田爲糧。度其夕陽，豳居允荒。

【佚文】（八〇六）「前既言『既庶既繁』，今更言其『僅足三軍』，何也？前既遷，復輯其民，是爲既庶既繁。今所謂僅足三軍，則三軍大國之制，於是始爲大國，則其軍僅足而已。且言其僅足者，爲將言其後『爰衆爰有』也。」（呂記卷二六，頁三二；辨證卷五，頁六三。）

【評】（二二〇）清黃中松曰：「毛傳曰：其軍三單，三單相襲也。……此謂發郃在道，及初至之時，未得安居，慮有寇鈔，故三重爲軍也。……王安石曰：『……』蘇傳、呂記俱從其說。……公劉止有此三萬七千五百家，何得謂之『既庶既繁』乎？則謂出兵止用三軍則可，謂大國兵數止有三軍不可。故以此爲追述在道之時，防禦謹嚴，不患寇盜。毛說未始不通也。」（辨證卷五，頁六二—六四。）

【佚文】（八〇七）「度其隰原，徹田爲糧，則言其經野之有法。度其夕陽，豳居允荒，則言其體國之有制。」（段解卷二四，頁三八。）

篤公劉，于豳斯館。

【佚文】（八〇八）「周官遺人之職：十里有廬，五十里有館。廬者，館也；所以待行旅。前言廬旅，後言館。」（段解卷二四，頁三九。）

泂酌

泂酌，召康公戒成王也。言皇天親有德，饗有道也。此詩小序之全文。

【佚文】（八〇九）「周道於是爲盛，故稱『皇天』焉。」（李黄解卷三三，頁十一。）

豈弟君子，民之父母。……豈弟君子，民之攸塈。

【佚文】（八一〇）「民之父母，德也；民之攸塈，道也。」（李黄解卷三三，頁十一。）

【評】（三二一）上及此兩條，宋李樗曰：「王氏徒見序言『皇天親有德而饗有道』，遂於詩中求其所謂道、德，『民之父母，德也；民之攸塈，道也。』又其甚曰：『周道於是爲盛，故稱皇天焉。』使周微而無道，將不得稱皇天乎？何其陋也！」（李黄解卷三三，頁十一—十一。）

卷阿

有卷者阿，飄風自南。豈弟君子，來游來歌，以矢其音。

【佚文】（八一一）「有卷者阿，則虚中屈體之大陵。飄風自南，則化養萬物之迴風。不虚中則風無自而入，不屈體則風無自而留，其爲陵也不大，則其化養也不博。王之求賢，則亦如此而已。」（吕記卷二六，頁三五；段解卷二四，頁四一—四二；備考卷二十，頁二三；詩經世本古義卷十之下，頁九六；辨證卷五，頁六六；詩傳彙纂卷十八，頁三十。）

【評】（三二二）宋吕祖謙曰：「此章具賦、比、興三義。其作詩之由，當從朱氏。其因卷阿、飄風而發興，當從毛氏。以卷阿、飄風而興求賢，因以虚中屈體，化養萬物爲比，則當如鄭氏、王氏之説也。三説相須，其義始備。」（吕記卷二六，頁三五—三六。）

【評】（二二三）清黄中松曰：「……王氏并不言興也。（毛、鄭、王）三家之意，唯以卷阿爲詩人之設言，非實有其地也。朱子以爲賦，則實有其地矣。竹書紀年云：『成王三十三年，游于卷阿，召康公從。』言三十三年，則成王即位已久，與經『受命長』句正相合。又云：『成王十八年，鳳凰至，成王援琴而歌。』世傳神風操也。中候摘雒戒、王會解、外傳内史過俱言周時有鳳凰至。則詩中所稱，果爲實事。朱傳有據。」（辨證卷五，頁六六—六七。）

豈弟君子，俾爾彌爾性。

【佚文】（八一二）「彌者，充而成之，使無間之謂也。若易『彌綸』之彌，同。」（段解卷二四，頁四二一—四二；呂記卷二六，頁三六；詩緝卷二八，頁十二；備考卷二十，頁二四；辨證卷五，頁六七；詩傳彙纂卷十八，頁三一。）

有馮有翼，有孝有德，以引以翼。

【佚文】（八一三）「以引，引其前；以翼，翼其左右。」（呂記卷二六，頁三七；詩緝卷二八，頁十四。）

鳳皇于飛，翽翽其羽，亦集爰止。藹藹王多吉士，維君子使，媚于天子。

【佚文】（八一四）「（藹藹王多吉士者，謂善士）藹藹其盛多。」（臨川集卷四三，頁五。）

【佚文】（八一五）「故次以『既醉』也。」（臨川集卷四三，頁五。）〔二〕

民勞

民亦勞止，汔可小康。惠此中國，以綏四方。

【佚文】（八一六）「惠此中國，以綏四方，自中國以至夷狄，皆綏之。」（李黄解卷三三，頁二一九。）

民亦勞止，汔可小息。惠此京師，以綏四國。

【佚文】（八一七）四國，中國也。（李黄解卷三三，頁二一九。）

〔二〕　此條，安石乞改詩義劄子謂是詩義卷阿篇之文，又次於「藹藹其盛多」之後，意者安石蓋釋本章經文，因論及既醉篇與本篇次第，姑署於此章之下。

【評】（二二四）上及此兩條，宋李樗曰：「中國，只是説諸夏，王氏曰『惠此中國……皆綏之』是也。但王氏又以下文『四國』爲『中國』，而又失之泥矣。毛、鄭之失，則以『中國』爲『京師』；王氏之失，則以『四國』爲『中國』：其失一也。」（李黄解卷三三，頁二九——三十。）

式遏寇虐，無俾正敗。……式遏寇虐，無俾正反。

【佚文】（八一八）「正敗者，敗而已。未盡反而爲不正也，正反則無正矣。」（吕記卷二六，頁四四；段解卷二四，頁五三；詩緝卷二八，頁二一；通釋卷十七，頁四六；會通卷十七，頁四一；大全卷十七，頁四六；詩傳彙纂卷十八，頁三八。）

板

我雖異事，及爾同寮。我即爾謀，聽我囂囂。

【佚文】（八一九）「事雖異，然其同治天下，則凡伯與厲王無以異於同僚矣。」（李黄解卷三三，頁三五。）

【佚文】（八一九之一）「囂囂，自大之意。言自大而不孫，不能用其謀也。芻蕘尚所當詢，況及爾同僚者乎？」（呂記卷二六，頁四六；備考卷二十，頁三四。）

匪我言耄，爾用憂謔。多將熇熇，不可救藥。

【佚文】（八二〇）「列子曰：『曾不發藥乎？』左氏曰：『不如聞而藥之也。』與此『救藥』同意。」（呂記卷二六，頁四七；詩緝卷二八，頁二五；通釋卷十七，頁五十；大全卷十七，頁五十一五一［誤作「臨川吴氏曰」］；詩經世本古義卷十六，頁四二。）

威儀卒迷，善人載尸。

【佚文】（八二一）「善人載尸，則不言不爲，飲食而已，畏禍故也。」（呂記卷二六，頁四七；段解卷二四，頁五七；詩緝卷二八，頁二六；備考卷二十，頁三五；詩傳彙纂卷十八，頁四二。）

民之方殿屎，則莫我敢葵。喪亂蔑資，曾莫惠我師。

【佚文】（八二二）「民方疾痛呻吟，而莫敢揆其事者，以王監謗故也，故民喪亂無資，王曾莫惠我師，多瘠罔詔也。」（段解卷二四，頁五七；呂記卷二六，頁四八。）

价人維藩，大師維垣，大邦維屏，大宗維翰。懷德維寧，宗子維城。無俾城壞，無獨斯畏。

【佚文】（八二三）「价人，善人也。大師，大衆也。大宗，巨室也。善人也、大衆也、大邦也、巨室也，王所恃以爲藩、垣、屏、翰也。宗子，同姓也。」（呂記卷二六，頁四八；段解卷二四，頁五八；詩緝卷二八，頁二七；備考卷二十，頁三六；詩經世本古義卷十六，頁四六。）

詩經新義　卷十八　大雅

蕩之什

蕩

天生烝民，其命匪諶。靡不有初，鮮克有終。

【佚文】（八二四）「民受天地之中以生，所謂命也。能者養之以福，不能者敗以取禍。受天地之中一也，則靡不有初。敗以取禍者衆，則鮮克有終。鮮克有終，則命靡諶矣。」（詩緝卷二九，頁二；呂記卷二七，頁二；段解卷二五，頁二；通釋卷十八，頁二；大全卷十八，頁二；詩傳彙纂卷十九，頁一。）

文王曰：「咨！咨汝殷商。曾是彊禦，曾是掊克，曾是在位，曾是在服。天降滔德，女興是力。」

【佚文】（八二五）「所使在位在服，皆彊禦掊斂好勝之人也。彊禦掊克，是謂滔德。」（呂記卷二七，頁二一；段解卷二五，頁二一；通釋卷十八，頁二一；大全卷十八，頁三；備考卷二一，頁二；詩傳彙纂卷十九，頁二一。）

文王曰：「咨！咨女殷商。而秉義類，彊禦多懟。流言以對，寇攘式內。」

【佚文】（八二六）彊禦謂周厲王，（李黃解卷三四，頁三。）「女爲人君，以秉義類爲事。乃彊禦多懟，有忠告善道，則以流言對。所爲如此，非所以秉義類也。」（呂記卷二七，頁二一—三；段解卷二五，頁三。）

文王曰：「咨！咨女殷商。……小大近喪，人尚乎由行。內奰于中國，覃及鬼方。」

【佚文】（八二七）「昏亂如此，故內自中國，外及鬼方，莫不怒也。」（呂記卷二七，頁四；段解卷二五，頁五；備考卷二一，頁四。）

文王曰：「咨！咨女殷商。匪上帝不時，殷不用舊。雖無老成人，尚有典刑。曾是莫聽，大命以傾。」

【佚文】（八二八）「雖無老成人與圖先王舊政，然典刑尚在，可循守也。曾是莫聽，此大命所以傾也。」（呂記卷二七，頁五；段解卷二五，頁五；備考卷二一，頁五。）

抑

抑抑威儀，維德之隅。

【佚文】（八二九）「德譬則宮城也，儀譬則隅也。視其隅則宮城之中可知矣；有諸中必形於外故也。」（呂記卷二七，頁六；通釋卷十八，頁七；會通卷十八，頁七載輯録引；大全卷十八，頁八；備考卷二一，頁七；詩經世本古義卷十九之上，頁四三。）

庶人之愚，亦職維疾。

【佚文】（八三〇）「庶人之愚，亦職維疾者，則天性之疾也。孔子曰：『古者民有三疾。』」（呂記卷二七，頁六；詩緝卷二九，頁七；通釋卷十八，頁七；大全卷十八，頁九；備考卷二一，頁七。）

其在于今，興迷亂于政。顛覆厥德，荒湛于酒。

【佚文】（八三一）「其在于今，興迷亂于政者，今厲王興而迷亂于政也；顛覆厥德，以荒湛于酒。」（呂記卷二七，頁八；段解卷二五，頁九。）

女雖湛樂從。弗念厥紹，罔敷求先王，克共明刑。肆皇天弗尚。

【佚文】（八三二）「汝雖湛樂之從，弗念爲人子孫當紹祖考。言當念之也。」（呂記卷二七，頁八；段解卷二五，頁九；備考卷二一，頁九；詩經世本古義卷十九之上，頁四八。）

【佚文】（八三三）「弗念厥紹，故罔敷求先王克共明刑也。克共者，不敢慢之謂也。共音恭〔一〕。」（呂記卷二七，頁八；段解卷二五，頁九；詩緝卷二九，頁九；備考卷二一，頁九；詩經世本古義卷十九之上，頁四八。）

【佚文】（八三四）「肆皇天弗尚者，厲王所爲如上所刺，故今皇天弗尚也。」（呂記卷二七，頁八；段解卷二五，頁十。）

〔一〕「共音恭」三字，據詩緝增補。

脩爾車馬，弓矢戎兵，用戒戎作，用逷蠻方。

【佚文】（八三五）「（用逷蠻方，）用攘蠻夷而遜之也。」（呂記卷二七，頁九；段解卷二五，頁十。）

用戒不虞。慎爾出話，敬爾威儀，無不柔嘉。白圭之玷，尚可磨也；斯言之玷，不可爲也。

【佚文】（八三六）「出話如此，則行可知矣。」（段解卷二五，頁十一。）

不僭不賊，鮮不爲則。投我以桃，報之以李。彼童而角，實虹小子。

【佚文】（八三七）「童無角理，譬我施惡無報我以善之理。謂童而角，實惑小子耳，非其理也。」（呂記卷二七，頁十二；段解卷二五，頁十四；詩傳彙纂卷十九，頁十二。）

昊天孔昭，我生靡樂。

【佚文】（八三八）「昊天孔明，於人善惡無所不察；無所不察，則王爲如此，必致禍罰，故我生靡樂。」（段解卷二五，頁十六。）

誨爾諄諄，聽我藐藐。匪用爲教，覆用爲虐。

【佚文】（八三九）「匪以我諄諄爲教之也，覆以我爲虐之也。」（呂記卷二七，頁十四；段解卷二五，頁十六；備考卷二一，頁十五。）

於呼小子！告爾舊止。聽用我謀，庶無大悔。

【佚文】（八四〇）「於是不復冀其無悔也，庶無大悔而已。」（段解卷二九，頁十七。）

桑柔

菀彼桑柔，其下侯旬。捋采其劉，瘼此下民。

【佚文】（八四一）「及採其劉，則其下民爲日所暴，不見芘蔭而瘼矣。王失德剥喪，無以芘蔭其民之譬也。劉，殺也；殺言盡之也。」（呂記卷二七，頁十六；段解卷二五，頁十八；詩緝卷二九，頁十八；備考卷二一，頁十七。）

不殄心憂，倉兄填兮。

【佚文】（八四二）「（倉，）愴，惻滋久。（愴，）其字從心從倉。兄，滋；填，久也。言桑之茂也，枝葉皆盛，其下無所不覆，及一旦爲人所採捋，則枝葉皆盡，其下不得有所庇也。猶周之盛也，仁恩德澤饜飫於民，雖匹夫匹婦無有不被其澤者。及厲王之世，肆行不道，德澤不加於民，如桑之盡而民病矣。」（李黄解卷三四，頁二八；段解卷二五，頁十九。）

民靡有黎，具禍以燼。

【佚文】（八四三）「黎，黑也。周曰黎民，秦曰黔首；黎則黔首之謂也。民靡有黎，則是黔首『靡有孑遺』也。」（呂記卷二七，頁十七；段解卷二五，頁十九；詩緝卷二九，頁十九；通釋卷十八，頁二一；大全卷十八，頁二一；備考卷二一，頁十七—十八；蒙引卷十七，頁十五。）

【評】（二三五）宋嚴粲曰：「今曰：黎，衆也。書『黎民於變時雍』、詩『羣黎百姓』，皆衆也。王氏以『黎』爲『黑』，如『黔首』之義。然『民靡有黑』，則不辭矣。」（詩緝卷二九，頁十九。）

國步滅資，天不我將。靡所止疑，云徂何往？

【佚文】（八四四）「欲避禍亂，疑於所往。天下皆是也，則靡所止疑，云徂何往也。」（呂記卷二七，頁十七；段解卷二五，頁二十。）

爲謀爲毖，亂況斯削。告爾憂恤，誨爾序爵。

【佚文】（八四五）「爲謀爲毖，反更亂況斯削，則以不與君子爲謀，而乃專與小人爲毖故也。故遂誨爾序爵。」（段解卷二五，頁二二；詩傳彙纂卷十九，頁十八。）

其何能淑？載胥及溺。

【佚文】（八四六）「則亦與小人胥及于溺而已，然則爲小人者亦何利哉？」（段解卷二五，頁二一。）

靡有旅力，以念穹蒼。

【佚文】（八四七）「穹蒼，天也。穹言形，蒼言色也。」（呂記卷二七，頁二十；段解卷二五，頁二三；詩緝卷二九，頁二三；備考卷二一，頁二一。）

維彼忍心，是顧是復。民之貪亂，寧爲荼毒！

【佚文】（八四八）「王于忍心之人是顧復，故民從上所好而貪亂。」（段解卷二五，頁二二六。）

雲漢

倬彼雲漢，昭回于天。王曰：「於乎！何辜今之人！天降喪亂，饑饉薦臻。」

【佚文】（八四九）「瞻仰昊天，不見雨候，於是歎傷人之無辜，而遇此喪亂饑饉也。」（呂記卷二七，頁二二六；段解卷二五，頁三一；通釋卷十八，頁三一；大全卷十八，頁三一。）

【佚文】（八五〇）「旱能致饑饉，而曰『天降喪亂』者，天欲平治天下，則時和歲豐以應之。」（段解卷二五，頁三一。）

靡神不舉，靡愛斯牲。圭璧既卒，寧莫我聽！

【佚文】（八五一）「羣祀之廢，則無不舉矣。」（呂記卷二七，頁二二六。）

【佚文】（八五二）「神晏然莫我聽。」（呂記卷二七，頁二二六；段解卷二五，頁三一；備考卷二一，頁二七—二八。）

旱既大甚，蘊隆蟲蟲。

【佚文】（八五三）「旱既大甚矣，則其氣蘊積隆盛，蟲蟲而熱也。」（呂記卷二七，頁二六；詩緝卷三十，頁二。）

不殄禋祀，自郊徂宫。上下奠瘞，靡神不宗。后稷不克，上帝不臨。耗斁下土，寧丁我躬！

【佚文】（八五四）「自郊徂宫，上下奠瘞，則天神、地示、人鬼、内外、上下，無不禋祀矣。在宫之神，莫尊於后稷，既無以勝旱災；在郊之神，莫尊於帝，又不顧我也。」（呂記卷二七，頁二七；段解卷二五，頁三二；通釋卷十八，頁三一；大全卷十八，頁三二；備考卷二一，頁二八一二九；詩傳彙纂卷十九，頁二五。）

旱既大甚，則不可推。

【佚文】（八五五）「旱既大甚，則不可推者，不可推知其故也。」（呂記卷二七，頁二七；備考卷二一，頁二八。）

旱既大甚，滌滌山川。

【佚文】（八五六）「山枯川竭，如滌濯然也。」（呂記卷二七，頁二八；段解卷二五，頁三四；備考卷二一，頁三十。）

旱既大甚，黽勉畏去。胡寧瘨我以旱？憯不知其故。

【佚文】（八五七）「胡寧瘨我以旱，憯不知其故，則王之自反也，蓋以至矣。」（呂記卷二七，頁二九；段解二五，頁三六；備考卷二一，頁三一；詩傳彙纂卷十九，頁二八。）

旱既大甚，散無友紀。

【佚文】（八五八）「人道相友，則吉凶弔慶有紀以合之；旱大甚且久，財不足以爲禮，則無友紀而人散矣。」（李黄解卷三五，頁五；呂記卷二七，頁三十；段解卷二五，頁三七。）

瞻卬昊天，有嘒其星。

【佚文】（八五九）「始曰『倬彼雲漢』，則夜也；今曰『有嘒其星』，則鄉晨也。以見宣王憂災，通夕不寐。」（段解卷二五，頁三八。）

崧高

崧高，尹吉甫美宣王也。天下復平，能建國，親諸侯，褒賞申伯焉。此詩小序之全文。

【佚文】（八六〇）「王命召伯，定申伯之宅，徹其土田，營其城邑、寢廟。及申伯入謝，則周邦咸喜，戎有良翰：此之謂能建國。王命傅御，遷其私人，錫之以四牡蹻蹻、鉤膺濯濯；遣之以路車乘馬；告之以我圖爾居，莫如南土；又錫之以介圭，以作爾寶；又餞于郿，且命召伯以峙其粻，以遄其行：此之謂能親諸侯。易曰：『地上有水，比，先王以建萬國，親諸侯。』蓋既立萬國，又在乎有以親之。今宣王能建國親諸侯，以褒賞申伯之功，此崧高所以美之也。」（李黃解卷三五，頁八；段解卷二五，頁三九。）

崧高維嶽，駿極于天。維嶽降神，生甫及申。

【佚文】（八六一）「甫也、申也，其先實主嶽事，故天祚其子孫。則維嶽降神，生甫及申也。」（呂記卷二七，頁三一；備考卷二一，頁三三。）

維申及甫，維周之翰。四國于蕃，四方于宣。

【佚文】（八六二）「翰，垣屋所恃以立。」（吕記卷二七，頁三二一。）

【佚文】（八六三）「蕃，言扞蔽。宣，言敷播。扞蔽則宜有界域，故言四國；敷播則宜無此疆彼界，故言四方。」（李黄解卷三五，頁九；吕記卷二七，頁三二；段解卷二五，頁三九；詩緝卷三十，頁九；備考卷二一，頁三三。）

亹亹申伯，王纘之事。于邑于謝，南國是式。

【佚文】（八六四）「爲申伯建國而曰邑者，國之所都亦曰邑，『作邑于豐』，『商邑翼翼』是也。」（吕記卷二七，頁三三；段解卷二五，頁四一；詩緝卷三十，頁十一；詩經世本古義卷十七，頁七七；詩傳彙纂卷十九，頁三一。）

王命傅御，遷其私人。

【佚文】（八六五）「遷其私人，使就國也。」（吕記卷二七，頁三三；段解卷二五，頁四二。）

申伯之功，召伯是營。有俶其城，寢廟既成，既成藐藐。王錫申伯，四牡蹻蹻，鉤膺濯濯。

【佚文】（八六六）「俶，始也。」（吕記卷二七，頁三四；段解卷二五，頁四三；詩緝卷三十，頁十二；備考卷二一，頁三六。）

【佚文】（八六七）「（藐藐，）藐然大也。孟子曰：『説大人則藐之。』則小彼之意；小彼，則自大也。」（段解卷二五，頁四三。）

【佚文】（八六八）「所以命召伯者，亦以能治其土功之事也。王賜申伯而遣之行，則四牡蹻蹻然而壯，鉤膺又濯濯然而光明。鉤者，馬婁頷之鉤；膺者，馬之膺前有飾，即周官所謂『樊纓』也。」（李黄解卷三五，頁十。）

錫爾介圭，以作爾寶。往近王舅，南土是保。

【佚文】（八六九）「介圭非諸侯所宜有也，寶玉非所以分異姓也。賜爾介圭，以作爾寶，則加賜焉，非常禮也。」（吕記卷二七，頁三四；段解卷二五，頁四三—四四。）

【佚文】（八七〇）「近，親親也。錫爾介圭，則以往親親也。」（段解卷二五，頁四四。）

申伯信邁，王餞于郿。申伯還南，謝于誠歸。

【佚文】（八七一）「王既餞之，則申伯於是實歸其國也。言『信邁誠歸』，蓋以見王之數留，疑於行之不果故也。」（吕記卷二七，頁三五；李黄解卷三五，頁十一；段解卷二五，頁四五；

備考卷二一，頁三七。）

王命召伯，徹申伯土疆。

【佚文】（八七二）「前曰『徹申伯土田』者，乃始疆之也。今曰『徹申伯土疆』，則其疆定矣。」（段解卷二五，頁四五；呂記卷二七，頁三六；備考卷二一，頁三七。）

吉甫作誦，其詩孔碩；其風肆好，以贈申伯。

【佚文】（八七三）「此雅也，而謂之風，則以辭不迫切而能感動人之善心，故謂之風也。」（呂記卷二七，頁三七；段解卷二五，頁四七；備考卷二一，頁三八；詩傳彙纂卷十九，頁三五。）

【佚文】（八七四）「吉甫作此詩以贈申伯，而序以爲美宣王；宣王之美於是乎在。蓋唐史臣嘗贊裴度曰：『非度破賊之難也，任度之爲難也。』申伯信賢矣，任申伯者豈不賢乎？」（李黄解卷三五，頁十二；詩緝卷三十，頁十七。）

烝民

仲山甫之德，柔嘉維則。……天子是若，明命使賦。

【佚文】（八七五）「天子有明命，則使仲山甫賦之。」（呂記卷二七，頁三九；段解卷二五，頁四九；備考卷二一，頁四十。）

人亦有言：「德輶如毛，民鮮克舉之。」我儀圖之，維仲山甫舉之。愛莫助之。

【佚文】（八七六）「是時吉甫、張仲、申伯之徒，皆見於詩，而曰『愛莫助之』，則以方宣王莫不好德，賢臣衆多之時爲莫助耳。」（李黄解卷三五，頁二一六。）

【評】（二二六）宋李樗曰：「德輕如鴻毛，豈有不能舉之哉？但人不舉之耳。山甫能不以世人之所忽而忽之，故能舉如毛之德也。……此蓋詩人甚言山甫之賢……豈山甫之外果無一人能舉之哉？當以意逆志，然後爲得也。王氏曰：『是時吉甫……爲莫助耳。』此所謂癡人前説夢也。」（李黄解卷三五，頁二一六。）

【評】（二二七）宋黄櫄曰：「説者敏案：謂王安石。謂詩人言仲山甫之賢如此，惜乎莫有能助之者。此其説爲不通。愚以爲人情之於人，既愛之，則必有以助之，故助其所不足，以成其所至足，此所以見其愛之之深也。詩人言仲山甫之賢，能舉人之所不能舉，則其德無所不足矣。無所不足，何助之有？故吾於仲山甫，惟能愛之，而莫能助之。非不助之難，雖欲助之，而莫容助也。……孔子作春秋，游、夏不能措一辭，此不容於助者也。」（李黄解卷三五，頁二七—二八。）

韓奕

奕奕梁山，維禹甸之，有倬其道。韓侯受命，王親命之：「纘戎祖考。」

【佚文】（八七七）奕奕梁山、維禹甸之、有倬其道爲一意。韓侯受命、王親命之、纘戎祖考爲一意。（李黄解卷三五，頁三六。）

無廢朕命，夙夜匪解，虔共爾位。朕命不易，榦不庭方，以佐戎辟。

【佚文】（八七八）「既命之纘汝祖考，又戒使其無廢朕命、虔共爾位。既戒以夙夜匪懈、虔共爾位，又戒以朕命不復改易，當榦不庭方以佐汝辟也。不庭方，謂不寧侯也。」（吕記卷二七，頁四四。）

【評】(一二二八)此及上條,宋黄櫄曰:「王氏以『奕奕梁山、維禹甸之、有倬其道』爲一意,以『韓侯受命』屬下文爲一意。愚恐不然。自『王親命之』至於此『以佐戎辟』,皆形容宣王命之之辭也。宣王之待韓侯也至,而望韓侯也亦至。方其命之也必親,及其責之也必詳。曰『王親命之』,以見其眷之之深且至也;曰『纘戎祖考,無廢朕命,夙夜匪解,虔共爾位』,言先祖、父皆有大功於王室,今爾其可不思所以繼之乎?爾欲繼乃祖乃父之業,當無廢朕之命也。……繼之曰:『朕命不易,榦不庭方,以佐戎辟。』」(李黄解卷三五,頁四十。)

韓侯入覲:,以其介圭,入覲于王。王錫韓侯。

【佚文】(八七九)「謂韓侯來朝,多錫以厚之。」(吕記卷二七,頁四五。)

淑旂綏章,簟茀錯衡,玄衮赤舄,鉤膺鏤錫,鞹鞃淺幭,鞗革金厄。

【佚文】(八八〇)「淑旂綏章,於紼後建之。簟茀在後,衡在左右。鉤膺鏤錫、鞹鞃淺幭、鞗革金厄,則皆在前。」(段解卷二五,頁五八;吕記卷二七,頁四六。)

韓侯出祖,出宿于屠。顯父餞之,清酒百壺。其殽維何?炰鼈鮮魚。其蔌維何?維筍及蒲。其贈維何？乘馬路車。籩豆有且，侯氏燕胥。

【佚文】（八八一）「言侯氏燕胥，不特韓侯之身而已。宣王之初，喪亂饑饉，散無友紀。至是乃能餞贈諸侯，備物如此，故賦而美之也。」（段解卷二五，頁五九—六十。）

韓侯取妻，汾王之甥，蹶父之子。韓侯迎止，于蹶之里。百兩彭彭，八鸞鏘鏘，不顯其光。……蹶父孔武，靡國不到。爲韓姞相攸，莫如韓樂。

【佚文】（八八二）「婦人稱姓，今以姓配夫之國，故謂之韓姞。」（通釋卷十八，頁五五；大全卷十八，頁五六。）

【佚文】（八八三）「韓侯娶妻，何豫於王政，而詩言此？蓋汾王失道，王室幾喪，爲諸侯所卑侮，則王甥亦安能相攸而擇樂國之顯君哉〔一〕？惟宣王任賢使能，然後汾王之甥更爲樂國。賢君之所願娶，而威儀備具，光顯如此，乃所謂『邦之榮懷』也。」（呂記卷二七，頁四八；李黄解卷三五，頁三九；段解卷二五，頁六一—六二；詩緝卷三一，頁八；詩經世本古義卷十七，頁二二；蒙引卷十八，頁十二。）

〔一〕「而擇樂國之顯君哉」八字，此據李黄解增補，而意始完足；呂記等家於安石原文有所删省。

江漢

江漢浮浮，武夫滔滔。

【佚文】（八八四）江漢浮浮，譬廣而流行。（李黄解卷三六，頁二）

【評】（二二九）宋李樗曰：「夫『江漢浮浮』者，非是取譬；蓋因武夫渡淮，故以爲言也。亦猶新臺之詩曰『新臺有泚，河水瀰瀰』，是因宣公築臺，故以『河水瀰瀰』爲言，非是以河水取譬也。」（李黄解卷三六，頁二）

【佚文】（八八五）「武夫滔滔，則以其衆逝也。」（吕記卷二七，頁五一；段解卷二五，頁六五；詩緝卷三一，頁十一；備考卷二一，頁五一。）

江漢湯湯，武夫洸洸。經營四方，告成于王。

【佚文】（八八六）淮夷既平，迺復經營傍國，告成功于王。（李黄解卷三六，頁二。）

【評】（二三〇）宋李樗曰：「竊以……爲不然。所謂『經營四方』，但是經營淮夷。下云『式辟四方』，是亦經營夷狄；乃云『四方』者，亦如後世征伐夷狄則曰『有事於四方夷狄』耳。『四方』當以『淮夷』爲言。」（李黄解卷三六，頁二。）

常武

赫赫明明，王命卿士，南仲大祖，大師皇父。

【佚文】（八八七）「所命之卿士，言其世則以南仲爲太祖，言其官則大師，言其字則皇父也。」（呂記卷二七，頁五五五；段解卷二五，頁七一。）

王謂尹氏，命程伯休父，左右陳行，戒我師旅：「率彼淮浦，省此徐土，不留不處。」三事就緒。

【佚文】（八八八）「此所謂耕者不廢也。」（通釋卷十八，頁六四；段解卷二五，頁七三；大全卷十八，頁六六。）

赫赫業業，有嚴天子，王舒保作。匪紹匪遊，徐方繹騷。震驚徐方，如雷如霆，徐方震驚。

【佚文】（八八九）「赫赫，顯也；業業，大也。」（呂記卷二七，頁五七；段解卷二五，頁七三；備考卷二一，頁五七。）

【佚文】（八九〇）「徐方既繹騷，則王師從而震驚之。」（段解卷二五，頁七四。）

【佚文】（八九一）「江漢曰『匪安匪舒』，此曰『王舒保作』。蓋江漢武夫之事，此則王者之事也。如雷如霆，先加以聲也。如震如怒，復致其實也。」（通釋卷十八，頁六五；大全卷十八，頁六七；詩傳彙纂卷十九，頁五五。）

【佚文】（八九二）「此章但言徐方，則知宣王之兵及淮而未及徐方，而徐方已震驚也。此以見先聲也。次章則言征淮，五章則言征徐，末章則言徐方之服。其次序皆可考也。」（段解卷二五，頁七四。）

鋪敦淮濆，仍執醜虜。

【佚文】（八九三）「鋪敦，厚集其陣。」（呂記卷二七，頁五七；詩緝卷三一，頁二一；備考卷二一，頁五八。）

瞻卬

邦靡有定，士民其瘵。蟊賊蟊疾，靡有夷屆。

【佚文】（八九四）「夷，平也。」（呂記卷二七，頁五九；段解卷二五，頁七七；詩緝卷三一，頁二四；備考卷二一，頁六十。）

哲夫成城，哲婦傾城。懿厥哲婦，爲梟爲鴟。

【佚文】（八九五）「婦人以無非無儀爲善，無所事哲；哲則足以傾城而已。」（吕記卷二一七，頁六十；段解卷二五，頁七八；備考卷二一，頁六一。）

婦有長舌，維厲之階。亂匪降自天，生自婦人。匪教匪誨，時維婦寺。

【佚文】（八九六）「幽王如上所刺，則荒昏故也；其荒昏，則婦言是用故也。」（吕記卷二七，頁六十；段解卷二五，頁七八；通釋卷十八，頁六九；大全卷十八，頁七一；詩傳彙纂卷十九，頁五九。）

舍爾介狄，維予胥忌。

【佚文】（八九七）「王乃舍狄弗治，顧與予胥忌而已。凡百大臣之忠賢者也，與忠賢之大臣胥忌，則孰與王爲善者乎？」（吕記卷二七，頁六二；段解卷二五，頁七九。）

藐藐昊天，無不克鞏。無忝皇祖，式救爾後。

【佚文】（八九八）「昊天之明，視人藐藐，無所私親。言天之甚遠而難親，人君所以奉天者，必思有以鞏固其位。今幽王不能鞏固其位，是不能奉天也。爾之所爲，苟無忝於祖宗，則乃救於爾之子孫也。人君苟能側身修行，上焉有以繼其祖宗，下焉有以救其子孫，幽王何憚不爲乎？」（李黄解卷二六，頁十六—十七。）

詩瞻卬各章通義。

【佚文】（八九八之一）王安石分瞻卬爲七章。（吕記分章即從安石，見吕記卷二七，頁六三。）

召旻

昏椓靡共，潰潰回遹，實靖夷我邦。

【佚文】（八九九）「明昏非所以爲哲。」（臨川集卷四三，頁五。）

【佚文】（九〇〇）「昏椓靡共，潰潰回遹，實靖夷我邦，則言所使靖夷我者非其人也。『靖』與『俾予靖之』同意，『夷』與『亂生不夷』同意。」（吕記卷二七，頁六四；通釋卷十八，頁七三；大全卷十八，頁七六；備考卷二一，頁六五；蒙引卷十八，頁三一；詩傳彙纂卷十九，頁六三。）

皋皋訿訿，曾不知其玷。

【佚文】（九〇一）「皋皋然緩而不共職，訿訿然以苟訿爲事，乃曾不知其爲玷也。」（呂記卷二七，頁六四；段解卷二五，頁八二；詩緝卷三一，頁二八。）

如彼歲旱，草不潰茂，如彼棲苴。我相此邦，無不潰止。

【佚文】（九〇二）「民蕩析離散，無復生理，故如彼棲草也。」（呂記卷二七，頁六五；段解卷二五，頁八二；備考卷二一，頁六六；詩經世本古義卷十八之上，頁八九；詩傳彙纂卷十九，頁六四。）

詩大雅通義。

【評】（二三一）宋邵博曰：「東坡倅錢塘日，答劉道原書云：『……近見京師經義題：「國異政，家殊俗。國何以言異？家何以言殊？」……又説：「……詩大、小雅本是老鴉。」似此類甚衆，大可痛駭！』時熙寧初，王氏之學務爲穿鑿至此。」（邵氏聞見後録卷二十，頁八—九。）

詩經新義　卷十九　周頌

清廟之什

清廟

於穆清廟。

【佚文】（九〇三）「湯之伐桀，衆以爲『我后不恤我衆，而割正夏』，而湯誥云『夏德若茲，今朕必往』，則是聖人之任也。文王三分天下有其二，以服事商，此聖人之清也。」（李黄解卷三七，頁三二。）

【評】（一三三二）宋李樗曰：「鄭氏以爲『天德清明，文王象焉』。……王氏從而推廣其説，以謂：『……』不如蘇氏以爲清廟肅然清静。按左傳曰：『清廟茅屋，大路越席，大羹不和〔二〕，粢

〔二〕「和」，左傳桓公二年作「致」。

食不鑿：昭其儉也。』……杜元凱注曰：『清廟，肅然清静之稱也。』」（李黄解卷三七，頁三。）

肅雝顯相。

【佚文】（九〇四）「周公穆穆而帥諸侯，則諸侯以肅雍而應周公。」（李黄解卷三七，頁四。）

濟濟多士，秉文之德。對越在天，駿奔走在廟。

【佚文】（九〇五）「秉文王之德，故能對越文王在天之神；駿奔走在廟，以承清廟之事也。」（吕記卷二八，頁二；通釋卷十九，頁三；大全卷十九，頁二；備考卷二二，頁二；詩傳彙纂卷二十，頁三。）

不顯不承，無射於人斯。

【佚文】（九〇六）「於是文王之德，可謂顯矣。成王率諸侯多士駿奔走在廟，則可謂承矣。顯也、承也如此，無射於人矣。」（吕記卷二八，頁二；通釋卷十九，頁三；大全卷十九，頁三；備考卷二二，頁二。）

維天之命

維天之命，於穆不已。

【佚文】（九〇七）於穆，敬和也。（李黄解卷三七，頁八。）

於乎不顯！文王之德之純。

【佚文】（九〇八）「不顯者，乃所以甚言其顯也。」（呂記卷二八，頁三——四；詩傳彙纂卷二十，頁五。）

駿惠我文王，曾孫篤之。

【佚文】（九〇九）「篤，力行而有所至。」（呂記卷二八，頁四。）

【評】（二三三）宋呂祖謙曰：「説詩者非惟有鑿説之害，亦有衍説之害。如此詩『曾孫篤之』，毛氏謂能『厚行之』，於文義未有害也。然詩人之意，本勉後人篤厚之而不忘；所謂『行』者，固亦在其中矣。但曰『曾孫篤之』，則意味深長；衍一『行』字，意味即短。至王氏遂云『篤，力行而有所至』，説益詳而無復餘味矣。」（呂記卷二八，頁四。）

維清

維清緝熙，文王之典。

【佚文】（九一〇）「緝，續；熙，廣也。」（呂記卷二八，頁五；詩緝卷三二，頁五。）

烈文

烈文辟公，錫茲祉福。

【佚文】（九一一）「爲國君，故稱辟；舉五等之貴，故稱公。」（通釋卷十九，頁七；會通卷十九，頁六；大全卷十九，頁七；備考卷二二，頁六。）〔一〕

【佚文】（九一二）「（錫福，）錫周之祉福。」（李黄解卷三七，頁十三。）

【評】（二三四）宋李樗曰：「王氏之説固非。……此詩言諸侯助祭，助祭既畢，因而告之

〔一〕　此條，會通作「王氏曰」，通釋作「王晦叔曰」（晦叔，王氏炎也，即大全所稱之「新安王氏」。），未知孰是，姑存收，並誌疑於此。

以『烈文辟公，錫兹祉福』，乃文王錫之福。文王所以惠我諸侯，至於惠我無疆。」（李黄解卷三七，頁十三。）

無封靡于爾邦，維王其崇之。

【佚文】（九一三）「戒之以無封以專利，無靡以傷財，則王之所崇也。」（吕記卷二八，頁六；詩緝卷三二，頁六；通釋卷十九，頁八；大全卷十九，頁七；備考卷二二，頁六；詩傳彙纂卷二十，頁八。）

念兹戎功，繼序其皇之。

【佚文】（九一三之一）「念祖考之戎功，則師衆之不缺。」（吕記卷二八，頁六。）

無競維人，四方其訓之。不顯維德，百辟其刑之。於乎！前王不忘。

【佚文】（九一四）「無競維人，四方其訓之者，戒之以用人也。不顯維德，百辟其刑之者，戒之以務德也。於乎，前王不忘者，言如上所云，則前王所念而不釋也。先王之戒諸侯也：欲其競，競則中國强矣；欲其顯，顯則中國尊矣；欲其四方訓之、百辟刑之，則欲其各以德善胥訓胥效也。内則百僚師師，外則諸侯胥訓胥效，則能以天下爲一家，中國爲一人矣。而先儒以謂先王不欲諸侯名譽出境，是乃力征經營天下，惴惴恐天下軋己之私意，何足以語先王也？蓋所謂德者，以至誠出於仁義也；未有仁而遺其親，未有義而後其君。苟能使人至誠出於仁義，則其彊也、其顯也，是乃吾之所保也。」（呂記卷二八，頁七；詩緝卷三二，頁八；詩傳彙纂卷二十，頁十。）

天作

天作高山，大王荒之。

【佚文】（九一五）「后稷以功德有國，則高山之譬也。其後失職，自竄伏於戎狄，則嘗荒矣。至於大王，而後復治。」（李黄解卷三七，頁十七。）

【評】（二三五）宋李樗曰：「（王氏）是以高山喻后稷功德，其取喻遠矣。詩言『高山』，乃岐山也。公劉遷于豳，故詩人言『豳居允荒』。大王遷於岐，故詩人言『天作高山，大王荒之』。荒之，治之也。」（李黄解卷三七，頁十七。）

【佚文】（九一五之一）「治荒謂之荒。」（通釋卷十九，頁九。）

彼徂矣，岐有夷之行。

【佚文】（九一六）徂，謂天徂而從之。（李黃解卷三七，頁十七。）

昊天有成命

昊天有成命。（此詩小序曰：「郊祀天地也。」）

【佚文】（九一七）「萬物皆相見，而帝亦於是與萬物相見。」（李黃解卷三七，頁二十。）

【評】（二三六）宋楊時（破之）曰：「若謂萬物相見於南方，郊祀當因於萬物相見之時，而用冬至之日何也？」（李黃解卷三七，頁二十引。）

於緝熙，單厥心。

【佚文】（九一八）「緝，續也。熙，廣也。」（詩緝卷三二，頁十。）〔一〕

〔一〕詩緝三引此條，一見於維清篇下（佚文第九一〇條），再見於敬之篇下（佚文第九五八條）。安石釋文蓋僅署於維清篇初見「緝熙」二字時，嚴氏則同文三用。

△我將

時邁

薄言震之，莫不震疊。

【佚文】（九一九）「政之所加，孰敢不震動疊息？」（臨川集卷四三，頁五。）

執競

自彼成康，奄有四方。

【佚文】（九二〇）自，由也。言由彼成康之道。（李黄解卷三七，頁三一。）

△思文

臣工之什

臣工

嗟嗟臣工，敬爾在公。

【佚文】（九二一）臣工爲事君業其官。（李黄解卷三八，頁二）

王釐爾成，來咨來茹。

【佚文】（九二二）釐，治也。（李黄解卷三八，頁二）

嗟嗟保介，維莫之春。

【佚文】（九二三）「（保介，）保民而介其君。」（李黄解卷三八，頁二）

命我衆人，庤乃錢鎛，奄觀銍艾。

【佚文】（九二四）「言命我衆人，則諸侯之衆莫非王人。」（吕記卷二九，頁二；詩緝卷三三，頁二）

【佚文】（九二五）「爲天所享，迄至于今，用康年也。戒使命衆人各庤乃錢鎛以治田，奄忽之間，則已觀銍艾矣。」（呂記卷二九，頁三；李黄解卷三八，頁三；慈湖詩傳卷十八，頁十五；備考卷二二，頁十七。）

【佚文】（九二六）「治其事于前，則收其功于後，不可不勉也。」（通釋卷十九，頁二八；大全卷十九，頁二三；詩傳彙纂卷二十，頁二六。）

噫嘻

噫嘻成王，既昭假爾。率時農夫，播厥百穀。

【佚文】（九二七）「噫嘻，歎辭。」（呂記卷二九，頁三；詩緝卷三三，頁四；備考卷二二，頁十八。）

【佚文】（九二八）「率時農夫」云云，言王親率之也。（李黄解卷三八，頁六。）

【評】（二三七）宋李樗曰：「鄭氏以農夫爲主田之吏，孔氏以田農之夫非王所親率，然觀大田之詩曰『曾孫來止』，非親率而何？王氏以爲親率之，是矣。」（李黄解卷三八，頁五—六。）

振鷺

振鷺于飛，于彼西雝。

【佚文】（九二九）「鷺習水，善捕魚，其羽潔白，可用爲儀。」（李黃解卷三八，頁九。）

【評】（二二三八）宋李樗曰：「夫詩取譬於鷺者，特言羽毛之似也，安在其爲習水善捕邪？」（李黃解卷三八，頁九。）

【佚文】（九三〇）西雝蓋即辟廱，「辟廱有水，鷺所集也。文王作豐，有辟廱矣；武王作鎬，又作辟廱，則廱有東西矣。二王之後，國於杞、宋，其來助祭，則皆自東徂西，故以『于彼西雍』爲譬。」（李黃解卷三八，頁九；呂記卷二九，頁五；慈湖詩傳卷十八，頁十六；詩緝卷三三，頁五；詩地理考卷五，頁三；通釋卷十九，頁三十；會通卷十九，頁二三載輯録引；大全卷十九，頁二五；備考卷二二，頁二十；詩經世本古義卷十之下，頁二；辨證卷五，頁三四；詩傳彙纂卷二十，頁二九。）

【評】（二二三九）宋李樗曰：「詩人之意，不必如此。詩人但言『集于西雍』，未嘗以西爲説。杞之地在陳留，宋之地在睢陽，雖其適周也，自東徂西，然詩人之意不必如是。」（李黃解卷三八，頁九。）

我客戾止，亦有斯容。

【佚文】（九三二一）我客戾止，亦有斯容者，譬我之習禮得民有容。（李黄解卷三八，頁九。）

【評】（二四〇）宋李樗曰：「夫以習禮之得民則可以譬捕魚也，三代得民可以喻捕魚乎？龜山辨之詳矣。杞、宋二王之後來此助祭，亦有振鷺之容。」（李黄解卷三八，頁九—十。）

豐年

豐年，秋冬報也。此詩小序之全文。

【佚文】（九三二二）此祭上帝之詩。（李黄解卷三八，頁十一。）

【評】（二四一）宋李樗曰：「（鄭玄、蘇轍之説，）不如王氏以爲祭上帝，其説爲長。徐安道曰：『祭有祈焉，有報焉。豐年言報上帝，則祈上帝見之矣。』陳少南曰：『噫嘻祈之於春夏，豐年報之於秋冬，是一體之詩也。祈曰「上帝」，而報不言者，省文也。觀載芟、良耜之詩則可見矣。有載芟則有良耜，有噫嘻則有豐年，則知所謂「秋冬報」者，乃是報上帝。』此王氏之説所以爲長也。」（李黄解卷三八，頁十二；辨證卷六，頁二六。）

【評】（二四二）清黄中松曰：「豐年之詩……王安石謂祭上帝，則上詩用於明堂。……今攷經文，但言『烝畀祖妣』而已，並不言天地百神也。……經文既不言，而於何知之？且報祭上帝，則季秋之月有大享之禮，未嘗行之於冬也。况明堂之祀，歌我將之詩矣，不應又歌豐年也。」（辨證卷六，頁二六—二七。）

豐年多黍多稌。

【佚文】（九三三）「豐年者，天之功也。利高燥而寒者黍，利下濕而暑者稌。多黍多稌，無所不利也。」（呂記卷二九，頁六；李黄解卷三八，頁十二；慈湖詩傳卷十八，頁十七；詩緝卷三三，頁七；備考卷二三，頁二一。）

爲酒爲醴，烝畀祖妣，以洽百禮。

【佚文】（九三四）「爲酒爲醴，烝畀祖妣，以洽百禮者，天地之功也。」（呂記卷二九，頁六；詩傳彙纂卷二十，頁三一。）

有瞽

有瞽有瞽，在周之庭。……既備乃奏，簫管備舉。

【佚文】（九三五）「簫：大者編二十三管，長尺四寸，小者十六管，長尺二寸；參差象鳳翼。」（通釋卷十九，頁三四；會通圖説下頁二一；明刻本詩傳大全詩圖樂器圖下；大全卷十九，頁二九。）

【佚文】（九三六）「簫也、管也，尤其器之小者；言其『小』，所以爲備也。」（呂記卷二九，頁八；詩緝卷三三，頁九。）

喤喤厥聲，肅雝和鳴。

【佚文】（九三七）「喤喤，厥聲美也。」（呂記卷二九，頁八。）

【佚文】（九三八）「肅雍和鳴，則其人肅雍，而其樂和鳴也。」（李黄解卷三八，頁十五。）

【評】（二四三）宋李樗曰：「（王氏）以爲人肅雍，則上文無所屬，不當從也。惟其樂之和，則先祖是聽。」（李黄解卷三八，頁十五—十六。）

我客戾止，永觀厥成。

【佚文】（九三九）「於作樂也，二王之後每來助祭。」（李黄解卷三八，頁十六。）

【評】（二四四）宋李樗曰：「其説是也。……以舜之作樂，祖考來格，而虞賓在位。當是時，丹朱來助祭，故獲聞舜之韶樂。今此二王之後來助祭，亦獲聞成王之樂。其意旨同。」（李黄解卷三八，頁十六。）

潛

潛，季冬薦魚，春獻鮪也。此詩小序之全文。

【佚文】（九四〇）季冬薦魚，薦禮薄；春獻鮪，獻禮厚。（李黄解卷三八，頁十七。）

潛有多魚。

【佚文】（九四一）「潛有多魚，言取之深也。」（呂記卷二九，頁九；李黄解卷三八，頁十七；詩緝卷三三，頁十；詩傳彙纂卷二十，頁三四。）

雝

雝，禘大祖也。此詩小序之全文。

【佚文】（九四二）此禘帝嚳之詩。（李黄解卷三八，頁十九；辨證卷六，頁三一。）序以爲大禘太祖，周無四時之禘故也。（李黄解卷四二，頁九；參看商頌長發序下安石説，佚文第一〇一六條。）

相維辟公，天子穆穆。

【佚文】（九四三）「穆穆，敬和也。」（吕記卷二九，頁九；詩緝卷三三，頁十二；備考卷二二，頁二二四。）

於薦廣牡，相予肆祀。

【佚文】（九四四）「廣牡，碩大肥腯之謂也。」（吕記卷二九，頁九；詩緝卷三三，頁十二；通釋卷十九，頁三六；會通卷十九，頁二九載輯録引；大全卷十九，頁三一；備考卷二二，頁二四；詩傳彙纂卷二十，頁三五。）

宣哲維人，文武維后。

【佚文】（九四五）宣哲維人，爲在王庭之人。文武維后，爲繼世諸侯。（李黄解卷三八，頁二十。）

假哉皇考。……既右烈考。

【佚文】（九四六）「皇考，武王也。烈考，謂文王也。」（吕記卷二九，頁十；李黄解卷三八，頁二一；詩緝卷三三，頁十三；備考卷二二，頁二五；辨證卷六，頁三三—三四；詩傳彙纂卷二十，頁三七。）

【評】（二四五）宋李樗曰：「蓋所謂皇考、烈考者，皆指其祖也。言皇考者，尊之之辭也。言烈考者，美之之辭也。」（李黄解卷三八，頁二一。）

【評】（二四六）宋吕祖謙曰：「文、武雖同建王業，而武王實得天下，故歸功之言詳於武王，而卒章本之於文王、大姒焉。閔予小子之頌曰：『遭家丕造，嬛嬛在疚。於乎皇考，永世克孝。』故皇考者，武王之稱也。烈考與文母相配而言，故烈考者，文王之稱也。」（吕記卷二九，頁十。）

【評】（二四七）宋嚴粲曰：「王氏以皇考爲武王，烈考爲文王，詩記從之。……康誥云『丕顯考文王』，酒誥云『穆考文王』，顯考、穆考皆明稱文王也。洛誥既明稱『烈考武王』，載見始見乎武王廟而言『率見昭考』，則烈考、昭考稱武王也。武王『無競維烈』，故稱烈考，猶商稱湯爲烈祖。文王當穆，故武王當昭也。唯皇考通稱文王、武王。此詩後稱烈考爲武王，則皇考稱文王矣。閔予小子言皇考能念皇祖，訪落言皇考能紹文王之直道，則皇考又皆稱武王矣。」（詩緝卷三三，頁十三—十四。）

載見

載見辟王，曰求厥章。

【佚文】（九四七）「諸侯來見，則曰求法度文章，以歸治其國家也。」（呂記卷二九，頁十一；慈湖詩傳卷十八，頁二二二；備考卷二二，頁二二六。）

思皇多祜。

【佚文】（九四八）「思有道之多祜也。皇，有道者也。」（李黄解卷三八，頁二一三。）

有客

有客有客，亦白其馬。

【佚文】（九四九）「君謂之賓，臣謂之客。『有客，有客』，美微子之臣而已。美其臣，乃所謂美其君也。」（李黄解卷三八，頁二一四。）

【評】（二四八）宋李樗曰：「此説大不然。王氏但按周禮而爲書。周禮大行人『掌大賓之禮及大客之儀』，注云：『大賓，要服已内諸侯，大客謂之孤卿。』王氏按此爲説。然大賓、大客在周禮則然矣，詩人未必然也。振鷺之詩言『我客戾止，亦有斯容』，亦是稱二王之後。有瞽之詩言『我客戾止，永觀厥成』，亦是稱二王之後。而於有客之詩，獨以美微子之臣，何耶？那之詩言『我有嘉客，亦不夷懌』，亦豈可以爲臣邪？按：左傳曰：『宋，先代之後，於周爲客。』客者，但稱其君也。禮記曰：『天子無客禮。』則諸侯有客禮焉。安可以爲微子之臣乎？」（李黄解卷三八，頁二一四—二一五。）

既有淫威，降福孔夷。

【佚文】（九五〇）「統承先王，用天子禮樂，所謂淫威也。有淫威則所享宜盛大，故降福孔易也。」（呂記卷二九，頁十三；通釋卷十九，頁四二；大全卷十九，頁三六；詩傳彙纂卷二十，頁四一。）

△武

閔予小子之什

閔予小子

閔予小子，遭家不造。

【佚文】（九五一）「文、武爲周，天下未集而終，故成王自以爲遭家不造也。」（李黄解卷三九，頁四。）

訪落

訪予落止，率時昭考。於乎悠哉！朕未有艾。

【佚文】（九五二）訪予落止，爲成王之言。率時昭考，乃臣下之言。朕未有艾，亦爲成王之言。（李黄解卷三九，頁五。）

【佚文】（九五三）「於乎悠哉，朕未有艾者，歎昭考之道悠，而自以爲幼稚未有所歷也。」（吕記卷三十，頁二一。）

將予就之，繼猶判涣。

【佚文】（九五四）「欲羣臣扶持成就之，以繼圖天下之泮涣離散也。」（李黄解卷三九，頁五。）

維予小子，未堪家多難。

【佚文】（九五五）「維予小子，未堪家多難者，自以爲幼稚，未堪王室多難也。」（吕記卷三十，頁三；備考卷二三，頁二一。）

紹庭上下，陟降厥家。

【佚文】（九五六）「紹庭，紹皇祖之直。」（呂記卷三十，頁二。）

休矣皇考，以保明其身。

【佚文】（九五七）「保其身無危亡之憂，明其身無昏塞之患。」（李黄解卷三九，頁六；呂記卷三十，頁二；詩緝卷三四，頁三；通釋卷十九，頁四七；會通卷十九，頁三七載輯録引；大全卷十九，頁四一；備考卷二三，頁三；詩傳彙纂卷二十，頁四五。）

敬之

學有緝熙于光明。

【佚文】（九五八）「緝，續也。熙，廣也。」（詩緝卷三四，頁四。）

小毖

莫予荓蜂，自求辛螫。

【佚文】（九五九）「荓，使也。蜂之爲物善辛螫。」（呂記卷三十，頁五；詩緝卷三四，頁五；通釋卷十九，頁五一；大全卷十九，頁四五；辨證卷六，頁三九。）

【評】（二四九）宋嚴粲曰：「今毛以『荓蜂』之『荓』爲『摩曳』。孫炎云：謂相掣曳之於惡，故音俜。今從王氏『荓蜂』爲『使蜂』，當音烹。説文：俜，使也。則荓讀作俜亦可也。」（詩緝卷三四，頁五。）

【評】（二五〇）清黄中松曰：「經文明言『荓蜂』，而蜂實善螫之物，與下文『辛螫』相呼應，何必別求異解乎？王安石（之説）……良是。蓋此與下二句皆取物爲喻：一以蜂言，見不可輕任之意；一以鳥言，見不可輕信之意。蜂似比二叔，鳥似比武庚也。又爾雅釋訓云：俾、拼、抨，使也。郭注云：皆見詩。邢疏引大雅桑柔『荓云不逮』爲證，云拼、荓音義同，皆爲使令也。則王説固可信矣。」（辨證卷六，頁三九—四十。）

肇允彼桃蟲，拚飛維鳥。

【佚文】（九六〇）「肇允彼桃蟲，拚飛維鳥者，成王於是始信小物之能成大，不敢不毖也。」（吕記卷三十，頁五；詩傳彙纂卷二十，頁四九。）

載芟

載芟載柞，其耕澤澤。千耦其耘，徂隰徂畛。

【佚文】（九六一）「千，言其多也。耦，言並行也。或徂隰，或徂畛，言耕夫遍野，無曠土也。」（通釋卷十九，頁五三；大全卷十九，頁四六；詩傳彙纂卷二十，頁五十。）〔二〕

有厭其傑，厭厭其苗。

【佚文】（九六二）「傑然之苗，受氣澤厭足也。」（吕記卷三十，頁八；詩緝卷三四，頁八；備考卷二三，頁七。）

〔二〕　此條，通釋作「某氏曰」，大全（「並行」作「並耕」。）蓋參他書所引，定爲「王氏曰」，王氏即安石，諸書引安石説，習稱「王氏曰」。詩傳彙纂易作「王安石曰」，是。

緜緜其麃。

【佚文】（九六三）「前曰『千耦其耘』，則既耕而耘。今曰『緜緜其麃』，則既苗而耘。既苗而耘，則以『緜緜』爲善，恐傷苗也。」（呂記卷三十，頁八；李黄解卷三九，頁十五；詩緝卷三四，頁八；通釋卷十九，頁五四；大全卷十九，頁四八；備考卷二三，頁七；詩經世本古義卷一，頁七三；詩傳彙纂卷二十，頁五二。）

【評】（二五一）宋李樗曰：「此之所謂『既苗而耘』，其説固是。上文『千耦其耘』，以謂『既耕而耘』則非矣。方其始也，除去草木，然後可從事於耕。及草木既除，然後俶載南畝，方從事於耕也。非是既耕而耘也。」（李黄解卷三九，頁十五—十六。）

爲酒爲醴，烝畀祖妣，以洽百禮。

【佚文】（九六四）「以洽百禮，既烝畀祖妣而達之祭祀，賓客無所不洽也。」（呂記卷三十，頁八—九；通釋卷十九，頁五四；大全卷十九，頁四八。）

匪且有且，匪今斯今，振古如兹。

【佚文】（九六五）「『率時農夫，播厥百穀』，爲造始而先之也。此詩『實函斯活』，爲作成而繼之也。凡此詩一一以天地配之：如言成象者，天道也；成形者，地道也。」（李黄解卷三九，頁十六。）

【佚文】（九六六）「振古，則舉古也。」（吕記卷三十，頁八。）

詩載芟通義。

【佚文】（九六七）此詩言地道之始。（李黄解卷三九，頁二十。）

良耜

或來瞻女，載筐及筥，其饟伊黍。其笠伊糾，其鎛斯趙，以薅荼蓼。

【佚文】（九六八）「其曰『或來瞻汝』，非是婦子也。」（李黄解卷三九，頁十八。）

【評】（二五二）宋李樗曰：「然觀詩之意，言『或來瞻汝』者，不過言婦子耳，不必泥一『或』字也。郤缺之妻饁其夫，有童子以黍肉餉。七月之詩曰『同我婦子，饁彼南畝』；甫田之詩曰『以其婦子，饁彼南畝』：皆是婦人耳。其婦行饁，則有筐筥之器；其所盛之物，則有黍之美穀也。」（李黄解卷三九，頁十八。）

【佚文】（九六九）「『其笠伊糾』，則嗇也；嗇則土之性。」（李黄解卷三九，頁二十。）

【佚文】（九七〇）「『有喰其饁』，則言饁之容；『載筐及莒』，則言饟之器。形乃謂之器，則器也者，地道之成也。以『其鎛斯趙』，則指其器；『以薅荼蓼』，則指其物。」（李黄解卷三九，頁二十。）

【評】（二五三）上篇末第九六七條、上第九六九條、此條及本篇末第九七二條，宋李樗曰：「王氏之學好生分別，故以載芟言地道之始，故其詩亦必言其始。此詩言地道之終，故其詩亦必言其終。兩篇之中，皆附會其説，如曰『其笠伊糾』，則嗇也，嗇則土之性。如此之類，乃其穿鑿如此。夫坤之吝嗇固然矣，使果可以附會其説，則凡詩之文皆可附會以爲説。王氏之學不可不戒也。載芟之詩多與此相類：載芟之詩曰『有略其耜』，此詩則曰『畟畟良耜』；載芟之詩曰『俶載南畝，播厥百穀，實函斯活』，此詩言亦如此；載芟之詩言『厭厭其苗，緜緜其麃』，此詩亦曰『以薅荼蓼』；載芟之詩言『載穫濟濟』，此詩亦曰『穫之挃挃』；載芟之詩曰『有實其積』，此詩則曰『積之栗栗』。自此以下，其文大抵相類。又安得以載芟言地道之始，此詩言地道之終乎？如以此詩言地道之成，則必指其器，既曰『畟畟良耜』，則載芟之詩『有略其耜』，何以復言器邪？則王氏之説，不攻而自破矣。」（李黄解卷三九，頁二十。）

積之栗栗。

【佚文】（九七一）「栗栗，緻也。」（吕記卷三十，頁十。）

詩良耜通義。

【佚文】（九七二）此詩言地道之終。（李黄解卷三九，頁二十。）

絲衣

自堂徂基，自羊徂牛。鼐鼎及鼒。

【佚文】（九七三）「自堂徂基，自堂上降而徂基也。自羊徂牛，先小後大也。鼐鼎及鼒，先大後小也。或先小後大，或先大後小，先後反復展視〔一〕，所以致勤敬也。」（吕記卷三十，頁十一—十二；通釋卷十九，頁五九；大全卷十九，頁五三。）

酌

我龍受之。

〔一〕「先後」二字，據通釋增補。

【佚文】（九七四）「『我』爲成王，寵受武王之業。」（李黄解卷三九，頁二一六。）

桓

綏萬邦，婁豐年，天命匪解。

【佚文】（九七五）「師之所處，荆棘生焉。大軍之後，必有凶年。『桓，武志也』，而曰『綏萬邦，屢豐年』，則其爲武志也，異乎人之武志矣。天命匪解者，武王匪解，故天命亦匪解也。」（吕記卷三十，頁十四；詩緝卷三四，頁十九；通釋卷十九，頁六一；大全卷十九，頁五五；詩傳彙纂卷二十，頁六十。）

賚

文王既勤止，我應受之。敷時繹思，我徂維求定。

【佚文】（九七六）「大賚善人，封建以爲諸侯，與共天下，則所以求天下之定也。」（吕記卷三十，頁十五；通釋卷十九，頁六三；大全卷十九，頁五七；詩傳彙纂卷二十，頁六一。）

般

於皇時周，陟其高山。墮山喬嶽，允猶翕河。

【佚文】（九七七）「巒山謂之墮，墮狹而長也。『陟其高山，墮山喬岳』，則巡守之所陟，無所不至。」（呂記卷三十，頁十五。）

敷天之下，裒時之對，時周之命。

【佚文】（九七八）「裒時之對者，裒其神而對之以祭祀也。時周之命者，能懷柔百神則受命長矣。」（呂記卷三十，頁十六；備考卷二三，頁十六。）

詩周頌通義。

【佚文】（九七九）詳魯頌末第一〇〇三條佚文。

詩經新義　卷二十　魯頌　商頌

魯頌

駉

駉駉牡馬……以車彭彭。

【佚文】（九八〇）「彭彭，張也。」（呂記卷三一，頁二；慈湖詩傳卷十九，頁二。）

思無期，思馬斯才。

【佚文】（九八一）「思無期，思之久也。」（呂記卷三一，頁三。）

駉駉牡馬……以車繹繹。

【佚文】（九八二）「繹繹，屬也。」（呂記卷三一，頁三。）

思無邪，思馬斯徂。

【佚文】（九八三）「思無邪，一出於正。」（呂記卷三一，頁三；定宇集卷七，頁十；詩傳彙纂卷二一，頁五。）

有駜

有駜有駜，駜彼乘黄。

【佚文】（九八四）「（駜，）養之使駜也。」（呂記卷三一，頁五。）

夙夜在公，在公明明。

【佚文】（九八五）明明，義猶大學「在明明德」。（李黄解卷四十，頁十五。）

有駜有駜，駜彼乘牡。

【佚文】（九八六）「牡，剛强之材也。」（呂記卷三一，頁五；詩緝卷三五，頁七。）

泮水

思樂泮水，薄采其芹。……思樂泮水，薄采其藻。……思樂泮水，薄采其茆。

【佚文】（九八七）「思，發語辭也。」（呂記卷三一，頁六；李黃解卷四十，頁十八；慈湖詩傳卷十九，頁六；詩緝卷三五，頁七；備考卷二四，頁九。）

【評】（二五四）宋李樗曰：「鄭康成曰：『思樂僖公之修泮宮之水。』……當從王氏說。『思』如『思皇多士』之『思』同，『思皇』亦是語辭也。」（李黃解卷四十，頁十八。）

【佚文】（九八八）「薄采其藻，而其采也深矣。次言薄采其茆，而其采也加深。」（李黃解卷四十，頁十九。）

【評】（二五五）宋李樗曰：「是皆鑿説。陸農師又從而廣其説：『芹者草之有香也，藻者草之有文也，茆者草之有味也。言士始至則慕其香臭而至焉，此采芹之譬也；既至則學文，此采藻之譬也；及其知道之味，嗜而學焉，此采茆之譬也。』詩人所言不過樂所見而已，不應如是之鑿也。」（李黃解卷四十，頁十九。）

魯侯戾止，言觀其旂。其旂茷茷，鸞聲噦噦。

【佚文】（九八九）「觀其旂，其物茷茷而有容。聽其鸞，其聲噦噦而有節。」（呂記卷三一，頁六—七；詩緝卷三五，頁八；詩傳彙纂卷二一，頁八。）

載色載笑，匪怒伊教。

【佚文】（九九〇）「載色載笑，則洪範所謂『而康而色』者也；夫然後能教也。」（呂記卷三一，頁七；詩童子問卷八，頁十六；詩緝卷三五，頁九。）

順彼長道，屈此羣醜。

【佚文】（九九一）「順彼先生君子之長道，而屈服此魯國之羣衆也。」（呂記卷三一，頁八；詩緝卷三五，頁九；通釋卷二十，頁九；大全卷二十，頁九；詩傳彙纂卷二一，頁九。）

桓桓于征，狄彼東南。

【佚文】（九九二）「狄，攘而逖之也。」（呂記卷三一，頁九；詩緝卷三五，頁十一；通釋卷二十，頁十一；大全卷二十，頁十；毛詩六帖講意卷四，頁三三；詩傳彙纂卷二一，頁十。）

【評】（二五六）明徐光啓曰：「狄，釋文云：遠也。王氏以爲『攘逷』，朱氏以爲『狄除』，于義皆通。蓋攘除之，使遠去也。」（毛詩六帖講意卷四，頁三三。）

烝烝皇皇，不吳不揚。

【佚文】（九九三）「不揚，戢也。」（呂記卷三一，頁九；備考卷二四，頁十三。）

不告于訩，在泮獻功。

【佚文】（九九四）「不告于訩，和也。」（呂記卷三一，頁九。）

既克淮夷，孔淑不逆。

【佚文】（九九五）「孔淑不逆，言無復作慝而順以服也。」（通釋卷二十，頁十一；大全卷二十，頁十一；詩傳彙纂卷二一，頁十一。）

憬彼淮夷，來獻其琛：元龜象齒，大賂南金。

【佚文】（九九六）「琛，寶也。元龜尺二寸。」（呂記卷三一，頁十。）

閟宫

閟宫有侐，實實枚枚。

【佚文】（九九七）「枚枚，辨也。」（吕記卷三一，頁十二。）

至于文武，纘大王之緒，致天之届。

【佚文】（九九八）「届，至也。天命不妄所廢興，皆其至也。致其至者，武王也。」（吕記卷三一，頁十三；詩緝卷三五，頁十五；備考卷二四，頁十七。）

乃命魯公，俾侯于東；錫之山川，土田附庸。

【佚文】（九九九）「孟子曰：『周公之封於魯，爲方百里也；地非不足，而儉於百里。』而周官以爲諸侯之地方四百里，蓋特言其國也。則『儉於百里』，并附庸言之則爲方四百里也。」（吕記卷三一，頁十四；詩緝卷三五，頁十六；詩地理考卷三，頁八及卷五，頁十。）

三壽作朋，如岡如陵。

【佚文】（一〇〇〇）「壽考之三卿，爲公朋也。」（呂記卷三一，頁十六；慈湖詩傳卷十九，頁十四；備考卷二四，頁二一。）

黃髮台背，壽胥與試。

【佚文】（一〇〇一）「壽考者相與爲公用也。」（朱傳卷二十，頁十一；備考卷二四，頁二三；詩經世本古義卷二四之下，頁三一；辨證卷六，頁六四。）

【評】（二五七）元朱公遷曰：「王氏說優。蓋以『三壽作朋』之例可見。昌而熾則盛且大矣，壽而富則久而又盛矣。如是而又得黃髮台背之臣以爲之用，則又將盛大悠久而愈無窮也。」（會通卷二十，頁十七。）

保有鳧繹，遂荒徐宅；至于海邦，淮夷蠻貊。及彼南夷，莫不率從。

【佚文】（一〇〇二）「言魯之治，東及于海邦，南及于蠻貊。」（通釋卷二十，頁二一；大全卷二十，頁二一。）

詩魯頌通義。

【佚文】（一〇〇三）「周頌之詞約，約所以爲嚴，盛德故也；魯頌之詞侈，侈所以爲夸，德不足故也。」（通釋卷二十，頁二五；李黄解四一，頁十五；會通卷二十，頁二十載輯録引；大全卷二十，頁二四；蒙引卷二十，頁一；詩傳彙纂卷二一，頁二二。）

【評】（二五八）宋李樗曰：「此説盡之矣。夫魯頌所以爲誇，蓋其所謂誇者，不以其事所當誇而誇之也。自古人君常患德之不足，不患名之不揚。使無其德而求其名，則雖爲美辭以誇示天下，天下後世其誰信之乎？如秦始皇刻石爲頌，以彰德意，其辭甚美，有曰『功蓋五帝，澤及牛馬』，始皇之功，果可以蓋五帝乎？始皇之德，果可以及牛馬乎？不過誇爲此辭，以榮耀後世，而後世誰以始皇之功爲蓋五帝？而誰以始皇之澤爲及牛馬也？則是自欺其心也，天下後世豈可欺乎？」（李黄解卷四一，頁十五。）

商頌

那

猗與那與！置我鞉鼓。

【佚文】(一〇〇四)「美商之樂,歎而多之也。」(呂記卷三二,頁一;通釋卷二十,頁二六;大全卷二十,頁二六;備考卷二四,頁二九;詩傳彙纂卷二一,頁二四。)

湯孫奏假,綏我思成。

【佚文】(一〇〇五)「(綏我思成,)湯孫能承烈祖之事業,而廣其聲教。」(李黄解卷四二,頁二二。)

鞉鼓淵淵,嘒嘒管聲。既和且平,依我磬聲。

【佚文】(一〇〇六)「淵淵,深也;深以言其聞之遠。嘒嘒,細也。」(呂記卷三二,頁二;詩緝卷三六,頁三;備考卷二四,頁三十;詩傳彙纂卷二一,頁二六。)

【佚文】(一〇〇七)「磬筦將將。」(臨川集卷四三,頁五。)

【佚文】(一〇〇八)「依我磬聲者,言與堂上之樂諧也。」(呂記卷三二,頁三;通釋卷二十,頁二八;大全卷二十,頁二七;備考卷二四,頁三十;詩傳彙纂卷二一,頁二六。)

庸鼓有斁,萬舞有奕。

【佚文】（一〇〇九）「有奕，萬舞之綴兆衆大也。」（呂記卷三二，頁三；詩緝卷三六，頁三。）

自古在昔，先民有作。

【佚文】（一〇一〇）「國語云：『古曰在昔，昔曰先民』，言嘉客如此，非適今也；其所由來久矣。然或謂之『在昔』，或謂之『昔在』，何也？蓋『昔在』者，主其人而言之；『在昔』者，主其時而言之。以人言之者，謂其『昔在』而今亡也；以時言之者，謂其『在昔』而今非也。」（緗素雜記卷五，頁三；捫蝨新話卷一，頁三—四。）

【評】（二五九）宋陳善曰：「王氏之學，率以一字一句較其同異。……迨其末流之弊，學者不勝異說。未論成湯、帝堯，且論『昔在』、『在昔』，諸所穿鑿，類皆如此。予竊不取。」（捫蝨新話卷一，頁三—四。）

烈祖

賚我思成。

【佚文】（一〇一一）「（賚，）賚我以福，與『徂賚孝孫』同。」（李黃解卷四二，頁二；詩傳彙纂卷二一，頁二九。）

【評】（二六〇）此及那篇第二條（即佚文一〇〇五條），宋李樗曰：「鄭氏以『賚』讀如『來往』之『來』，言『神之來享』，不如……王氏之説爲不改字無害也。王氏以賚爲『賚我之福』，固得之矣，然分别綏、賚二字，則失之泥矣。如『綏我思成』，則以爲『湯孫能成烈祖之事業，而廣其聲教』，則『賚』不足以道也。夫所謂『綏我思成』、『賚我思成』，其意一也，但其字異耳。徐安道見王氏之説而從而增廣之，必謂綏安也；安之者，聖人之事也。其説亦鑿矣。」（李黄解卷四二，頁二。）

既載清酤……亦有和羹。……來假來饗，降福無疆。顧予烝嘗，湯孫之將。

【佚文】（一〇一二）「祀中宗言清酤、和羹而不及樂，與那、執競異矣。」（李黄解卷四二，頁四。）

【評】（二六一）宋李樗曰：「夫那之詩但言作樂，烈祖之詩但言酒食。非祭成湯之時則無酒食之味也，非祭中宗之時則無簫管之聲也，詩人各隨其宜而言之耳。蓋以大樂之奏，所以發揚成湯之意，故那之詩專言作樂，烈祖之詩所以不言也。」（李黄解卷四二，頁四。）

【佚文】（一〇一三）「祀中宗而曰湯孫者，有天下以湯故也。」（吕記卷三二，頁六；辨證卷六，頁七八。）

玄鳥

玄鳥，祀高宗也。此詩小序之全文。

【佚文】（一〇一四）「玄鳥，祀高宗之詩，而上頌其祖，下稱其孫子而已。蓋上有以紹其祖，下有以貽其孫子，是乃高宗之功美也。」（李黄解卷四二，頁五；吕記卷三二，頁六—七；通釋卷二十，頁三六；大全詩序頁九七；辨證卷六，頁七九。）

【評】（二六二）宋李樗曰：「王氏之説未必全是。王氏之意，以爲玄鳥之所稱者，高宗之祖耳、武丁之孫子耳。至於高宗之德，玄鳥未嘗一言以及之也。夫上文言『上有以紹其祖』，其説則是也；至下文言『下有以貽其子孫』〔一〕，其説則未必然耳。豈有頌高宗之詩，而曾無一言以及高宗乎？是詩言在武丁之孫子，非謂武丁之孫子也，但指武丁一人也。」（李黄解卷四二，頁五。）

古帝命武湯，正域彼四方。

〔一〕敏案：「子孫」，「孫子」之誤倒。

【佚文】（一〇一五）「古帝命武湯，言古者上帝命武湯也。」（呂記卷三二，頁七。）

景員維河，殷受命咸宜。

【佚文】（一〇一六）「景與『既景乃岡』同意，『員』與『聊樂我員』同義。河，蓋武丁孫子所都也。」（呂記卷三二，頁九；辨證卷六，頁八一。）

【評】（二六三）清黄中松曰：「鄭箋曰：『員，古文作云。』……王安石……蓋從鄭也。但經文是『員』而非『云』，何得改『員』爲『云』乎？」（辨證卷六，頁八一。）

長發

長發，大禘也。此詩小序之全文。

【佚文】（一〇一七）「長發，序以爲大禘之詩也。雖，序以爲禘太祖，周無四時之禘故也。今曰『大禘』，則商有四時之禘故也。四時之禘爲小，則禘其祖之所自出爲大矣。」（呂記卷三二，頁九；李黄解卷四二，頁九；詩緝卷三六，頁十一；詩傳彙纂卷二一，頁四二—四三。）

【評】（二六四）宋李樗曰：「此説得之。周之四時之祭：禴、祠、烝、嘗，是無非四時之禘也。商之四時之祭：禴、禘、烝、嘗，是有四時之禘也。四時之祭，其中亦謂之禘，則禘其祖之所自出亦謂之禘。故於禘其祖之所自出者謂之大禘，所以別其非夏祭之禘也。」（李黄解卷四二，頁九—十。）

濬哲維商，長發其祥。

【佚文】（一〇一八）濬，深；哲，明也。濬哲謂商之德，猶書所謂「濬哲文明」，主契而言也。「惟其德之深，故不溺於褊淺；惟其德之明，故不至於昏塞。」（李黄解卷四二，頁十。）

有娀方將，帝立子生商。

【佚文】（一〇一九）「有娀氏國方大之時，帝立子生商也。」（呂記卷三二，頁十。）

玄王桓撥，受小國是達，受大國是達。

【佚文】（一〇二〇）「受小國是達，受大國是達者，隨所受大小能達其道也。『達』與『在邦必達』同意。」（呂記卷三二，頁十；詩緝卷三六，頁十二。）

率履不越，遂視既發。

【佚文】（一〇二一）「率履不越者，循行無所踰也。」（呂記卷三二，頁十一；詩緝卷三六，頁十二；備考卷二四，頁三七—三八；詩傳彙纂卷二一，頁三七。）

昭假遲遲，上帝是祗；帝命式于九圍。

【佚文】（一〇二二）「昭假，昭假上帝也。」（呂記卷三二，頁十一。）

【佚文】（一〇二三）「以能祗上帝，故帝命式于九圍也。式與『成王之孚，下土之式』同意。」（呂記卷三二，頁十一—十二；備考卷二四，頁三九；詩傳彙纂卷二一，頁三八。）

受小球大球，爲下國綴旒。

【佚文】（一〇二四）「小球、大球，小國、大國所贄之瑞也。」（呂記卷三二，頁十二；朱傳卷二十，頁二十；詩緝卷三六，頁十四；備考卷二四，頁三九；辨證卷六，頁八五。）

受小共大共，爲下國駿厖。

【佚文】（一〇二五）「小共、大共，小國、大國所共之貢也。」（呂記卷三二，頁十二；朱傳卷二

十，頁二十；慈湖詩傳卷二十，頁十；詩緝卷三六，頁十五；備考卷二四，頁三九—四十；辨證卷六，頁八七。）〔二〕

【評】（二六五）宋范處義曰：「既言『下國』，則小球、大球爲諸侯所贄之瑞，小共、大共爲諸侯所共之貢，何疑之有？」（逸齋詩補傳卷二八，頁七。）〔三〕

武王載旆，有虔秉鉞；如火烈烈，則莫我敢曷。

【佚文】（一〇二六）「曷者，誰何之謂也。」（呂記卷三二，頁十三；詩緝卷三六，頁十五；備考卷二四，頁四十。）

殷武

維女荊楚，居國南鄉。昔有成湯，自彼氐羌，莫敢不來享，莫敢不來王，曰商是常。

〔二〕　上（第一〇二四）條及此條，朱傳引之作「或曰」，考爲安石之説。

〔三〕　范評此條，雖未明指安石，然考之前代各家詩義，知的是評論安石之説。

【佚文】（一〇二七）此（第二）章乃責楚之辭。（李黄解卷四二，頁十四。）「荆楚居國南鄉，比之氐羌，則近國爾。成湯之時，自彼氐羌莫敢不來享，莫敢不來王，謂四夷事中國乃常道也。」（吕記卷三二，頁十五；備考卷二四，頁四三。）

天命多辟，設都于禹之績。歲事來辟，勿予禍適。稼穡匪解。

【佚文】（一〇二八）「高宗能治夷狄，故天下無有不服。天命諸侯，凡設都于禹之績者，皆來朝于王也。禹貢甸服之外，每百里爲差。今立都于禹所治之功，以歲時來朝覲于王，以見諸侯無不服也。凡諸侯之所以朝于天子者，勿使禍責之，惟當以勸民稼穡而無有解倦，則可以免禍責矣。古者天子之於諸侯，訓以農事，視其農事或修或否，以爲賞罰也。孟子所載天子巡狩，惟以入其疆土，地闢田野治則有慶；入其疆土，地荒蕪則有讓，而養老尊賢獨居其下，誠以農事爲最先也。成王戒諸侯，亦以『維莫之春，亦又何求』，與夫『庤乃錢鎛，奄觀銍艾』之類，無所不備，則以農事乃諸侯之急務也。諸侯苟能勤於稼穡，則可免禍責矣。」（李黄解卷四二，頁十四—十五；詩緝卷三六，頁十八。）

天命降監，下民有嚴。不僭不濫，不敢怠遑。命于下國，封建厥福。商邑翼翼，四方之極。赫赫厥聲，濯濯厥靈。壽考且寧，以保我後生。

【佚文】（一〇二九）「天命諸侯，各朝于天子；又命天子，降而監之。諸侯爲下民所嚴敬者，賞不僭也，刑不濫也。不敢怠遑者，則命于下國，封殖之以福，所以賞之。以其黜陟諸侯各得其當，故能以商邑翼翼爲四方之取正。赫赫其聲，濯濯其靈者大也。非獨此也，至於身，又享其壽考。豈獨身享其壽考安寧之福，至於子孫，又蒙其利焉。書之所載『嘉靖殷邦，至于小大，無時或怨，肆高宗之享國五十有九年』，非壽考且寧而何？商之子孫，緜緜不絶，延祚六百，非保我後生而何？」（李黄解卷四二，頁十五—十六。）

【評】（二六六）上（第一〇二八）條及此條，宋李樗曰：「鄭氏以二章至五章皆責楚之辭，王氏獨以……王氏之説爲優。王氏此篇説之當矣。……『天命降監』（至『封建厥福』）之章），鄭氏於此章乃謂『命湯使由七十里王天下』，又非也。二章既言湯之時氐羌之遠莫不來享，莫不來王，則湯之爲天子也久矣。不應至此方由七十里王天下也。故此章當從王氏之説，言……」（李黄解卷四二，頁十四—十五。）

【評】（二六七）宋嚴粲曰：「此章（自『天命降監』至『封建厥福』）從王氏也。舊説謂天降監於民，命湯由七十里以王天下。此詩首章便從高宗説起，言自彼成湯者，述高宗援湯以責楚之辭耳，非專述湯事也。不當於此章攙入成湯，上下章文意皆不貫矣。」（詩緝卷三六，頁十八—十九。）

陟彼景山，松柏丸丸。是斷是遷，方斲是虔。

【佚文】（一〇三〇）陟彼景山，譬高宗登遐於人君之道。松柏丸丸，譬君子之才出於大道，則實以圓。是斷是遷，方斲是虔，亦皆各有取譬。（李黃解卷四二，頁十七。）

附録

詩經新義總評

（一）宋黄庭堅曰：「子美詩妙處，乃在無意於文。夫無意而意已至，非廣之以國風、雅、頌，深之以離騷、九歌，安能咀嚼其意味，闖然入其門耶？……彼喜穿鑿者，棄其大旨，取其發興，於所遇林泉人物、草木魚蟲，以爲物物皆有所託如世間商度隱語者，則子美之詩委地矣。……元符三年九月涪翁書。」（豫章集卷十七，總頁一八〇大雅堂記；參看小雅菁菁者莪第四〇八條佚文李評。）

（二）宋楊時曰：「大抵今之説詩者，多以文害辭。非徒以文害辭也，又有甚者，分析字之偏傍以取義理。如此豈復有詩？孟子引『天生烝民，有物有則，民之秉彝，好是懿德』，『故有物必有則，民之秉彝也，故好是懿德』。其釋詩也，於其本文加四字而已，而語自分明矣。今之説詩者，殊不知此。」（龜山集卷十，頁三一一—三一二。）

（三）宋朱熹曰：「詩自齊、魯、韓氏之説不得傳，而天下之學者盡宗毛氏。毛氏之學傳者亦衆，而王述之類今皆不存，則推衍説者又獨鄭氏之箋而已。唐初諸儒爲作疏義，因訛踵陋，百千萬言而不能有以出乎二氏之區域。至於本朝劉侍讀、歐陽公、王丞相、蘇黄門、河南程氏、横渠張氏，始用己意有所發明。雖其淺深得失有不能同，然自是之後，三百五篇之微詞奥義乃可得而尋繹。蓋不待講於齊、魯、韓氏之傳，而學者已知詩之不專於毛、鄭矣。」（朱文公文集卷七六，頁六；吕氏家塾讀詩記序，吕氏家塾讀詩記前附；詩傳遺説卷二，頁六—七。）

（四）宋朱熹曰：「近年以來，習俗苟偷，學無宗主。治經者不復讀其經之本文與夫先儒之傳注，但取近時科舉中選之文，諷誦摹倣，擇取經中可爲題目之句，以意扭捏，妄作主張，明知不是經意，但取便於行文，不暇恤也。……今欲正之，莫若討論諸經之説，各立家法，而皆以注疏爲主。如……詩則兼取歐陽脩、蘇軾（『轍』之誤）、程頤、張載、王安石、吕大臨、楊時、吕祖謙。……令應舉人各占兩家以上，於家狀内及經義卷子第一行内一般聲説。將來答義則以本説爲主，而旁通他説，以辨其是非。則治經者不敢妄牽己意，而必有据依矣。」（朱文公文集卷六九，頁二二—二三學校貢舉私議。）

（五）宋林希逸曰：「六經皆厄於傳疏，詩爲甚！我朝歐、蘇、王、劉諸鉅儒，雖擺落毛、鄭舊説，争出新意，而得失互有之。」（嚴氏詩緝序，詩緝卷首附。）

（六）明鍾惺、明韋調鼎曰：「唐命儒臣輯疏義，詩之章句明而旨義未達。宋橫渠、伊川、永叔、子瞻、子由、王臨川、范蜀公、南軒、東萊諸君子，抒意達旨，風雅之微妙始暢。」（備考「總論」頁二二一。）

（七）民國錢基博曰：「神宗……置經義局，以安石提舉修定，其新經詩義三十卷，大指依據毛公。」（經學通志頁一〇〇—一〇一詩志第四。）

佚文及評論之部引用書目考

書名	簡名	卷數	作者	著成時代	板本
臨川集		一〇〇	宋王安石（一〇二一～一〇八六）		臺灣中華書局四部備要本（另參看河洛圖書出版社影印本）
豫章集		三十	宋黃庭堅（一〇四五～一一〇五）		臺灣商務印書館影印四部叢刊初編本
孫公談圃		三	宋孫升（治平二年（一〇六五）進士）		稗海本
宣和博古圖		三十	宋王黼	宋徽宗大觀初年作	臺北大通書局影印清乾隆十七年黃氏亦政堂重刊本

續表

書名	簡名	卷數	作者	著成時代	板本
龜山集		四二	宋楊時（一〇五三～一一三五）		臺灣商務印書館影印四庫全書珍本四集本
邵氏聞見後録		三十	宋邵博（?～一一五八）		臺北廣文書局影印本（筆記三編）
緗素雜記		十	宋黄朝英	宋欽宗靖康年間作	學海類編本
北窗炙輠録		二	宋施德操（一〇九二～一一五九頃人）		學海類編本
西溪叢語		二	宋姚寬（一一〇五～一一六二）		稗海本
捫蝨新話		十五	宋陳善（紹興（一一三一～一一六二）間人）		津逮秘書本
靖康要録		十六	宋人某氏（大概爲乾道後人）	宋孝宗乾、淳稍後作	商務印書館叢書集成初編本
毛詩李黄集解	李黄解	四二	宋李樗（南宋初人）宋黄櫄（南宋孝宗淳熙間人）		通志堂經解本
尚書全解		四十	宋林之奇（一一一二～一一七六）		通志堂經解本

續表

書名	簡名	卷數	作者	著成時代	板本
學林		十	宋王觀國(紹興五年(一一三五)進士)		湖海樓叢書本
吕氏家塾讀詩記	吕記	三二	宋吕祖謙(一一三七～一一八一)		臺灣商務印書館影印四部叢刊續編本
九經發題		一	宋唐仲友(一一三六～一一八八)		續金華叢書本
逸齋詩補傳		三十	宋范處義(紹興二十四年(一一五四)進士)		通志堂經解本
詩經集傳	朱傳	二十	宋朱熹(一一三〇～一二〇〇)		臺北世界書局影印五經讀本本
朱文公文集、續集		一二〇	宋朱熹(一一三〇～一二〇〇)		臺灣中華書局四部備要本
朱子語類		一四〇	宋朱熹(一一三〇～一二〇〇)(宋黎靖德編)		臺北正中書局影明覆刊宋本
容齋續筆		十六	宋洪邁(一一二三～一二〇二)		臺灣商務印書館國學基本叢書本

續表

書名	簡名	卷數	作者	著成時代	板本
攻媿集		一一二	宋樓鑰（一一三七～一二一三）		商務印書館四部叢刊初編本
慈湖詩傳		二十	宋楊簡（一一四一～一二二六）		四明叢書三集本
（朱子）詩傳遺説		六	宋朱熹（宋朱鑑編）	宋理宗端平二年（一二三五）頃撰成	通志堂經解本
毛詩要義		二十	宋魏了翁（一一七八～一二三七）		清光緒八年刊影宋本
密齋筆記、續記		六	宋謝采伯（嘉泰二年（一二〇二）進士）		臺灣商務印書館影印四庫全書珍本别輯本
詩童子問		十	宋輔廣（宋寧宗慶元［一一九五～一二〇〇］間人）		臺灣商務印書館影印四庫全書珍本四集本
詩説		存九	宋劉克	宋理宗紹定五年（一二三二）撰成	舊鈔本
西山讀書記		四十	宋真德秀（一一七八～一二三五）		臺北文友書局影印清刊本

續表

書名	簡名	卷數	作者	著成時代	板本
毛詩集解	段解	存二五	宋段昌武(南宋後期人)		臺灣商務印書館影印四庫全書珍本三集本
詩緝		三六	宋嚴粲	宋理宗淳祐八年(一二四八)撰成	臺北廣文書局影印明嘉靖間刻本
考古質疑		六	宋葉大慶(南宋晚期人)		臺北廣文書局影印清武英殿聚珍版叢書本
九經疑難		四	宋張文伯(宋末人)		宛委別藏本
黄氏日抄		九四	宋黄震(一二一三～一二八〇)		臺灣商務印書館影印四庫全書珍本二集本
詩地理考		六	宋王應麟(一二二三～一二九六)		學津討原本
六經天文編		二	宋王應麟(一二二三～一二九六)		臺北文華書局影印元後至元三年慶元路儒學刊本
困學紀聞		二十	宋王應麟(一二二三～一二九六)		臺灣商務印書館國學基本叢書本

續表

書名	簡名	卷數	作者	著成時代	板本
桐江集		四	元方回(一二二七～一三〇六)		「國立中央」圖書館影印鈔本
文獻詩考		二	元馬端臨(宋末元初人)		明刊古名儒毛詩解本
定宇集		十六	元陳櫟(一二五二～一三三四)		臺灣商務印書館影印四庫全書珍本二集本
詩集傳名物鈔		八	元許謙(一二七〇～一三三七)		通志堂經解本
詩傳通釋	通釋	二十	元劉瑾		臺灣商務印書館影印四庫全書珍本三集本
宋史		四九六	元托克托	元順帝至正五年(一三四五)撰成	臺北藝文印書館影印清武英殿刊本
詩經疏義會通	會通	二十	元朱公遷(順帝至正年間[一三三五～一三六七]人)		臺灣商務印書館影印四庫全書珍本三集本
詩傳旁通		十五	元梁益(順帝至正年間人)		臺灣商務印書館影印四庫全書珍本四集本

續表

書名	簡名	卷數	作者	著成時代	板本
詩演義		十五	明梁寅（一三〇九～一三九〇）		臺灣商務印書館影印四庫全書珍本初集本
詩傳大全	大全	二十	明胡廣	明成祖永樂年間（一四〇三～一四二四）撰成	臺灣商務印書館影印四庫全書珍本五集本（另參看明刻一本）
六家詩名物疏		五四	明馮應京（一五七三～一六二二）		臺灣商務印書館影印四庫全書珍本三集本
詩經備考	備考	二四	明鍾惺（一五七四～一六二四）、明韋調鼎		明思宗崇禎十四年刊本
毛詩六帖講意		四	明徐光啓（一五六二～一六三三）		明神宗萬曆間刊本
詩經世本古義		二八	明何楷（崇禎［一六二八～一六四四］間人）		臺灣商務印書館影印四庫全書珍本四集本
讀詩略記		六	明朱朝瑛（崇禎［一六二八～一六四四］進士）		商務印書館影印四庫全書珍本初集本

續表

書名	簡名	卷數	作者	著成時代	板本
毛詩蒙引	蒙引	二十	明陳子龍（一六〇八～一六四七）		日本寬文十二年刊本
慎餘録		二四	明李昭祥		明雲間張之象校刊本
朱子五經語類		八十	清程川（編）（原朱熹經説）	清世宗雍正三年（一七二五）撰成	臺灣商務印書館影印四庫全書珍本三集本
詩經傳説彙纂	詩傳彙纂	二五	清王鴻緒（一六四五～一七二三）	清世宗雍正八年（一七三〇）撰成	清同治七年摹刻本
詩疑辨證	辨證	六	清黄中松		臺灣商務印書館影印四庫全書珍本初集本
四庫全書總目提要		二〇〇	清紀昀（一七二四～一八〇五）等奉敕撰	清高宗乾隆四十七年（一七八二）撰成	臺北藝文印書館影印清同光間刻本珍本初集本
困學紀聞注		二〇	清翁元圻（一七五〇～一八二五）		臺灣商務印書館國學基本叢書本
宋元學案補遺		一〇〇	清王梓材（一七九二～一八五一）		臺北世界書局影印四明叢書本

續表

書名	簡名	卷數	作者	著成時代	板本
王荊公年譜考略節要附存		二	清蔡上翔、清楊希閔		臺北洪氏出版社據排印本影印本
經學通志		七	民國錢基博		臺灣中華書局一九七五年四月排印本

謹案：右書凡六十一種。余纂輯詩經新義佚文及其評論，凡檢閱宋元人文集三百餘種（檢其中「論」、「雜著」等部分）、史籍、類書及宋元人筆記等百餘種、宋元人詩經學專著現存之全部及明清人詩經學專著一部分，間涉近世人著作，亦加采擇。自彼編輯獲材料者，僅上列六十一書。其索檢無獲之詩經學專著，有宋賈昌朝羣經音辨、蘇轍潁濱詩集傳、蔡卞毛詩名物解、林岊毛詩講義、毛居正六經正誤、鄭原等六經雅言圖辨、吕祖謙麗澤論説集録（有關經論部分，下倣此）、唐仲友詩傳鈔與帝王經世圖譜、王質詩總聞、程大昌詩論、章如愚山堂考索、張耒詩説、戴溪續吕氏家塾讀詩記、段昌武詩義指南、陳普詩經講義、李石方舟經説、周孚非詩辨妄、楊甲六經圖、陳埴六經總論、題鄭樵六經奥論、王柏詩疑、謝枋得詩經註疏、黄仲元四如講稿、王應麟詩考，元有朱倬詩疑問、劉玉汝詩纘緒、李恕五經旁訓，明有袁仁毛詩或問、朱善詩解頤、朱謀㙔詩

故、李先芳讀詩私記、范王孫詩志、陳第讀詩拙言、朱得之古詩語、胡纘宗胡氏詩識、薛瑄讀詩録、熊朋來熊氏經説、何異孫十一經問對、蔣悌生五經蠡測、鄧元錫五經繹、邵寶泉齋簡端録、查鐸毅齋經説、陳耀文經典稽疑、周洪謨羣經疑辨録、陳禹謨引經釋與談經苑、楊慎升菴經説、孫鼎詩義集説，凡四十九種。

宋王質詩總聞（湖北先正遺書本廿卷）引「王氏」云云六條，考皆非安石詩説：

卷一，頁十六：「王氏音御，侍也；侍意更多。今從王氏。」（召南鵲巢「百兩御之」下）案：經典釋文毛詩音義上（通志堂經解本頁六）：「（御）……王肅『魚據反』，云『侍也』。」音御，謂魚據反，訓侍。是「王氏」謂魏王肅。

卷六，頁二二：「王氏『言「六」，據所見言之』。或可從。」（秦風晨風「隰有六駮」下）案：此亦王肅之説，見詩疏六之四，頁八引。

卷九，頁十三：「王氏『不韡韡』言『韡韡』也。」（小雅常棣「鄂不韡韡」下）案：此亦王肅説，見詩疏卷九之二，頁十三，玉函山房輯佚書作「毛詩王氏注」。

卷十八，頁十三：「樊氏詆王氏，是謂『我耕稼而汝食之，相傳不平之語，史書文言爾』。」（大雅桑柔「好是耕稼，力民代食」下）案：諸家引王安石説未有釋此二句之文。考魏王肅説此二句云：「當好知稼穡之艱難，有功力於民，代無功者食天禄是也。」（詩疏卷十八之二，頁六。）

樊氏所詆者，殆爲肅，非安石也。

卷十八，頁三二：「『説』，王氏引此詩作『脱』，叶奪。」（大雅瞻卬「女覆奪之……女覆説之」下）案：王氏謂後漢王符，引此詩作「脱」，見後漢書本傳。（據清李富孫詩經異文釋卷十四頁二十，皇清經解續編本。）

卷八，頁八：「王氏『征夫懷親戚，誰獨無此情？昔人從公旦，一徂輒三齡。』此皆夫辭。」（「豳風東山「我徂東山至亦在車下」下）詩四句，荆公詩集未見，諸家引安石詩義未見，亦不似王肅文。〔一〕

〔一〕　編按：此條之「王氏」當是王粲，所引詩見樂府詩集卷二三。

圖書在版編目(CIP)數據

尚書新義　詩經新義/(宋)王安石撰;程元敏等整理. —上海:
復旦大學出版社, 2016.9(2017.9 重印)
(王安石全集/王水照主編)
ISBN 978-7-309-12125-4

Ⅰ. 尚…　Ⅱ. ①王…②程…　Ⅲ. 王安石(1021～1086)-學術思想-研究　Ⅳ. B244.55

中國版本圖書館 CIP 數據核字(2016)第 028159 號

責任編輯　張旭輝　杜怡順
裝幀設計　馬曉霞

尚書新義　詩經新義
(宋)王安石　撰　程元敏　等整理

復旦大學出版社有限公司出版發行
上海市國權路 579 號　郵編: 200433
網址: fupnet@fudanpress.com
http://www.fudanpress.com
門 市 零 售: 86-21-65642857
團 體 訂 購: 86-21-65118853
外 埠 郵 購: 86-21-65109143
出版部電話: 86-21-65642845

浙江新華數碼印務有限公司印刷

開本 890×1240　1/32　印張 23.75　字數 433 千
2017 年 9 月第 1 版第 2 次印刷

ISBN 978-7-309-12125-4
B・571　定價: 118.00 圓